汽车类

新能源
汽车概论

◆ 微课版 ◆

吴兴敏 朱尚功 郝宏海◎主编
陆炳仁 陈兆俊 尤建祥 朱久春◎副主编
杜弘◎主审

人民邮电出版社
北京

图书在版编目（CIP）数据

新能源汽车概论 : 微课版 / 吴兴敏，朱尚功，郝宏海主编. -- 北京 : 人民邮电出版社，2024.7
汽车类专业人才培养系列教材
ISBN 978-7-115-62570-0

Ⅰ. ①新… Ⅱ. ①吴… ②朱… ③郝… Ⅲ. ①新能源一汽车一教材 Ⅳ. ①U469.7

中国国家版本馆CIP数据核字(2023)第159915号

内 容 提 要

本书按照职业教育的培养目标，以相关工作岗位能力需求为依据进行编写。本书设置了 3 个模块共 12 个任务，系统地介绍了纯电动汽车、混合动力汽车和其他新能源汽车的发展情况、基本结构与工作原理。每个任务设有“任务分析”“学习目标”“相关知识”“任务实施与考核”栏目。本书提供了包含实训工单和理论练习题的实训手册，方便学生检验学习成果。

本书可作为职业院校汽车相关专业教材，也可作为汽车新技术培训教材、汽车维修企业技术人员自学参考书。

◆ 主　　编　吴兴敏　朱尚功　郝宏海
副 主 编　陆炳仁　陈兆俊　尤建祥　朱久春
主　　审　杜　弘
责任编辑　王丽美
责任印制　王　郁　焦志炜

◆ 人民邮电出版社出版发行　　北京市丰台区成寿寺路 11 号
邮编　100164　　电子邮件　315@ptpress.com.cn
网址　https://www.ptpress.com.cn
北京市艺辉印刷有限公司印刷

◆ 开本：787×1092　1/16
印张：13.5　　2024 年 7 月第 1 版
字数：458 千字　　2024 年 7 月北京第 1 次印刷

定价：62.00 元（附小册子）

读者服务热线：(010)81055256　印装质量热线：(010)81055316
反盗版热线：(010)81055315
广告经营许可证：京东市监广登字 20170147 号

前 言

一、写作背景

当前，关于节能和环保的问题备受关注。生产和使用节能环保型汽车成为解决这些问题的重要途径之一。目前，节能环保型汽车可分为两大类，一类是电动汽车，另一类为新燃料汽车。新燃料汽车主要指使用非石油燃料的汽车。

随着新能源汽车的普及应用，汽车维修与运营企业将面临新的技术挑战，职业院校则要承担起新能源汽车的技术培训工作。为满足职业院校教学需求，本书作者在进行充分的社会调研、查阅大量技术资料的基础上，完成了本书的编写。

本书全面贯彻党的二十大报告中“深入实施科教兴国战略、人才强国战略、创新驱动发展战略，开辟发展新领域新赛道，不断塑造发展新动能新优势”的理念，紧密对接汽车行业发展重大战略需求，不断更新专业知识体系，更好地服务于新时代创新人才的培养，为全面建成社会主义现代化强国添砖加瓦。

二、本书内容

本书分 3 个模块，共 12 个学习任务，以图文结合的方式，详细介绍了纯电动汽车、混合动力汽车、燃料电池汽车、气体燃料汽车、代用液体燃料汽车、压缩空气汽车、太阳能汽车及二甲醚汽车等的发展情况、基本结构与工作原理。

三、本书特色

（1）“校企”双元合作建设。编写团队包含企业的能工巧匠，体现了教、学、用的无缝对接，以及“生产与教学紧密结合”和“校企”双元合作建设的特点。

（2）采用模块化设计，以真实的工作任务为载体、以工作过程为导向、以职业素养和职业能力培养为重点组织教学内容。

（3）“岗课赛证”融通。对应新能源汽车维修岗位，重构课程内容，引入企业“1+X 证书”职业技能标准，融合了全国职业院校技能大赛比赛项目及考评标准。

（4）附带各任务实训工单和理论练习题，方便学生检验学习成果。

（5）全书在每个学习任务的“学习目标”部分，均提出了素质目标，在文中自然地引入了胸怀祖国、服务人民的爱国精神，勇攀高峰、敢为人先的创新精神，精益求精的大国工匠精神，科技报国的家国情怀和使命担当的责任感，诚信服务、德法兼修的职业素养，公平、公正、科学、严谨的工作作风等元素。

（6）本书对应的课程为国家“双高”建设教学资源和精品在线课程立项项目，已经完成微课、动画、视频等辅助教学资源建设，达到了富媒体资源的要求。同步出版数字版教材，满足职业教育数字化教学需求。

四、编审团队

本书由辽宁省交通高等专科学校吴兴敏、朱尚功、郝宏海任主编，由辽宁技师学院陆炳仁、大连职业技术学院陈兆俊、盘锦职业技术学院尤建祥和氢动力（北京）科技服务有限公司朱久春任副主编，由辽宁丰田金杯技师学院杜弘教授任主审，参与本书编写工作的其他人员有辽宁省交通高等专科学校明光星、郭明华、郭大民、张丽丽等。

新能源汽车技术的飞速发展，导致各车厂生产的新能源汽车技术设计差异很大，加之作者的水平有限，书中若有疏漏及不够先进之处，希望读者不吝指正。

编者

2023 年 12 月

目录

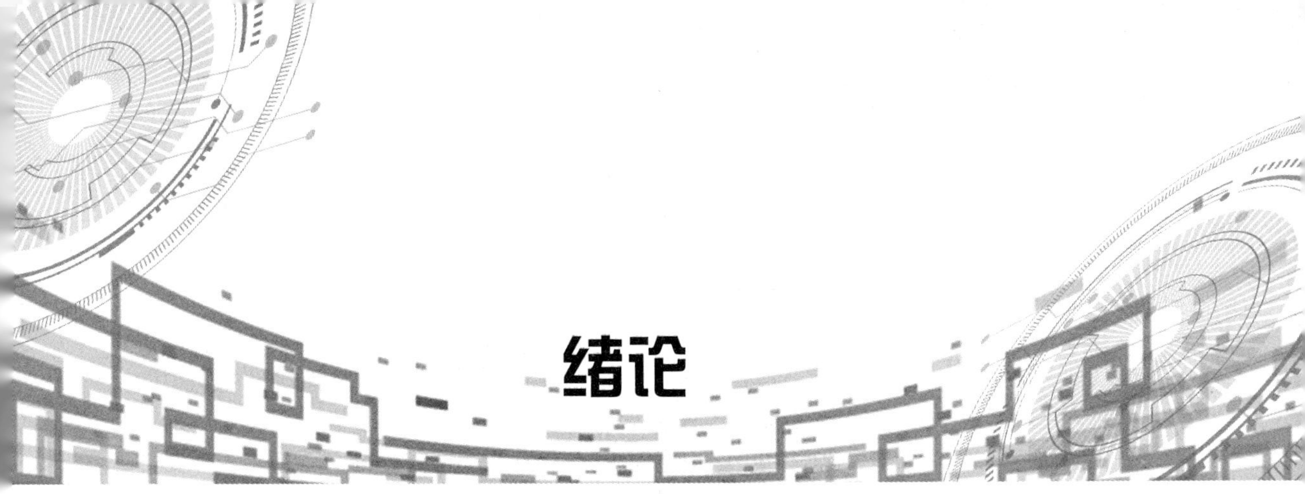

绪论

一、新能源汽车简介

1. 新能源汽车的发展背景

新能源汽车是汽车产业绿色转型的重要抓手，是推进“加快发展方式绿色转型”目标的重要途径。

汽车产业技术的未来发展趋势是低碳化，如图 0-1 所示。实现汽车低碳化的技术，除了动力技术、传动技术、汽车制造技术，新能源技术也是关键技术之一。新能源技术对汽车低碳化发展起着不可或缺的作用。

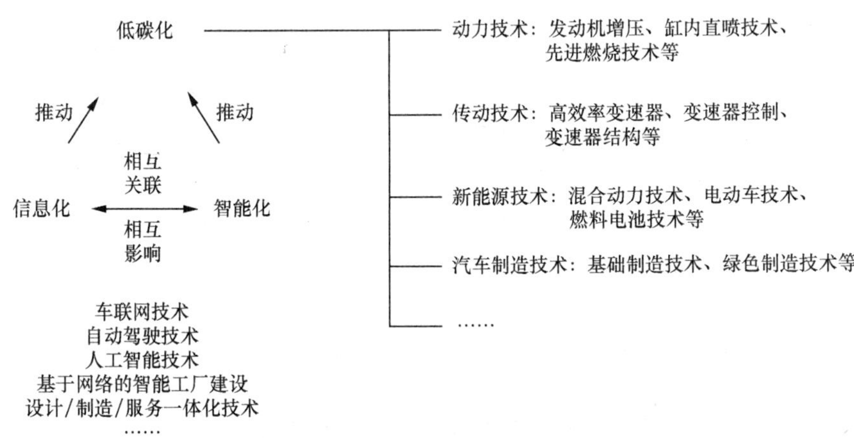

图 0-1　汽车产业技术未来发展趋势

2. 新能源及新能源汽车

（1）新能源

新能源又称非常规能源，是指传统能源之外的各种能源形式，包括刚开始开发利用或正在积极研究、有待推广的能源，如太阳能、地热能、风能、海洋能、生物质能和核聚变能等。目前，新能源已被越来越多地应用到风电产业、地热利用产业、沼气发电产业、生物质产业、太阳能光伏产业和新能源汽车产业。

（2）新能源汽车

通俗地讲，凡使用新能源作为动力源的汽车统称为新能源汽车。

2009 年 7 月 1 日，我国正式实施了《新能源汽车生产企业及产品准入管理规则》。其中明确指出：新能源汽车是指采用非常规的车用燃料作为动力来源（或使用常规的车用燃料、采用新型车载动力装置），综合车辆的动力控制和驱动方面的先进技术，形成的技术原理先进，具有新技术、新结构的汽车。

2012 年，我国《节能与新能源汽车产业发展规划（2012—2020 年）》中明确指出：新能源汽车包括纯电动汽车、插电式混合动力汽车和燃料电池汽车。其主要特征是采用新型动力系统，完全或主要依靠新能源驱动的汽车。

2017 年，工业和信息化部（以下简称"工信部"）颁布了《新能源汽车生产企业及产品准入管理规定》。其中明确指出：新能源汽车，是指采用新型动力系统，完全或者主要依靠新型能源驱动的汽车。

可见随着科学技术的发展，新能源汽车的定义和种类也是不断变化的。

2020 年，由工业和信息化部装备工业一司指导、中国汽车工程学会牵头组织编制的《节能与新能源汽车技术路线图 2.0》正式发布。其中提出至 2035 年，我国节能汽车与新能源汽车年销量将各占一半，汽车产业实现电动化转型，还提出新能源汽车逐渐成为主流产品、汽车产业基本实现电动化转型等六大总体目标。

3. 新能源汽车种类

尽管有各种法规对新能源汽车做出了规定，但就新能源汽车的定义进行分析，新能源汽车主要包括电动汽车、气体燃料汽车、代用液体燃料汽车三大类。

（1）电动汽车

电动汽车是指全部或部分采用驱动电机作为动力系统的汽车。电动汽车包括纯电动汽车、混合动力汽车、燃料电池汽车和其他电动类汽车（如太阳能汽车、超级电容汽车等）。

① 纯电动汽车。纯电动汽车是以车载电源为动力，用电机驱动车轮行驶，符合道路交通安全法规各项要求的车辆。由于纯电动汽车多数车载电源为动力电池，所以也用其英文缩写 BEV 表示。纯电动汽车与燃油发动机汽车相比，具有以下典型特征。

a．取消了发动机，改用动力电池加驱动电机的方式来驱动汽车。

b．不再需要加注燃油，而是需要外部电网对车辆进行充电来维持车辆行驶的能量。

c．延续使用燃油发动机汽车的大部分系统或部件，如转向系统、车身电器等。

② 混合动力汽车。混合动力汽车是指能够至少从下述两类车载储存的能源中获得动力的汽车：一是可消耗的燃料；二是可再充电能/能量储存装置。

通常认为，由发动机、动力电池和驱动电机组成的混合动力系统来提供能量的汽车即为混合动力汽车。

③ 燃料电池汽车。燃料电池汽车是以燃料电池作为动力源的汽车。

④ 太阳能汽车。太阳能汽车是利用太阳能电池，将太阳能转换成电能，以驱动车辆行驶的汽车。

⑤ 超级电容汽车。超级电容汽车是以超级电容为主要储能装置，由超级电容将电能传递给动力电池，再由动力电池将电能提供给驱动电机以驱动车辆行驶的汽车。

（2）气体燃料汽车

气体燃料汽车是指以气体作为发动机燃料的汽车，包括代用气体燃料汽车和氢燃料发动机汽车。

① 代用气体燃料汽车。代用气体燃料汽车是指以代用气体作为发动机燃料的汽车。汽车的代用气体燃料种类很多，常见的有天然气、液化石油气。代用气体燃料汽车按代用燃料与常规燃料（主要指汽油、柴油）的搭配情况又分为专用气体燃料汽车、两用燃料汽车和双燃料汽车 3 种。

a. 专用气体燃料汽车。专用气体燃料汽车是以液化石油气、天然气或煤气等气体为发动机燃料的汽车，如天然气汽车、液化石油气汽车等。这种汽车可充分发挥气体燃料的特点，价格低，污染少。

b. 两用燃料汽车。两用燃料汽车是指具有两套相对独立的燃料供给系统（一套供给代用气体燃料，另一套供给常规燃料，两套燃料供给系统可分别但不可共同向气缸供给燃料）的汽车，如汽油-压缩天然气两用燃料汽车等。

c. 双燃料汽车。双燃料汽车是指具有两套燃料供给系统，一套供给代用气体燃料，另一套供给常规燃料，两套燃料供给系统按预定的配比向气缸供给燃料，在气缸内混合燃烧的汽车，如柴油-液化石油气双燃料汽车等。

② 氢燃料发动机汽车。氢燃料发动机汽车是以氢气为发动机燃料的汽车。

氢燃料发动机在汽车上的应用方式又有 3 种：纯氢燃料发动机、氢-汽油双燃料发动机、氢-汽油混合燃料发动机。

（3）代用液体燃料汽车

代用液体燃料汽车是指以常规燃料之外的液体燃料作为发动机燃料的汽车，包括生物燃料汽车和煤制燃料汽车两大类。

① 生物燃料汽车。生物燃料汽车是指以生物燃料或掺有生物燃料的燃油作为发动机燃料的汽车，包括乙醇燃料汽车和生物柴油汽车等。

② 煤制燃料汽车。煤制燃料汽车是指使用以煤提取的燃料的汽车，主要包括装用点燃式 M85 甲醇汽油发动机、M15 甲醇汽油发动机（部分新能源）、压燃式二甲醚（DME）发动机、煤制汽油发动机、煤制柴油发动机的汽车。

二、课程说明

1. 课程性质

“新能源汽车概论”是职业院校新能源汽车专业的一门专业核心课，也是职业院校汽车其他相关专业的一门专业限选课。学习本课程的目标是让学生掌握新能源汽车相关理论知识、熟悉新能源汽车核心构件的结构原理。本课程以职业院校汽车相关专业开设的“汽车构造”“汽车性能与使用”等课程的学习为基础，也是进一步学习新能源汽车维修技术课程的基础。

2. 课程目标

（1）总体目标

学生通过本课程的学习，能够熟悉新能源汽车的种类和各类型新能源汽车的基本结构原理，掌握新能源汽车核心部件的工作原理，具备使用与维护新能源汽车的能力。

（2）具体目标

① 专业能力。

a．掌握新能源汽车的类型及各类型新能源汽车的结构特点。

b．掌握纯电动汽车的结构及核心部件的工作原理。

c．掌握混合动力汽车的结构及核心部件的工作原理。

d．熟悉其他种类新能源汽车的总体结构与工作原理。

e．熟悉纯电动汽车和混合动力汽车的使用与维护方法。

f．能够按规定使用工具、设备，遵守劳动安全、环保的规章制度。

g．能够核查、记录、评价工作成果。

② 方法能力。

a．具备一定的获取新知识的能力，为未来独立学习新知识、新技术打下基础。

b．具有解决实际问题的思路。

c．能独立制订工作计划并实施。

d．能够查找资料与文献以获取有用的知识，不断提升自己的能力。

③ 社会能力。

a．具有团队意识和相互协作的职业素养。

b．具有较强的沟通能力、人际交往能力。

c．注重环境保护和工作安全。

3. 课程内容的组织与安排

本课程具体的教学内容组织及安排，见表 0-1。

表 0-1 教学内容组织及安排

<table>
<tr><th rowspan="2">序号</th><th rowspan="2">项目名称</th><th rowspan="2">教学内容</th><th rowspan="2">教学方法</th><th rowspan="2">教学场所</th><th colspan="2">参考学时</th></tr>
<tr><th>理论</th><th>实践</th></tr>
<tr><td rowspan="4">1</td><td rowspan="4">纯电动汽车</td><td>任务 1-1　纯电动汽车总体认识</td><td rowspan="12">案例教学法、讲授法</td><td rowspan="12">网络平台、教室、实训室</td><td>4</td><td>2</td></tr>
<tr><td>任务 1-2　纯电动汽车典型技术认识</td><td>6</td><td>2</td></tr>
<tr><td>任务 1-3　电动汽车高压安全</td><td>4</td><td>2</td></tr>
<tr><td>任务 1-4　典型纯电动汽车认识</td><td>4</td><td>2</td></tr>
<tr><td rowspan="4">2</td><td rowspan="4">混合动力汽车</td><td>任务 2-1　混合动力汽车类型认识</td><td>2</td><td>2</td></tr>
<tr><td>任务 2-2　混合动力汽车的结构特点及工作模式认识</td><td>2</td><td>2</td></tr>
<tr><td>任务 2-3　BAS 和 ISG 混合动力系统认识</td><td>2</td><td>2</td></tr>
<tr><td>任务 2-4　典型的混合动力汽车认识</td><td>2</td><td>2</td></tr>
<tr><td rowspan="4">3</td><td rowspan="4">其他新能源汽车</td><td>任务 3-1　燃料电池汽车</td><td>4</td><td>2</td></tr>
<tr><td>任务 3-2　气体燃料汽车</td><td>2</td><td>2</td></tr>
<tr><td>任务 3-3　代用液体燃料汽车</td><td>2</td><td>2</td></tr>
<tr><td>任务 3-4　其他清洁能源汽车</td><td>2</td><td>2</td></tr>
<tr><td colspan="5">合计：60 学时</td><td>36</td><td>24</td></tr>
</table>

4. 教学评价

（1）考核评价

本课程考核采用过程考核与期末考核相结合的形式，总成绩由课堂表现、课堂提问、作业、实操、笔试及考勤几部分组成。其中，课堂表现、课堂提问、作业、实操和考勤为过程考核内容，笔试为期末考试内容。

（2）评价标准

① 课堂表现成绩。任课教师于开课前准备好“学生课堂表现记录单”，在日常教学中发现学生各类违纪现象均需如实记录，并于课程结束时进行统计。该项成绩占总成绩的 5%。

② 课堂提问成绩。任课教师于每个教学项目（任务）课堂教学的过程中，以课堂提问的方式考核理论题库中的相关题目，重点为客观类题目，主要考核学生课堂听课效果。该项成绩约占课程总成绩的 5%。

③ 作业成绩。任课教师于每个教学项目（或任务）课堂教学的最后，在理论题库中适当选取一定数量的主观类题目作为作业布置给学生，主要考核学生课后自学能力。该项成绩约占课程总成绩的 20%。

④ 实操成绩。每个实操项目结束后，根据学生操作过程表现及其所完成的工单，由实训指导教师批阅后给出实操成绩。该项成绩约占课程总成绩的 20%。

⑤ 考勤成绩。任课教师在开课前准备好“学生考勤登记表”，在全部教学过程中，每次课程均应考勤。课程结束后，统计缺课情况，按缺课种类分别累计扣分（通常旷课一次扣 2 分，事假累计 3 次扣 1 分，迟到 1 次扣 1 分，早退一次扣 1 分），如缺课超过本课程规定学时的 1/4，则取消本课程的考试资格，即需要重修。该项成绩约占课程总成绩的 10%。

⑥ 期末考试成绩。期末考试建议采用笔试的方式，考核内容主要为各阶段教学内容相关理论题库中的客观类题目，主要考核基本理论知识的掌握程度。此部分内容采用闭卷考核方式。

考试试卷可由学校考试管理平台在理论题库中的主观类题目中自动生成。简单难度的题目比例为 30%，中等难度的题目比例为 40%，较高难度的题目比例为 30%。考试结束后，由任课教师按题库提供的标准答案（包括详细的采分点注释）进行批卷并记录成绩。该项成绩约占课程总成绩的 40%。

模块 1 纯电动汽车

|任务 1-1 纯电动汽车总体认识|

【任务分析】

纯电动汽车有多种类型，每种类型的纯电动汽车各具特点。纯电动汽车相比燃油发动机汽车而言，主要差别体现在 4 个部件上，即驱动电机、调速控制器、动力电池及车载充电机。纯电动汽车的品质差异取决于这 4 个部件，其价格高低也取决于这 4 个部件的品质，其用途也与这 4 个部件的选用配置直接相关。

纯电动汽车的使用者及从事纯电动汽车维修的技术人员应做到能够通过阅读纯电动汽车用户手册（或维修手册），并借助对实车的观察分析，掌握所使用、维修的纯电动汽车的类型、特点及总体结构，以便正确使用、维护车辆，或制订与实施维修计划。

本任务主要学习纯电动汽车的特点、类型及各类型纯电动汽车的结构特点。

【学习目标】

1. 知识目标

① 能够正确描述纯电动汽车的种类及各类型纯电动汽车的特点。
② 能够正确描述纯电动汽车的整体结构组成及各组成部分的功能。
③ 能够正确描述纯电动汽车的驱动原理。
④ 能够简单介绍国内外知名的纯电动汽车品牌。

2. 能力目标

① 能够通过观察具体的纯电动汽车，找出代表其类型的结构装置。
② 根据具体的结构装置，说明其代表的纯电动汽车的类型、结构特点与工作原理。

3. 素质目标

① 培养劳动安全保护和团队协作的职业素养。
② 培养加快发展方式绿色转型的理念。

【相关知识】

一、纯电动汽车的种类

微课：纯电动汽车的种类

按不同的分类依据，纯电动汽车可分为多种类型，具体情况如下所述。

1. 按驱动系统的组成和布置形式分类

按驱动系统的组成和布置形式，纯电动汽车分为机械传动型、无变速器型、无差速器型和电动轮型 4 种，如图 1-1 所示。

（a）机械传动型　（b）无变速器型（一）

（c）无变速器型（二）　（d）无差速器型

（e）电动轮型（一）　（f）电动轮型（二）

C—离合器；D—差速器；FG—固定速比减速器；GB—变速器；M—驱动电机

图 1-1　纯电动汽车按驱动系统的组成和布置形式分类

（1）机械传动型

机械传动型纯电动汽车的结构如图 1-1（a）所示。它是以燃油发动机汽车的发动机前置、后轮驱动的结构为基础发展而来的，它保留了燃油发动机汽车的传动系统，不同之处是把发动机换成了驱动电机。这种结构可以提高纯电动汽车的启动转矩及低速时的后备功率，对驱动电机的要求较低，因此，可选择功率较小的驱动电机。

驱动电机输出的转矩经过离合器传递到变速器，利用变速器进行减速增扭后，经传动轴传递到主减速器，然后经过差速器的差速作用后，由半轴将动力传输至驱动轮驱动汽车行驶。

机械传动型纯电动汽车的工作原理类似于燃油发动机汽车，其离合器用来接通或在必要时切断驱动电机到车轮之间的动力传递；变速器是一套能够提供不同速比的齿轮机构，驾驶人按照驾驶需要来选择不同的挡位而达到不同的减速增扭作用，使车辆在低速时获得大转矩、在高速时获得小转矩；驱动桥内的机械式差速器可以实现汽车转弯时左右车轮以不同的转速行驶，这一点与燃油发动机汽车相同。

这种结构形式的纯电动汽车的变速器可适当简化，挡位数一般有 2 个即可，并且无须设置倒挡，而是利用驱动电机的反转实现倒退行驶，因此其变速器相对简单。这种结构形式的纯电动汽车保留了燃油发动机汽车的变速器、传动轴、后桥和半轴等传动部件，省去了较多的设计工作，控制也相对容易，适于在原有的燃油发动机汽车上进行改造。但是，由于驱动电机至驱动轮之间的传动链较长，所以它的传动效率相对较低，也失去了驱动电机效率高的优势，但有利于研发人员集中精力进行驱动电机及其控制系统的开发，所以早期的纯电动汽车常采用这种布置方式。

（2）无变速器型

无变速器型纯电动汽车的一种结构如图 1-1（b）所示。该结构的最大特点是取消了离合器和变速器，采用固定速比减速器，通过控制驱动电机来实现变速功能。这种结构的优点是机械传动装置的质量轻、体积小，但对驱动电机的要求比较高，不仅要求其具有较高的启动转矩，而且要求其具有较大的后备功率，以保证纯电动汽车的起步、爬坡、加速等动力性能。

无变速器型纯电动汽车的另外一种结构如图 1-1（c）所示。这种结构与燃油发动机汽车的发动机横向前置、前轮驱动的布置方式类似，即把驱动电机、固定速比减速器及差速器集成为一个整体，由两根半轴连接驱动轮。这种结构在小型纯电动汽车上的应用十分普遍。

（3）无差速器型

无差速器型纯电动汽车的结构如图 1-1（d）所示。这种结构采用了两台驱动电机，通过固定速比减速器来分别驱动两个车轮，可以实现对每个驱动电机转速的独立调节。因此，当汽车转向时，可以通过驱动电机的电子控制系统控制两个车轮的差速，从而达到转向的要求。但是，这种结构的电机的电子控制系统相对来说比较复杂。

（4）电动轮型

电动轮型纯电动汽车也称为轮毂电机分散型纯电动汽车，其中一种结构如图 1-1（e）所示。这种结构是将驱动电机直接安装在驱动轮内（也称轮毂电机），可以进一步地缩短驱动电机到驱动轮之间的动力传递路径，减少能量在传递路径上的损失，但要实现纯电动汽车的正常工作，还需要添加一个速比大的行星齿轮减速器，将驱动电机的转速降低到理想的转速以驱动车轮。

电动轮型纯电动汽车的另一种结构如图 1-1（f）所示。这种结构将低速外转子电机的外转子直接安装在车轮的轮缘上，去掉了减速机构，因此驱动电机和驱动轮之间没有任何机械传动装置，没有机械传动损失，能量的传递效率高，空间的利用率大。但是这种结构对驱动电机的性能要求较高，要求其具有很高的启动转矩和较大的后备功率，以确保车辆的可靠工作。

2. 按车载电源数不同分类

按车载电源数不同，纯电动汽车可分为单电源型纯电动汽车和多电源型纯电动汽车两种。

（1）单电源型

单电源型纯电动汽车的主要电源一般是动力电池，其动力传输路线如图 1-2 所示。单电源纯电动汽车的结构较为简单，控制也比较简单，其主要缺点是主电源的瞬时输出功率容易受动力电池性能的影响，车辆制动能量的回馈效率也会受制于动力电池的最大可接受电流及其荷电状态。

说明：制动能量回馈是指车辆在制动或下坡时，将车辆本身动能的一部分转换为电能储存于能量存储装置中，从而达到节约能源的目的。

图 1-2　单电源型纯电动汽车动力传输路线

（2）多电源型

多电源型纯电动汽车的电源一般由动力电池和辅助储能装置联合构成，如图 1-3 所示。采用动力电池+超级电容（或太阳能电池）或动力电池+飞轮电池的电源组合，可以降低对动力电池的容量、比能量和比功率的要求。当汽车起步、加速、爬坡时，辅助储能装置（超级电容、飞轮电池）可短时间内输出大功率，协助动力电池供电，使汽车的动力性得到提高；当汽车制动时，则利用辅助储能装置接受大电流充电，提高制动能量回馈的效率。

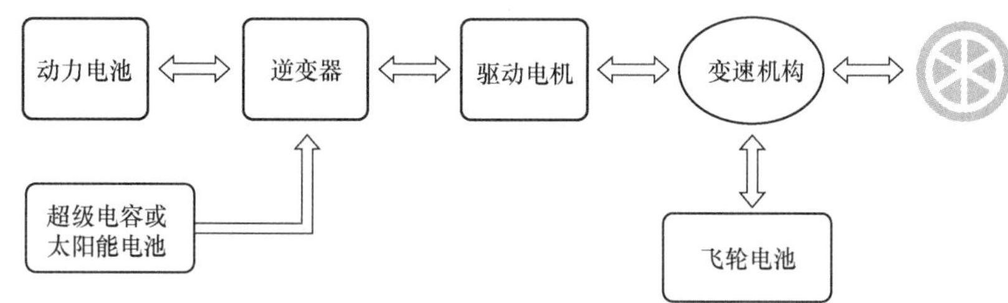

图 1-3　多电源型纯电动汽车动力传输路线

3. 按用途不同分类

按用途不同，纯电动汽车主要分为纯电动轿车、纯电动货车和纯电动客车 3 种。

① 纯电动轿车。纯电动轿车是目前最常见的纯电动汽车。除了一些概念车，纯电动轿车已经开始批量生产并进入市场。

② 纯电动货车。纯电动货车是指主要用来运送货物的纯电动汽车。目前，用作公路运输的纯电动货车还比较少见，而在矿山、工地及一些特殊场地，早已出现一些大吨位的纯电动货车。

③ 纯电动客车。纯电动客车是一种以载客为目的的纯电动汽车。

除上述 3 种纯电动汽车外，还有一种纯电动微型汽车。纯电动微型汽车有载客式、载货式及其他用途式。这类纯电动汽车的特点是体积小、车速低，一般最高车速在 50～60km/h，行驶里程较短，成本低。

二、纯电动汽车的优点及要求

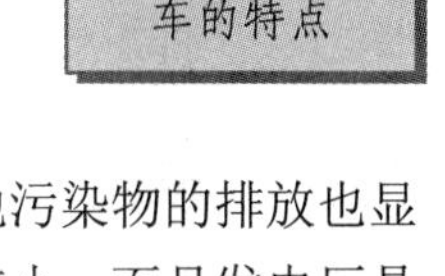

微课：纯电动汽车的特点

1. 纯电动汽车的优点

① 排放污染物少。纯电动汽车以清洁的电能为能源，不会产生有害气体，也不会产生二氧化碳等温室气体，基本上可以实现“零排放”。

即使按所耗电量换算为发电厂发电的废物排放，除硫和微粒外，其他污染物的排放也显著减少。由于发电厂大多建于远离人口密集的城市，因此对人类的伤害较小，而且发电厂是固定不动的，废弃物可集中排放，处理各种有害排放物也更容易。

② 噪声低。驱动电机在工作过程中产生的噪声远低于燃油发动机汽车发动机在工作过

程中产生的噪声。

③ 能源利用率高。在城市工况下，汽车的平均行驶速度较低，时常处于走走停停的状态。对于燃油发动机汽车来说，这种工况下发动机效率不高，燃油消耗较大；而纯电动汽车对这种工况的适应性较好，可明显提高能源利用率。有关研究表明，同样的原油经过粗炼，送至电厂发电，再充入电池，由电池驱动汽车，其能量利用效率比原油经过精炼为汽油，再经汽油机驱动汽车高，因此有利于节约能源和减少二氧化碳的排放量。

纯电动汽车还可以充分利用晚间用电低谷时富余的电力充电，使发电设备日夜都能得到充分的利用，大大提高其经济效益。

纯电动汽车可以实现制动能量回收，从而节省部分能源。

④ 能源来源广泛，对石油的依赖性低。由于电力可以从多种一次能源中获得，如煤、核能、水力、风力、光、热等，从而缓解了汽车对石油资源的依赖。

⑤ 制造与维修成本低。纯电动汽车相对燃油发动机汽车来说，结构简单，运转部分少，使用维修方便，维护工作量小。

2. 纯电动汽车的要求

符合国际、国内市场需求的纯电动汽车必须满足以下几项要求。

① 纯电动汽车的研发、制造、运营必须符合国家各项相关法规。整车、零部件的性能必须满足国家技术标准和各项具体要求。

② 纯电动汽车是以电为能源，由电机驱动行驶的，不再产生新的污染，不再存在易燃、易爆的隐患。

③ 纯电动汽车储能用的电池必须是无污染、环保型的，且具有耐久的寿命，具备快速充电的性能。车辆根据用途确定一次充电的续驶里程，以此装置够用电量的电池组，充分利用公用充电站快速充电以延长续驶里程。

④ 纯电动汽车驱动电机应有高效率的能量转换能力。制动、减速能量可直接利用和回收，力求车辆综合能源利用的高效率。

⑤ 根据车辆用途及行驶场合设定最高车速，且不得超过交通法规的限定值，以便合理选择驱动电机的功率和配置电池组容量。

⑥ 车辆驾驶操作简单有效、工作可靠、确保行车安全。

⑦ 机械、电气装置耐用，维修容易，车辆运营费用低廉。

⑧ 以目标市场需求为依据，提供实用、合适的车型满足市场，力求做到技术、经济、实用、功能诸方面的综合统一。

2012 年 5 月 11 日，GB/T 28382—2012《纯电动乘用车 技术条件》正式发布，2012 年 7 月 1 日开始实施。该标准适用于使用动力电池驱动、5 座以下的纯电动汽车，对车速、安全、质量分配、加速性能、爬坡性能、低温性能、可靠性等方面的技术指标做了详细的规定。这标志着今后各汽车生产商将会按统一的标准生产纯电动乘用车。

三、纯电动汽车的基本组成与工作原理

1. 纯电动汽车的基本组成

微课：纯电动汽车的基本组成

纯电动汽车由动力系统（包括动力电池及电池管理系统、驱动电机及

其控制系统、冷却系统等)、底盘(包括传动系统、行驶系统、转向系统和制动系统等)、车身和电气设备 4 部分组成。图 1-4 所示为典型的纯电动汽车的主要总成布置。

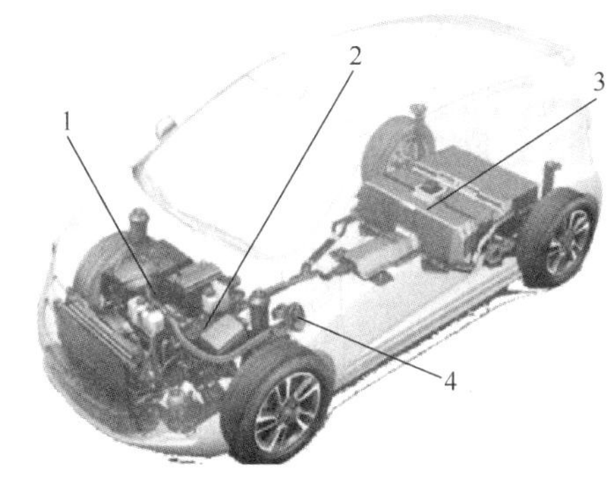

1—含电机变速单元、逆变器；2—车载 12V 电源；3—动力电源；4—外部充电系统

图 1-4　典型纯电动汽车的主要总成布置

(1) 动力系统

在研究、分析纯电动汽车的结构时，通常将纯电动汽车的动力系统分为 3 个子系统(也将这 3 个子系统称为 3 个模块)，即电力驱动子系统、能源子系统和辅助控制子系统，如图 1-5 所示。

电力驱动子系统通过电控单元（ECU）与制动踏板和加速踏板相连，将制动踏板和加速踏板信号输入到电控单元，以获得驾驶人的驾驶意图；通过功率变换器，将动力电池电压转变成合适的电压后，供给驱动电机驱动车辆并进行制动能量回收。

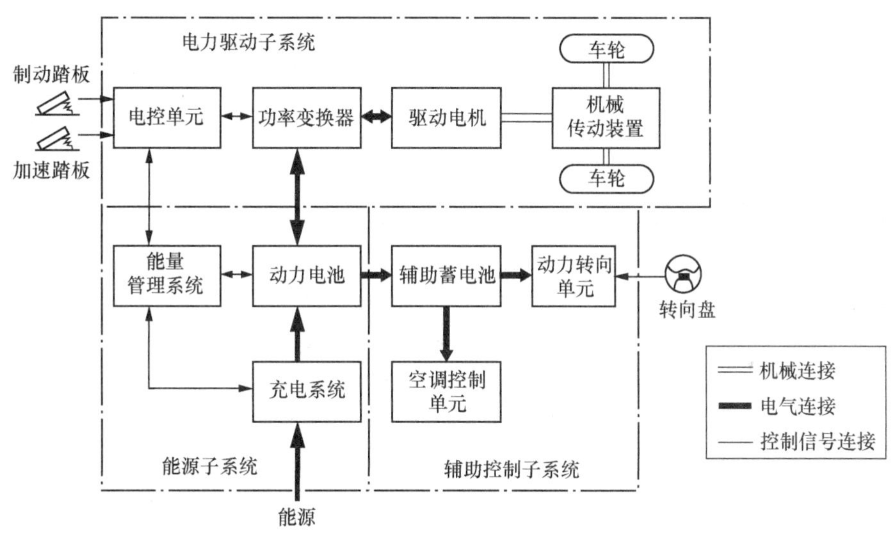

图 1-5　纯电动汽车动力系统构成

能源子系统的功能是为电力驱动子系统及辅助控制子系统提供电能，保证汽车上各元件有稳定的能量来源；能量管理系统（通常称为电池管理系统）实时监测主电源（通常为动力电池）的剩余电量，当动力电池的能量不足时，提示对动力电池进行充电，以及时补充车辆的能量。

辅助控制子系统的作用是完成助力转向、车内空调温度调节及夜间照明等。

① 动力电池。动力电池的作用是给辅助蓄电池及驱动电机供电，如图 1-6 所示。动力电池经高压控制盒输出高压电，第一路高压电经电机控制器传输给驱动电机；第二路高压电供给 PTC 加热器；第三路高压电供给空调压缩机；第

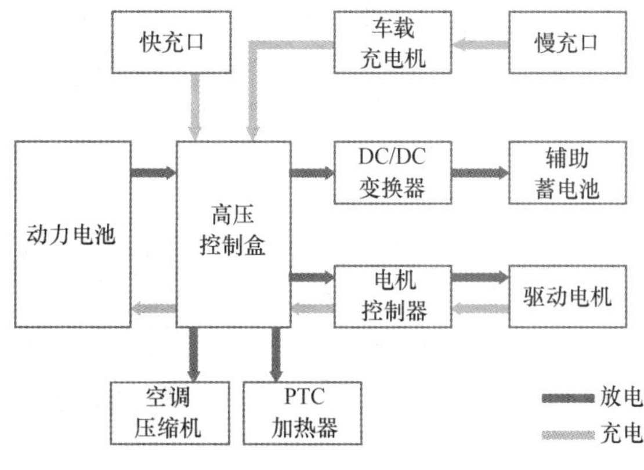

图 1-6　动力电池工作过程原理示意图

四路高压电经 DC/DC 变换器降压为 12V 或 24V 给辅助蓄电池充电及向其他低压电器（如喇叭、前照灯等）供电。

当动力电池缺电时，电网电能通过慢充口经车载充电机（或由快充口）和高压控制盒为其充电。

为了满足纯电动汽车对高电压的需要，纯电动汽车大多以由多个不同标称电压的单体电池串、并联形成的动力电池组作为动力源。单体电池也称为电池单元，是构成动力电池的最小单元，一般由正极、负极、电解质及外壳等构成，即常说的一节电池。几个单体电池并联在一起构成一个电池单元组，其电压与单体电池相同，但容量为全部并联单体电池容量的总和。单体电池串联或单体电池与电池单元组串联以及电池单元组串联则构成相对独立的电池模块（也称电池包），模块的大小及电压（包括容量）取决于串联的单体电池和/或电池单元组的数量，连接方式常以字母 P 与 S 表示动力电池组的组包形式，如表 1-1 所示。其中，字母 P 表示并联连接，字母 S 表示串联连接，数字表示连接单体或模块的数量。以连接方式 3P91S 为例，其表示为：每 3 个电池单体并联，再将 91 个并联组成的电池模块串联最终组成动力电池组。

表 1-1　两款电池参数

型号	SK-30.4kW·h	PLFP-25.6kW·h
额定电压	332V	320V
电芯容量	91.5A·h	80A·h
额定能量	30.4kW·h	25.6kW·h
连接方式	3P91S	1P100S

所以同一辆纯电动汽车的各电池模块尺寸会有不同的规格。几个电池模块串联构成一个动力电池组，图 1-7 所示的动力电池组即由 8 个电池模块组成，其总电压为各电池模块的电压之和，用周期性的充电来补充电能。动力电池组是纯电动汽车的关键装备。它储存的电能及其自身的质量和体积对纯电动汽车的性能起决定性影响。

动力电池组在纯电动汽车上占据着很大一部分有效的装载空间，在布置上有一定的难度，通常有集中式布置和分散式布置两种形式。典型的动力电池组集中式布置形式如图 1-8 所示，动力电池组的支架为 T 形架，T 形架装在车辆的地板下面和行李舱下面的车架上，动力电池组固定在 T 形架上，具有很好的稳定性。在 T 形架上装有动力电池组的通风系统、电线保护套等，用自动和手动断路器在车辆停车和车辆出现故障时切断电源，保证高压电路的安全。

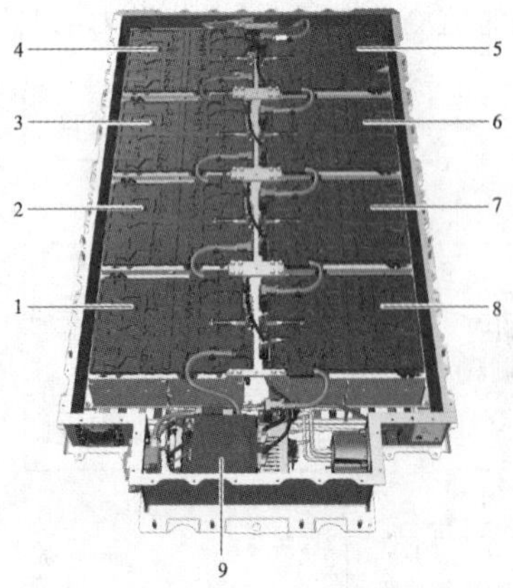

1～8—电池模块；9—电池控制 ECU

图 1-7　典型纯电动汽车动力电池组

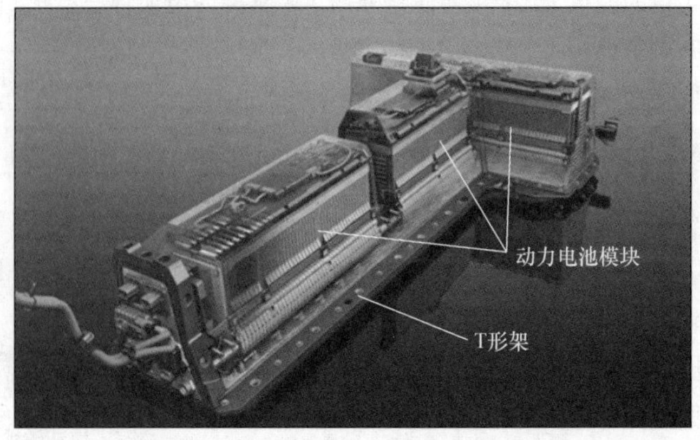

图 1-8　典型的动力电池组集中式布置形式

典型的动力电池组分散式布置形式（奔驰 EQC 纯电动汽车）如图 1-9 所示。动力电池组布置在纯电动汽车地板下面是最常见的布置方法，这样方便安装和拆卸。

图 1-9　典型的动力电池组分散式布置形式

② 驱动电机。驱动电机是纯电动汽车的动力装置。它是一种根据电磁感应原理实现电能与机械能转换的电磁装置，在电路中用字母 M 表示。它的主要作用是产生旋转运动，作为用电设备或各种机械的动力源。

③ 冷却系统。纯电动汽车的动力电池、驱动电机及其控制器在工作时会产生大量的热量，需要进行强制冷却。动力电池的冷却通常采用风冷，其主要装置为鼓风机；驱动电机及其控制器的冷却则多采用水冷，其主要装置为水泵和散热器。

（2）底盘

① 传动系统。传动系统的作用是把驱动电机输出的机械能传递到驱动车轮，以驱动车辆行驶。纯电动汽车的传动系统按驱动电机与机械系统组合方式的不同，通常可分为机械驱动式、电机-驱动桥组合式、电机-驱动桥整体式和轮毂电机分散式 4 种。

a. 机械驱动式。机械驱动式是指驱动电机通过机械方式驱动汽车行驶。这一布置方式是在保持燃油发动机汽车传动系统基本结构不变的基础上，用驱动电机替换发动机，其驱动系统的整体结构与燃油发动机汽车的区别很小。图 1-10 所示为这种布置方式的基本原理示意图。

b. 电机-驱动桥组合式。在机械驱动方式的结构基础上进一步简化，可以得到电机-驱动桥组合式结构，如图 1-11 所示。这也是目前纯电动汽车广泛采用的驱动系统布置方式。

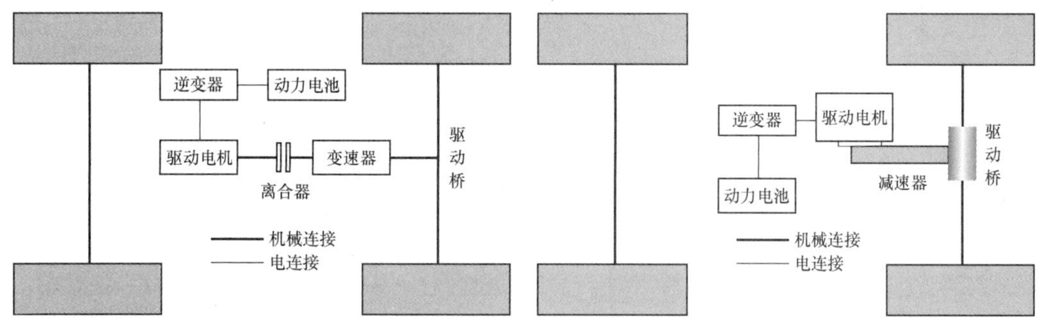

图 1-10　机械驱动式驱动方式示意图　　图 1-11　电机-驱动桥组合式驱动方式示意图

同机械驱动式相比，电机-驱动桥组合式结构去掉了离合器和变速器，而采用一个固定速比的减速器，使传动系统更加简化，传动效率得到提高，同时还使整车机械系统的质量和体积得到减小，有利于整车布置。另外，减速器的使用还能够改善车辆行驶时驱动电机工作点的分布，从而提高驱动电机效率。这种驱动系统的布置形式是在驱动电机端盖的输出轴处加装主减速器和差速器等，驱动电机、固定速比减速器、差速器一起组合成一个驱动整体，如图 1-12 所示，通过固定速比减速器来放大驱动电机的输出转矩。这种布置形式的传动部分比较紧凑，效率较高，而且便于安装。

图 1-12　典型的组合式驱动桥

纯电动汽车的驱动电机具有比较宽的调速范围。此外，电机的输出特性曲线与车辆行驶时所要求的理想驱动特性曲线比较接近，电机-驱动桥组合驱动布置方式能够充分利用驱动电机的这一优点。这一结构的传动系统采用固定速比的减速器、差速器和半轴等较少的机械传动零部件来传递驱动电机的驱动转矩，使动力传动系统得到简化，因此能够有效地扩大动力电池的布置空间和汽车的乘坐空间。除此之外，此结构还具有良好的通用性和互换性，便于在燃油发动机汽车的底盘上安装、使用和维修。但这种布置形式对驱动电机的调速性要求比较高，与机械驱动式相比，此结构要求驱动电机在较窄的速度范围内能够提供较大的转矩。按燃油发动机汽车的驱动模式，可有驱动电机前置前驱（FF）和驱动电机后置后驱（RR）两种方式。

c．电机-驱动桥整体式。同电机-驱动桥组合式相比，电机-驱动桥整体式驱动系统的动力传动系统的机械传动元件数量较少，因而使整个动力传动系统的传动效率进一步提高，同时也节省了很多的空间，其结构原理如图 1-13 所示。

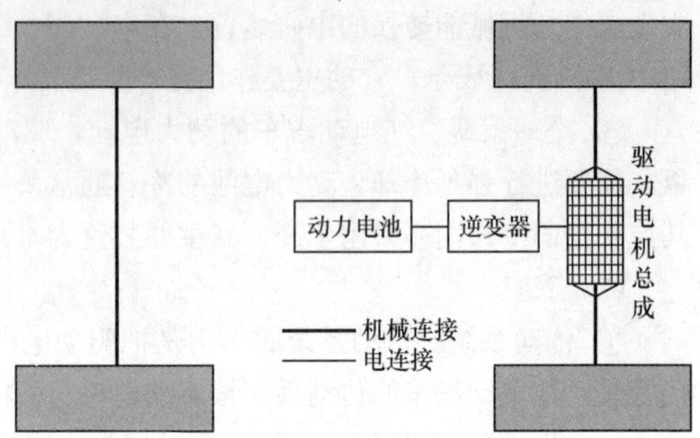

图 1-13　电机-驱动桥整体式驱动方式示意图

电机-驱动桥整体式结构并不是在燃油发动机汽车驱动系统上进行改进的，其结构与燃油发动机汽车存在很大的差异，已形成了纯电动汽车所独有的驱动系统布置形式。这一结构便于采用电子集中控制，使汽车网络化和自动化控制逐步成为可能。

电机-驱动桥整体式驱动系统把驱动电机、固定速比减速器和差速器集成为一个整体，通过两根半轴驱动车轮，与发动机横向前置前轮驱动的燃油发动机汽车的布置方式类似。根据驱动电机与驱动半轴的连接方式不同，电机-驱动桥整体式驱动系统的布置形式有同轴整体式和双联整体式两种，如图 1-14 和图 1-15 所示。

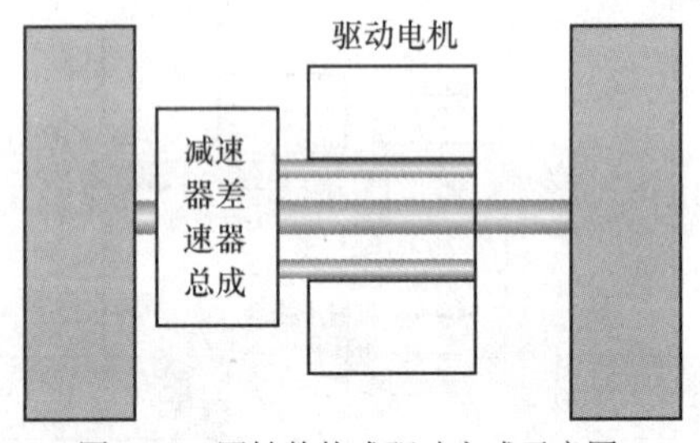

图 1-14　同轴整体式驱动方式示意图

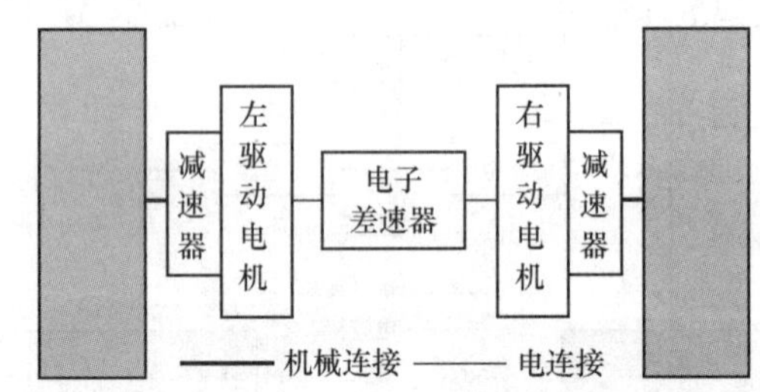

图 1-15　双联整体式驱动方式示意图

同轴整体式驱动系统的驱动电机轴是一种经过特殊制造的空心轴，在驱动电机一端输出轴处装有减速机构和差速器。半轴直接由差速器带动，一根半轴穿过驱动电机的空心轴驱动另一端的车轮。由于这种结构采用机械式差速器，所以汽车转向时和燃油发动机汽车类似，其控制比较简单。

双联整体式驱动系统也称双电机驱动系统，这一结构的左右两侧车轮分别由两台驱动电机通过固定速比减速器直接驱动。这一结构去掉了机械差速器，在左右两台驱动电机中间安装电子差速器，利用电子差速器满足汽车的转向需求，每台驱动电机的转速可以独立调节控制。电子差速器的一大突出优点是能使汽车获得更好的灵活性，而且可以方便地引入 ASR（即驱动防滑系统）控制，通过控制车轮的驱动转矩或驱动轮制动力等措施提高汽车的通过性和在复杂路况上的动力性。另外，电子差速器还具有体积小、质量小的优点，在汽车转向时，可以通过精确的电子控制来提高纯电动汽车的性能。但该驱动系统由于增加了驱动电机和功率变换器，因此初始成本增加，结构也较为复杂。与同轴整体式驱动系统相比，在不同条件下对两台驱动电机进行精确控制的可靠性还需要进一步提高。这种布置形式与前面几种有着很大的不同，但纯电动汽车的驱动系统布置形式发展到这一步时，才有可能把纯电动汽车的优势充分地发挥出来。

电机-驱动桥整体式驱动系统在汽车上的布局也有驱动电机前置前驱（FF）和驱动电机后置后驱（RR）两种形式。电机-驱动桥整体式驱动系统具有结构紧凑、传动效率高、质量小、体积小、安装方便等优点，并具有良好的通用性和互换性，已在小型纯电动汽车上得到了应用。

d. 轮毂电机分散式。在电机-驱动桥整体式结构的基础上更进一步地简化机械传动系统、减少机械传动零件，便可得到轮毂电机分散式结构。这一驱动方式就是把驱动电机安装在轮毂中（即轮毂电机），由驱动电机输出转矩直接带动驱动轮旋转，从而实现汽车的驱动，如图 1-16 所示。

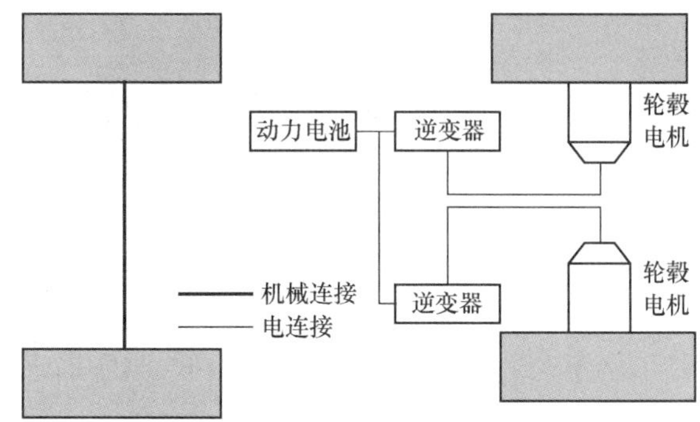

图 1-16　轮毂电机分散式驱动方式

这种布置方式把电机-驱动桥整体驱动布置方式中的半轴也去掉了，其结构更为简洁、紧凑，整车质量更小。同燃油发动机汽车相比，轮毂电机分散式纯电动汽车把燃油发动机汽车的机械动力传动系统所占空间完全释放出来，使动力电池、行李舱等有足够的布置空间。同时，它还可以对每台驱动电机进行独立控制，有利于提高车辆的转向灵活性和主动安全性，可以充分利用路面的附着力，便于引用电子控制技术。这种布置方式比上面介绍的各种布置方式更能体现出纯电动汽车的优势。采用轮毂电机分散式的动力系统必须要解决的问题就是如何保证车辆行驶的方向稳定性，同时，动力系统的驱动电机及其减速装置必须能够布置在有限的车轮空间内，因此要求该驱动电机体积较小。

② 行驶系统。纯电动汽车的行驶系统与燃油发动机汽车基本相同，主要包括车架、车桥、车轮和悬架等。

③ 转向系统。纯电动汽车的转向系统与燃油发动机汽车基本相同，只不过纯电动汽车的转向系统多采用电动转向助力装置。

④ 制动系统。纯电动汽车的制动系统包括制动器、制动传动装置。现代纯电动汽车的制动系统中，制动防抱死装置（ABS）已成为标配。与燃油发动机汽车相似，纯电动汽车的制动系统也由行车制动和驻车制动两套装置构成，但纯电动汽车多采用电动真空制动助力装置。

（3）车身

早期的纯电动汽车的车身分为车头和车厢两个部分。车头一般可乘坐驾驶人和副驾驶人两人；车厢是根据客户需求改装（包括车厢配置、用料、空间设计等）而来的。

现在多数纯电动汽车是以某种燃油发动机车型改型而成的，所以其车身结构基本与燃油发动机汽车相同。为了使乘客获得最大的舒适感，纯电动汽车一般采用单人座并排的方式，至于座椅的数量则根据具体车型而有所不同。随着纯电动汽车向 B 级车和 SUV 方向发展，乘客舱的空间尺寸有增大的趋势，座位数也相应地增多。

（4）电气设备

纯电动汽车的电气设备主要由发电机、充电装置、辅助蓄电池（车载 12V 或 24V 电源）、照明灯具、仪表、音响装置、刮水器等组成。

① 发电机。发电机的主要作用是将机械能转换为电能，它在电路中用字母 G 表示。纯电动汽车的发电功能基本上都是由驱动电机来完成的，即驱动电机为电动/发电机，可实现驱动和发电两种功能。

② 充电装置。充电装置主要包括车载充电器和充电接口，如图 1-17 所示。充电装置通常外接 220V 交流电源，通过充电接口进入车载充电器，车载充电器再通过交/直流转换，将 220V 交流电转变成直流电后再给动力电池充电。纯电动汽车也有利用 380V 交流电源充电的，但这种充电方式需要配备地面充电桩，将 380V 交流电转换为直流电后再给动力电池充电。

（a）充电接口

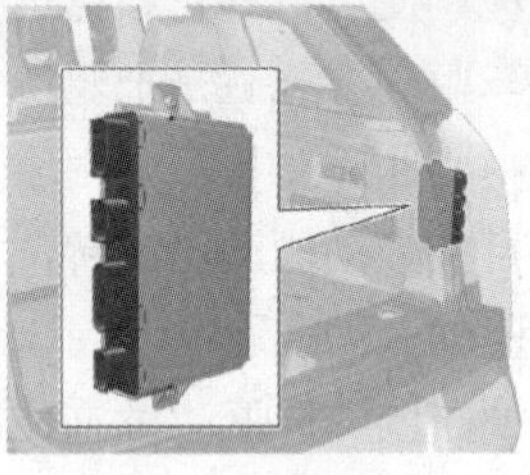

（b）车载充电器

图 1-17 充电接口与车载充电器

③ 辅助蓄电池。辅助蓄电池也称为辅助电源，指车载 12V 或 24V 蓄电池。其主要功能是为纯电动汽车的一些用电设备供电。

④ 灯具、仪表。灯具、仪表是提供照明并显示纯电动汽车状态的部件组合。仪表一般能够显示动力电池的电压、整车速度、行驶状态、灯具状态等，智能型仪表还能显示整车各电气部件的故障情况。

在工业用纯电动汽车上，除上述组成外，还需配备工业装置。工业装置是用来完成作业而专门设置的，如电动叉车的起升装置、门架、货叉等。

2. 纯电动汽车的驱动原理

纯电动汽车的电力驱动系统替代了燃油发动机汽车的发动机和变速器，其依靠动力电池、逆变器和电机变速单元实现车辆的驱动。

图 1-18 所示为纯电动汽车的基本驱动系统结构示意图。当驾驶人踩下加速踏板时，车辆控制模块将控制动力电池输出电能，然后通过控制逆变器驱动驱动电机运转，驱动电机输出的转矩经变速单元内的齿轮机构带动车轮转动，从而实现车辆的前进或后退。

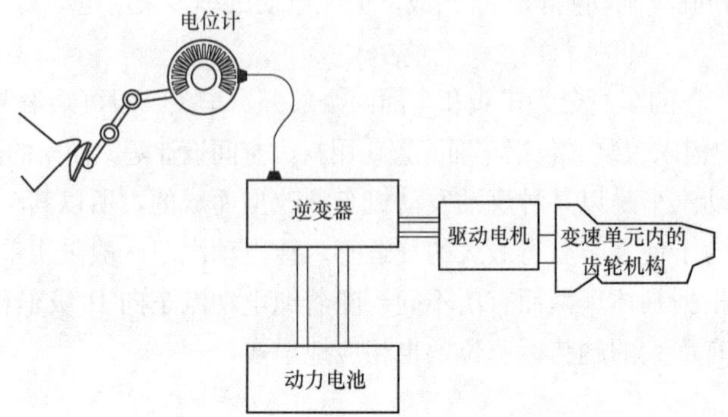

图 1-18 纯电动汽车基本驱动系统结构示意图

典型纯电动汽车的工作原理如图 1-19 所示。当电源接通汽车行驶时，主控 ECU 接收挡位控制器、加速踏板传感器等信息，判断、计算后发出指令传递给电机控制器，以控制流向驱动电机的电流。此时，动力电池组电流通过应急开关、配电箱/继电器之后，一路经过电机控制器向驱动电机供给需要的电流，另一路经过 DC/DC 变换器，将动力电池组的高压直流电转换为 42V 低压，提供给 EPS（电动助力转向系统）使用。同时，动力电池组接受电池管理器（通常称为电池管理系统）管理，将动力电池组的瞬时电压、电流、温度、存电情况等信息传递给电池管理系统，以防止动力电池组过放电或温度过高而损坏。如果发生漏电情况，漏电保护器会起作用；如果发生短路等紧急情况，保护装置（熔断丝）即可熔断。

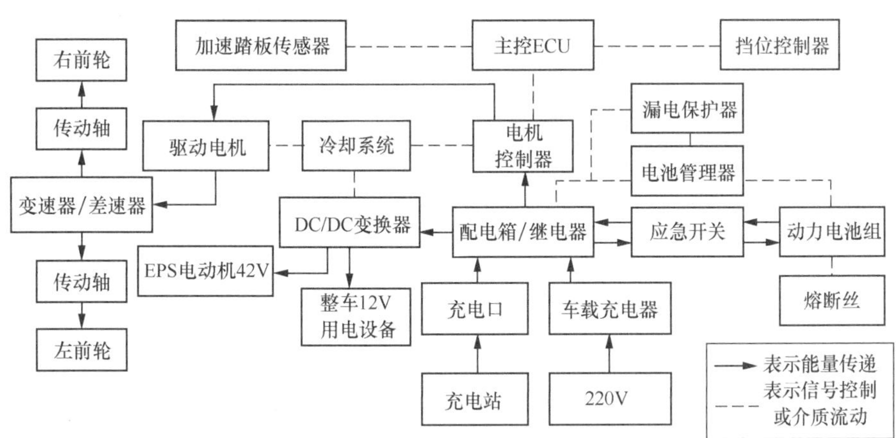

图 1-19 典型纯电动汽车工作原理

四、纯电动汽车的历史与现状

1. 纯电动汽车的历史

1834 年，苏格兰人德文博特（T. Davenport）制造了一辆纯电动三轮车。它由一组不可充电的简单玻璃封装的干电池驱动，只能行驶一小段距离。1859 年，法国人普兰特发明了世界上第一只可充电的蓄电池，为后来纯电动汽车的发展奠定了基础。1881 年，法国工程师特鲁夫第一次将直流电动机和可充电的铅酸蓄电池用于私人车辆，并在同年巴黎举办的国际电器展览会上展出了一辆能实际操作、使用的纯电动三轮车。1885 年，德国人卡尔•奔驰发明了由汽油机驱动的汽车，并于 1886 年 1 月 26 日获得专利，成为人类历史上的伟大创举。但是，由于当时纯电动汽车比燃油发动机汽车的结构简单，且只需配备驱动电机和动力电池，制造起来比较容易，而燃油发动机汽车的性能比较差，发动机的启动也很困难，因此，在初期阶段，纯电动汽车得到了快速发展。

19 世纪末，美国、英国和法国的许多公司都开始生产纯电动汽车。最早的纯电动汽车制造厂是由 Morria 和 Salam 创建的电动客车和货车公司。另一个比较早的纯电动汽车生产商是 Pope 制造公司，到 1898 年年底，Pope 生产了大约 500 辆 Calumlria 型纯电动汽车。1896—1920 年，Riker 纯电动汽车公司生产了多种不同类型的纯电动汽车，其中 1897 年生产的 Victoria 是一款设计较好的车型。除了美国纯电动汽车制造厂，英国的伦敦电动出租汽车公司在 1897 年生产了 15 辆纯电动出租车。法国的 BGS 公司在 1899—1906 年也生产了几种不同类

型的商用型纯电动汽车，包括小汽车、货车、客车和豪华轿车。1899 年，比利时人 Camille Jenatzy 驾驶的电力驱动汽车 Jamais Contente 首次实现了 100km/h 以上的车速。

1895—1915 年是早期纯电动汽车发展的黄金时代。1900 年，在美国销售的 4200 辆汽车中，有 38%是纯电动汽车、22%是燃油发动机汽车、40%是蒸汽机汽车。在当时，纯电动汽车是金融巨头的代步工具及财富的象征。

进入 20 世纪以后，大量油田被发现，促进了石油开采提炼技术和发动机技术的迅速进步，而纯电动汽车由于电池技术进步缓慢，因此，在性能、价格等方面都难以与燃油发动机汽车竞争，而逐步被燃油发动机汽车所取代。1911 年，Kettering 发明了汽车发动机起动机，使得燃油发动机汽车更具吸引力，并从此打破了纯电动汽车在市场的主导地位。而福特汽车公司（以下简称“福特”）的出现几乎彻底中止了纯电动汽车的发展，到 20 世纪 30 年代，纯电动汽车几乎消失了。

20 世纪 70 年代初期，美国、英国、法国、德国、意大利和日本开始发展纯电动汽车。20 世纪 70 年代后期，世界上许多国家和地区的公司都开始研制纯电动汽车。但是石油价格在 20 世纪 70 年代末开始下跌，在纯电动汽车成为商业化产品发展起来之前，能源危机和石油短缺变得不再严重，因而纯电动汽车的商业化失去了动力，纯电动汽车的发展显著变慢，又开始走入低谷。

2. 纯电动汽车的现状

20 世纪 80 年代，由于空气质量恶化和温室效应所产生的影响备受关注，纯电动汽车的发展再次获得生机。20 世纪 90 年代初，一些国家和城市开始实行更严格的排放法规。1990 年，美国加利福尼亚州大气资源管理局（CARS）颁布了一项法规，规定 1998 年在加利福尼亚州出售的汽车中，2%必须是零排放车辆（ZEVs），到 2003 年零排放车辆应达到 10%。受加利福尼亚州法规的影响，美国其他州及世界其他国家也开始制定类似的法规，而纯电动汽车被认为是符合零排放标准的唯一可用的汽车，所以纯电动汽车又迅速发展起来。

汽车制造商在不断推动纯电动汽车技术发展的同时，开始将纯电动汽车商业化。在世界范围内，尤其在美国、日本和欧洲，许多汽车生产商开始生产纯电动汽车或者涉及纯电动汽车领域。美国的通用汽车公司（以下简称“通用”）、福特、克莱斯勒汽车公司（以下简称“克莱斯勒”）等为了响应加利福尼亚州的法规，在纯电动汽车的发展中起着很重要的作用；在日本，几乎所有的汽车生产商，如丰田汽车公司（以下简称“丰田”）、日产汽车（以下简称“日产”）、本田技研工业株式会社（以下简称“本田”）、马自达汽车株式会社（以下简称“马自达”）、大发工业株式会社（以下简称“大发”）、三菱汽车公司（以下简称“三菱”）、铃木株式会社（以下简称“铃木”）和五十铃汽车公司（以下简称“五十铃”）等都制定了自己的商业化纯电动汽车的发展计划；欧洲的许多国家，尤其是法国、德国、意大利和英国都启动了纯电动汽车发展计划，其中较活跃的汽车公司有雪铁龙汽车公司（以下简称“雪铁龙”）、雷诺汽车公司（以下简称“雷诺”）、宝马汽车公司（以下简称“宝马”）、梅赛德斯-奔驰集团股份有限公司（以下简称“奔驰”）、奥迪汽车公司（以下简称“奥迪”）、沃尔沃汽车集团（以下简称“沃尔沃”）、大众汽车集团（以下简称“大众”）、欧宝汽车公司（以下简称“欧宝”）和菲亚特汽车公司（以下简称“菲亚特”）等。除了汽车生产商，还有一些电力公司和电池生产商在纯电动汽车的示范中也起着积极的作用，其目的都是促进以充电电池为动力的纯电动汽车的商业化，并最终获得商业利益。通常，它们会与汽车生产商合作来发展纯电动汽车，或者选购纯电动汽车用于电池评估和演示。虽然在这一阶段，纯电动汽车得到了各大企业的重视，但是由于电力电子学尚未建立，既没有完善的科学理论作指导，更缺乏高科技含量的电力电子装置可供采用，特别是，当时几乎只有铅酸蓄电池可供使用，而铅酸蓄电池体积大、质量重、能量密度小、功率密度低、充电时间长，以及每次充足电后，纯电动汽车的续驶里程较短，再加上电力传动系统的制造成本过高等因素的困扰，阻碍了纯电动汽车的大规模发展。

2000 年以来，随着各国对纯电动汽车技术研发投入的不断加大，车用动力电池、电动机及其控制系统等瓶颈技术取得了重大进展，电力电子、控制和信息技术的广泛应用促使纯电动汽车技术深入发展、日臻完善，产品的可靠性、寿命得到明显提升，制造成本得到有效控制，使得纯电动汽车技术在世界范围内得到快速发展。

3. 我国纯电动汽车的发展与现状

“八五”期间，国家将电动汽车项目正式列入国家研究和攻关计划。

“九五”期间，国家把电动汽车列入国家重大产业工程项目，完成了纯电动轿车先导车的研制和全新纯电动轿车概念车的开发，建成了我国唯一的国家电动汽车运行试验示范区。1995 年，我国成功研制出首辆纯电动大客车 YW6120DD（“远望号”）和首辆具有完全自主知识产权的纯电动公交车 BJD6100EV，完成了为期 3 年的载客示范试验。

“十五”期间，我国以开发电动汽车整车技术和关键零部件技术为重点，采取整车牵头、零部件配合、产学研相结合的模式，推动了电动汽车技术的研发。

“十一五”期间，我国继续坚持以电动汽车市场为产品开发的导向，以整车产品为载体，以电动汽车动力系统技术平台为核心，促进企业产品的开发和创新；以关键零部件工程化、系列化促进产业链的建设；以共性基础技术促进平台、总成和零部件的深入研究；以公共服务平台、基础设施和政策法规建设促进市场应用和推广。

经过“十二五”的发展，我国新能源汽车基本完成了起步阶段的任务，中国新能源汽车市场推广初见成效，新能源汽车进入产业化初期阶段。新能源汽车技术取得重大进步，动力电池性能大幅提升，电动汽车成本明显下降。新能源汽车产业链不断完善，关键零部件配套能力不断提高。初步建立较为完备的新能源汽车政策支持体系，涵盖技术研发、生产制造、市场推广及充电环境等产业链环节。新能源汽车的商业模式持续创新，新型商业模式不断涌现。

“十三五”规划纲要中，把新能源汽车推广列入国家的重要计划，并要求提高电动汽车产业化水平。“十三五”期间，我国新能源汽车的发展趋势也发生了改变：竞争主体愈发多元化，新能源汽车市场从自主品牌为绝对主体的竞争格局向多元化竞争格局转变；充电基础设施不断完善，充电结构不断优化，快充数量不断增长，充电功率持续提高，为新能源汽车的发展提供了有力的保障；产品供给水平持续提高，纯电动乘用车的平均续驶里程在“十三五”期间提高了近一倍；市场规模大幅扩张，新能源汽车销售量不断增加。

经过十几年的努力，尤其是“十三五”以来的重点攻关，我国逐步围绕纯电动客车和纯电动轿车形成了一个品种齐全、配套能力较强的产品技术链，在使用大容量锂离子动力电池方面克服了成组使用时充/放电性能、安全性能不佳和快速更换不便等技术难题，技术逐步成熟。多年来，经过各厂家的不断努力，车辆在产品能耗水平、轻量化技术、产品竞争力、品牌溢价能力等诸多方面取得了长足进步。但在高性能纯电动汽车产品的可靠性和工程化能力上仍有不足。从表 1-2 可以看出，国产纯电动车型在驱动电机的输出功率、最高车速、加速性能、续驶里程等方面均取得了很大进步。同时，随着驱动电机和动力电池所需零部件材料、控制器基础硬件、芯片等核心零部件国产化进程的加速，车辆整体成本也有所降低。

表 1-2　国内外部分纯电动乘用车技术参数对比

车型		e6	启辰晨风	宏光 MINI EV	逸动 EV	Leaf	i3EV	Model S	秦 EV	AION S	汉 EV	蔚来 ES8
生产企业		比亚迪股份有限公司（以下简称“比亚迪”）	东风日产乘用车公司（以下简称“东风日产”）	上汽通用五菱汽车股份有限公司（以下简称“上海通用五菱”）	重庆长安汽车股份有限公司（以下简称“长安汽车”）	日产	宝马	特斯拉汽车公司（以下简称“特斯拉”）	比亚迪	广汽埃安新能源汽车股份有限公司(以下简称“广汽埃安”)	比亚迪	上海蔚来汽车有限公司（以下简称“蔚来汽车”）
整车参数	车长/mm	4 560	4 467	3 061	4 620	4 445	4 006	4 978	4 675	4 805	4 995	5 022
	整备质量/kg	2 295	1 494	772	1 610	1 493	1 195	2 090	1 906	1 705	2 475	3 099
驱动电机	电动机类型	永磁同步	永磁同步	永磁同步	永磁同步	永磁同步	永磁同步	三相异步	永磁同步	永磁同步	永磁同步	前永磁后异步
	最大功率/kW	90	109	41	90	80	125	225	100	100	180	400
	最大转矩/（N·m）	450	254	110	280	280	250	600	180	225	350	725
动力电池	类型	磷酸铁锂	磷酸铁锂	磷酸铁锂	锂离子	锂离子	锂离子	锂离子	磷酸铁锂	磷酸铁锂	磷酸铁锂	三元锂+磷酸铁锂
	能量/（kW·h）	63	24	17.5	26	24	19	70	47.53	—	85.4	75
整车性能	最高车速/（$km\cdot h^{-1}$）	140	145	100	140	150	150	200	130	130	185	200
	0～100$km\cdot h^{-1}$的加速时间/s	10	—	—	4（0～50$km\cdot h^{-1}$）	9.9	7.2	6.2	15	—	7.9	4.9
	续驶里程/km	300	175	200	200	200	160	370	405	460	715	450

近年来，我国在纯电动乘用车产品及技术研发领域取得阶段性成果，部分中高端产品达到国际一流水平，具备了商业化推广条件。代表性的产品有比亚迪汉 EV、广汽埃安 AION S、蔚来 ES8 等，通过对三电系统的改造升级，纯电动乘用车的续驶里程得到大幅度提高。如秦 EV、广汽 AION S、蔚来 ES8 等已突破 400km 的续驶里程，比亚迪汉 EV 更是达到了 715km 的续驶里程。这些技术的创新与突破与我国推行的新能源汽车政策密不可分。

我国纯电动乘用车换代产品技术进步显著。以蔚来 ES8 系列纯电动汽车为例，几经改进，至 2023 年已进入第四代产品，是国内纯电动乘用车技术进步的典型代表。其主要产品技术参数见表 1-3。

表 1-3　　蔚来 ES8 系列纯电动汽车技术参数

上市时间/年		2018	2020	2022	2023
整车参数	车辆尺寸（长×宽×高）/mm×mm×mm	5 022×1 962×1 756	5 022×1 962×1 756	5 022×1 962×1 756	5 099×1 989×1 750
	整备质量/kg	2 460	2 425	2 425	—
驱动电机	电动机类型	交流异步	永磁同步+交流异步	永磁同步+交流异步	永磁同步+交流异步
	电机数量	2	2	2	2
	最大功率/kW	480	400	400	480
	最大转矩/（N·m）	840	725	725	850
动力电池	类型	三元锂	三元锂+磷酸铁锂	三元锂	三元锂
	能量/（kW·h）	70	75	100	100
	快充时间/ h	1.1	0.6	0.8	—
整车性能	最高车速/（$km·h^{-1}$）	200	200	200	200
	0～100$km·h^{-1}$的加速时间/s	4.4	4.9	4.9	4.1
	综合工况续驶里程/km	355	450	580	605

五、国内外典型纯电动汽车品牌

微课：国外典型纯电动汽车品牌

1. 国外典型纯电动汽车品牌

（1）特斯拉（Tesla）

特斯拉是美国的一家电动汽车及能源公司，产销电动汽车、太阳能板及储能设备。其总部位于美国加利福尼亚州硅谷的帕洛阿托，由马丁·艾伯哈德和马克·塔彭宁于 2003 年共同创立。

特斯拉第一款汽车产品 Roadster（见图 1-20）发布于 2008 年，是全球首款量产版电动敞篷跑车，也是第一辆使用锂电池技术，每次充足电能够行驶 320km 以上的纯电动汽车。其配备松下 18650 电池和富田电机。

图 1-20　特斯拉 Roadster 纯电动跑车

历经多年的研发，特斯拉发布多款纯电动汽车型，如 Model S、Model X、Model S P85D、Model S P90D、Model S 70、Model S 60、Model S 60D、Model 3 等。

2018 年 7 月 10 日，特斯拉与上海市政府、上海临港管委会共同签署了纯电动汽车项目投资协议，特斯拉公司将在临港地区独资建设集研发、制造、销售等功能于一体的特斯拉超级工厂，主要生产 Model 3 及 Model Y 车型。2022 年，上海特斯拉超级工厂的纯电动汽车累计交付量达到 71 万辆。

（2）宝马

宝马董事长科鲁格曾透露了宝马在电动汽车方面的战略规划，即到 2025 年，将提供 25 款电动汽车车型，其中 12 款为纯电动汽车车型。当前，宝马在市场上比较热销的电动汽车是 i3 和 i8（混合动力车型）。

2014 年，宝马推出了第一款车体主要由碳纤维材料制成的量产汽车宝马 i3 纯电动版，如图 1-21 所示。宝马 i3 的电动机最大输出功率可达 125kW，配备后轮驱动系统，0～100km/h 加速（也称百公里加速）时间为 7.2s，最高车速可达 150km/h。其采用高速充电器，只需 1h 就可为电池充 80%的电。

图 1-21　宝马 i3 纯电动汽车

2022 年 3 月 31 日，全新 BMW i3 正式上市。新车定位于中型纯电动轿车，也是华晨宝马旗下首款纯电动轿车，CLTC 标准（指加利福尼亚州照明技术中心工况标准）下续驶里程为 526km。2022 年 7 月，宝马第一款纯电动量产车型——宝马 i3（i01）正式停产。

2. 国内典型纯电动汽车品牌

（1）纯电动客车

微课：我国典型纯电动汽车品牌

纯电动客车是指以车载电源为动力，用电机驱动车轮行驶，符合道路交通、安全法规各项要求的客车。我国有很多客车生产厂家在研发和生产纯电动客车，如牡丹汽车股份有限公司（以下简称“牡丹汽车”）、宇通客车股份有限公司（以下简称“宇通客车”）、厦门金龙联合汽车工业有限公司（以下简称“金龙客车”）、中通客车股份有限公司（以下简称“中通客车”）、金龙联合汽车工业（苏州）有限公司旗下的海格客车、安徽安凯汽车股份有限公司（以下简称“安凯汽车”）、上海申龙客车有限公司（以下简称“申龙客车”）、河南少林汽车股份有限公司（以下简称“少林客车”）、比亚迪等。其中比亚迪、宇通、海格都是比较有名的客车品牌。

比亚迪纯电动客车有多个车系，如 K 系列（如 K8、K9 等）纯电动公交车、C 系列（如 C7、C8 等）旅游团体客车、BYD6110 系列客运客车等，图 1-22 所示为由广州汽车集团股份有限公司（以下简称“广汽集团”）与比亚迪合作研发生产的纯电动客车 K9。其已在大连市、广州市、

图 1-22　广汽比亚迪 K9 纯电动客车

北京市、三亚市、桂林市、蚌埠市、青岛市等多个城市投入公交运输服务。该款车型城市公交工况续驶里程超过 250km。

（2）纯电动货车

据工信部提供的信息，在我国，研发生产纯电动货车的六大知名企业为比亚迪汽车工业有限公司、成都大运汽车集团有限公司（以下简称“大运汽车集团”）、东风汽车公司（以下简称“东风汽车”）、安徽华菱汽车有限公司（以下简称“华菱汽车”）、一汽解放青岛汽车有限公司（以下简称“青汽公司”）和湖北三环专用汽车有限公司（以下简称“三环十通汽车”）。其生产的主要车型和基本数据见表 1-4。

表 1-4　我国主要纯电动货车生产企业及其主要产品

序号	生产企业	车型	产品型号	总质量/kg	整备质量/kg	续驶里程/km	搭载电量/kW·h
1	比亚迪汽车工业有限公司	纯电动自卸车	BYD3310EH9BEV	31 000	15 495	260	324
2		纯电动自卸车	BYD3250EEFBEV	25 000	12 495	240	311
3		纯电动混凝土搅拌运输车	BYD5320GJBBEV2	32 000	15 500	260	324
4		纯电动半挂牵引车	BYD4180D8DBEV	18 000	9 950	210	350
5	成都大运汽车集团有限公司	纯电动牵引汽车	CGC4180BEV1AACJSNALD	18 000	8 030	105	130.1
6		纯电动牵引汽车	CGC4250BEV1AADKRCGD	24 700	14 000	170	29 061
7	东风汽车公司	纯电动教练车	EQ5120XLHTBEV1	12 400	4 610	90	58.34
8		纯电动翼开启厢式车	EQ5180XYKTBEV	18 000	9 230	100	122.57
9		纯电动厢式运输车	EQ5180XXYTBEV1	18 000	9 200	100	122.57
10		纯电动厢式运输车	EQ5180XXYTBEV	18 000	8 800	102	130
11	安徽华菱汽车有限公司	纯电动混凝土搅拌运输车	HN5250GJBB25D4BEV	25 000	16 000	108	164.51
12	一汽解放青岛汽车有限公司	纯电动自卸汽车	CA3251P66T1BEV	25 000	12 430	120	130
13		平头纯电动牵引车	CA4181P25BEVA80	18 000	8 300	100	130
14	湖北三环专用汽车有限公司	纯电动牵引汽车	STQ4181L02Y4NBEV	18 000	6 940	100	130
15		纯电动厢式运输车	STQ5181XXYNBEV	18 000	8 700	100	130

比亚迪于 2013 年开始研发电动卡车，是国内最早投入新能源卡车研发的企业，也是国

内最早将新能源卡车投入商业化运营的企业。尤其是针对技术门槛高的新能源重卡，比亚迪已积累了多年的规模化运营经验，早于戴姆勒股份公司（以下简称“戴姆勒”）、特斯拉发布纯电动重卡及商业化运营的时间。

图 1-23 所示为比亚迪 T10 纯电动自卸车。其总质量为 31 000kg、额定载质量为 15 375kg，搭载型号为 BYD-3425TZ-XS-A 的永磁同步电动机，以及自主研发的磷酸铁锂电池，动力电池组的总能量为 324kW·h，续驶里程（等速法）达 260km。

（3）纯电动场地车

作为国内最早研究电动汽车的企业，东风汽车在“八五”计划初期开始电动汽车的研发工作。2007 年 8 月，东风电动车辆股份有限公司（以下简称“东风电动公司”或“东风电动”）正式与北京奥组委签约，东风纯电动场地车成为北京奥运会各比赛场馆的唯一服务用车。自 2007 年 8 月到 2008 年北京奥运会期间，500 余台纯电动场地车服务于检测赛、预赛、决赛及开、闭幕式时各个奥运会场馆及奥运村。

东风电动的主要场地车有电动观光车、电动游览车、电动警车、电动巡逻车、电动货车、电动高尔夫球车、电动多功能车等。图 1-24 所示为一款东风电动观光车的外形图。

图 1-23　比亚迪 T10 纯电动自卸车

图 1-24　东风电动观光车

（4）纯电动轿车

① 比亚迪纯电动轿车。作为国内新能源汽车领域的领导者，比亚迪销量优势显著，主销车型为“王朝”与“海洋”系列。在“王朝”系列中，汉家族作为比亚迪“出海”战略的核心车型，已正式进入欧洲市场，并直接瞄准了当地的高端市场，与海外豪华品牌展开正面竞争。“海洋”系列中的海豚车型也同样获得了出色的成绩。

比亚迪汉 EV 作为旗舰车型，集所有新技术、新科技于一身，如图 1-25 所示。其具有全新的外观设计、豪华的内饰氛围，并配备刀片电池、智能集成制动系统（IPB）和 Dillink 3.0 智能网联系统。其中，刀片电池的应用使电池包内部的空间利用率相比传统电池包提高 60%～80%。电池容量达到了 77kW·h，能量密度达到了 140kW·h/kg。

图 1-25　比亚迪汉 EV 纯电动轿车

比亚迪“海豚”是“海洋”车系的首款车型，也是基于比亚迪 e 平台 3.0 打造的首款车型。其搭载全球首款深度集成八合一电动力总成，是同级别车型中唯一一款搭载热泵系统的车型。其中还配备了电池包冷媒直冷直热技术，可以确保电池包始终处于最佳工作温度。此外，其还搭载“超级安全”的刀片电池、标配 IPB 及 DiPilot 智能驾驶辅助系统，可以为驾驶人提供十余项主动安全功能。

② 北汽纯电动汽车。北京新能源汽车股份有限公司（以下简称“北汽新能源”）作为我

国纯电动汽车的领航者，专注纯电动汽车领域，已经推出 EH、EU、EX、EV、EC、LITE 六大系列车型 10 余款纯电动乘用车。北汽 301 EV 电动汽车曾经出现在 2008 年 4 月的北京车展上，当时命名为 C30 EV。该车型配备可输出 47kW 的交流感应电机，峰值转矩 82N·m，聚合物锂电子的电池容量为 100A·h。301 EV 电动汽车的最高车速为 160km/h，一次充电最远可行驶 200km 以上，最大可爬 30° 的斜坡。

北汽新能源 EH 300 是一款主打高端商务的纯电动汽车，总体来说更适合商务接待或有公务需求的人群。

北汽新能源 EH 300 搭载一台最大功率为 100kW 的电机，配备三元锂电池，电池容量为 54.6kW·h；综合工况续驶里程可达 300km，60km/h 等速情况下续驶里程超过 380km；具有快充和慢充两种充电方式，普通慢充 10h 可将电池充满，快充 45min 即可充到电池满电量的 80%。

北汽新能源 ET 400 是北汽新能源推出的一款纯电动 SUV。在动力方面，其搭载北汽新能源 e-Motion Drive 超级电驱技术，配备更大功率的电池组，最大续驶里程超过 400km，还搭载一套全新 AI（人工智能）语音服务系统。

北汽极狐阿尔法 S（图 1-26）是北汽新能源主打的智能豪华纯电动轿车车型，续驶里程超 700km，具备独特的智能语音互动系统和人性化功能配置，具有通过语音互动操控车内温度、调整座椅舒适度等功能，可有效提高用户乘坐的舒适度与体验感。

③ 荣威纯电动轿车。荣威 i6 MAX EV（图 1-27）是上汽荣威汽车股份有限公司（以下简称“上海荣威”）专为年轻消费者打造的“新国潮智联网纯电座驾”。其搭载全新上汽 e1“三电”系统，由第二代 8 层 Hair-pin 发卡电机、69.9kW·h 大模组电池、新一代 VCU 高效智能电控系统组成高效可靠的自研“三件套”，可达到 605km 综合工况续驶里程、135kW 电机峰值功率、185km/h 最高车速，在实现高性能与轻量化的同时，安全性也有充分的保障。

图 1-26　北汽极狐阿尔法 S 纯电动汽车

图 1-27　荣威 i6 MAX EV 纯电动轿车

④ 蔚来纯电动汽车。上海蔚来汽车有限公司于 2014 年成立，代表国产高端电动汽车参与全球竞争，旗下主要产品包括蔚来 EC6、蔚来 ES8、蔚来 ES6、蔚来 EP9、蔚来 EVE 等。

图 1-28　蔚来 ES8 纯电动汽车

蔚来 ES8（图 1-28）是蔚来汽车的一款中大型电动 SUV 车型，是一款双电机车型。其前后轴各搭载一台电机，每台电机的最大功率为 240kW、最大转矩为 420N·m，合计动力达 480kW、840N·m，0～100km/h 加速时间 4.4s。全系使用了三元锂电池，电池的容量为 70kW·h，续驶里程达到了 355km。

2021 年，蔚来推出首款纯电动轿车 ET7。其定位于豪华中大型电动轿车，搭载前永磁同步、后交流异步电机的四驱版本，综合功率为480kW，最大转矩为850N·m，0～100km/h加速时间为3.9s，NEDC（新欧洲驾驶循环）续驶里程分别为500km和700km。

【任务实施与考核】

1. 准备工作

在技能学习工位准备好纯电动汽车（经高压终止并检验合格）及其相关技术资料。工具箱和防护用品柜内需有足够的专用维修工具和各类防护用品。

2. 学生工作

① 在各自工位分组学习。

② 在充分学习本任务相关知识的基础上，通过查阅相关技术资料和观察纯电动汽车，完成“工单1-1”中规定的工作任务，并记录相关信息。

③ 5S工作。

④ 自我评价与小组互评。

3. 教师工作

① 向学生讲解安全注意事项，并要求学生在工单1-1中做记录。

② 观察、指导学生进行相关操作，及时制止可能发生危险的操作。

③ 实操结束后审阅学生完成的工单，并结合其操作情况给出评价。

任务1-2　纯电动汽车典型技术认识

【任务分析】

与燃油发动机汽车相比，纯电动汽车有许多特有的典型技术。这些典型技术是区别于传统汽车的重要依据，包括储能装置、电动机、充电系统、制动助力与再生制动系统等。另外，纯电动汽车在变速驱动桥、空调系统、信息显示系统、整车控制等方面也与燃油发动机汽车有所不同。

纯电动汽车使用与维修人员必须充分熟悉纯电动汽车各类典型技术的应用情况，以便正确使用、维护及修理纯电动汽车。

本任务主要学习纯电动汽车各类型典型技术的功能及结构原理。

【学习目标】

1. 知识目标

① 能够正确解释动力电池的各项性能指标，应用于纯电动汽车的动力电池的种类，各类型动力电池的基本结构、原理、特点及应用，其他储能装置的种类、基本原理、特点及应用。

② 能够正确描述电池管理系统的功能及组成。

③ 能够正确描述应用于纯电动汽车的各类驱动电机的基本结构原理、特点及应用，电机控制器的组成及各组成部分的功能。

④ 能够正确描述应用于纯电动汽车的功率变换器的种类及各类型功率变换器的功能。

⑤ 能够正确描述纯电动汽车充电系统的组成，各组成部分的作用、充电方式及其特点。

⑥ 能够正确描述纯电动汽车常用变速器的种类及特点。

⑦ 能够正确描述纯电动汽车的电动真空制动助力系统、再生制动系统的组成及工作原理。

⑧ 能够正确描述纯电动汽车空调的制冷和制热方式的种类及工作原理。

2. 能力目标

① 能够针对具体的纯电动汽车，通过查阅技术资料和观察，找出纯电动汽车典型部件的位置。

② 能够根据纯电动汽车典型技术的部件布置，说明其工作原理。

③ 能够准确认识纯电动汽车新增仪表，并能解释其功能。

3. 素质目标

① 培养劳动安全保护、理论联系实际的职业素养。

② 培养科技自信、文化自信的思想素养。

【相关知识】

一、动力电池及其管理系统

微课：动力电池的主要性能指标

1. 动力电池的主要性能指标

（1）电压（V，伏特）

① 电动势。电动势为电池正极和负极之间的电位差，通常用“E”表示。

② 开路电压。开路电压为电池在开路时的端电压，一般开路电压与电池的电动势近似相等。

③ 额定电压。额定电压为电池在标准规定条件下工作时应达到的电压。

④ 工作电压（负载电压、放电电压）。在电池两端接上负载后，在放电过程中显示出的电压为工作电压。

⑤ 终止电压。电池在一定标准所规定的放电条件下放电时，电池的电压将逐渐降低，当电池不宜继续放电时，电池的最低工作电压称为终止电压。

放电条件也称为放电制度，即电池放电时规定的各种条件，主要包括放电电流、终止电压和温度等。放电曲线是指在一定的放电条件下连续放电时，电池的工作电压随时间的变化曲线，如图 1-29 所示。在放电曲线图上可以表征出电池放电过程的变化情况，同时也可通过放电曲线计算出放电时间和放电容量等。放电时率小（放电电流大）的电池，其工作电压下降速度快，终止电压低，放电时间短，会影响电池的实际使用效果；反之，工作电压下降速度慢，往往能输出较多的能量。工作电压的变化速度有时也称作“放电曲线的平稳度”。

（2）电池容量

电池在一定放电条件下所能放出的电量称为电池容量，用“*C*”表示，单位常用“A·h（安时）”或“mA·h（毫安时）”来表示。电池的容量参数有以下几种。

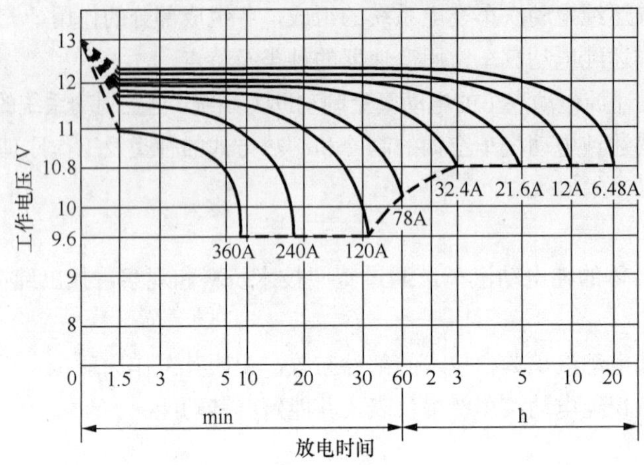

图 1-29　不同电流情况下的放电曲线

① 理论容量。理论容量是根据电池活性物质的特性，按法拉第定律计算出的电池电量的最高理论值，一般用质量容量（A·h/kg）或体积容量（A·h/L）来表示。

说明：这里所说的法拉第定律是指法拉第第一定律，即在电极界面上发生化学变化的物质的质量与通入的电量成正比。

② 实际容量。实际容量是电池在一定条件下所能输出的电量，等于放电电流与放电时间的乘积。

③ 标称容量（公称容量）。标称容量是电池电量的近似值，由于没有指定放电条件，因此，只标明电池的容量范围而没有确切值。

④ 额定容量（保证容量）。额定容量是按一定标准所规定的放电条件下放电时，电池应放出的最低限度的电量。

⑤ 荷电状态（SOC）。荷电状态（SOC）是指电池容量的变化情况，是电池在一定放电条件下，剩余电量与相同条件下额定容量的比值。SOC=1，即表示电池为充满状态。随着电池放电，电池的电荷逐渐减少，此时可以用 SOC 的百分数的相对量来表示电池中电荷的变化状态。一般蓄电池的放电高效率区 SOC=50%～80%。对 SOC 进行精确的实时辨识，是电池管理系统的关键技术。

⑥ 放电深度（DOD）。放电深度是放电容量与额定容量的百分比，与 SOC 之间存在如下关系：

$$\mathrm{DOD}=1-\mathrm{SOC}$$

放电深度的高低对二次电池的使用寿命有很大影响。一般情况下，二次电池的放电深度越深，其使用寿命就越短，因此，在电池使用过程中，应尽量避免二次电池深度放电。

（3）功率

在一定的放电条件下，电池在单位时间内所输出的能量称为电池的功率，单位为瓦（W）或千瓦（kW）。电池的功率决定了纯电动汽车的加速性能。电池的功率常用比功率和功率密度来表示。

① 比功率。比功率是指单位质量电池所能发出的电功率，单位为瓦每千克（W/kg）。

② 功率密度。功率密度是指单位体积电池所能发出的电功率，单位为瓦每升（W/L）。

（4）能量

电池在一定放电条件下所能释放出的能量称为电池的能量，单位为瓦时（W·h）或千瓦时（kW·h）。电池的能量决定了纯电动汽车的行驶距离。电池能量具体有以下几种指标。

① 标称能量。标称能量是在标准规定放电条件下，电池所能够输出的能量，即电池的额定容量与额定电压的乘积。

② 实际能量。实际能量是在一定放电条件下，电池所能输出的能量，即电池的实际容量与平均工作电压的乘积。

③ 比能量。比能量是指单位质量电池所能输出的能量，单位为瓦时每千克（W·h/kg）。电池的质量包括电池本身结构件质量和电解质质量。

④ 能量密度。能量密度是指单位体积电池所能输出的能量，单位为瓦时每升（W·h/L）。

动力电池在纯电动汽车的应用过程中，由于电池组安装需要配备电池箱、连接线、电流电压保护装置等元器件，因此，实际电池组的比能量比单体电池的比能量低 20%以上。

（5）内阻

电流通过电池内部时由于受到阻力，会使电池的电压降低，此阻力称为电池的内阻。由于电池的内阻作用，电池在放电时的端电压低于电动势和开路电压，在充电时的端电压高于电动势和开路电压。

（6）寿命

电池的工作是一个不断充电→放电的循环过程。电池在按一定标准所规定的条件下放电，当电池的容量降低到某一个规定值前，就要停止继续放电，充电后才能继续使用。在每一个循环中，电池中的化学活性物质都会发生一次可逆性的化学反应。但随着充电和放电次数的增加，电池中的化学活性物质会发生老化变质，化学功能逐渐削弱，使得电池的充电和放电的效率逐渐降低，最后电池由于丧失全部功能而报废。

电池的寿命即电池从开始使用到报废所经历的时间，常用循环次数和使用年限来表示。

① 循环次数。从电池第一次充电到报废时所经历的充/放电次数称为循环次数，也称为循环寿命。电池的循环次数与电池的充电和放电的形式、电池的温度和放电深度有关，放电深度浅时，有利于延长电池的寿命。特别是电池在纯电动汽车上的使用环境，包括电池组中各个电池的均衡性、安装/固定方式、所受的振动和线路的安装等，都会影响电池的工作循环次数。

② 使用年限。从电池开始使用到报废所经历的年数称为使用年限或使用年数。

（7）放电率（放电速率）

电池放电的快慢称为放电率。放电率有时率和倍率两种表示方法。

① 时率（也称小时率）。电池以某种电流强度放电直到电池的电压降低到终止电压时，所经过的放电时间称为放电时率。

② 倍率。电池以某种强度放电时的电流值与额定容量电流值的比值（倍数）称为放电倍率。

当放电电流大于或等于额定容量电流值时，该放电电流值用倍率表示；当放电电流小于额定容量电流值时，该放电电流值用时率表示。电池的额定容量常用“C”来表示，则放电率在 C 前加系数表示。例如，2 倍率，即 $2C$，其放电电流值为额定容量电流值的 2 倍，额定容量约半小时放完；2 小时率，即 $0.5C$，其放电电流值为额定容量电流值的 1/2，额定容量约 2h 放完。

（8）自放电率

自放电率是指电池在存放时间内，在没有负载的条件下自身放电，使得电池容量损失的速度。自放电率用单位时间（月或年）内电池容量下降的百分数来表示。

（9）成本

电池的成本与电池的技术含量、材料、制作方法和生产规模有关。目前，新开发的高比能量的电池成本较高，使得电动汽车的造价也较高，开发和研制高效、低成本的电池是电动汽车发展的关键。

除上述主要性能指标外，还要求电池无毒性，对周围环境不会造成污染或腐蚀，使用安全，有良好的充电性能，充电操作方便，耐振动，无记忆性，对环境温度变化不敏感，易于调整和维护等。

说明：电池记忆效应是指电池长期不彻底充电、放电，易在电池内留下痕迹，即电池对日常的充、放电幅度形成记忆，日久就很难改变这种模式，不能再进行大幅度的充电或放电，从而使电池的容量降低的现象。

2. 铅酸蓄电池

微课：铅酸电池的认知

（1）概述

正极板活性物质为二氧化铅，负极板活性物质为铅，以酸溶液为电解质的蓄电池称为铅酸蓄电池。

铅酸蓄电池由正极板、负极板、隔板、电池盖、电解液、加液孔盖和电池外壳等组成，正、负极板浸入稀硫酸电解液中成为单格电池。每个单格电池的标称电压为2V，因此，6个单格电池串联起来成为12V蓄电池。

电动汽车使用的铅酸蓄电池型号为“××V-××A·h”。例如“48V-120A·h”，“48V”表示铅酸蓄电池的标称直流电压，“120A·h”表示铅酸蓄电池的标称容量。

（2）常用动力铅酸蓄电池

应用于电动汽车的动力铅酸蓄电池主要有阀控免维护型铅酸蓄电池（VRLA）、胶体型蓄电池、水平式蓄电池与双极式蓄电池4种。

① VRLA。阀控免维护型蓄电池是指在使用寿命期限内，除要保持表面清洁外，不需其他维护的蓄电池。

② 胶体型蓄电池。胶体型蓄电池是指其电解液是由稀的硫酸钠溶液和硅酸溶液混合成胶状物质的蓄电池。这种蓄电池因为其电解液的流动性不强，所以在储存、保管、运输及使用过程中都比较安全，但其容量与普通蓄电池相比有所降低。

③ 水平式蓄电池与双极式蓄电池。

水平式蓄电池是指极板为水平安置的电池，其结构如图1-30（a）和图1-30（b）所示。

双极式蓄电池是指将原蓄电池的隔板去掉，正、负极板合一，一面涂正极活性物质，另一面涂负极活性物质，如图1-30（c）所示。据报道，英国一家公司用钛化合物作电极制成的铅酸蓄电池的比能量达到60W·h/kg，几乎接近镍氢电池、锂电池的比能量。如果在技术上突破的话，价格低廉的铅酸蓄电池会大力推动纯电动汽车的推广和普及。

（3）优点

① 电压高，单体电压为2.0V。在常用蓄电池中仅次于锂电池。

② 价格低廉。

③ 可制成小至1A·h大至几千安时的各种尺寸和结构的蓄电池。

④ 高倍率放电性能良好，可用于发动机启动。

⑤ 高低温性能良好，可在−40～60℃的条件下工作。

⑥ 电能效率高，可达 60%。

⑦ 易于浮充使用，没有记忆效应。

⑧ 易于识别荷电状态。

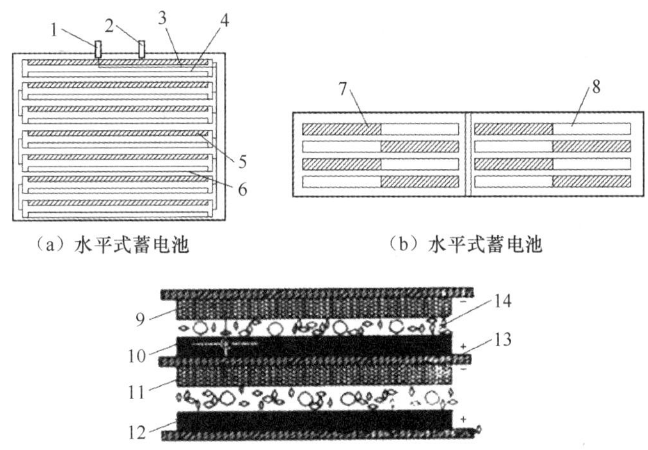

（a）水平式蓄电池　　（b）水平式蓄电池

（c）双极式蓄电池结构

1、10、12—正极；2、9、11—负极；3—栅板；4—负极活性物质；5—正极活性物质；
6、14—电解质；7—正极板；8—负极板；13—双极板

图 1-30　水平式蓄电池及双极式蓄电池的结构

（4）缺点

① 比能量低，在纯电动汽车中所占的质量和体积较大，一次充电行驶里程短。

② 使用寿命短，使用成本高。

③ 充电时间长。

④ 存在铅污染。

（5）应用

早期生产的纯电动汽车大多采用铅酸蓄电池，如五十铃 Elf Resort、大发 Hijet、铃本奥拓、富士 Samber EV 等。低速纯电动汽车多采用 VRLA，如山东时风（集团）有限责任公司（以下简称“山东时风”）研发的纯电动汽车即采用 10 块 GD04B 铅酸蓄电池串联成的电池组，额定电压为 60V。采用铅酸蓄电池的典型纯电动乘用车代表是风靡一时的美国通用汽车公司的纯电动汽车 EV-1。我国株洲时代集团公司研发的 TEG6120EV-2 型电动大客车采用水平铅酸蓄电池为动力电源，工作电压为 384V。

微课：镍氢电池的认知

3. 镍氢（Ni-MH）电池

（1）概述

以镍化合物（通常为氢氧化镍）为正极板活性材料，以储氢合金为负极板材料（活性物质为氢），电解质是水溶性氢氧化钾和氢氧化锂的混合物的电池称为镍氢电池。它属于碱性电池。

镍氢电池的正极是球状氢氧化镍粉末与添加剂钴等金属、树脂和黏合剂等制成的涂膏，

用自动涂膏机涂在正极板上，然后经过干燥处理成发泡的氢氧化镍正极板。

镍氢电池的负极的关键技术是储氢合金，储氢合金是一种允许氢原子进入或分离的多金属合金的晶格基块，是用钛-钒-锆-镍-铬（Ti-V-Zr-Ni-Cr）5 种金属，并与钴、锰等金属烧结而成的合金。其经过加氢、粉碎、成形和烧结，可制成负极板。

（2）优点

与铅酸蓄电池相比，镍氢电池具有以下特点。

① 比功率高。镍氢电池的比功率可达到 200W/kg，是铅酸蓄电池的 2 倍，能够提高车辆的启动性能和加速性能。

② 比能量高。单体镍氢电池的标称电压为 1.2V，比能量可达到 70～80W·h/kg，有利于延长电动汽车的行驶里程。

③ 寿命长。在 80%的放电深度下，镍氢电池的循环寿命可达到 1 000 次（或 10 年）以上，是铅酸蓄电池的 3 倍。在 100%的放电深度，其循环寿命也在 500 次以上，在混合动力汽车中可使用 5 年以上。

④ 无重金属污染。镍氢电池中没有铅和镉等重金属元素，不会对环境造成污染。

⑤ 耐过充电、过放电。镍氢电池具有高倍率的放电特性，短时间可以以 3*C* 放电，瞬时脉冲放电率很大，过充电和过放电性能好。

⑥ 可以快速充电。镍氢电池在 15min 内可充 60%的容量，1h 内可以完全充满，应急补充充电的时间短。

⑦ 无记忆效应。镍氢电池可以随充随放。

⑧ 使用温度范围宽。镍氢电池的正常使用温度为−30～55℃，存储温度为−40～70℃。

⑨ 安全性好。镍氢电池在短路、挤压、针刺、安全阀工作能力、跌落、加热、耐振动等安全可靠性试验中无爆炸、燃烧现象。镍氢电池采用全封闭外壳，可以在真空环境中正常工作。

（3）缺点

镍氢电池的主要缺点是充电时发热量大，需采用有效的散热系统。

（4）应用

电动汽车的动力电池组经常处于充电、放电状态，而且充电、放电是不规则进行的，这会严重影响电池的寿命。松下电池公司用模拟混合动力汽车行驶工况对镍氢电池进行仿真试验，证实镍氢电池的特性几乎不发生变化，镍氢电池用于混合动力汽车是比较合适的，但也有将其应用于纯电动汽车上的，如日本丰田汽车公司的 RAV4 EV 配置的动力电池组由 24 节 12V 的镍氢电池组成，总电压为 288V。

4. 锌空气电池

（1）概述

微课：锌空气电池的认知

如图 1-31 所示，锌空气电池以锌（Zn）为负极，以空气电极为正极（活性物质为氧气），以 KOH 溶液为电解质。

锌空气电池的化学反应与普通碱性电池类似，在特殊催化剂的作用下，当电池放电时，锌摄取输送炭块内从空气中吸附到的氧气，锌和氧气发生化学反应生成氧化锌（ZnO）。

锌空气电池的正、负极之间发生的化学反应是不可逆的，没有充电过程，反应过的物质要清除掉，所以锌金属的消耗量较大。单体锌空气电池的工作电压为 1.1～1.4V。

（2）优点

① 比能量大。锌空气电池的理论比能量为 1 350W·h/kg，实际比能量为 180～230W·h/kg；能量密度为 230W·h/L。

② 充电时间短。锌空气电池采用机械充电模式，充电时间只需几分钟。

③ 性能稳定。锌空气电池具有良好的一致性，可以深度放电，电池容量不受放电强度和温度的影响，可以在−20～80℃的环境条件下工作。其在放电时不产生压力，没有气体生成，可以实现密封免维护，便于电池组能量管理。

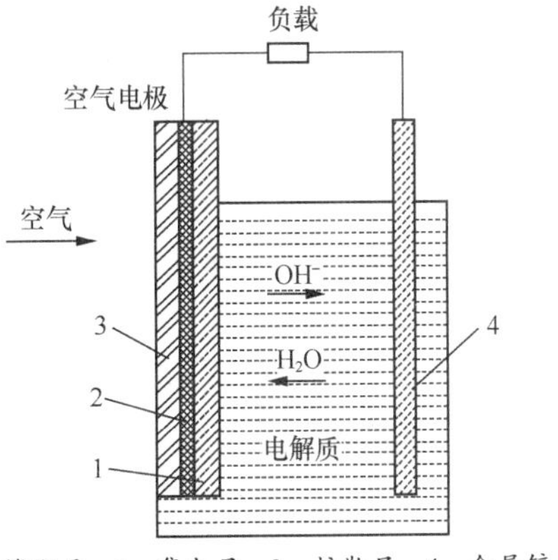

1—催化层；2—集电层；3—扩散层；4—金属锌

图 1-31 锌空气电池原理

④ 安全性好。锌空气电池即使外部遇到明火、短路、穿刺、撞击等情况，也不会发生燃烧、爆炸。

⑤ 环保。锌空气电池的正极采用活性炭、铜网，负极采用金属锌，没有使用一些有毒害的物质。

⑥ 可再生利用。锌电极使用完后，可通过再生还原再次使用。

⑦ 充电方便。由于锌空气电池的充电主要是更换极板，所以极板的再生可以集中进行。极板的分发可以像商店那样布点，不必建立专用的充电站。这不但可以节约大量先期投资，而且给用户带来很多方便。

（3）缺点

锌空气电池对水分、二氧化碳非常敏感，如果相对湿度发生变化，电池的特性也会发生相应变化。锌空气电池的临界相对湿度约为 60%，如果偏离过高就会严重影响电池的使用效果。经研究，如果相对湿度小于 60%，锌空气电池会失去水分；大于 60%时，水分又会过多，电池可能出现泄漏。随空气进入的二氧化碳将会与电解质（KOH）发生化学反应，使电解液酸化，生成碳酸（或亚碳酸）盐在电极上结晶，使阴极受到损坏，并会有堵塞空气通路的危险。

（4）应用

锌空气电池多应用于纯电动商用车上，如德国研发的锌空气电池邮政车，采用了以色列电燃料有限公司开发的锌空气电池。美国 Dreisback Electromotive 公司开发的锌空气电池，已在公共汽车和总质量 9t 的货车上使用。德国奔驰汽车公司的 MB410 型电动厢式车，标准总质量为 4 000kg，采用 150kW·h 的锌空气电池。瑞典斯德哥尔摩市的电动货车、电动客车和电动服务车辆上，采用的锌空气电池比能量为 180W·h/kg，能量密度为 100W·h/L，续驶里程在 350～425km。国内部分厂家已经在注入式锌空气电池方面开展了多年的研究工作，并且在部分电动汽车上进行了试验性装车测试。2010 年，锌空气电池开始应用于北京市的电动大客车和环卫车，进行市公交和环卫系统的试验运行。

微课：锂电池的认知

5. 锂电池

（1）概述

以锂化合物为正极板活性材料，以石墨等为负极板材料，以无水有机物为电解质的电池称为锂离子蓄电池，简称“锂电池”。

根据所用电解质材料不同，锂电池可分为液态锂电池（LIB）和聚合物锂电池（LIP）两大类。上述两种锂电池的正、负极材料是相同的，基本原理也相似。

锂电池的正极材料有很多种，主要有钴酸锂、锰酸锂、镍酸锂、三元材料（镍、钴、锰）、磷酸铁锂等，相应的电池名称为钴锂电池、锰锂电池等，用三元材料作正极的锂电池则称为三元锂电池。

以磷酸铁锂（$LiFePO_4$）电池为例，如图1-32所示，$LiFePO_4$作为电池的正极，由铝箔与电池正极连接；中间是聚合物的隔膜，它把正极与负极隔开，锂离子（Li^+）可以通过而电子（e^-）不能通过；负极材料为石墨，由铜箔与电池的负极连接。电池的上下端之间是电池的电解质，电池由金属外壳密闭封装。$LiFePO_4$电池在充电时，正极中的Li^+通过聚合物隔膜向负极迁移；在放电过程中，负极中的Li^+通过隔膜向正极迁移。锂电池就是因Li^+在充/放电时来回迁移而命名的。

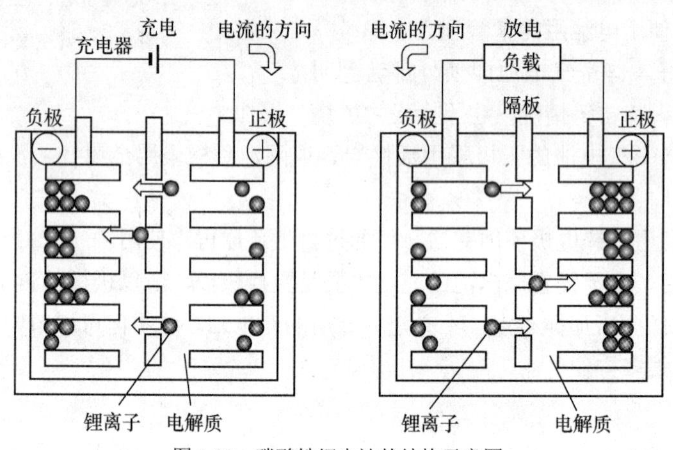

图1-32　磷酸铁锂电池的结构示意图

（2）优点

① 工作电压高。单体锂电池的工作电压为3.6V，是镍镉电池、镍氢电池的3倍，是铅酸蓄电池的近2倍。

② 比能量高。锂电池的比能量高达150W·h/kg，是镍氢电池的2倍，是铅酸蓄电池的4倍，因此，其重量是相同能量的铅酸蓄电池的1/4～1/3；体积小，能量密度高达到400W·h/L，体积是相同能量的铅酸蓄电池的1/3～1/2。

③ 循环寿命长。锂电池的循环次数可达1 000次（10年以上或20万km）。以容量保持60%计，锂电池100%充/放电循环次数可以达到600次以上，使用年限可达3～5年，寿命为铅酸蓄电池的2～3倍。

④ 自放电率低。锂电池每月自放电率仅为6%～8%，远低于其他类型的动力电池。

⑤ 无记忆效应。锂电池可以随时随地进行充电。

⑥ 无污染。锂电池中不存在有毒物质，因此被称为“绿色电池”。

⑦ 重量轻。锂电池提供了更合理的结构以及更美观的外形的设计条件、设计空间和可能性。

（3）缺点

① 成本高。锂电池主要是正极材料的价格高，但按单位瓦时的价格来计算，只高于铅酸蓄电池。

② 锂电池必须有特殊的保护电路，以防止过充电。

（4）应用

目前，全球汽车制造商应用的锂动力电池主要为磷酸铁锂电池和三元锂电池，例如比亚迪汉 EV、秦 EV 及海豚、海豹等车型均配备了以磷酸铁锂电池为基础设计的“刀片电池”，特斯拉 2022 款 Model 3、Model Y 及蔚来 ES8 等则有装配磷酸铁锂电池和三元锂电池的车型版本。

6. 石墨烯电池

（1）概述

石墨烯电池是利用锂离子可在石墨烯表面和电极之间做快速、大量穿梭运动的特性，开发出的一种新能源电池。这种电池可把数小时的充电时间压缩至短短不到 1min。分析人士认为，未来 1min 快充石墨烯电池实现产业化后，将带来电池产业的变革，从而促进新能源汽车产业革新。

目前，石墨烯电池的研究总体上分为两个方面：一是在传统锂电池上进行应用，目的是改进、提升锂电池的性能，这类电池不会产生颠覆性的影响；二是依据石墨烯制造一个新体系的电池，它是一个崭新的系列，在性能上是颠覆性的，称作“超级电池”。因此，可以认为，目前研发的石墨烯电池仍属于锂电池系列。

石墨烯的微观构造是一个由碳原子所组成的网状结构（图 1-33）。因为其具有极限的厚度（只有一层原子的厚度），所以阳离子的移动所受的限制很小。同时，也由于其具有网状结构，由石墨烯所制成的电极材料也拥有充分的孔洞。使用石墨烯作为电池的阳极材料，其充/放电速度将超过锂电池的 10 倍。

石墨烯电池原理如图 1-34 所示。研究发现，将 6 个石墨烯电路串联，放在氯化铜溶液中，就可产生所需的 2V 电压，使 LED 灯发亮。

图 1-33　石墨烯材料微观结构

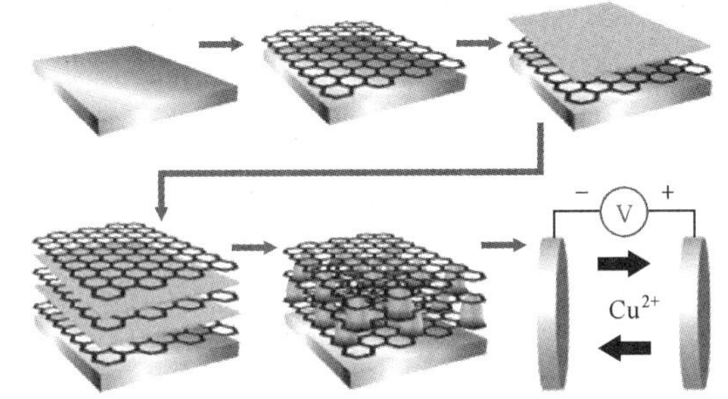

图 1-34　石墨烯电池原理

（2）应用

据报道，西班牙 Graphenano 公司（一家以工业规模生产石墨烯的公司）同西班牙科尔瓦多大学合作研究出首例石墨烯聚合材料电池，其储电量是目前电池市场上同类较好产品的 3 倍，用此电池提供电力的纯电动汽车最远能行驶 1 000km，而其充电时间不到 8min。虽然此电池具有各种优良的性能，但其制作成本并不高。Graphenano 公司相关负责人称，此电池的制作成本比锂电池低 77%，完全在消费者承受范围之内。此外，在汽车燃料电池等领域，石墨烯还有望带来革命性进步。

2014 年 12 月，美国电动汽车制造商特斯拉发布了 2 年前停产的第一代车型 Roadster 的升级版，其续驶里程达到 644km，高出原版 60%。电池技术的进步提升了特斯拉产品的性能，此前 Roadster 的续驶里程是 393km。

7. 电池管理系统

微课：电池管理系统

（1）动力电池存在的问题

① 大容量电池包容易产生过热。电池包有一定的温度耐受范围，在实际应用中，如果体积过大，会产生局部的过热，从而影响电池的安全和性能。因此，电池包的大小受到限制。在苛刻的使用环境下，110mm×110mm×25mm 的 20A·h 锂电池，局部最高温度为 135℃；而 110mm×220mm×25mm 的 50A·h 锂电池，局部温度高达 188℃，更容易发生安全问题，所以有必要监测和控制电池的温度。

② 电池的性能不完全一致。基于现有的极板材料和电池制造水平，单体电池之间尚不能达到性能的完全一致，在通过串并联方式组成大功率大容量动力电池组后，苛刻的使用条件也易诱发局部偏差，从而引发安全问题。

③ 电池成组后的主要问题。

a．过充电/过放电。串联的动力电池组充/放电时，部分电池可能先于其他电池充满或放完，继续充/放电就会造成过充电或过放电。电池的内部副反应将导致电池容量下降、热失控或者内部短路等问题。

b．过大电流。并联、老化、低温等情况，均会导致部分电池的电流超过其承受能力，进而降低电池的寿命。

c．温度过高。局部温度过高，会使电池的各项性能下降，最终导致内部短路和热失控，产生安全问题。

d．短路或者漏电。因为振动、湿热、灰尘等因素造成电池短路或漏电，会威胁驾乘人员的人身安全。

（2）电池管理系统的作用

电池管理系统（Battery Management System，BMS）的作用之一就是避免动力电池组出现上述问题。其通过动态监测动力电池组的工作状态，实时采集每块电池的端电压和温度、充/放电电流及动力电池组总电压，估算出各电池的 SOC、安全状态（State of Health，SOH）和电化学状态（State of Electrochemistry，SOE），然后通过控制相关器件，防止电池发生过充电或过放电现象，同时能够及时反映电池状况，显示有故障电池所在箱号和箱内位号，帮助维修工人挑选出有问题的电池，保证整组电池运行的可靠性和高效性。

此外，BMS 还需要设定面向用户端的显示，将估算的剩余电量换算成可行驶里程，同时，还需要有自动报警和故障诊断功能，方便驾驶人员操作和处理。因此，BMS 任务可归纳为：数据采集电路首先采集电池状态信息数据，再由电子控制单元（ECU）进行数据处理和分析，然后根据分析结果对系统内的相关功能模块发出控制指令，并向外界传递信息。

BMS 包含多个处理模块：数据采集模块、SOC 估算模块、电气控制模块、安全管控模块、热管理模块及数据通信和显示模块等。BMS 的主要任务、输入信号和执行元件见表 1-5。

表 1-5　BMS 的主要任务、输入信号和执行元件

BMS 的主要任务	BMS 的输入信号	BMS 的执行元件
防止过充电	电池的电压、电流、温度	充电机
避免过放电	电池的电压、电流、温度	电动机功率变换器
温度控制	电池的温度	冷热空调（风扇等）
电池组件电压和温度的平衡	电池的电压和温度	平衡装置
预测电池的 SOC 和剩余行驶里程	电池的电压、电流、温度	显示装置

充电站对储能性能的要求是大容量、长寿命、快速响应、可涓流充电，对 BMS 的要求有所不同，但总体功能要与动力电池 BMS 类似，具有监控电池 SOC 和 SOH 状态、动态充/放电、智能管理和输出控制等功能。

（3）电池管理系统的结构

电池管理系统最基本的作用是进行电池组管理，还包括电线线路管理、热（温度）管理和电压平衡控制等。图 1-35 所示为 BMS 系统结构框图。

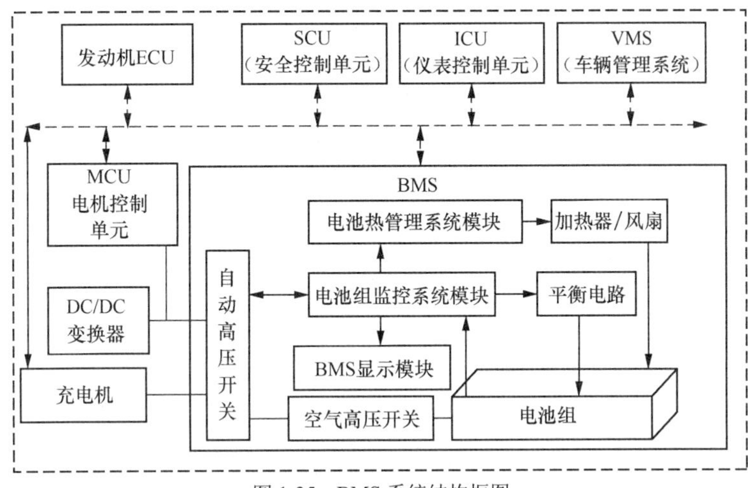

图 1-35　BMS 系统结构框图

① 电池组管理。电池组管理作用主要体现在管理电池的工作情况，避免出现过放电、过充电、过热等情况，对出现的故障应能及时报警，以便最大限度地利用电池的存储能力和循环寿命。电池组管理作用还包括可进行电池组电压测试、电池组电流测试、电池组和单节电池的温度测试、SOC 计算及显示、电池组剩余电量显示、车辆在线可行驶里程显示，以及控制自动诊断系统、报警系统和安全防护系统等。

② 电线线路管理。电线线路管理作用主要体现在管理动力电池组分组及连接、动力电线束、手动或自动断电器、传感器及其线束等。

③ 热（温度）管理。热（温度）管理作用主要体现在管理电池组的组合方式、电池组的分组和支架布置、通风管理系统和风扇、温度管理 ECU 及温度传感器，以及管理与应用热能等。

④ 电压平衡控制。电压平衡控制作用主要体现在可平衡各电池的充电量，延长电池寿命，并对更换后的新电池进行容量平衡等。

微课：超级电容的认知

二、其他储能装置

1. 超级电容

超级电容属于物理电池。物理电池在储存能量、释放能量时不发生化学变化。

（1）概述

超级电容也称为电化学电容器、双电层电容器。它依靠电解质与电极接触界面上形成的特有双电层结构储存能量，是一种新型储能装置。

超级电容的特点是：可以在大电流下快速充/放电，提供很大的瞬时充/放电功率，循环寿命长，工作电压和温度范围宽。

因为传统的蓄电池（如铅酸蓄电池）功率密度偏低，不能满足车辆的频繁起步、加速和制动工况的要求，而且加速时消耗了过多的能量，致使车辆的续驶里程不能满足要求。加装超级电容的车辆就可以有效解决这一问题，既可以提供较大的驱动电流，满足车辆在特殊行驶工况时的要求，又可以节省动力电池的能量，延长车辆的续驶里程，同时减少了动力电池的频繁充/放电的工作状态，提高了动力电池的使用寿命。

（2）使用方式

超级电容和 DC/DC 变换器系统搭配是常用的使用方式。超级电容和动力电池采用并联的连接方式。当用动力电池与超级电容进行组合时，所选的动力电池必须能提供高比能量，因为超级电容本身比动力电池具有更高的比功率和更高效回收制动能量的能力。由于用在纯电动汽车上的超级电容相对而言电压较低，所以需要在动力电池和超级电容之间加一个 DC/DC 变换器。图 1-36 所示为动力电池和超级电容组复合的结构框图。

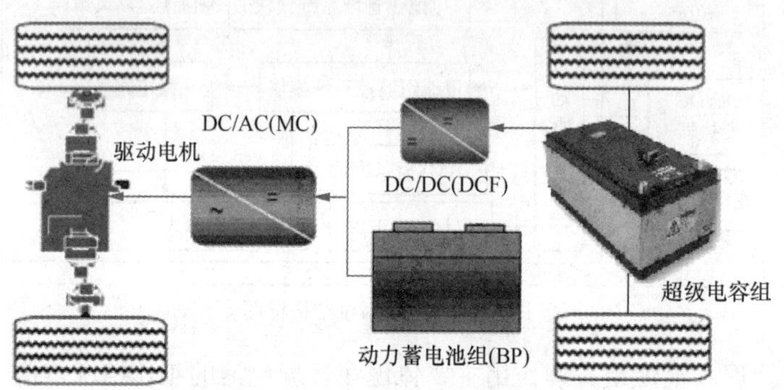

图 1-36　动力电池+超级电容组作为能量源

当车辆正常行驶时，超级电容不参与工作；但当车辆进行加速或上坡时，超级电容通过 DC/DC 变换器的控制提供短期的大电流，并与动力电池共同供电，两者再经过电机控制器的调控，供给驱动电机驱动车辆。当超级电容的电压低于动力电池的端电压时，DC/DC 变换器通过工作电路降压，使得超级电容达到能量饱和状态。当动力电池急需能量时，通过控制电路对电容能量进行升压以输出到动力电池正负端。

（3）特点

① 充电速度快。充电 10s～10min 可达到其额定容量的 95%以上。

② 循环使用寿命长。其深度充/放电循环使用次数最高可达 50 万次。

③ 没有记忆效应。

④ 大电流放电能力超强，能量转换效率高。放电过程能量损失小，大电流能量循环效率≥90%。

⑤ 比功率高。其比功率可达 300～5 000W/kg，相当于普通电池的 5～10 倍。

⑥ 比能量高。其比能量可达 20W·h/kg。

⑦ 环保。其原材料的构成、生产、使用、储存及拆解过程均没有污染，是理想的绿色环保电源。

⑧ 充电性能好。其充/放电线路简单，不需要充电电路，安全系数高。

⑨ 维护性能好。其可长期使用免维护。

⑩ 超低温特性好。其温度范围宽，可在−40～+70℃的环境条件下正常工作。

⑪ 检测方便。其剩余电量可直接读出。

⑫ 容量范围宽。容量范围通常为 0.1～1 000F。

（4）应用

日本是将超级电容应用于混合动力汽车的先驱。超级电容是近年来日本电动汽车动力系统开发中的重要领域之一。

2004 年 7 月，我国首部电容蓄能变频驱动式无轨电车在上海张江投入试运行。该电车利用超级电容比功率大和公共交通定点停车的特点，当电车停靠站时在 30s 内快速充电，充电后就可持续行驶，车速可达 44km/h。哈尔滨工业大学和巨容集团研制的超级电容电动公交车，可容纳 50 名乘客，最高速度为 20km/h。2010 年上海世博会期间，在世博园内也运行了采用超级电容驱动的电动客车。

在纯电动汽车和混合动力汽车上采用超级电容与动力电池复合电源系统被认为是解决未来电动汽车动力问题的最佳途径之一。随着对电动汽车用超级电容的进一步研究和开发，超级电容-动力电池复合电源系统在满足性能和成本要求上更具有实用性，市场前景广阔。

英国伦敦大学帝国理工学院正在研发一种聚合树脂和碳化纤维的复合物：首先把纳米结构的碳纤维材料制成薄片，然后成型、烘干、硬化，再把超级电容植入其间。可以通过叠加的方式，将其做成电池模块，并做成车身面板的样子，布置在车身框架上。研究显示，这种新型材料电池的充电速度比常规电池组更快，强度更高，适用性更强，可以取代车身面板，从而节省电池组所需空间。这种新型电池面板可以取代车门、行李舱盖、发动机罩、车顶等。如果用这种新材料来代替汽车传统的钢板车身，整个汽车的重量将会减少 15%。这样不仅可以减轻电动汽车的重量，同时也能存储更多能量。

2. 飞轮电池

微课：飞轮电池的认知

（1）概述

飞轮电池也称高速飞轮或储能飞轮，就是以机械飞轮来存储能量的装置。典型的飞轮电池结构如图 1-37 所示，其基本工作原理如图 1-38 所示。飞轮电池在工作时，先将外界输送过来的电能通过电动机转换为飞轮转动的动能储存起来，当外界需要电能时，又通过发电机将飞轮的机械能（动能）转换为电能，输出到外部负载，而空闲运转时的损耗非常小。为了减少空闲运转时的损耗，提高飞轮的转速和飞轮储能装置的效率，飞轮储能装置轴承的设计一般都使用非接触式的磁悬浮轴承技术，而且将电动机和飞轮密封在一个真空容器内以减少风阻。

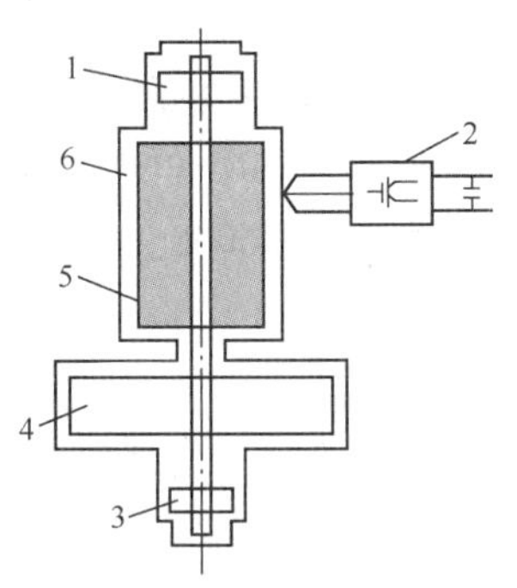

1、3—轴承；2—电力电子变换器；4—飞轮；5—电动机；6—真空容器

图 1-37　飞轮电池结构

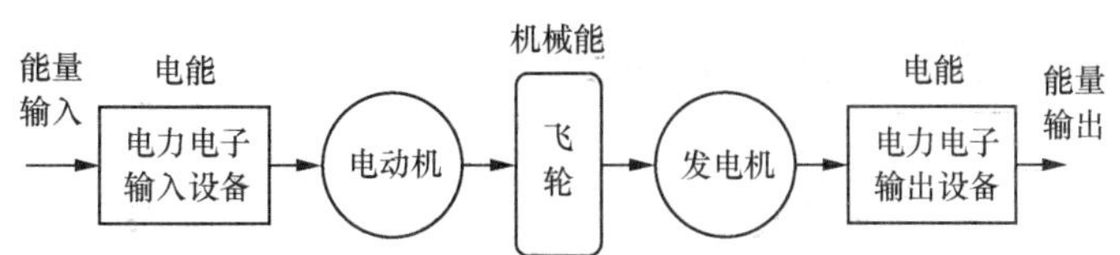

图 1-38　飞轮电池工作原理

电动/发电机通常使用一台电机来实现，通过轴承和飞轮连接在一起，因此，实际常用的飞轮储能装置主要包括飞轮、轴、轴承、电机、真空容器和电力电子装置。图 1-39 所示为典型飞轮电池结构。

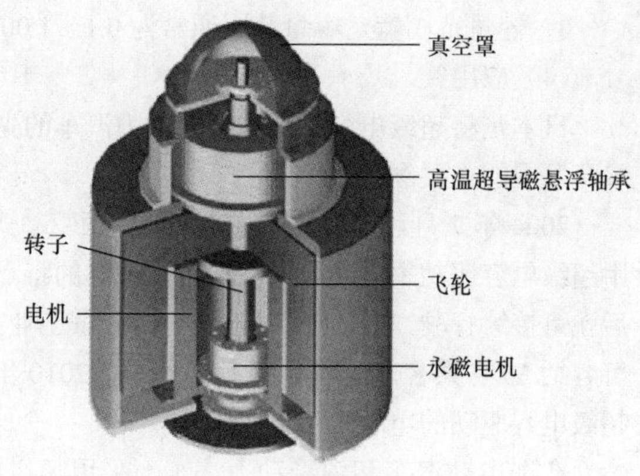

图 1-39　典型飞轮电池结构

（2）特点

① 比能量高。飞轮电池的比能量可达 150W·h/kg，是镍氢电池的 2～3 倍。

② 比功率高。飞轮电池的比功率可达 10 000W/kg，高于一般化学动力电池和发动机。

③ 充电速度快。其快速充电可在 18min 完成且能量储存时间长。

④ 寿命长。飞轮电池的使用寿命远长于各种化学动力电池，使用寿命长达 25 年，可供电动汽车行驶 500 万 km。

⑤ 环保。飞轮为纯机械结构，不会像发动机一样产生排气污染，同时，飞轮电池也没有化学动力电池的化学反应过程，不会引起腐蚀，也无废料的处理回收问题。

（3）使用方式

飞轮电池与具有两种工作模式（电动和发电）的电机转子相结合，能够将电能和机械能进行双向转换。图 1-40 显示了这种飞轮电池和动力电池作混合动力的结构，所选用的动力电池应能提供高比能量。飞轮最好与无刷交流电动机结合使用，这种电动机的效率比直流电动机高，因而应在动力电池和飞轮之间加一个 AC/DC 变换器。

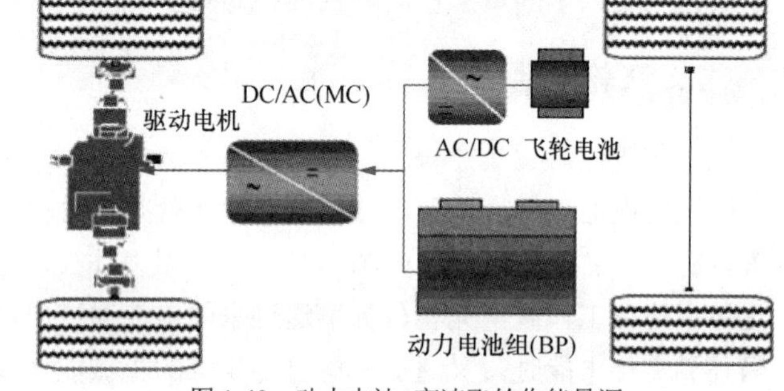

图 1-40　动力电池+高速飞轮作能量源

（4）应用

就目前的技术来看，由于飞轮储能装置本身的特点，其更适用于复合动力汽车和混合动力汽车技术中。复合动力汽车是靠发动机和电动机两种方式共同提供推动力的，在汽车正常行驶和制动时给电池充电，在汽车爬坡和加速时让电池放电。

20 世纪 80 年代初，瑞士 Oerlikon Energy 公司研制成功了完全由飞轮电池供电的电动公交客车，飞轮直径 163mm，可载乘客 70 人。1992 年，美国飞轮系统公司（ASF）采用纤维复合材料制造飞轮，并开发了飞轮电池电动汽车，该车一次充电续驶里程可达 600km。

三、驱动电机及其控制器

1. 驱动电机

（1）驱动电机的主要性能指标

驱动电机的作用是将电源的电能转换为机械能，通过传动装置或直接驱动车轮和工作装置。适用于电力驱动的电动机可分为直流电动机（将直流电能转换为机械能的电动机）

和交流电动机（将交流电能转换为机械能的电动机）两大类。目前在电动汽车上已应用的和有应用前景的电动机有直流电动机、三相异步电动机、永磁无刷电动机、开关磁阻电动机等。

驱动电机的主要性能参数有额定功率、额定电压、额定电流、额定频率、额定转速、额定效率、额定功率因数、绝缘等级、比功率、过载能力等。

① 额定功率。额定功率指电动机在制造厂所规定的条件下运行时，其输出端的机械功率，单位一般为千瓦（kW）。

② 额定电压。额定电压是指电动机在额定条件下运行时，外加于定子绕组上的线电压，单位为伏特（V）。一般规定电动机的工作电压不应高于或低于额定值的 5%。当工作电压高于额定值时，电动机容易发热；当工作电压低于额定值时，会引起输出转矩减小，转速下降，电流增加，也会使绕组过热。

③ 额定电流。额定电流是指电动机在额定电压和额定输出功率时，定子绕组的线电流，单位为安培（A）。

④ 额定频率。额定频率是指交流电动机在额定条件下工作时，输入或输出的频率。我国电力网的频率为 50Hz，因此除外销产品外，国内用的交流电动机的额定频率均为 50Hz。

⑤ 额定转速。额定转速是指电动机在额定电压、额定频率下，输出端有额定功率输出时，转子的转速，单位为转每分钟（r/min）。电动汽车所采用的感应电动机的额定转速一般为 8 000～12 000r/min。

⑥ 额定效率。额定效率是指电动机在额定条件下运行时的效率，是额定输出功率与额定输入功率的比值。电动机在其他工况运行时的最大效率为峰值效率，整体效率越高越好。电动汽车还需要在车辆减速和制动时实现能量回收，再生制动回收能量一般可达到总能量的 10%～15%。

⑦ 额定功率因数。对于交流电动机，定子相电流比相电压滞后一个角 φ，$\cos\varphi$ 就是交流电动机的功率因数。三相异步电动机的功率因数较低，在额定负载时为 0.7～0.9，而在轻载和空载时更低。因此，必须正确选择电动机的容量，防止出现“大马拉小车”的现象，并力求缩短空载时间。

⑧ 绝缘等级。绝缘等级是电动机绕组绝缘能力达到的等级数。绝缘等级是按电动机绕组所用的绝缘材料在使用时容许的极限温度来分级的。所谓极限温度，是指电动机绝缘结构中最热点的最高容许温度。绝缘等级与极限温度的对应关系见表 1-6。

表 1-6 绝缘等级与极限温度的对应关系

绝缘等级	A	E	B	F	H
极限温度/℃	105	120	130	155	180

⑨ 比功率。比功率是指单位质量电动机输出的功率，单位是千瓦每千克（kW/kg），比功率越大越好。

⑩ 过载能力。过载能力是指电动机在超过额定载荷（功率、转矩、电流等）条件下工作的能力。电动汽车的电动机应具有较大的启动转矩和较好的调速性能，可以使汽车有良好的启动性和加速性，以获得所需要的启动、加速、行驶、减速、制动等的功率与转矩。

⑪ 其他指标。除了上面所述及的性能参数，电动机还要求可靠性好，耐湿和耐潮性好，运行噪声低，振动小，能够在较恶劣的环境下长时期工作，结构简单，适合大批量生产，使用、维修方便，性价比高等。

（2）直流电动机

直流电动机是将直流电能转换为机械能的电动机。因其良好的调速性能而在电力驱动中得到广泛应用。

直流电动机主要由定子、转子、电刷总成、风扇、轴承及端盖组成，如图 1-41 所示。

1、5—轴承；2—转子；3—电刷总成；4—端盖；6—风扇；7—定子

图 1-41　直流电动机构造

① 特点。

a. 调速性能好。直流电动机可以在重负载条件下，实现均匀、平滑的无级调速，而且调速范围较宽。

b. 启动转矩大。直流电动机在启动时即可均匀而经济地实现转速调节，因此，凡是在重负载下启动或要求均匀调速的机械（如电动汽车），都可用直流电动机进行驱动。

c．控制比较简单。直流电动机一般用斩波器控制。它具有高效率、控制灵活、质量轻、体积小、响应快等优点。

d．有易损件。直流电动机由于存在电刷、换向器等易磨损器件，所以必须进行定期维护或更换。

② 分类。励磁直流电动机按励磁方式分为他励和自励 2 类，其中自励又分为并励、串励和复励 3 种。电动汽车上常用的有并励直流电动机和串励直流电动机。

③ 应用。并励直流电动机在早期的电动汽车上应用得较多，如五十铃 Eif/Resort、大发 Hijet 的 K-Van、铃木奥拓等。

串励直流电动机是早期电动汽车上采用的电动机，低速时转矩较大，高速时励磁变弱，仅采用电枢控制就可以对其进行转矩控制，十分简单。由于这种电动机的转矩特性与采用发动机的车辆的传动输出特性类似，故可得到近似等同的驾驶舒适性。但是由于其转速范围太小，因此必须装配传动装置。斯巴鲁 Samber EV Classic 电动汽车即采用额定功率为 25kW 的恒转矩串励直流电动机作为驱动电机。

（3）三相异步电动机

三相异步电动机是靠同时接入 380V 三相交流电流（相位差 120°）供电，定子与转子之间靠电磁感应作用，在转子内形成感应电流以实现机电能量转换的电机，也称为三相异步感应电动机。

三相异步电动机的种类虽然很多，但各类三相异步电动机的基本结构是相同的。它们都由定子和转子这两大基本部分组成，在定子和转子之间具有一定的气隙，此外，还有端盖、轴承、风扇、风扇罩、接线盒等其他附件，如图 1-42 所示。

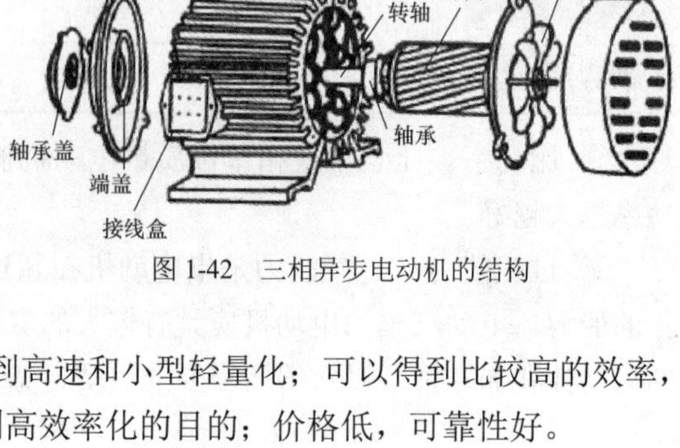

定子
风扇
风扇罩
转子
转轴
轴承
轴承盖
端盖
接线盒

图 1-42　三相异步电动机的结构

① 特点

a．优点。转子结构简单、坚固，容易做到高速和小型轻量化；可以得到比较高的效率，弱磁控制与最大效率控制的同时使用可以达到高效率化的目的；价格低，可靠性好。

b．缺点。由于励磁电流是必要的，因此会引起功率因数的恶化，特别是在低速区域，功率因数、效率恶化较为严重。另外，该种电动机进行转矩控制难度较大。

② 应用。作为汽车的驱动电机，小型轻量化很重要，而三相异步电动机的这一优点已经得到认可，故其在许多电动汽车中均有应用，如日产 March EV、福特 ETX-1、丰田 TownAce EV、三菱 Rebel EV 等电动汽车。

（4）永磁同步电动机

微课：永磁同步电动机

永磁同步电动机属于永磁电动机的一种，即采用永磁材料来替代励磁电动机的励磁绕组（或转子绕组）的电动机。

对于三相异步电动机，若采用永磁体取代其笼式感应转子，则相应的电动机就称为永磁同步电动机（PMSM）。为了克服磁通量不变的缺点，又在其转子中嵌入了笼式电磁绕组，则称为永磁复合式电动机，它的特点是既有永磁体又有笼式绕组。

永磁同步电动机主要由转子、端盖及定子等各部件组成。永磁同步电动机的定子结构与普通的感应电动机的结构非常相似，转子结构与异步电动机的最大不同是在转子上放有高质量的永磁体磁极，根据在转子上安放永磁体的位置的不同，永磁同步电动机通常有表面式转子结构和内置式转子结构。

永磁体的放置方式对电动机的性能影响很大。表面式转子是永磁体位于转子的外表面，这种转子结构简单，但产生的异步转矩很小，仅适用于对启动要求不高的场合，因此很少应用。内置式转子是永磁体，位于鼠笼导条和转轴之间的铁心中，启动性能好，目前的绝大多数永磁同步电动机都采用这种结构。永磁同步电动机的结构如图 1-43 所示。

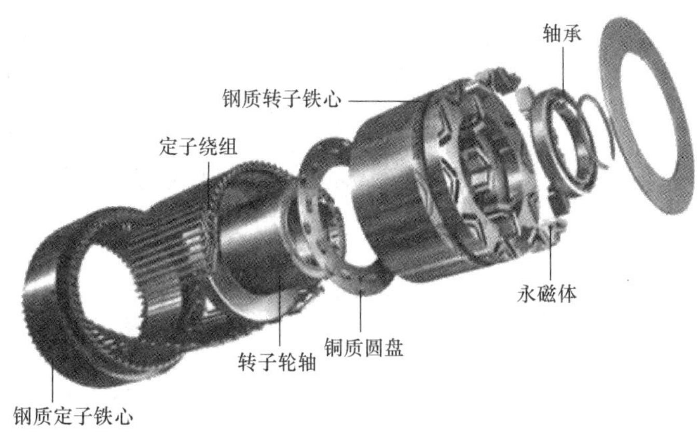

图 1-43 永磁同步电动机的结构

① 优点。永磁同步电动机具有较高的功率/质量比，体积更小，质量更轻，比其他类型的电动机的输出转矩更大，极限转速和制动性能也比较优异，因此永磁同步电动机已成为现今电动汽车应用较多的电动机。

② 缺点。永磁材料在受到振动、高温和过载电流作用时，其导磁性能可能会下降，或发生退磁现象，有可能降低永磁同步电动机的性能。另外，稀土式永磁同步电动机要用到稀土材料，制造成本不太稳定。

③ 应用。目前，永磁同步电动机广泛应用于多数电动汽车中，例如宝马 i3、奔驰 smart EV 和三菱 i MIEV 等。

（5）永磁无刷直流电动机

如果将直流电动机的直流励磁绕组用永久磁铁代替，该电动机就称为永磁直流电动机。为了克服磁通量不变的缺点，又在其永磁定子中嵌入了激励磁场的电磁绕组，也称为永磁复合式电动机，它的特点是既有永磁体又有励磁绕组。

永磁直流电动机分为永磁有刷直流电动机和永磁无刷直流电动机。永磁有刷直流电动机广泛应用于小型电器之中。由于电刷和换向器的存在，永磁有刷直流电动机在维修、制造等方面都比永磁无刷直流电动机复杂，在应用中的换向火花、机械噪声等也使它难以在恶劣的环境下使用。而永磁无刷直流电动机由于没有电刷，弥补了传统有刷直流电动机的缺陷。因此永磁无刷直流电动机被越来越多地应用在伺服系统、数控机床、变频空调及电动汽车中。

永磁无刷直流电动机的结构如图 1-44 所示。三相对称定子绕组固定在定子上，转子上的电枢绕组用稀土永磁材料（钐钴、钕铁硼）取代。对于高速永磁无刷直流电动机，还需要加装非磁性护环。

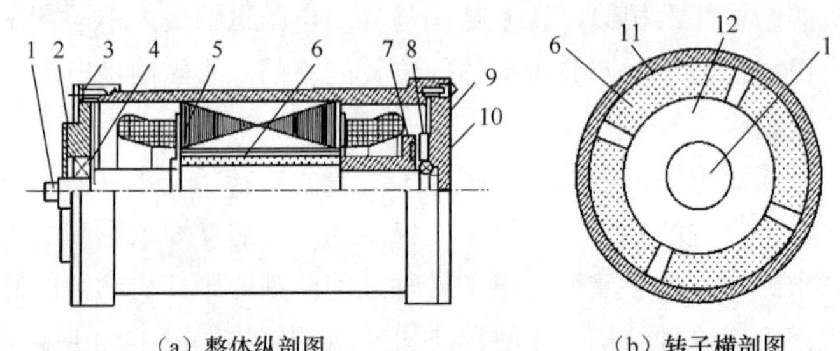

（a）整体纵剖图　（b）转子横剖图

1—转轴；2—前端盖；3—螺钉；4—轴承；5—定子组件；6—永磁体；
7—传感器转子；8—传感器定子；9—后端盖；10—轴承；11—护环；12—转子轭

图 1-44　永磁无刷直流电动机的结构

永磁无刷直流电动机定子绕组的主要电气参数、绕组形式与绕线式三相同步电动机的定子绕组一样，各线圈依次通电即可产生旋转磁场，如图 1-45 所示。

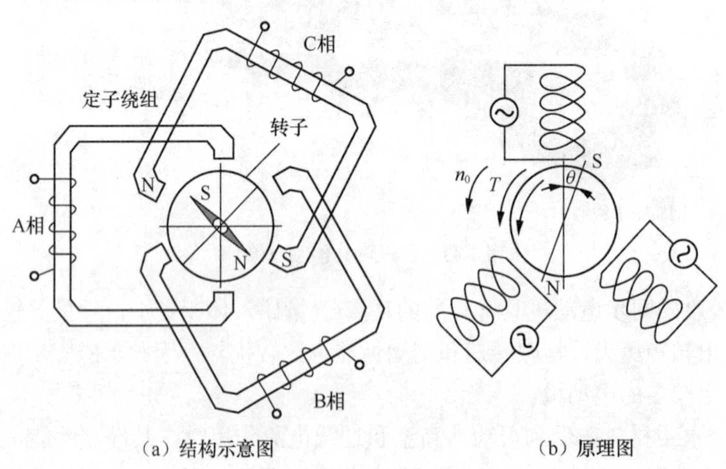

（a）结构示意图　（b）原理图

图 1-45　永磁无刷直流电动机定子绕组的电气结构原理

① 优点。

a. 由于可以采用稀土磁铁等高性能永磁体，该电动机可以实现较大的功率因数和较高的效率，特别是在低速时更明显。

b．永磁无刷直流电动机能得到较高的磁通密度，可以制成小型高速电动机。

c．永磁无刷直流电动机容易多极化，可以制成轮毂式电动机。

② 缺点。

a．在一定输出区域内，当励磁较弱时，其效率会降低。但近年来，随着嵌入式磁铁的应用，这种情况正慢慢得以改善。

b．磁铁材料价格较高，而且安装困难；永久磁铁在发热时容易产生减磁现象。

c．逆变器遭短路破坏会造成电动机端子短路，产生很大的制动力。

③ 应用。目前，电动汽车中所使用的电动机，大都向永磁电动机阶段过渡，如日本丰田 RAV4LV EV、本田 EV PLUS 等。

（6）开关磁阻电动机

开关磁阻电动机（SRM）是一种典型的机电一体化电动机，又称开关磁阻电动机驱动系统（SRD）。这种电动机主要由开关磁阻电动机本体、电力电子功率变换器（简称“功率变换器”）、转子位置传感器及控制器 4 部分组成，如图 1-46 所示。

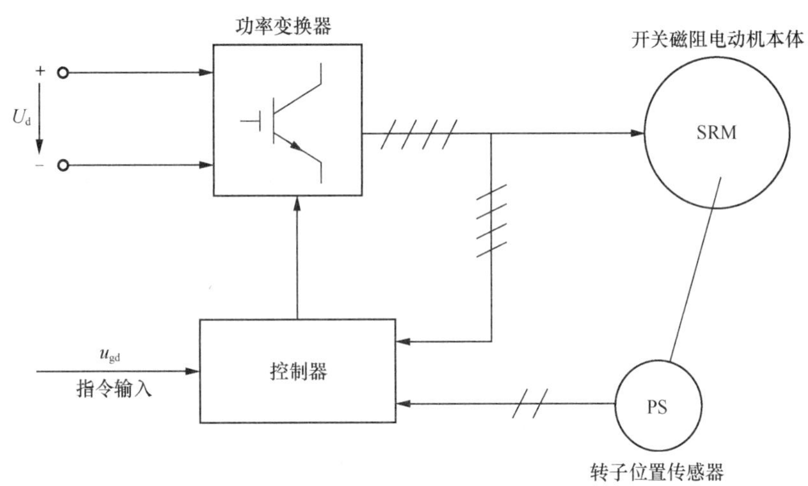

图 1-46 开关磁阻电动机的构成

根据励磁方式的不同，开关磁阻电动机可分为励磁式和永磁式两种。

励磁式开关磁阻电动机本体采用定、转子双凸极结构，单边励磁，即仅定子凸极采用集中绕组励磁，而转子凸极上既无绕组也无永磁体；定、转子均由硅钢片叠压而成；定子绕组径向相对的极串联，构成一相。其结构原理如图 1-47 所示。

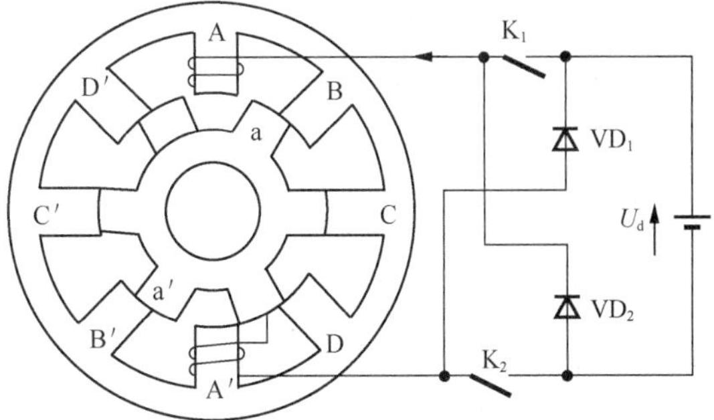

图 1-47 励磁式开关磁阻电动机的结构原理示意图

在励磁式开关磁阻电动机定子轭部位对称地嵌入高性能的钕铁硼永磁体，永磁体磁场与各相绕组的磁场共同组成新型电动机磁场，形成永磁式开关磁阻电动机（PMSRM）。

永磁式开关磁阻电动机也称为双凸极永磁电动机，可采用圆柱形径向磁场结构、盘式轴向磁场结构和环形横向磁场结构。该电动机在磁阻转矩的基础上叠加了永磁转矩。永磁转矩的存在有助于提高电动机的功率密度和减小转矩脉动，以利于它在电动汽车驱动系统中的应用。它可以加速绕组换流速度，减小波动，提高能量利用率。

① 优点。

a．系统的调速范围宽。其可以在低速下运行，也可以在高速场合下运行（最高转速可达15 000r/min）。

b．结构简单，转子转动惯量小，成本低，动态响应快。

c．运行效率、可靠性等方面均优于感应电动机和同步电动机。

d．热量排放小，耐化学侵蚀能力强。可以在散热条件差、存在化学污染的环境下运行。

微课：其他类型驱动电机简介

e．价格低、适宜大批量生产。

② 缺点。

a．磁能变化不大时效率降低、噪声变大。

b．较其他类型的电动机配套逆变器结构复杂。

③ 应用。开关磁阻电动机适用于要求低、价格便宜、低速小型的电动汽车中，目前由于缺点较多，在电动汽车中很少应用。但永磁开关磁阻电动机被做成外转子电动机后，可被应用于电动汽车的轮毂驱动系统。

（7）轮毂电机

电动汽车采用的轮毂电机驱动属于分散式电机驱动模式。分散式电机驱动通常有轮毂电机和轮边电机两种方式。所谓轮边电机驱动模式，是指每个驱动车轮由单独的电动机驱动，但是电动机不是集成在车轮内，而是通过传动装置（例如传动轴）连接到车轮。轮边电机驱动模式的驱动电机属于簧载质量范围，悬架系统隔振性能好。但是，安装在车身上的电动机对整车总布置的影响很大，尤其是在后轴驱动的情况下。而且，由于车身和车轮之间存在变形运动，其对传动轴的万向传动也具有一定的限制。因此，目前分散式电机驱动系统的发展方向是轮毂电机式。

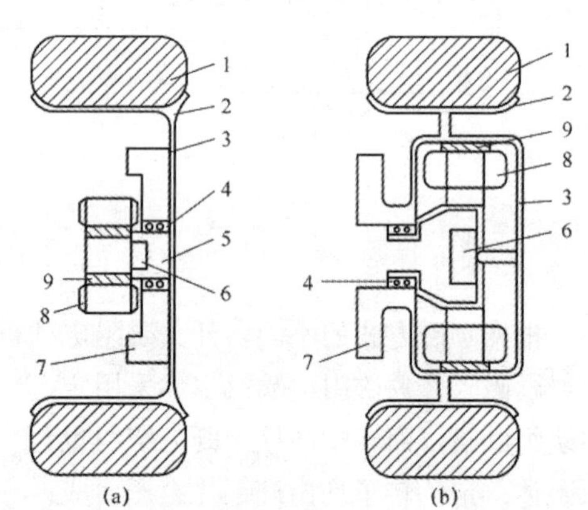

1—轮胎；2—轮辐；3—车轮；4—轴承；5—行星齿轮；6—编码器；7—制动毂；8—电动机绕组；9—永磁体（PM）

图 1-48　轮毂电机驱动系统的结构简图

① 结构形式。轮毂电机驱动系统根据电动机的转子形式分为内转子型和外转子型两种结构，如图 1-48 所示。通常，外转子型采用低速外转子电动机，该电动机的最高转速为 1 000～1 500r/min，无任何减速装置，电动机的外转子与车轮的轮辋固定或者集成在一起，车轮的转速与电动机相同。内转子型则采用高速内转子电动机，同时装备固定传动比的减速器。为了获得较高的功率密度，该电动机的转速通常高达 10 000r/min。减速机构通常采用传动比在 10∶1 左右的行星齿轮减速装置。

在轮毂电机驱动系统中，由于电动机电制动容量较小，不能满足整车制动效能的要求，因此通常需要附加机械制动系统。轮毂电机驱动系统中的制动器可以根据结构采用鼓式或者盘式。电动机电制动容量的存在往往可以使制动器的设计容量适当减小。大多数的轮毂电机驱动系统采用风冷方式进行冷却，也有的采用水冷和油冷的方式对电动机、制动器等发热部件进行散热降温，但其结构比较复杂。

② 优点。

a．可以完全省略传动装置，整体动力利用效率大大提高。

b．轮毂电机使得整车总布置可以采用扁平化的底盘结构形式，车内空间和布置自由度得到极大的改善。

c．车身上几乎没有大功率的运动部件，整车的振动、噪声降低，舒适性得到极大改善。

d．便于实现四轮驱动形式，有利于极大地改善整车的动力性能。

e．轮毂电机作为执行元件，利用响应速度快和准确的优点便于实现包括线控驱动、线控制动及线控整车动力学控制在内的整车动力学集成控制，提高整车的主动安全性。

③ 应用。应用轮毂电机驱动的典型电动汽车是日本东京电力 IZA 和国四电力的 PIVOT。未来汽车的发展方向为信息化、智能化和低碳化，四轮独立驱动（轮毂电机驱动）的电动汽车将是实现这一目标的最佳选择。

2. 电机控制器

电机控制器通过把微电子器件和功率器件集成到同一芯片上，便构成了功率集成电路（PIC），俗称“智能功率模块（IPM）”。其目的是进一步减小体积，降低成本并改善其可靠性。PIC 可以包含功率模块、控制、保护、信息传递和制冷等。

PIC 合成存在的主要问题是高电压和低电压器件的绝缘及冷却问题。不过，在今后的发展中，这种技术是最有希望用于电动汽车驱动系统的，关键在于对器件的集成和包装。

图 1-49 所示为典型的电机控制器内部结构图，主要包括隔离变压器、微控制器、电机控制 ECU、电流传感器和 IGBT 及其驱动电路板等。

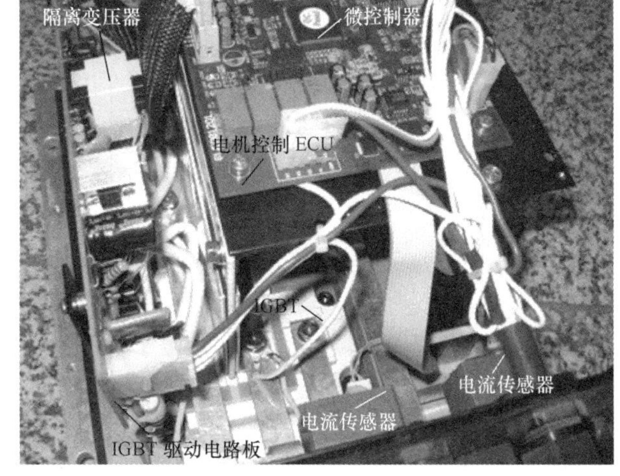

图 1-49　电机控制器内部结构

DSP 接受整车控制器的指令并反馈信息，检测电动机系统内传感器的信息，并根据指令及传感器信息产生逆变器开关信号。

IGBT 用于接收 DSP 的开关信号并反馈相关信息，放大开关信号并驱动 IGBT，提供电压隔离和保护功能。

控制电源为 DSP 提供电源，以及为驱动电路提供多路相互隔离的电源。

散热系统为电力电子模块散热，为控制器组件的安装提供支撑，为控制器提供环境保护。

电机控制器主要实现以下功能。

① 怠速控制（爬行）。

② 控制电动机正反转，以实现汽车的前进和倒车。

③ 控制能量回馈（交流电转换为直流电）。

④ 驻坡（防溜车）。

⑤ 通信和保护。实时进行状态和故障检测，保护驱动电机系统和进行故障反馈。

四、功率变换器

功率变换器可分为斩波器（DC/DC）、逆变器（DC/AC）和整流器（AC/DC）几类。斩波器是将电流电做直流-直流变换；逆变器是将电流电做直流-交流变换；整流器是将电流电做交流-直流变换。图 1-50 所示为上述 3 种功率变换器在电动汽车上的应用实例。

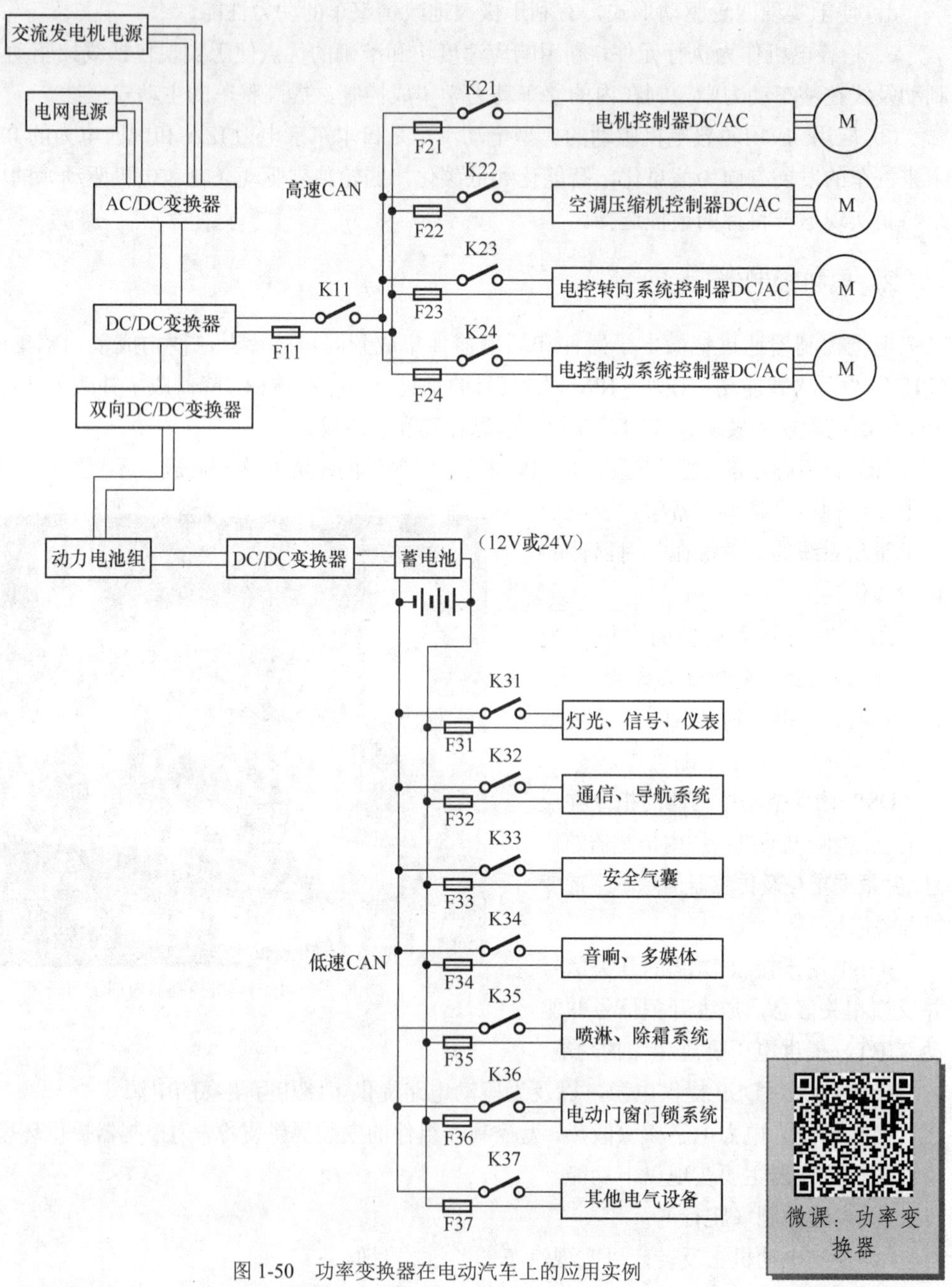

图 1-50 功率变换器在电动汽车上的应用实例

一般纯电动汽车动力电源系统的输出特性偏软，难以直接与电动机驱动器匹配。在电源系统加负载的起始阶段，输出电压下降较快，即随着负载的增加，电流增大，电压下降，下降的斜率会出现一个特定的曲线，这种特性使电源系统的输出功率波动，进而导致车辆整体效能下降。

在电池系统与汽车驱动系统之间加入功率变换器，使电池系统和功率变换器共同组成电源系统对驱动系统供电，从而增强驱动系统的稳定性。因此，采用的功率变换器对纯电动汽车电源系统也具有重要的意义。

1. DC/DC 功率变换器（斩波器）

DC/DC 功率变换器（简称 DC/DC）用于将一个固定的直流电压变换为可变的直流电压，也称为直流斩波器。DC/DC 不仅能起调压的作用（开关电源），同时还能起到有效地抑制电网侧谐波电流噪声的作用。DC/DC 转换是将原直流电通过调整其占空比（PWM）来控制输出的有效电压的大小。

在纯电动汽车中，DC/DC 主要应用在以下几个方面。

① 在直流电动机的功率小于 5kW 的纯电动汽车（如公园的游览车、机场的行旅车等）中，动力电池组直接通过 DC/DC 为直流电动机提供直流电。

② 在纯电动汽车及能量混合型电力系统中，用升压型 DC/DC；在功率混合型电力系统中，采用双向升降压型 DC/DC 或全桥型 DC/DC。电动汽车在滑行或下坡制动时，车辆的惯性能量经过转换后产生的电能，向储能电源充电时，也采用双向升降压型 DC/DC。

③ 用电动汽车上的高压直流电源为辅助电池（低压电源）充电时，采用隔离式降压型 DC/DC。

2. DC/AC 功率变换器（逆变器）

DC/AC 功率变换器（简称 DC/AC）又称为逆变器，它的基本功能是将直流电源（车载蓄电池电源或燃料电池电源）转换为交流电动机的驱动交流电源。DC/AC 分为有源逆变器和无源逆变器，以及多种不同组合的、高性能的类型。

有些纯电动汽车运用了交流电动机作为驱动电机，部分辅助设备也采用了交流电动机，包括空气压缩机、空调系统的压缩机、转向助力器等，它们的电源来自动力电池组或燃料电池组。需要用小型的 DC/AC 将直流电源的电能转换为交流电后，带动辅助设备的电动机运转。DC/AC 将动力电池组或燃料电池组的电能转换为三相交流电，并检测辅助装备的运转参数的变化，控制三相异步电动机的启动、运行和停止。

在纯电动汽车中，交流驱动电机的 DC/AC 一般集成于电机控制器中。

3. AC/DC 功率变换器（整流器）

AC/DC 功率变换器（简称 AC/DC）又称为整流器。它的基本功能是将交流电源（包括电网电源和车载交流发电机发电电源）转换为直流电源（包括储能式电源的直流充电电源）。AC/DC 应用于纯电动汽车的各种充电设备上，以及有交流电源转换为直流电源需求的电路及电气设备上。应用在电动汽车上的 AC/DC 的基本形式有三相桥式、三相电压源 PWM 式和三相电流源 PWM 式等。

五、充电系统

微课：充电系统

车载动力电池需要不断地补充充电。不同的汽车生产厂商所生产的电动汽车往往需要采用某一特定的充电方法或者配备专用的充电设备。

1. 充电功能

电池充电通常应该实现以下 4 个功能。

① 将市电进行电力转换后为电动汽车充电，供给与动力电池额定条件相对应的电力。

② 根据动力电池的实时状态控制充电的启动和停止，当动力电池充满电后自动停止充电。

③ 根据动力电池的电量、温度，调节充电电流的大小，控制电池的加热。

④ 可根据充电时长的需求来选择充电模式，即快充或慢充模式。

2. 充电系统类型

纯电动汽车配备的充电系统分为车载充电系统和非车载充电系统两种。

（1）车载充电

车载充电也称常规充电、传统充电及慢充电，是指采用地面交流电网和车载充电器（也称车载充电机）对动力电池组进行充电。充电时，只需将车载充电器的插头插到停车场或家中的电源插座上即可，因此充电过程一般由客户自己独立完成，如图 1-51 所示。

车载充电器一般设计为小充电率，充电时间长（5～8h）。充电器和电池管理系统（负责监控动力电池的电压、温度和荷电状态）都安装在车上，所以它们相互之间容易利用电动汽车的内部线路网络进行通信。

这种充电方式对电网没有特殊要求，只要能够满足照明要求的供电系统就能够使用。由于在家中充电通常是在晚上或是在用电低谷期，有利于电能的有效利用，因此电力部门一般会给予电动汽车用户一些优惠，例如用电低谷期充电打折。

（2）非车载充电

非车载充电也称为地面充电及快速充电，是指利用专用或通用充电器、专用或公共场所用充电站等对动力电池组进行充电，如图 1-52 所示。

图 1-51　车载充电示意图

图 1-52　非车载充电示意图

通常非车载充电器的功率、体积和质量均比较大，以便能够适应各种充电方式，采用三相四线制 380V 供电，其一般的充电时间是 10～30min。非车载充电器与电池管理系统在物理位置上是分开的。

非车载充电方式可分为接触式和非接触式两种。

接触式充电也称为耦合式或传导式充电，就是将一根带插头的交流动力电缆线直接插到电动汽车的插座中给电池充电，图 1-51 和图 1-52 所示的充电方式均为接触式。这种充电方式的优点是充电操作过程简单，不涉及电池存储、电池更换等操作。但车辆充电时间占用了较多的运行时间，不利于保持动力电池组的均衡性及使用寿命。

非接触式充电也称无线充电。目前，电动汽车无线充电的实现方案是，将汽车停靠在配置有无线充电传感器（图 1-53）的城市路面或车库里，不需要电源线就可以为汽车充电。

已经商业化生产的纯电动汽车，为了满足快、慢两种充电的需要，通常在车辆上同时设置车载充电接口和快速充电接口。图 1-54 所示为比亚迪 e6 纯电动汽车充电接口外观图，图中左侧接口为快速充电接口，右侧的为慢充接口。

图 1-53　无线充电传感器

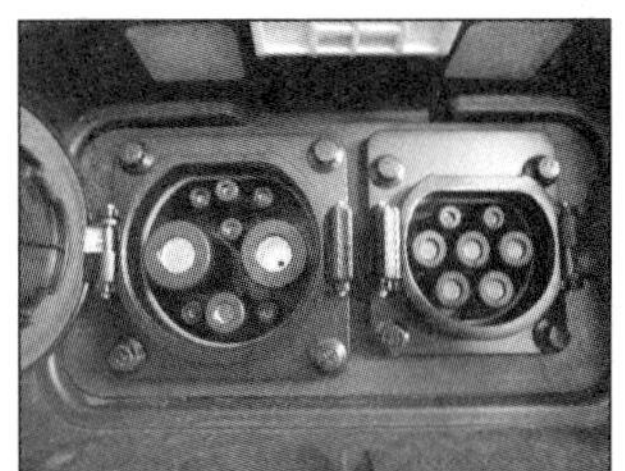

图 1-54　比亚迪 e6 纯电动汽车充电接口外观

3. 充电机

充电机是与交流电网连接，为动力电池等可充电的储能系统提供直流电能的设备。它一般由控制单元、计量单元、充电接口、供电接口及人机交互界面等部分组成，可实现充电计量等功能，并具有反接、过载、短路、过热等多重保护功能及延时启动、软启动、断电记忆自动启动等功能。

电动汽车充电机根据不同的分类标准，可分为多种类型，见表 1-7。

表 1-7　电动汽车充电机的类型

分类标准	充电机类型	
安装位置	车载充电机	非车载充电机
输入电源	单相充电机	三相充电机
连接方式	传导式充电机（接触式）	感应式充电机（非接触式）

（1）车载充电机

车载充电机安装于电动汽车上，通过插头和电缆与交流插座连接。车载充电机的优点是在动力电池需要充电的任何时候，只要有可用的供电插座，就可以进行充电。其缺点是受车上安装空间和质量限制，功率小，只能提供小电流慢速充电，充电时间较长。

（2）非车载充电机

非车载充电机也称地面充电机，一般安装于固定的地点或可移动，与交流输入电源连接，直流输出端与需要充电的电动汽车充电接口相连接。非车载充电机可提供大功率电流输出，不受车辆安装空间的限制，可满足电动汽车大功率快速充电的要求。图 1-55 所示为比亚迪纯电动汽车配套的非车载充电机实物图。

图 1-55　比亚迪纯电动汽车非车载充电机

固定式非车载充电机也称充电桩，通常布置在停车场、商业网点等车辆密集区域，以方便车主对车辆充电，如图 1-56 所示。

（3）传导式充电机

传导式充电机的供电部分与受电部分有着机械式的连接，即充电机输出端通过电力电缆直接连接到电动汽车充电接口上，电动汽车上不装备相关电力电子电路。这种充电机的结构相对简单，容易实现，也是目前电动汽车应用最普遍的充电方式。但采用这种充电方式时，操作人员不可避免地会接触到强电，所以容易发生危险。

（4）感应式充电机

感应式充电机利用了电磁能量传递原理，以电磁感应耦合方式向电动汽车传输电能，供电部分和受电部分之间没有直接的机械连接，其充电原理如图 1-57 所示。两者的能量传递只是依靠电磁能量的转换。这种结构设计比较复杂，受电部分安装在电动汽车上，受到车辆安装空间的制约，功率会受到一定的限制，但不需要充电人员直接接触高压部件，安全性高。

图 1-56　充电桩

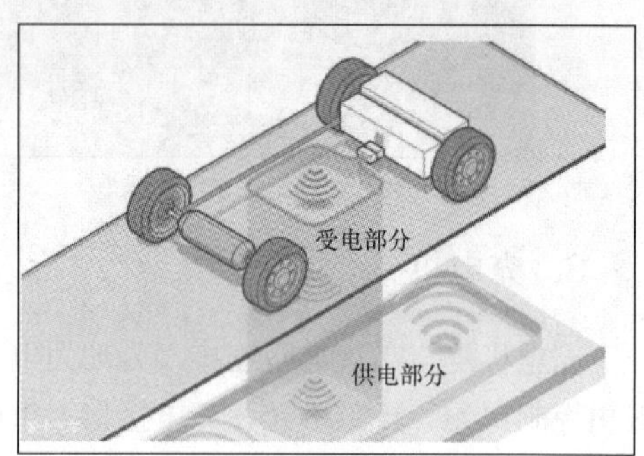

图 1-57　感应式充电原理

4. 智能充电管理

智能充电管理即无须进行过多人工干预，由充电机充电管理系统和车载 BMS（电池管理系统）联合进行的智能充电管理模式。

充电策略的实现，需要电池管理系统与充电机间实现有效的数据传输和参数实时判断。电池管理系统完成了电池系统中参数的采集工作，在现有的智能充电中，通过实现与充电机的通信，保证充电的安全性，实现充电过程的有效控制。其基本系统结构如图 1-58 所示。

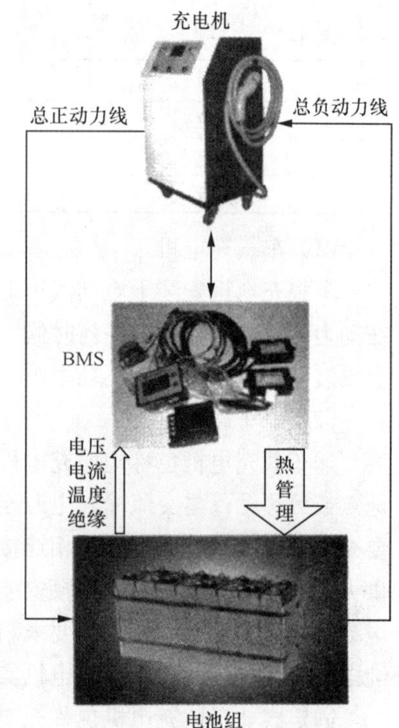

图 1-58　智能充电管理系统的基本结构

BMS 的作用是实现对电池状态的在线监测（电池的温度、电池包的电压、工作电池、电池和电池箱之间的绝缘性能）、SOC 估算、状态分析（SOC 是否过高、电池温度是否过高/低、电池包的电压是否超高/低、电池的温升是否过快、绝缘是否故障、是否过电流、电池的一致性分析、电池组是否存在故障以及是否通信故障等），以便实施必要的热管理。充电机的主要任务是电源转换、输出电压和电流的闭环控制、必要的保护以及与 BMS 通信，实现对电池状态的全面了解和对输出电流的动态调节。当电池组需要充电的时候，除了充电机的输出总正动力线和总负动力线需要与电池组相连以外，BMS 和充电机之间还增加了用于实现数据共享的通信线。

智能充电管理模式的特点是：通过在电池管理系统和充电机系统之间建立通信链路，实现了数据共享，使得在整个充电过程中，电池的电压、温度及绝缘性能等与安全性相关的参数都能参与电池的充电控制和管理，使得充电机能充分地了解电池的状态和信息，并据此改变充电电流，有效地防止了电池组中所有电池发生过充电和温度过高的情况，提高了串联成组电池充电的安全性。另外，该充电模式完善了 BMS 的管理和控制功能，提高了充电安全性和智能化水平，还简化了操作人员设置充电参数等烦琐的工作，使得充电机具有更好的适应性。通过这一模式，充电机不需要区分电池的类型，只需要得到 BMS 提供的电流指令就能实现安全充电。

六、变速器

电动机虽然拥有很宽的工作转速范围，但和发动机一样，电动机也有最佳工作转速区间，高于或低于这一区间，效率就会下降。一台额定功率为 40kW 的电动机在刚启动时的效率仅有额定功率的 60%～70%。随着转速提高，其效率也给逐步提高，在 3 300～6 000r/min 区间，效率能够达到额定功率的 94%以上，而在接近极限转速 100 000r/min 时，效率又降到额定功率的 70%左右。可以看出，合理利用变速器，使电动机工作在最佳转速区，对于提高电动机的效率十分有意义。纯电动汽车若采用无级变速器会比只使用 1 挡变速器时的单位里程能耗降低 5%～7%，噪声也会减小很多。

如果能够通过使用适合的变速器，并对标定加以优化，使电动机的效率提高，就意味着在同样的行驶里程时，电量用量更少，车辆自重更轻，行驶性能更高，车辆成本更低。

纯电动汽车上变速器只需要 3、2 或 1 个挡就可以了，因此变速器在一定程度上被简化了，但纯电动汽车对传动系统的要求反而更高了。变速器的优化设计有利于提高电动机的效率。

1. 1 挡变速器

1 挡变速器多为 2 级减速比，即变速器只有 1 个传动比，主减速器有 1 个传动比，总传动比为 2 个传动比的乘积。1 挡电动机集成变速器多使用在低档小、中型客车上。由于其具有低速转矩大、工作转速范围宽的特点，倒挡可不设计，只需电动机反转即可。

高档纯电动轿车多采用图 1-59 所示的集成式电动驱动系统。把电动机、减速器、差速器、功率控制器集成在一起。若前后轴各采用一套这样的动力驱动系统则是很好的四轮驱动。

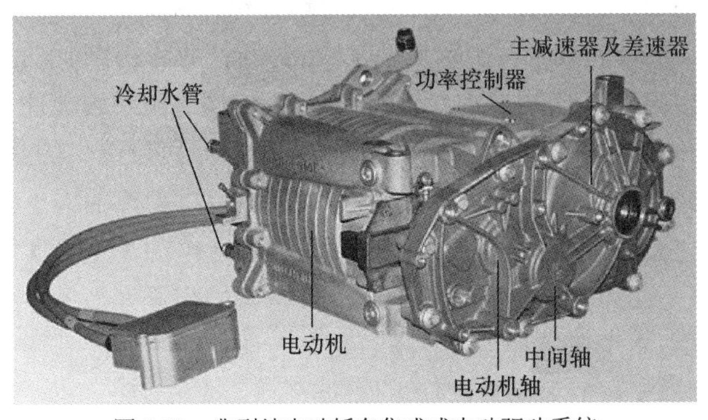

图 1-59　典型纯电动轿车集成式电动驱动系统

2. 多挡变速器

纯电动客车配装的变速器相比燃油车型上的变速器有所变化，最突出的变化就是变速器挡数由传统 5 挡、6 挡简化成 2 挡、3 挡。一汽客车 CA6120VRBEV21 车型采用的就是一汽开发的 2 挡自动变速器。苏州金龙海格 KLQ6129GHEV 车型配装的是 3 挡机械自动变速器。

对于纯电动客车，为了节省成本，又要考虑无离合器的自动换挡，因此电控的无同步器自动换挡变速器成为首选。

3. 换挡杆

纯电动汽车由于采用了先进的电子控制系统，其换挡杆已多采用电子式。电子式换挡杆与变速器的连接并非传统的机械方式，而是采用了更加安全、快捷的电子控制模式，省去了传统机械式的换挡模式，全部采用电子信号进行代替，因而换挡杆的外形设计空间很大，甚至可以设计为旋钮式，如图 1-60 所示。它的优势在于驾驶者的换挡错误操作会由 ECU 判断出是否会对变速器造成损伤，从而更好地保护变速器和纠正驾驶者的不良换挡习惯。

图 1-60　纯电动汽车旋钮式换挡杆

七、制动助力与再生制动

1. 电动真空助力制动

微课：制动助力与再生制动

传统发动机轿车的真空助力装置的真空源来自于发动机进气歧管，真空度一般可达到 0.05～0.07MPa。对于由传统车型改型而成的纯电动汽车或燃料电池汽车，发动机总成被拆除后，制动系统由于没有真空动力源而丧失真空助力功能，仅由人力所产生的制动力无法满足行车制动的需要，因此，需要对制动系统真空助力装置进行改制，而改制的核心问题是如何产生足够压力的真空源。为了产生足够的真空，除了一个具有足够排气量的电动真空泵外，为了节能和可靠，还要为电动真空泵电动机设计合适的工作时间。为达到与燃油发动机汽车相同的真空度要求，电动真空泵需在 4～5s 内产生 50kPa 以上的真空度。

如图 1-61 所示，电动真空助力器安装于制动踏板和制动主缸之间，由制动踏板通过推杆直接操纵。电动真空助力器与制动踏板产生的力叠加在一起作用在制动主缸推杆上，以提高制动主缸的输出压力。电动真空助力器由隔膜分为前室与后室（大气阀打开时可与大气相通），一般前室（变压室）的真空度为 60～80kPa（即电动真空泵可以提供的真空度大小）。电动真空助力器所能提供助力的大小取决于其常压室与变压室气压差值的大小。当变压室的真空度达到最大时，电动真空助力器可以提供最大的制动助力。电动真空泵所产生的真空度的大小及速度关系到电动真空助力器的工作状态，电动真空泵的容量大小关系到电动真空助力器的性能，进而影响到制动系统在各种工况下能否正常工作。

电动真空助力制动系统的控制过程如下。

① 接通汽车 12V 电源，压力延时开关闭合，真空泵大约工作 30s 后开关断开，此时真空罐内的真空度约为 80kPa。

② 当真空罐内的真空度降低到 55kPa 时，压力延时开关再次闭合。

③ 当真空罐内的真空度降低到 34kPa 时，压力报警器发出信号。

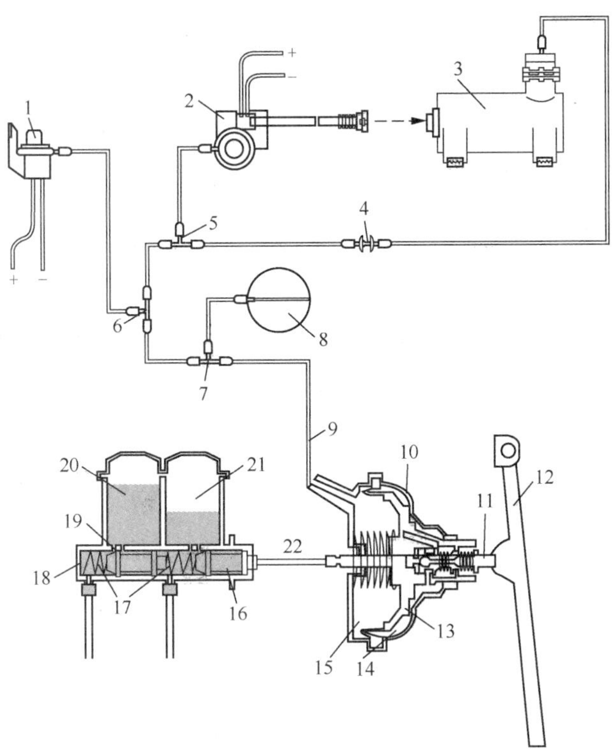

1—压力报警器；2—压力延时开关；3—电动真空泵；4—单向阀；5、6、7—三通阀；8—真空罐；9—真空软管；10—电动真空助力器；11—踏板推杆；12—制动踏板；13—隔膜；14—后室；15—前室；16—主活塞；17—弹簧；18—制动主缸；19—辅助活塞；20—辅助储液罐；21—主储液罐；22—制动主缸推件

图 1-61 电动真空助力制动系统的基本构成

④ 如果电动真空泵控制开关有很明显的短时间开启和关闭，说明发生了泄漏。

根据这个控制策略，人们设计了间歇性真空发生系统。该系统的基本工作原理是：当驾驶人发动汽车时，12V 电源接通，压力延时开关和压力报警器开始压力自检，如果真空罐内的真空度小于 55kPa，压力膜片将会挤压触点，从而接通电源，电动真空泵开始工作；当真空度增加到 55kPa 时，压力延时开关断开，然后通过延时继电器使真空泵继续工作大约 35s 后停止。每次驾驶人有制动动作时，压力延时开关都会自检，从而判断电动真空泵是否应该工作；如果真空罐内的真空度低于 34kPa，且电动真空助力器不能提供有效的真空助力时，压力报警器将会发出信号，提醒驾驶人注意行车速度。

电动真空泵控制也可采用电控单元控制，只要把压力延时开关换成绝对压力传感器，电动真空泵由控制单元控制继电器即可。国内的一些纯电动汽车里，采用了由电动真空助力器、真空度传感器、整车控制器 ECU、电动真空泵工作继电器、真空泵电动机组成的闭环真空度控制系统，可保证汽车制动时电动真空助力器的正常工作。

2. 再生制动

再生制动是电动汽车所独有的，在减速制动或者下坡时将车辆的部分动能转换为电能，转换的电能储存在储能装置中（如各种动力电池、超级电容和飞轮电池），最终增加电动汽车的续驶里程。如果储能装置已经被完全充满，再生制动就不能实现，所需的制动力就只能由常规的制动系统来提供。现在几乎所有的电动汽车都安装了再生液压制动系统，从而可实现节约制动动能、回收部分制动动能，并为驾驶人提供常规制动性能。图 1-62 所示为电动汽车能量转换图。

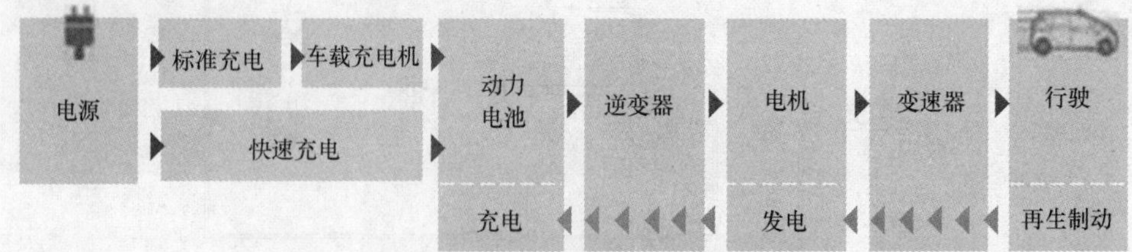

图 1-62　电动汽车能量转换图

一般而言，当电动汽车减速、在公路上放松加速踏板巡航或踩下制动踏板停车时，再生制动系统启动。正常减速时，再生制动的力矩通常保持在最大负荷状态。电动汽车高速巡航时，其驱动电机一般是在恒功率状态下运行，驱动力矩与驱动电机的转速或者车辆速度成反比，因此，恒功率下驱动电机的转速越高，再生制动的能力就越低。当踩下制动踏板时，驱动电机通常运行在低速状态。由于在低速时，电动汽车的动能不足以为驱动电机提供能量来产生最大的制动力矩，因而再生制动能力就会随着车速降低而减小。

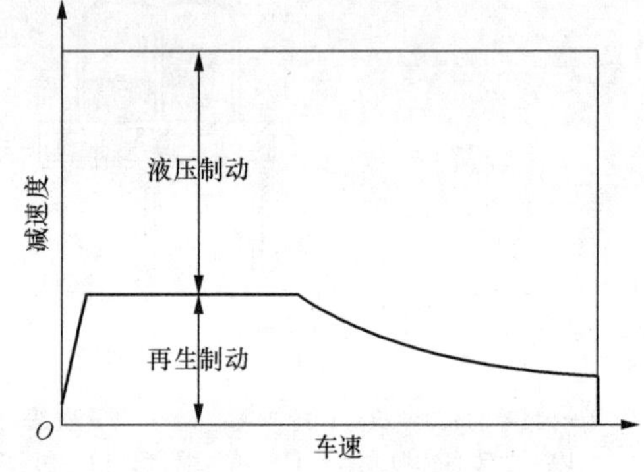

图 1-63　电动汽车的再生制动和液压制动曲线

图 1-63 所示为电动汽车的再生制动和液压制动曲线。电动汽车的再生制动力矩通常不能像传统燃油车中的制动系统一样提供足够的制动减速度，所以，在电动汽车中，再生制动系统和液压制动系统通常共同存在。只有当再生制动已经达到了最大制动能力而且还不能满足制动要求时，液压制动才起作用。

八、电动空调系统

1. 制冷

早期的国产纯电动汽车由于受到动力电池能力的限制，为了不影响其续驶里程，大多数纯电动汽车都没有配备空调系统。随着国内纯电动汽车逐步产业化、市场化，纯电动汽车必然要配备空调系统。因此，国内汽车生产厂家在燃油发动机汽车空调的基础上进行了部分替换设计，将由燃油发动机带动的压缩机替换成由直流电动机直接驱动的压缩机，从而实现空调制冷的功能。目前，该替换设计的效果基本能解决纯电动汽车空调的制冷问题，但制冷效率有待提高。

在空调的主要零部件选用上，目前国内的纯电动汽车除了压缩机和控制模式，其他主要零部件还是沿用燃油发动机汽车空调的零部件，冷凝设备主要采用平行流冷凝器，蒸发设备主要采用层叠式蒸发器，节流装置仍然是热力膨胀阀，制冷剂仍然是 R134a。据不完全了解，国内在大力开发纯电动汽车的厂家（如奇瑞、比亚迪、一汽、上汽、江淮等）目前的纯电动汽车空调配套情况基本差不多，都处于上述的发展现状。

典型的电动空调系统结构如图 1-64 所示。

对于纯电动汽车来说，由于车上拥有高压直流电源，因此，采用电动热泵型空调系统、压缩机采用电动机直接驱动，成为可行的解决方案。若热泵式空调的压缩机电动机采用变频控制技术，膨胀阀采用电子膨胀阀节流技术，可使控制更精确、更节能。

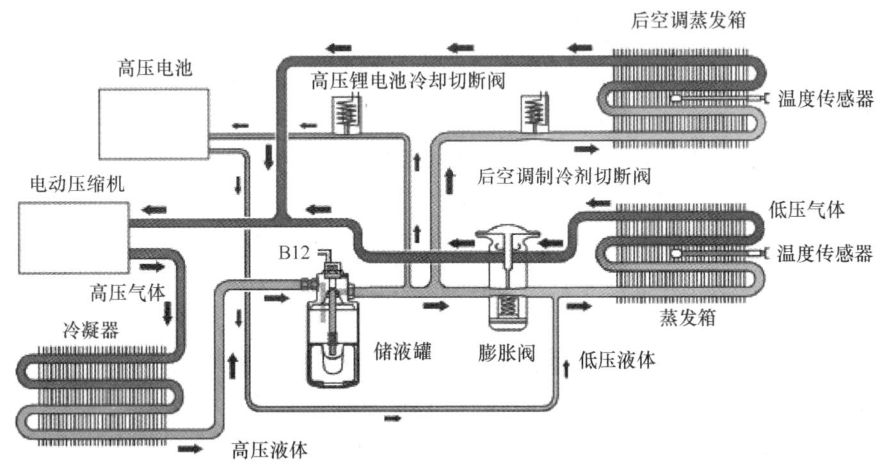

图 1-64 典型的电动空调系统结构

在电动汽车电动热泵型空调系统中，控制制冷量主要通过控制压缩机的转速实现。压缩机的转速的控制方法为：当车室温度高于设定温度 1℃时，为了尽快使温度达到设定值，压缩机以最大转速运行；若车室温度低于设定温度 1℃，压缩机以最低转速运行；当室温偏差在-1～1℃之间时，压缩机的转速通过模糊控制算法来控制，以每一采样时刻车室温度与设定值的温差及温差的变化率为输入量，通过模糊推理得出压缩机的转速值。

2. 制热

根据电动汽车的特有性质，目前电动汽车的空调制热方式有半导体式（热电偶）、热泵式、燃油加热式、PTC 加热式等。其中，燃油加热式制热方式一般用于油电混合动力汽车（此处不再介绍），电动热泵式空调是最具发展前景的。

（1）半导体式

半导体式制冷又称电子制冷，或者温差电制冷，是从 20 世纪 50 年代发展起来的一门介于制冷技术和半导体技术边缘的学科，与压缩式制冷和吸收式制冷并称为世界三大制冷方式。半导体制冷器的基本器件是热电偶对，即把一只 N 型半导体和一只 P 型半导体连接成热电偶，如图 1-65 所示，通上直流电后，在接口处就会产生温差和热量的转移。在电路上串联起若干半导体热电偶对，而由于传热方是并联的，这样就构成了一个常见的制冷热电堆。借助于热交换器等各种传热手段，使热电堆的热端不断散热并保持一定的温度，而把热电堆的冷端放到工作环境中去吸热降温，这就是半导体制冷的原理。

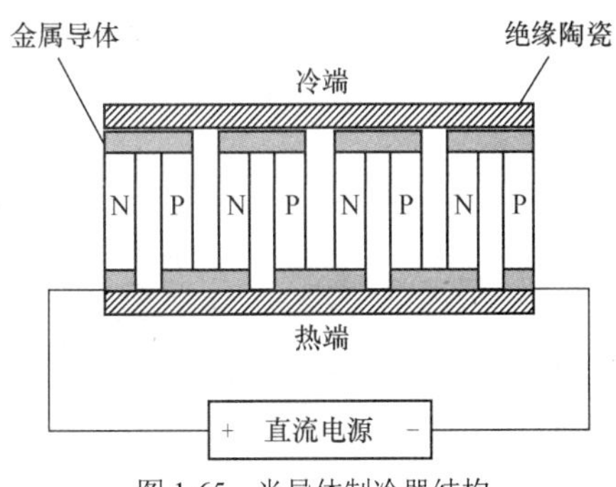

图 1-65 半导体制冷器结构

半导体制冷作为特种冷源，在技术应用上具有以下特点：不需要任何制冷剂；可连续工作；没有污染源；没有旋转部件，不会产生回转效应；没有滑动部件，工作时没有振动、噪声、寿命长；安装容易。

半导体制冷片既能制冷又能加热，虽然制冷效率一般不高，但制热效率很高，永远大于 1。因此，使用一个半导体制冷片件就可以代替分立的加热系统和制冷系统。半导体制冷片是电流换能型片件，通过输入电流的控制，可实现高精度的温度控制，再加上温度检测和控制手段，很容易实现遥控、程控、计算机控制，便于组成自动控制系统。半导体制冷片的热惯性非常小，制冷、制热时间很快，在热端散热良好、冷端空载的情况下，通电不到1min，半导体制冷片就能达到最大温差。半导体制冷片的反向使用就是温差发电，一般适用于中低温区发电。半导体制冷片的单个制冷元件对的功率很小，但组合成电堆，用同类型的电堆串、并联的方法组合成制冷系统，功率就可以变得很大，因此，半导体制冷系统的制冷功率可以做到几毫瓦到上万瓦的范围。此外，半导体制冷片的工作温差范围宽，在13～90℃之间都可以可靠地工作。

从空调技术的成熟性和能源利用效率来看，对于采用半导体式制冷技术的电动汽车空调系统来说，其目前存在着热电材料的优值系数较低、制冷性能不够理想，并且热电堆产量受到构成热电元件元素产量的限制，不具备电动汽车空调节能高效的要求等问题。

（2）热泵式

热泵型空调系统是在原有燃油发动机汽车上进行改进而来的，其压缩机由永磁直流无刷电动机直接驱动，该系统的工作原理如图1-66所示。该系统与普通的热泵空调系统并无本质区别，但由于其在电动汽车上使用，所采用的压缩机等主要部件有其特殊性。而且国外对热泵技术的研究已具备了一定的基础，该技术最大的优点就是制冷、制热效率高。全封闭电动涡旋压缩机，由一个直流无刷电动机驱动，通过制冷剂回气冷却，具有噪声低、振动小、结构紧凑、质量轻等优点。在−10～40℃的环境温度下，其均能以较高的效率为电动汽车提供舒适的驾乘环境。目前，热泵型空调系统已在吉利、大众、特斯拉等多品牌多车型中得到了应用。

（3）PTC加热式

PTC（热敏电阻）加热器具有恒温发热特性。其原理是PTC加热片在加电后自热升温，使阻值升高进入跃变区（迅速增高），PTC加热片表面温度将保持恒定值，该温度只与PTC加热片的居里温度（电阻陡峭变形点温度）和外加电压有关，而与环境温度基本无关。

若电动汽车采用PTC加热器的电制热方式时，PTC加热器（图1-67）一般配置在驾驶席和副驾驶席之间的地板下方。PTC加热器由PTC加热器元件、风扇、散热剂流路和控制底板等组成。因要求PTC加热器要有较高的制暖性，因此，电源使用的是高压动力电池。如果是纯电动汽车专用产品，也可以不使用冷却液，直接用鼓风机吹送经PTC加热器加热的暖风。

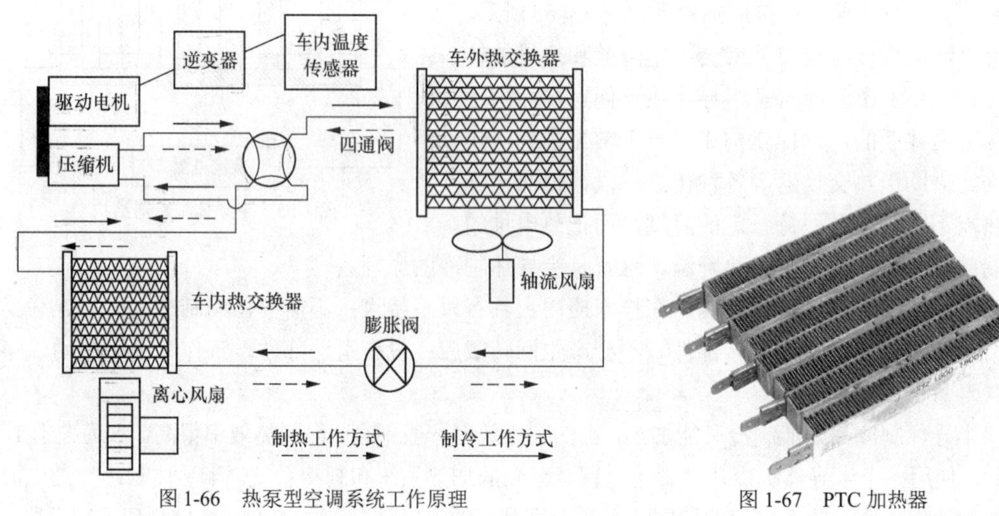

图1-66　热泵型空调系统工作原理

图1-67　PTC加热器

九、信息显示系统

1. 纯电动汽车新增仪表及功能

纯电动汽车仪表与传统的汽车仪表类似，其故障灯也分为指示灯、警告灯和指示/警告灯 3 类。故障灯用不同的颜色来表示仪表故障程度：红色表示危险或重要提醒，黄色表示警告或故障，绿色表示启用，蓝色表示确认，白色表示指示。

微课：信息显示系统

① 动力电池指示仪表：与动力电池相连接，为驾驶人提供动力电池电量状态的相关信息。

② 荷电状态指示器：用以指示动力电池的剩余工作容量。

③ 电压表：用来显示动力电池的电压。

④ 电流表：用来显示流过动力电池的电流。

⑤ 驱动电机指示表：用来为驾驶人提供驱动电机工作状态的相关信息。

⑥ 转速表：用来指示驱动电机的即时转速。

⑦ 警告和指示信号装置：用来告知驾驶人有关电驱动系统和动力电池正确操作条件的信息。

⑧ 过热警告：当某设备温度过高，可能会对车辆的安全或性能造成很严重的影响时，向驾驶人发出警告。

⑨ 超速警告：当驱动电机超速时向驾驶人发出警告。

⑩ 低容量警告：当动力电池剩余容量低于某个百分数（例如 25%）时提醒驾驶人。

⑪ 绝缘电阻/爬电距离指示：当绝缘电阻和（或）爬电距离低于规定值时提醒驾驶人。绝缘电阻可包括动力电池绝缘电阻、动力系统和车辆电底盘之间绝缘电阻、动力系统和辅助电路之间绝缘电阻；爬电距离包括动力电池连接端子间的爬电距离、带电部件与电底盘之间的爬电距离。

⑫“整车控制器打开”指示：向驾驶人显示控制器已打开，踩下加速踏板即可向驱动系统供电。

⑬ 辅助蓄电池充电监测装置：当车辆在正常行驶过程中向辅助蓄电池充电时，如果充电元件发生故障，该监测装置可提醒驾驶人。

⑭ 停车指示：当驾驶人离开车辆，如果驱动系统仍处于“可行驶”状态，其可提醒驾驶人关闭电源开关。

⑮ 动力电池充电指示：当充电器向动力电池充电时提醒驾驶人。

⑯ 互锁监测装置：如车辆互锁机构中有任何一个互锁装置起作用阻止车辆运行，其可向驾驶人发出警告。

2. 信息显示方式

纯电动汽车信息的显示方式有组合仪表式、数字式和 LCD 式 3 种。组合仪表显示精确度高、信息刷新快、使用数字进行分时显示，可使仪表盘得到简化且能显示大量信息。采用数字显示和大 LCD 屏幕的好处是只要仪表有足够的存储器和高分辨率的 LCD 显示，LCD 的图形造型的自由度会很高。驾驶人可以手动选择仪表的常规显示内容，大多数系统还能在汽车有潜在危险情况时，让平时不显示的信息自动显示并发出警报，以提醒驾驶人注意。

纯电动汽车的驱动电机转速表一般不单独设计，多用功率表代替。

电动机功率控制器和电动机温度可采用仪表显示，也可采用 LCD 显示，仪表将测量数据以指针、数字或条形图的形式显示出来。有的高档汽车还采用了虚拟仪表的显示方式，以充分利用仪表内部空间，避免了仪表空间的紧张。如图 1-68 所示，“READY”为绿色时表示此时怠速起/停功能可用，“READY”为黄色时表示此时怠速起/停功能停用。该仪表中间还可以显示能量流动或动力电池 SOC 水平等。

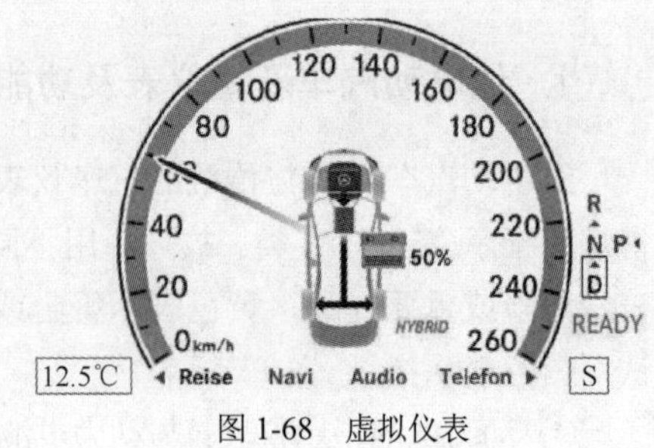

图 1-68　虚拟仪表

十、冷却系统

纯电动汽车的热源主要有 3 类，即能量储存系统，电机控制器、功率变换器等功率元件和驱动电机。

能量储存系统中的电池有合适的工作温度，如常用的锂电池的工作温度为-20～60℃，一般采用自然冷却或强制通风冷却。

电机控制器、功率变换器等功率元件的工作温度通常为 40～50℃，允许最高温度为 60～70℃。这些元器件连续工作容易过热，须采取专门的冷却装置控制温度，通常采用循环水冷却。

驱动电机的工作电流很大，励磁绕组和电枢绕组在电磁感应的过程中会产生大量的热，加之电流磁通的变化会在定子和转子铁心内感应产生热量，因此必须合理控制温度，否则会出现绝缘下降、电机退磁和效率降低等不良状况。驱动电机常采用油或水循环冷却。

纯电动汽车的循环冷却系统主要分为两大部分，即对驱动电机、电机控制器和功率变换器的冷却；对动力电池和车载充电机的冷却。

1. 电池组的冷却

动力电池常用的冷却方法有风冷、液体冷却两种。风冷又分为自然冷却和强制冷却。风冷方法结构简单，成本较低，技术日益成熟。液体冷却有制冷剂冷却和水冷却，一般采用循环水冷却系统。该系统包括电池冷却器、水泵和集成在动力电池组内的冷却板及结构框架等。其能够有效地进行热交换，循环水冷效率高。

2. 驱动电机及控制器的冷却

驱动电机及控制器的冷却通常采用同一冷却回路，即驱动电机冷却系统。冷却方式有自然冷却和强制水冷两种，通常采用循环水冷方式。

图 1-69 所示为典型的驱动电机和控制器冷却系统。当冷却液流经驱动电机和控制器等高温热源时，高温热源通过热传导方式将热量传递给冷却液，冷却液温度升高，在流经散热器时再将冷却液的热量传递给散热器片，风扇吹风或自然风通过对流热交换带走散热片的热量，使冷却液温度降低。电动汽车工作时，这样的循环往复进行，以保证驱动电机和控制器在合适的温度下工作。

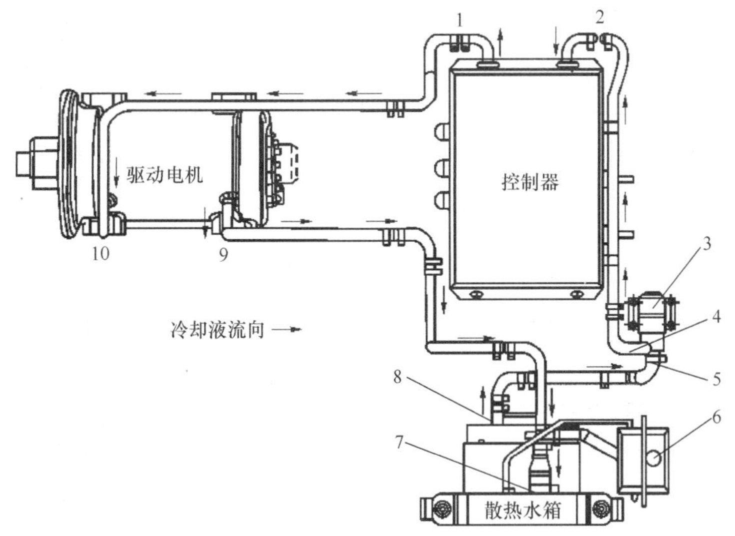

1—控制器出水口；2—控制器进水口；3—电动水泵；4—水泵出水口；5—水泵进水口；6—膨胀水箱；7—水箱上回水口；8—水箱下出水口；9—电机出水口；10—电机进水口

图 1-69 典型的驱动电机和控制器冷却系统

十一、整车控制器（EV ECU）

EV ECU 是电动汽车上主要的控制器，具有 MCU 控制、电源管理、自诊断、同其他控制节点（ECU）的数据信息进行共享、电器管理、防盗器管理等功能。

1. MCU 控制功能

① 根据加速踏板的位置和驱动电机的转速确定向 MCU 传送的转矩数据。

② 对于固定传动比的变速器，EV ECU 根据变速器换挡手柄传来的位置信号确定转矩方向。

③ 对于 2 或 3 个传动比的变速器，EV ECU 根据变速器换挡手柄传来的位置信号确定转矩方向和大小。

④ 当驾驶人踏下制动踏板时，EV ECU 控制 MCU 关闭逆变桥驱动电路信号，由正信号转为全负信号，并启动再生制动和 ABS 摩擦制动功能，主要是控制制动效果。

2. 电源管理功能

无整车控制器的电动汽车在停车时需手动断开直流母线，若恰好行车中人为断开母线将会有很大的电流冲击，同时在修理时会有安全隐患；有整车控制器时，整车控制器中的软件会对正、负直流母线进行有区别的断电。电池箱内配有熔断丝的检修塞或空气开关，只有在维修时才用手动插检修塞或断开空气开关的断电方式。

3. 自诊断功能

整车控制器能对接入自身的传感器、执行器、其他控制器进行监测。整车控制器对检测仪的输出数据包括：整车控制器的版本，电机控制器的版本，防盗电子钥匙的版本，整车控制器存储的故障码、数据流。整车控制器对检测仪输入数据有：单元编码功能、执行元件诊断、自适应功能。检测仪还要有登录上网功能，以利于检测仪的数据更新。

传感器监测包括：对驱动电机中的冷却液温度、冷却风扇电动机继电器线圈电路、水泵电动机继电器线圈电路及对驱动电机电源的有无进行监控，有故障时生成故障码，必要时点亮故障指示灯。执行器监测包括：继电器能否工作，原因在线圈还是开关，电磁阀能否工作，并设计能进行执行元件诊断的程序。

4. 同其他控制节点（ECU）的数据信息进行共享功能

图 1-70 所示为典型纯电动轿车控制单元结构。其主要控制功能如下。

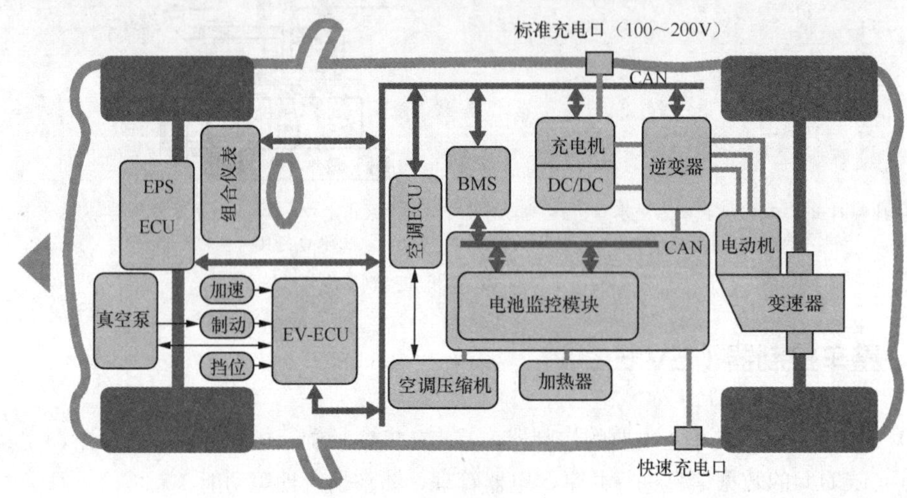

图 1-70 典型纯电动轿车控制单元结构

① 接收电机控制器节点传来的电机控制器（MCU）过温、低电压、过电流等故障，对故障进行存储，分析后认为有必要则输出至仪表，点亮仪表动力系统故障灯。

② 对来自电池管理系统（BMS）的动力电池的总电压、电流，各动力电池的电压，电池箱温度，风扇继电器的工作情况，烟度传感器信号，内置温度传感器，单块动力电池的温度等进行处理，必要时，向仪表发送故障信号，以及向仪表输出 BMS 分系统确定的电池箱号和动力电池的位置号，以便于维修中更换动力电池。

③ EV ECU 与空调 ECU 交换信号，以便于控制空调的制热和制冷。

④ 从漏电保护器单元接收高压漏电信号，并启动高压漏电自动切断主电路开关功能。

5. 电器管理功能

① 对灯光和加热器等进行控制。

② 对电器用电的优先权进行控制。

6. 防盗器管理功能

将编码机械钥匙（或感应钥匙）、整车控制器和电机控制器三者联系在一起，采用变码送码防盗技术。

整车控制器与编码机械钥匙（或感应钥匙）无线通信，通过密码算法确认；整车控制器与电机控制器有线通信，通过密码算法确认。一旦三者身份认证通过，则电机控制器正常工作，否则电机控制器进入控制锁死状态，而不是简单地不发转矩信号，这样可防止盗贼通过车辆自身动力将车盗走。因为三者出厂时已经通过认证，盗贼最多只能盗走整车控制器和电机控制器两者，但没有钥匙，这两个控制器不能工作，因此也可大大减少盗贼盗走电机控制器和整车控制器的想法。即使在服务修理时钥匙丢失，软件上也有能配制新的电子钥匙的程序。防盗控制状态能通过检测仪的数据流功能看到。

【任务实施与考核】

1. 准备工作

在技能学习工位准备好纯电动汽车（经高压终止并检验合格）及其相关技术资料。工具箱和防护用品柜内需有足够的专用维修工具和各类防护用品。

2. 学生工作

在各自工位分组学习，在本学习任务相关知识学习的基础上，通过查阅相关技术资料和观察纯电动汽车，同时完成工单 1-2 中规定的工作任务，并记录相关信息。

3. 教师工作

① 向学生讲解安全注意事项，并要求学生在工单 1-2 中做记录。

② 观察、指导学生进行相关操作，对可能发生危险的事情必须及时制止。

③ 结束后审阅学生完成的工单，并结合其操作情况给出评价。

| 任务 1-3　电动汽车高压安全 |

【任务分析】

为了人民的生命健康，从事电动汽车维修工作的人员，必须时刻注意高压安全。

电动汽车存在高压电，尽管在汽车设计时采取了很多安全措施，但在使用中仍然存在很多安全隐患。电动汽车使用与维修人员必须熟知这些安全隐患，以便有效防止各类安全事故发生，同时要熟悉电动汽车各类特殊情况的应急处理方法及触电事故中的人员急救方法。

那么，电动汽车存在哪些安全隐患、工作中如何保证安全呢？本任务主要学习电动汽车的安全隐患与安全措施、高压安全防护、维修车间高压作业安全、高压系统终止与检验、急救与应急处理方面的知识与技能。

【学习目标】

1. 知识目标

① 能够正确描述国家标准对高压与低压的规定。

② 能够正确描述电击事故的类型。

③ 能够正确描述电动汽车可能存在的安全隐患及在设计方面采用的安全措施。

④ 能够正确描述电动汽车高压部件的特点及种类。

⑤ 能够正确进行电动汽车维修过程中的安全防护。

⑥ 能够正确描述高压维修车间安全管理内容及高压维修作业标准。

⑦ 能够正确描述电动汽车的高电压的存在形式及各存在形式下涉及的系统或装置。

2. 能力目标

① 能够正确进行高压系统的终止与检验操作。

② 具备一定的急救与应急处理能力。

3. 素质目标

① 培养劳动安全保护、严格执行操作规程的职业素养。

② 培养维护国家安全的思想素养。

【相关知识】

一、高压电与人体伤害

1. 高压与低压

高压与低压是指电压的高低。在国家标准《电动汽车安全要求》（GB 18384—2020）中，根据不同电压等级可能对人体产生的伤害和危险程度，考虑到空气的湿度和人体在不同工作环境下的电阻，在电动汽车中，基于安全考虑将电压分为 A 和 B 两个级别，见表 1-8。

表 1-8　电压的类型及范围

电压级别	最大工作电压 U/V	
	直流	交流（有效值）
A	$0<U\leqslant 60$	$0<U\leqslant 30$
B	$60<U\leqslant 1\,500$	$30<U\leqslant 1\,000$

A 级认为是较为安全的电压等级，在直流中是小于或等于 60V 的，交流电是小于等于 30V，该电压下的维护人员不需要采取特殊的防电保护。

B 级对人体会产生伤害，被认为是高压。在该电压下，必须采取必要的防护设备对维护人员进行保护。

2. 高压的特点

电动汽车的高压具有如下特点。

① 高压的电压一般设计都在 200V 以上。大多数的电动汽车或混合动力汽车的动力电池电压都在 280V 左右，如特斯拉 Model S 动力电池的总电压为 400V。

② 高压存在的形式既有直流，也有交流。这包括在动力电池的直流，也有充电时的 220V（或 380V）电网交流电，以及电动机工作时的三相交流电。

③ 高压对绝缘的要求更高。大多数燃油发动机汽车上设计的绝缘材料，当电压超过 200V

时可能就变成了导体，因此在电动汽车上的绝缘材料需要具有更高的绝缘性能。

④ 高压要求正负极距离大。12V 电压情况下，正负极之间的距离很近时才会有击穿空气的可能；但是当电压高达 200V 以上时，正负极之间会在一个很大的距离时就会击穿空气而导电，如在 300V 电压下，两根导线距离 10cm 时就会发生击穿导电。

3. 高压对人体伤害的本质

通常，当人体接触到 25V 以上的交流电，或 60V 以上的直流电时，人体就有可能会发生触电事故。人体的触电并不是指人体接触到了很高的电压，而是因为过高的电压通过人体这个电阻后，会在人体中形成电流，从而导致对人体的伤害，因此高电压伤害人体的本质是电流。

在电网中，一直认为 36V 是一个人体安全电压。实际上，在高压的电动汽车中，这个电压值并不是绝对安全的，主要原因有两个方面：一方面，人体的电阻会存在个体的差异性，例如胖的和瘦的，男的和女的，其电阻值都可能不一样；另一方面，人所处的工作环境不同也会导致人体的电阻值发生变化，例如在潮湿的夏天和干燥的冬天，人体表现的电阻就不一样，环境越潮湿，人体的电阻就会越小。此外，每个人对电流流过身体的反应也不一样，有一部分人可能能够承受更大的电流。因此，目前国际上对安全电压通常的认识是直流 60V 以下，交流 25V 以下。

当电压高到一定值以后，会有相应的电流流过人体。如图 1-71 所示，有 1～5mA 的电流通过人体时，会使人体肌肉收缩，产生麻木感，就可视作“电气事故”。人体内通过的电流达到 3～10mA 时，到达了导出电流的极限，肌肉开始感觉疼痛，无法再导走电流，电流的滞留时间也相应增加。30～75mA 交流电的长时间滞留会导致呼吸停顿，75～100mA 交流电会导致心室纤维性颤动。经过人体的电流到达大约 80mA 时，被认为是“致命值”。

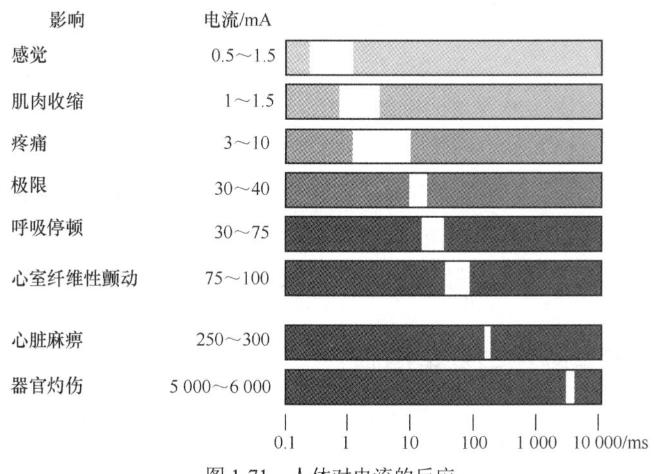

图 1-71 人体对电流的反应

注：图中的白色区域表示电流在人体内滞留的时间。

此外，需要注意的是，人体之所以导电，主要的原因是血液含有电解液成分，电解液成分导致了导电性。而人体的皮肤、肌肉也具有一定的导电能力。对于大多数人，整个身体的总电阻值是很低的，特别是有主动脉的地方（胸腔部位和躯干），而最大的危险发生在电流通过人体心脏时刺激心脏产生的异常颤振。

4. 高压电对人体的伤害形式

能够最终对人体产生伤害的是电流，电流对人体的伤害有 3 种形式：电击、电伤和电磁场生理伤害。

① 电击是指电流通过人体，破坏人的心脏、肺及神经系统的正常功能。

② 电伤是指电流的热效应、化学效应和机械效应对人体的伤害，主要指电弧烧伤、熔化金属溅出烫伤等。

③ 电磁场生理伤害是指在高频磁场的作用下，人会出现头晕、乏力、记忆力减退、失眠、多梦等神经系统的症状。

一般认为，电流通过人体的心脏、肺部和中枢神经系统的危险性较大，特别是电流通过心脏时，危险性最大。所以从手到脚的电流途径最为危险，因为沿该条途径有较多的电流通过心脏、肺部等重要器官；其次是从一只手到另一只手的电流途径。

此外，触电还容易因剧烈痉挛而摔倒，导致电流通过全身并造成摔伤、坠落等二次事故。

通常，产生最多伤害的是电击事故。具体电击事故包括以下类型。

① 电击效应。电流通过人体会有相应的电击反应，从而容易因肢体不受控制和失去平衡而导致受伤。

② 热效应。电流导入导出点处会发生烧伤和焦化，也会发生内部烧伤。这会导致肾脏负荷过大，甚至造成致命的伤害。

③ 化学效应。血液和细胞液成为电解液并被电解。这会发生严重的中毒，而且中毒情况在几天后才能被发现，因此伤害极大。

④ 肌肉刺激效应。所有的身体功能和人体肌肉运动都是由大脑通过神经系统的电刺激来控制的。如果通过人体的电流过高，肌肉开始抽搐，大脑再也无法控制肌肉组织，可能会引发呼吸停顿、心脏的跳动节奏中断等。

⑤ 发生静态短路的热效应。工具急剧发热，会导致材料熔化，从而可能发生烧伤事故。

⑥ 由于短路引起火花。金属很快熔化，产生飞溅的火花，飞溅出来的金属颗粒温度会超过 5 000℃，可能引起烧伤及严重的眼睛伤害。

⑦ 带电高压线路接通和断开时所产生的弧光。光辐射可能造成电光性眼炎。

直流与交流电压都会对人体产生伤害，但是交流电压对人体伤害的阈值只有直流电压的50%。交流电压在人体内产生交流电流，会触发肌肉组织和心室产生颤动。交流电压的频率越低，危险性越高。此外，交流电会触发心室纤维性颤动，如果不进行急救可能很快就会致命。

二、电动汽车的安全隐患与安全措施

1. 电动汽车的安全隐患

微课：电动汽车的安全隐患

电动汽车的安全隐患包括高压触电、动力电池安全隐患，以及车辆特殊情况下可能存在的其他风险等。

（1）高压触电

电动汽车的电压和电流等级都比较高。动力电池的电压一般在 300～600V，正常工作时，电流可达几百安培。

人体能承受的安全电压的高低取决于人体允许通过的电流和人体的电阻。人体电阻主要由体内电阻、体表电阻和体表电容组成。人体电阻随着条件的不同会在很大范围内变化，但是人体电阻一般不低于 1kΩ。我国民用电网中的安全电压多采用 36V，大体相当于人体允许电流 30mA（以人体电阻为 1 200Ω 计）的情况，这就要求人体可接触的电动汽车任意两个带电部位的电压要小于 36V。

在电动汽车中，人体常见的触电形式如图 1-72 所示。

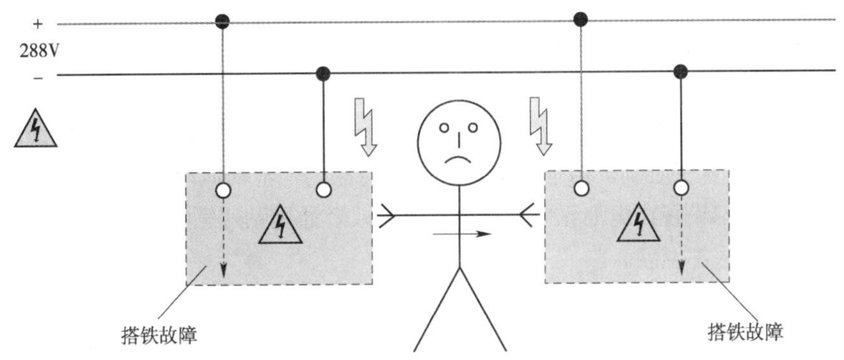

图 1-72 电动汽车中人体常见触电形式

对于系统中的高压元件，如果由于内部破损或者潮湿，有可能会传递给外壳一个电动势。如果形成两个这样外壳具有不同电动势的部件，在两个外壳之间会形成具有危险性的电压，此时，如果手触及这两个部件，会发生触电危险。

人体没有任何感觉的电流阈值是 2mA。这就要求如果人或其他物体构成动力电池系统（或“高压”电路）与地之间的外部电路，最坏的情况下泄漏电流不能超过 2mA，即人直接接触电气系统任一点的时候，流过人体的电流应当小于 2mA 才可认为车辆绝缘合格。

（2）动力电池安全隐患

以锂离子电池为例来说明动力电池的安全隐患。锂离子电池在正常使用过程中不会出现安全问题，但电池的不正确使用会导致电池的热效应加剧，这是锂离子电池出现安全问题的导火索，最终表现为电池的热失控，从而引起安全事故。导致电池热失控的情况有以下几种。

① 过充电与过放电。在进行车辆充电时，特别是在电池充电末期，电池内部离子的浓度增加，扩散性能下降，浓差极化增加，电池接受能力下降，电池再充电就会出现过充电。过充电时，如果电池的散热较好，或者过充电流很小，此时电池的温度较低，过充电后只发生电解液的分解，电池仍然安全；如果电池的散热较差，或者由于高倍率充电导致电池温度很高而引发化学反应，往往会导致安全隐患。

在放电末期，电池提供大电流的能力下降，当电池剩余电量不足而又需要大电流放电时，就会使电池过放电。在发生过放电时，由于电池负极的锂离子减少，脱出能力下降，极化电压增加，因此很容易导致电池负极的活性物质脱落，容易造成电池内部短路。电池内部短路的直接表现就是迅速产生热量从而引发着火隐患。

② 过电流。锂电池过电流主要有以下几种情况。

a．低温环境下充放电。在低温环境下，由于电池的导电性和扩散性下降，特别是电池负极的锂离子活动能力下降，电池可接受电流的能力下降，容易导致电池出现过电流。

b．电池老化、电池的性能下降（包括容量降低、内阻增加、倍率特性下降等）后，仍按照原来的电流进行充电容易导致产生的相对电流过大。

c．电池并联成组充电。在并联充电过程中，由于电池一致性的差异，单体电池的内阻各不相同，分配到各单体电池的充电电流不同，可能会导致分配到某些单体电池的电流远大于充电电流。

d．电池的内外部短路。电池短路会在瞬间产生很大电流，电池内部温度急剧升高，而使电池发生泄漏、起火等安全事故。

③ 电池过温。除上述提到的过充电、过放电、过电流会导致电池过温外，以下几种情况也会引起电池过温。

a．电池的热管理系统失效。其主要原因为动力电池组总成内电池温度传感器损坏，或是检测控制电路失效、散热风扇损坏。

b．电池温度采样点有限。车辆上电池数量众多，很难对每个单体电池都实现温度检测。

c．温度采样位置受限制。由于电池本身结构的原因，电动汽车的电池管理模块对电池的温度采样点一般都设置在电池正负极接线柱上，或者通过贴片采集电池外壳的温度，并不能反映实际的电池内部温度。

d．工作环境温度高。如果电池靠近驱动电机或空气压缩机等发热部件，会导致电池过温。

电池温度升高会引发的隐患包括电池本身性能逐步下降，进一步加剧电池内部的短路。此外，由于电池本身温度过高，会导致电池产生热变形，从而产生电池电解液泄漏等事故的发生。

（3）危险运行工况下的安全隐患

电动汽车由于存在高电压，因此在行驶中发生事故时，如果没有很好的安全设计，很容易发生安全事故，这些安全隐患主要体现在以下几个方面。

① 高压系统短路。当动力系统的高压线短路时，将会导致动力电池瞬间大电流放电，此时，动力电池和高压线束的温度迅速升高，将会导致动力电池和高压线束的燃烧，严重时还可能会引起电池爆炸。

若动力电池的高压母线与车身短路，乘员可能会触碰到动力电池的高压电，从而产生触电伤害。

② 发生碰撞或翻车。当电动汽车发生碰撞或翻车时，可能导致动力系统高压短路，此时动力系统瞬间产生大量热量，存在发生燃烧甚至爆炸的风险；此外，还可能造成高压零部件脱落，对乘员造成触电伤害。如果动力电池受到碰撞或因为燃烧导致温度过高，有可能造成电池电解液的泄漏，对乘员造成伤害。发生碰撞或翻车还会对乘员造成机械伤害。

③ 涉水或遭遇暴雨。当电动汽车遇到涉水、暴雨等工况时，由于水汽侵蚀，高压的正极与负极之间可能出现绝缘电阻变小甚至短路的情况，可能引起电池的燃烧、漏液甚至爆炸，若电流流经车身，还可能使乘员遭受触电风险。

④ 充电时车辆的无意识移动。当车辆在充电时，如果车辆发生移动，可能会造成充电电缆断裂，使乘员及车辆周围人员遭受触电风险；若充电电缆断裂前正在进行大电流充电，还可能造成电池的高压接触器粘连，从而进一步增加人员的触电风险。

2. 电动汽车的安全措施

微课：电动汽车的安全措施

（1）高压安全措施

电动汽车的高压安全措施主要体现在维修安全、碰撞安全、电气安全和功能安全 4 个方面。

① 维修安全。维修安全主要包含两个方面，即类似燃油发动机汽车的维修安全和针对电动汽车的特殊维修安全。电动汽车的维修安全主要是防止高压触电。因此，维修人员在对高电压类型汽车进行操作之前，应当保证不会有触电风险。为此，大多数汽车在系统上设计有维修开关，图 1-73 所示为比亚迪 e6 纯电动轿车的维修开关，当断开维修开关时，动力电池的动力

输出立即中断，但仍需等待 5min 以上才能接触高压部件（此期间用于系统电容放电）。

维修开关通常串联于电池组的中间，如图 1-74 所示，断开维修开关后，首先切断直流母线，并将电池组分为两个部分，起到对电池组分压的作用，降低了高压风险。

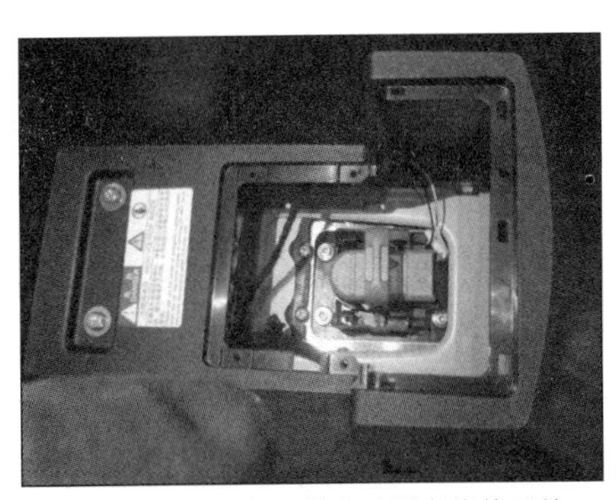

图 1-73 比亚迪 e6 纯电动轿车维修开关

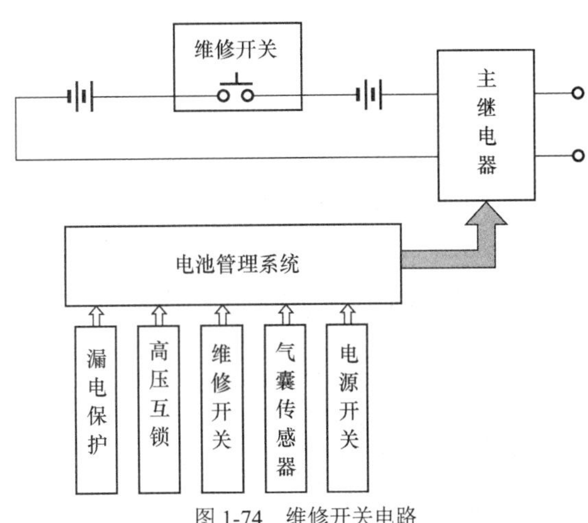

图 1-74 维修开关电路

② 碰撞安全。当车辆发生碰撞时，车辆的安全系统必须满足碰撞过程中及碰撞后都要保证相关人员的人身安全的需求。对于电动汽车来说，除了满足燃油发动机汽车的相关保护需求之外，还应当满足以下要求。

a. 碰撞过程中避免乘员和行人遭受触电风险，在保证人员安全的情况下尽量保护关键零部件不受损害。

b. 碰撞后保证维修和救援人员没有触电风险。

为此，有些车辆设计有图 1-75 所示的电路，将惯性开关串联到高压接触器的供电回路中，当发生碰撞时，惯性开关断开，从而切断高压接触器的供电电源，此时动力电池的高压输出便会被断开，保证了乘员、行人、维修和救援人员的高压安全。

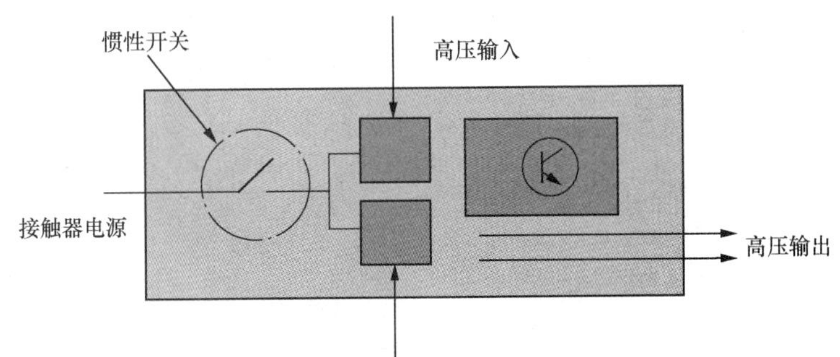

图 1-75 惯性开关在电路中的位置

③ 电气安全。电动汽车的电气安全主要包括以下方面。

a. 防止人员接触到高压电。

b. 电池能量的合理分配。

c. 充电时的高压安全。

d. 行驶过程中的高压安全。

e. 碰撞时的电气安全。

f．维修时的电气安全等。

电气系统主要采用以下安全措施。

a．高压线颜色统一为橙色。用不同颜色的线代表不同的电压，所以一定要高度重视高压部件上的橙色高压线路。图 1-76 所示为比亚迪 e6 纯电动轿车控制器上的高压线。

b．高压部件上面设置警示标识。每个电动汽车的高压部件壳体上都带有一个高压警示标识，售后服务人员或车主均可通过标识直观地看出该部件为高压部件。所用警示标识为国际标准规定的图案，如图 1-77 所示。

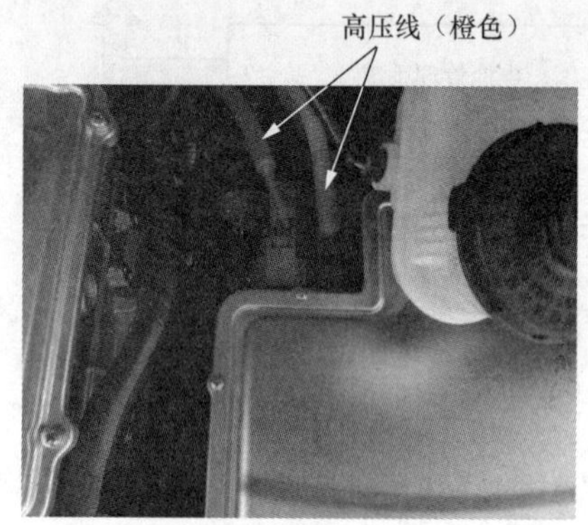

图 1-76　比亚迪 e6 纯电动轿车控制器上的高压线

图 1-77　比亚迪 e6 纯电动轿车电机控制器上的高压警示标识

c．带高压零件的防接触保护。采用多层（3 层）绝缘，防止意外直接或间接接触带电零件。

d．电隔离。高压电采用正负极与车辆接地绝缘。当发生简单故障时，这种保护可以防止电击。

e．高压零部件的接插件采用安全设计。如图 1-78 所示，这既可防止人员直接接触到高压，还可防水、防尘，减小高压系统绝缘出现问题的风险。

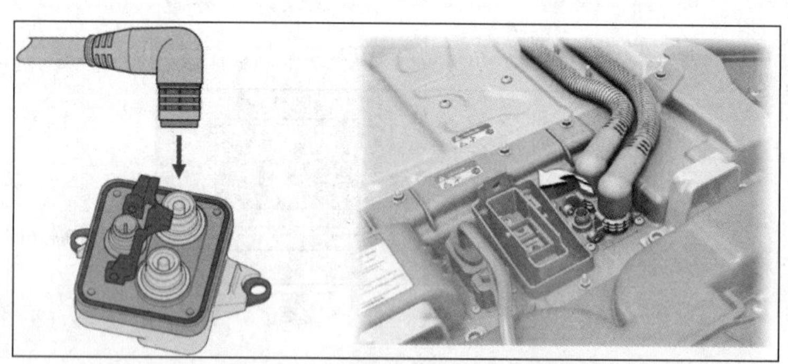

图 1-78　高压插头的安全设计方式

f．高压接触器和短路保护器。如图 1-79 所示，动力电池与外部高压回路之间设计有高压接触器，以保证在驾驶人无行驶意图或充电意图时，车辆除电池内部之外的高压系统是不带高压电的。只有当驾驶人将车辆钥匙打到“Start”挡或对动力电池进行充电时，高压接触器才可能会闭合。

当高压系统出现短路等危险情况时，为保护乘员和关键零部件，需设计短路保护器。如果流过短路保护器的电流大于某个值，该短路保护器便会被熔断。

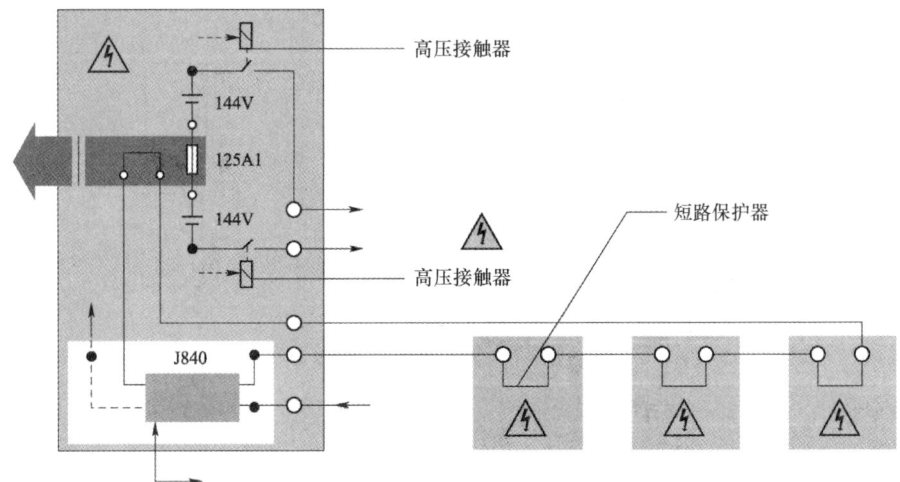

图 1-79 高压接触器和短路保护器设计方式

g．预充电回路。如图 1-80 所示，在动力电池输出高压电之前，先通过预充电回路对电池外部的高压系统进行预充电。预充电回路主要由预充电电阻构成。由于高压零部件的高压正负极之间设计有补偿电容，如果没有预充电电阻，那么在高压回路导通瞬间，补偿电容将会由于瞬间电流过大而被烧毁。充电过程中，首先闭合负极继电器，同时检测负极继电器的状态，如果确认负极继电器状态正常，闭合预充电继电器，进入预充电状态。在此阶段，检测预充电继电器状态、高压绝缘状态及母线电压，当母线电压达到其标称值的 90%时，先闭合正极继电器后，再断开预充电继电器，同时检测正极继电器的状态，如果正常，进入放电模式。

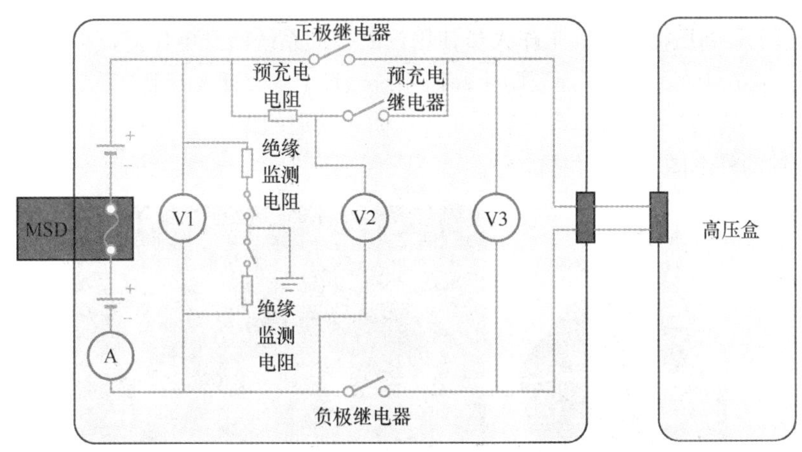

图 1-80 预充电路的设计方式

h．绝缘电阻监测。绝缘电阻监测系统可检测整个高压系统有无绝缘故障，并在仪表中用声音或光表现故障。若绝缘监测电阻值过小，整车控制器会发送接触器断开指令。

电动汽车的绝缘状况以直流正负母线对地的绝缘电阻来衡量。电动汽车的国际标准规定：绝缘电阻值除以电动汽车直流系统的标称电压 U，结果应大于 100Ω/V，才符合安全要求。标准中推荐的牵引蓄电池绝缘电阻测量方法适用于静态测试，并不满足实时监测的要求。

i．高压互锁。在车辆高压系统中设置一个导通环（闭环线路），如图 1-81 所示，如果导通环传送的信号中断，就要切断电压并对高压系统的电容进行放电。

高压互锁具有结构互锁、功能互锁和开盖检测的功能。

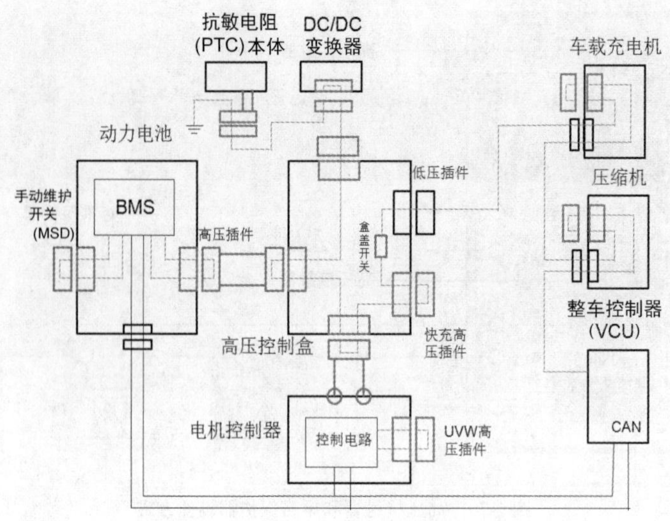

图 1-81　高压互锁原理

结构互锁是指在主要高压电器插头和电器盒盖上带有互锁回路，当某一电器被带电断开时，VCU、ECU 会检测到电路，立即报警并会断开母线高压回路，同时激活主动泄放电路。

功能互锁是指当车辆在进行充电或插上充电枪时，会限制整车不能通过自身驱动系统驱动，以防止可能发生的充电线束拖拽或安全事故。

车辆高压部件具有开盖检测功能，当在整车高压回路连通的情况下打开盒盖时，系统会立即报警，高压互锁装置会自动断开主继电器，从而断开整车高压系统，并快速释放电机控制器内的大电容电量。

j．服务断开/高压接通锁。工作人员使用诊断辅助系统断开电压后，不仅要确保关闭整个高压系统（高压互锁打开），还要防止高压系统通过“点火开关开启”重新接通。借助高压接通锁的插入（连接），对高压系统又加了一道防止接通的保险。图 1-82 所示为奔驰电动汽车高压接通锁的外形图和安装位置。

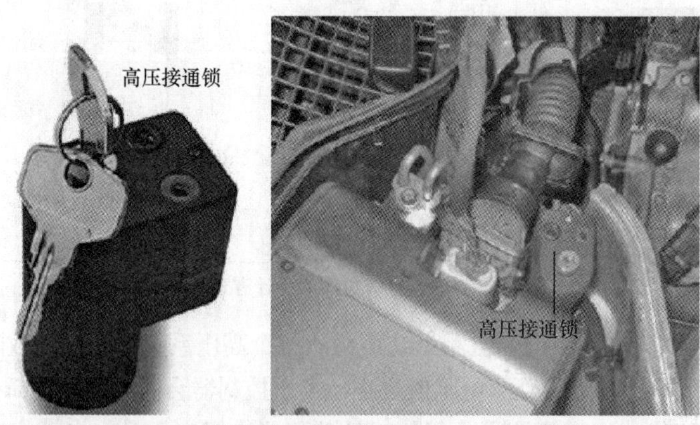

图 1-82　奔驰电动汽车高压接通锁的外形和安装位置

k．电源极性反接保护。意外接错电源正负极，系统将自动切断高电压。

l．主动泄放与被动泄放。通过主动与被动监测是否存在对车身短路，从而自动快速地将电池组内的电能泄放掉，避免电池发热燃烧。

此外，电动汽车高压系统的每一个高压回路均有熔断丝作为过电流保护。动力电池总成内部增加了一定数量的熔断丝盒和接触器进行保护，动力电池的每根采样线也有单独的熔断丝保护。即使发生短路，也可保证电池组等高压器件及线束不会短路损坏或起火。

④ 功能安全。

a．转矩安全管理。为防止车辆出现不期望的运动，需要在整车控制器中加入转矩安全控制策略。具体的转矩安全策略如下。

i．整车控制器负责计算整车的转矩需求，计算的转矩需求的差值大于某个标定值，则认为转矩输出存在安全风险，此时整车控制器会将车速限制在安全范围内。

ii．若整车控制器计算的需求转矩与电动机的实际转矩的差值大于某个标定值，则认为电动机的转矩控制存在风险，此时整车控制器将会限制电动机的转矩输出，若两者差值一直过大，则切断动力电池的动力输出。

b．充电安全措施。在充电时需要防止车辆移动以及避免快充、慢充、行驶模式之间的冲突，为此采取如下措施。

i．只有挡位放在 P 挡时才能充电。

ii．在充电过程中，转矩需求及实际转矩输出都为 0。

iii．当充电枪插上时，不能闭合控制高压电输出的接触器。

iv．当充电回路绝缘电阻小于标准要求的阻值时，停止充电并断开高压接触器。

c．电池组安全管理。

i．电池可用容量修正。电池管理系统（BMS）根据单体电池在环境温度下的放电容量，以及慢充过程中因为电芯一致性变差导致电池系统充电并未真正充满等因素，确定可用容量并上报给整车控制器（VCU），VCU 根据该值计算续驶里程。

ii．SOC 估算及修正。根据车载充电模式和行车模式下单体电池最高电压进行 SOC 估算及修正。

iii．放电过程电流控制。行车放电过程中，放电电流不能超过 BMS 给 VCU 上报的最大允许放电电流值。放电过程电流控制策略是 BMS 根据动力电池当前的 SOC 及最高温度实时调整最大允许放电电流数值。

iv．能量回馈过程控制。BMS 通过上报最大允许充电电流给整车控制器来表明动力电池当前状态可以接受最大回馈电流的能力。

v．车载充电电流控制。车载充电时，BMS 根据当前最小温度请求允许最大充电电流。当单体电池最高电压充电到 3.6V（针对锂电池，下同）时，BMS 请求充电电流降到 5mA。单体电池最高电压达到 3.7V，停止充电，并把 SOC 修正为 100%。

vi．地面充电控制。快充时，动力电池系统与地面充电桩之间的交互信息及工作流程严格按照《非车载传导式充电机与电动汽车之间的数字通信协议》（GB/T 27930—2023）执行。受限于动力电池的充电能力，为了更好地实现快充功能，在快充过程中设计有加热功能。

快充结束条件为电池最高单体电压 U_{max}≥3.7V；快充过程中不进行 SOC 修正；当电池最小温度 T_{min}<0℃时，闭合加热继电器，开启加热功能。

vii．保温过程控制。车载充电完成之后，根据电池的温度判断是否需要保温。如果需要保温，进入保温过程。

进入保温的条件：电池温度 T_{max}<25℃并且 T_{min}<10℃。在保温过程中，如果 T_{min}<5℃，BMS 向车载充电机请求加热需求电压 360V，加热需求电流 5A，并闭合加热继电器。保温过程中，当 T_{min}≥8℃时，断开加热继电器，停止加热。保温时间为 6h。如果进入保温过程达到 6h，停止保温，并退出保温过程。

ⅷ. 动力电池故障处理。动力电池系统在行车模式/车载充电模式/地面充电模式下诊断和上报处理的故障、处理措施和恢复条件。

微课：电动汽车高压部件与高压操作规定

3. 电动汽车高压部件

（1）高压部件特点

① 高压部件主要集中在车身的外部。除了少数的混合动力汽车动力电池安装在车辆后部位置外，大多数汽车的动力电池、逆变器等都布置在乘客舱外部，而且高压导线也是沿着底盘外布置的。

② 高压部件都具有明显的橙色标识，或者部件的醒目位置粘贴有高压标识。

（2）高压部件位置

纯电动汽车的高压部件主要集中在驱动系统、空调与加热系统、充电系统、电源系统等，如图 1-83 所示。

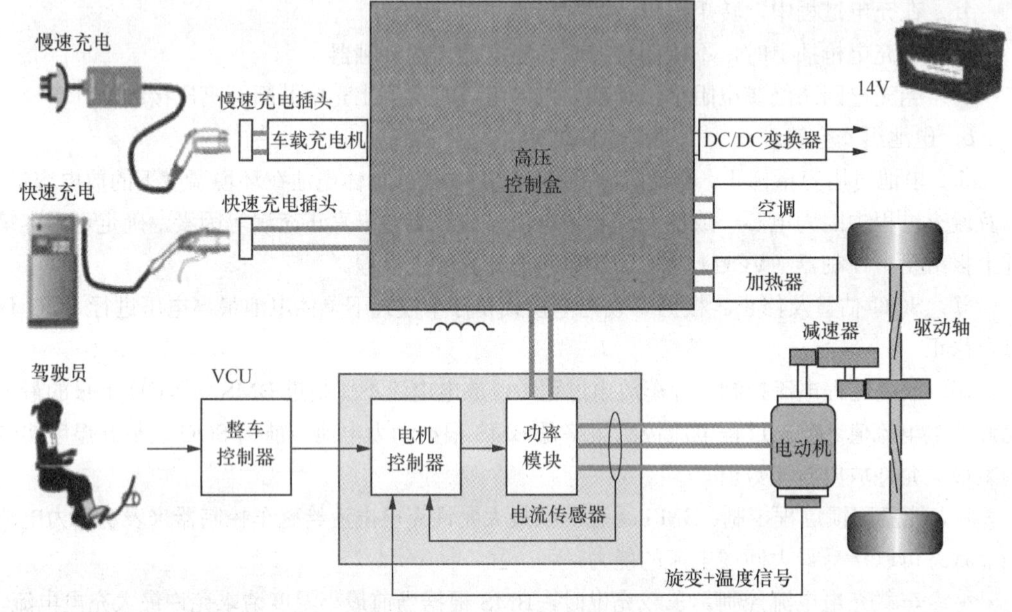

图 1-83 电动汽车高压部件的位置

① 驱动系统。驱动系统包括动力电池和三相电动机，以及由电动机驱动的控制器和逆变器。

② 空调与加热系统。空调与加热系统包括高压电驱动的压缩机、高压的 PTC 加热器。

③ 充电系统。充电系统包括车载充电器和充电接口。

④ 电源系统，电源系统主要是动力电池及 DC/DC 变换器。

⑤ 用于连接高压部件之间的导线也属于高压部件。这些连接导线可以分为以下 5 类。

a. 动力电池高压电缆：连接动力电池到高压盒之间的电缆。

b. 电机控制器电缆：连接高压盒至电机控制器之间的电缆。

c. 快充线束：连接快充口到高压盒之间的线束。

d. 慢充线束：连接慢充口到车载充电机之间的线束。

e. 高压附件线束（高压线束总成）：连接高压盒到 DC/DC 变换器、车载充电机、空调压缩机、空调 PTC 加热器之间的线束。

4. 电动汽车高压操作规定

① 如果员工没有接受过高压意识培训，不允许在电动汽车上执行操作。

② 如果员工在车辆上的工作仅限于操作或应对客户咨询，如启用冬季轮胎的限速或阐述驾驶室管理及数据系统（COMAND），则不必进行高压意识培训。此外，只是简单地驾驶车辆时也没有必要进行高压意识培训。

③ 如果员工在车辆上执行除操作、阐述或简单驾驶车辆之外的工作，一定要进行高压意识培训。甚至开启发动机罩，如清洗发动机或添加风窗玻璃清洗液，也要求进行高压意识培训。

④ 如果不具备高压资格和高压产品资格，员工不得在高压网络上作业。不遵守相关注意事项可能会导致严重的后果。

⑤ 接受过高压意识培训的非电工技术专业人员可以在高压系统外执行作业。

⑥ 接受过附加资格认证（高压资格和高压产品培训）的汽车技师、电气技师、机械电子工程师可以在高压系统上执行作业。

三、高压安全防护

1. 个人安全防护

维修带有高压电的车辆时，维修人员必须做好防止被高压电击伤的安全防护。虽然现有的电动汽车都设计有防止意外触电功能，但是事故车辆及这些车辆的高压动力电池组总成是始终存在高压电的。

防止触电的个人防护设备主要是绝缘手套、护目镜、绝缘鞋及非化纤材质的衣服等。

（1）绝缘手套

绝缘手套如图 1-84 所示。用于高压车辆维修用的绝缘手套通常有两种独特的性能，一是在进行任何有关高压组件或线路的操作时，需要使用由橡胶制成的电工绝缘手套，且其能够承受 1 000V 以上的工作电压；二是具备抗碱性，当工作中接触来自高压动力电池组的氢氧化物等化学物质时，防止这些物质对人组织造成伤害。

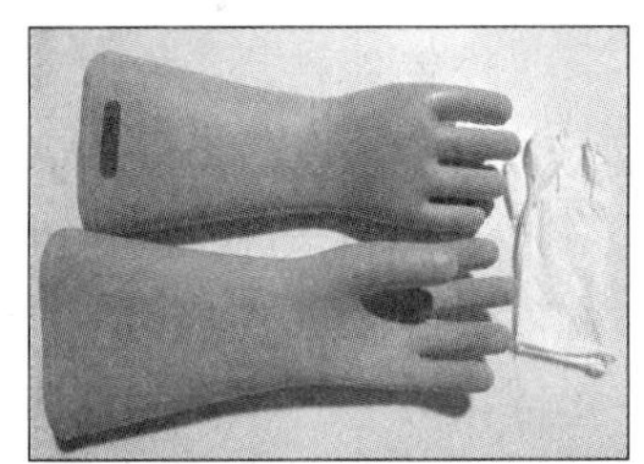

图 1-84 绝缘手套

绝缘手套在使用期间需注意以下事项。

① 用户购进手套后，如发现在运输、储存过程中遭雨淋、受潮湿发生霉变，或有其他异常变化，应到法定检测机构进行电性能复核试验。

② 手套在使用前必须进行充气检验，发现有任何破损则不能使用。

③ 作业时，应将衣袖口套入手套伸长部分筒口内，以防发生意外。

④ 使用后，应将手套内外污物擦洗干净，待干燥后，撒上滑石粉放置平整，以防受压受损，不要将其放于地上。

⑤ 手套应储存在干燥通风、室温在−15~30℃、相对湿度在 50%~80%的库房中；远离热源；离开地面和墙壁 20cm 以上；避免受酸、碱、油等腐蚀物质的影响；不要露天放置；避免阳光直射，勿放于地上。

⑥ 绝缘手套需要定期检验，至少每隔 6 个月就测试一次，偶尔使用的手套需在每次使用后测试。在任何情况下，保存在仓库中的绝缘手套应该每隔 12 个月就测试一次，间隔时间

不能超过 12 个月，而且在每次使用前，必须自行检查是否漏气。检查的方法是向手套内吹入一定的空气，观察手套是否有漏气的风险。

微课：高压防护用品的使用

图 1-85 所示为绝缘手套的使用、检查与注意事项。

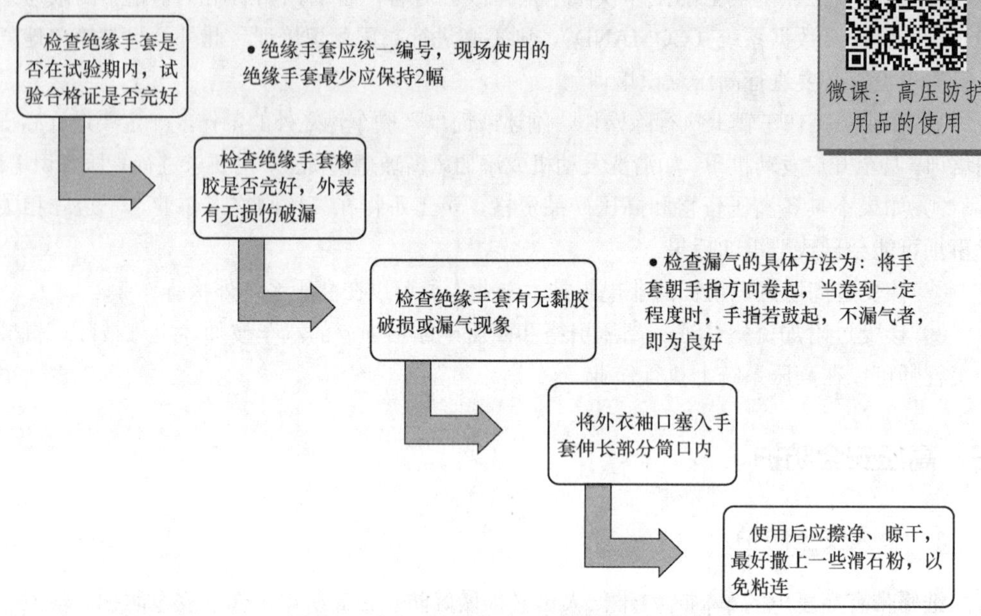

图 1-85 绝缘手套的使用、检查与注意事项

（2）护目镜

护目镜如图 1-86 所示。护目镜可防止飞溅的电池液进入眼睛内。高压车辆维修用的护目镜应该具有侧面防护功能，防止维修过程中产生的电火花对眼睛造成伤害。

（3）绝缘鞋

绝缘鞋（靴）的作用是使人体与地面绝缘，防止电流通过人体与大地之间构成通路，对人体造成电击伤害，把触电时的危险降低到最低限度。因为触电时，电流是经接触点通过人体流入地面的，所以电气作业时不仅要戴绝缘手套，还要穿绝缘鞋。

如图 1-87 所示，绝缘鞋根据《足部防护 安全鞋》（GB 21148—2020）标准进行生产，电阻值范围为 100kΩ～1 000MΩ，具有透气性能好、防静电、耐磨、防滑等功能。

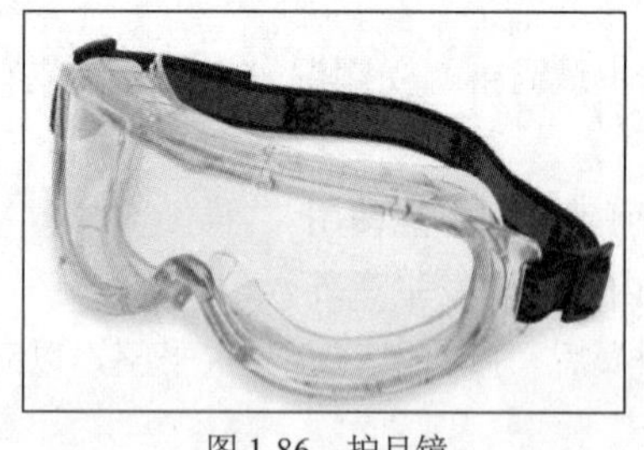

图 1-86 护目镜

图 1-87 绝缘鞋

绝缘鞋也要定期进行检验。图 1-88 所示为绝缘鞋的使用方法与检查流程。

（4）非化纤工作服

维修高电压系统时，必须穿非化纤类的工作服。化纤类的工作服会产生静电，并且当发生火灾事故时，化纤会在高温环境下粘连人体皮肤，导致维修人员受到严重的二次伤害。

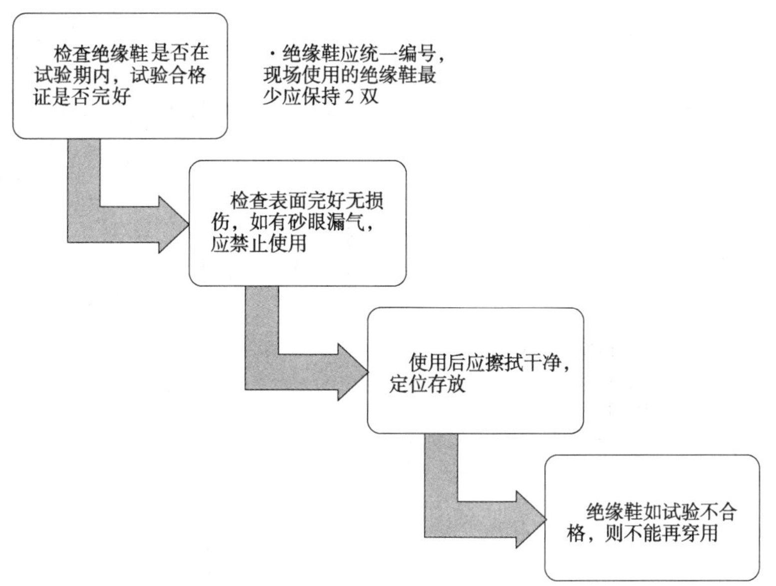

图 1-88　绝缘鞋的使用方法与检查流程

2. 使用绝缘的维修工具

维护高电压类车辆时，必须使用带有绝缘功能的工具。这些工具包括常用的套筒、开口扳手、螺钉旋具、钳子、电工刀等，也包括专用的仪表，如数字万用表等，如图 1-89 所示。

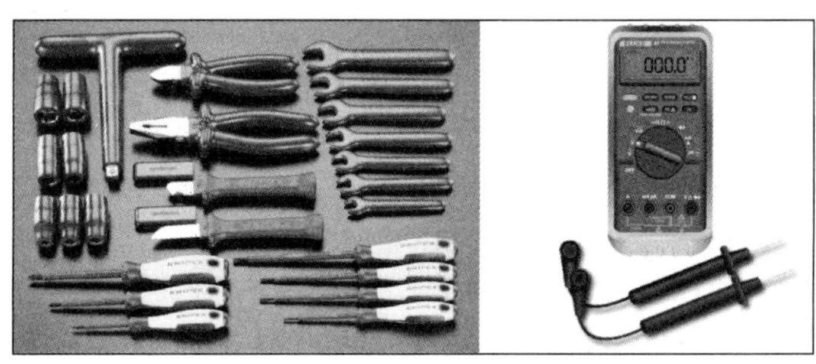

图 1-89　绝缘工具与绝缘仪表

使用绝缘工具可以有效防止意外触电事故的发生。我国的绝缘工具分为Ⅰ类、Ⅱ类和Ⅲ类 3 个类型。

① Ⅰ类绝缘工具是指采用普通基本绝缘体的电动工具。在防触电保护方面，其不仅依靠基本绝缘体，而且还应附加一个安全预防措施，即在正常情况下不带电，而在基本绝缘体损坏时变为带电体的外露导电部分做保护接零。为了可靠，保护接零应不少于 2 处，并且还要附加漏电保护，同时要求操作者使用绝缘防护用品。

② Ⅱ类绝缘工具是指采用双重绝缘或加强绝缘的电动工具。在防触电保护方面，其不仅依靠其基本绝缘体，而且可将其正常情况下的带电部分与可触及的不带电的可导电部分作双重绝缘或加强绝缘隔离措施，相当于将操作者个人绝缘防护用品以可靠的、有效的方式设计制作在工具上。

③ Ⅲ类绝缘工具是指采用特低安全电压供电的电动工具。在防触电保护方面，其依靠安全隔离变压器供电。

在进行高电压电动汽车维修时，要求使用Ⅱ类以上绝缘工具。

四、高压维修作业标准

微课：高压维修作业标准

电动汽车涉及高压电，因此，在维修过程中必须按照工作流程进行，才能保护操作人员的自身安全和车辆、设备的安全。

1. 电动汽车维修流程

典型的高压车辆维修的流程如图 1-90 所示。

管理人员
引导高压车辆进入专用维修工位
维修人员
在维修工位设置高压警示标识

管理人员
监督并协调具有资质的维修人员维修车辆
维修人员
检查个人安全防护设备，按正确要求佩戴

管理人员
监督维修人员规范操作流程
维修人员
需在维修高电压系统前，必须先执行高电压禁用操作程序

图 1-90　高压车辆维修流程

2. 电动汽车维修规范

维修高压车辆时，必须遵循高压安全操作规范和机动车维修操作规范，具体包括以下内容。

① 对于车辆维修过程中拆下的高压配件，必须立即标识明显的"高压勿动"警示，并禁止将带有高压电的部件放置在无人看管的环境下。

② 高压车辆维修过程中，维修人员身上禁止带有手表、金属笔等金属物品。

③ 严禁非专业人员对高压部件进行移除及安装。

④ 未经高压安全培训并取得许可证的维修人员，不允许对高压部件进行维修等操作。

⑤ 车辆在充电过程中不允许对高压部件进行拆装、维修等工作。

⑥ 维修前必须进行高压禁用操作。

⑦ 维修完毕后上电前，要确认车辆内无操作人员。

⑧ 更换高压部件后，需检测搭铁是否良好。

⑨ 电缆接口必须按照标准力矩拧紧。

⑩ 在执行车辆维修期间，必须同时有 2 名持有上岗证的维修人员进行工作，其中一名维修人员作为监护人，工作职责为监督维修的全过程。如当发生触电事故时，监护人应该立即采取有效措施进行急救。

3. 高压禁用操作程序

拆解维修高压系统前，必须首先执行高压禁用流程。高压禁用操作程序如下。

① 移：移除车辆上所有的外部电源，包括 12V 蓄电池充电器。

② 拔：拔出充电枪。

③ 关：关闭点火开关，把钥匙放到安全区域。

④ 断：断开 12V 蓄电池负极，并远离负极区域。

⑤ 取：取下 MSD（手动分离开关），放到安全区域。

⑥ 等：等待 5min，以保证高压能量全部释放。

⑦ 查：佩戴个人安全防护设备，拆卸高压连接器，开始下一步的电压验证。

4. 电动汽车外出救援注意事项

外出救援抛锚的电动汽车时，应注意以下事项。

① 在车辆能动的情况下将车辆移动到不影响其他车辆通行、安全的地带。

② 在条件许可的情况下打开双闪警示灯（夜间也可以用发光体代替）。

③ 按照规定的距离立即正确放置三角警示牌。

④ 如果在现场不能维修，可采用硬连接将车辆拖回维修点。

⑤ 如果确定无法移动，可联系救援车辆。

⑥ 等待救援时，所有人员请勿待在车内。

5. 对维修车辆的规定

① 防止车辆前后移动。

② 在车辆前方执行作业前，应将钥匙从钥匙开关锁中取出。

③ 在发动机舱实施作业时，务必要使用翼子板护垫。

④ 在车底下作业时，必须将蓄电池负极拆开。

⑤ 顶起车辆时，不可顶在动力电池处，同时要注意以下两点。

a. 不要在只靠一个千斤顶支撑的车底下工作。

b. 维修手册提出的举升要求适用于整车，对于一辆拆除了驱动电机或动力电池的汽车，重心会发生变化，使举升情况不稳定，此时要将汽车支撑或固定在举升设备上。

⑥ 不要把工具、换下来的配件遗留在工作区域或周围，要保持工作区域干净、整洁。

⑦ 在车上实施焊接操作时，必须要拆除蓄电池接线，避免造成相关零部件损坏，同时周边要配备适当的灭火设备。

五、高压系统终止与检验

由于电动汽车具有高电压，因此在维修电动汽车前，必须首先按照高压操作规程执行系统电压的终止操作。终止系统高电压以后，可以在一定程度上确保汽车高压系统各部分之间不再具有高电压，从而保证了维护人员的安全。

维修车辆时，需要根据高压电存在的形式进行区别对待。例如，在纯电动汽车的动力电池中会一直存在高压电，因此无论何时进行对动力电池的维修，都需要佩戴个人安全防护用品。但是，当执行了正确的高压终止程序以后，例如逆变器、高压压缩机等系统就不再具有高压电了，此时对这些部件的维修可以不用再预防被高压击伤的危险了。

1. 电动汽车高压系统的高压电的存在形式

电动汽车的高压系统集中在车辆的驱动系统、空调与加热系统、电源系统及带有插电功能的充电系统。根据高电压存在的时间进行分类，电动汽车高压系统的高压电主要有 3 种存在形式，即持续存在、运行期间存在和充电期间存在，如图 1-91 所示。

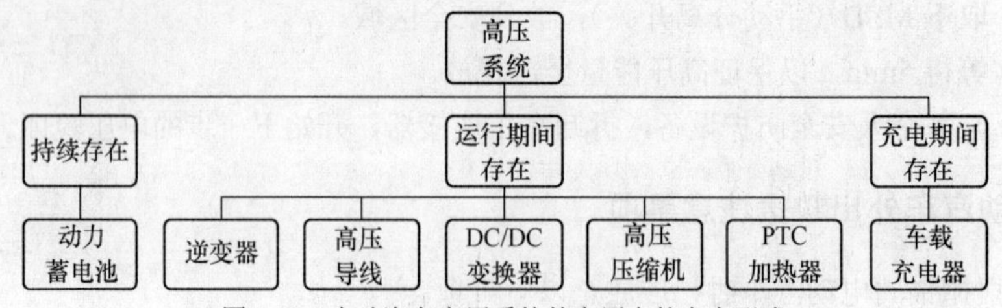

图 1-91　电动汽车高压系统的高压电的存在形式

（1）持续存在

电动汽车的动力电池持续存在高压电，即使当车辆停止运行期间，由于动力电池始终存储有电能，因此当满足动力电池的放电条件后，该部件将继续对外放电。

（2）运行期间存在

运行期间存在高压电的部件，是指当点火开关（电门）处于“ON”“RUN”“OK”或其他运行状态下，部件存在高压电。

运行期间存在高压电的系统或部件有以下 2 种类型。

① 只要点火开关处于“ON”或“RUN”等运行状态下就会存在高电压，这类部件包括有逆变器、DC/DC 变换器和连接的高压导线。

② 虽然点火开关处于“ON”等运行状态，但是由于该系统所执行的功能没有被接通，此时相关的部件仍然不会接通高电压。如纯电动汽车中的高压压缩机和 PTC 加热器，在驾驶人没有运行车辆的空调或暖风功能时，这些部件上是不会存在高压电的。

（3）充电期间存在

充电期间存在高压电主要是指插电式混合动力汽车和纯电动汽车，此类车辆的车载充电器及连接的导线只有在车辆连接有外部 220V（或 380V）电网充电期间才会具有高压电。

需要注意的是，有些车辆的车载充电器和动力电池设计有独立的空调式冷却系统，在车辆充电期间，由于动力电池可能产生很高的热量，因此车载空调会运行，以降低动力电池的温度，此时车辆的高压压缩机也会在充电期间运行，因此也存在高压电。

2. 高压的接通与关闭

在电动汽车中，除动力电池外，其他部件都是由整车控制单元或混合动力控制单元通过接触器控制高压的接通与关闭的。

接触器即为一个大功率的继电器。它用于控制高压正负极导线之间的接通与断开。接触器通常被布置在动力电池组总成内部或是独立在一个 BDU（配电箱）中。其电路如图 1-92 所示，接触器如果断开，整车仅动力电池上会存在高压，位于接触器下游的高压系统部件将没有高压。

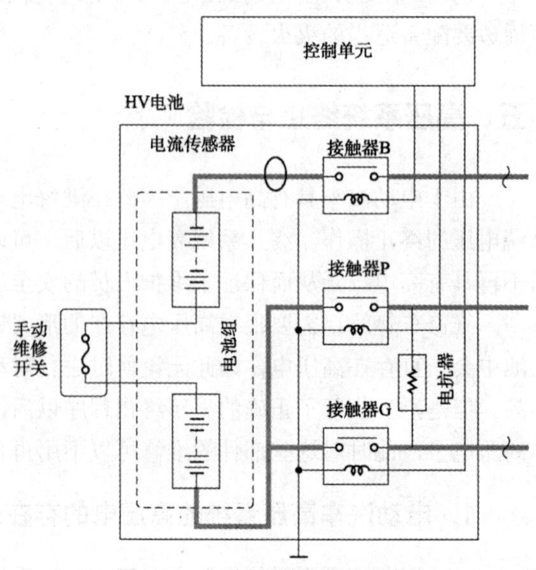

图 1-92　典型电动汽车接触器电路

（1）接触器接通条件

① 点火开关处于“ON”等运行状态。

② 高压系统自检没有存在漏电等故障。

（2）接触器断开条件

① 点火开关为“OFF”。

② 高压系统检测到存在安全事件的发生。

系统自检到存在安全事件，主要是系统根据自身设定的检验程序，在以下情况下，会因异常情况自动切断高压，避免人员触电。

a．高压系统自检到部件的互锁开关断开。

b．高压系统自检到部件或高压电缆存在对车辆绝缘电阻过低。

c．车辆发生碰撞，且安全气囊已弹出。

3. 手动切断动力电池的高压

在动力电池上，按照国家新能源汽车安全标准都会设计有一个串联的手动维修开关，用于人工切断整个动力电池的回路。

当该开关被断开后，整车的高压部件将不再具有高压，同时动力电池的总输出正负极端口也不再有高压。

需要注意的是，即使手动开关被断开，动力电池内的电池及其连接电路仍然在串联的位置还具有高压。

此外，手动维修开关由于能够物理上直接切断动力电池的高压回路，因此汽车制造厂商都会将该开关设计有特殊的锁止结构，避免人为意外触发或者行驶中因为振动等因素断开。手动维修开关的断开方法一般会标示在开关上面，或者在车主的用户手册中，图 1-93 所示为典型纯电动汽车上的手动维修开关断开方法。

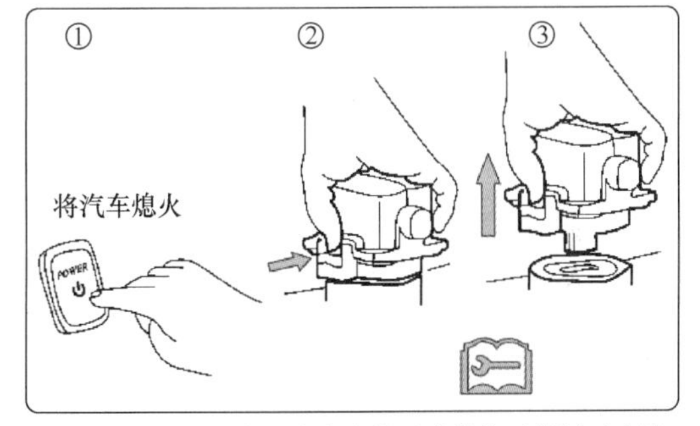

图 1-93　典型纯电动汽车上的手动维修开关断开方法

4. 高压系统的终止与检验

微课：高压系统的终止与检验

在维修带有高电压的电动汽车前，务必执行高压的终止和检验操作，避免因意外高压触电。

高压系统的终止与检验操作步骤主要分为高压的终止和高压的检验两个部分，如图 1-94 所示。

（1）高压终止

高压终止主要是通过正确的操作步骤来关闭车辆高压系统。正常情况下，执行高压终止后，车辆除了动力电池外，其他部件应该都不具有高压。

高压终止的基本步骤如下。

① 关闭点火开关。关闭点火开关后，将钥匙放到一个安全的区域，通常应该远离被维护的汽车。

注意：如果使用按钮启动，要将钥匙放置至离车至少 5m 远的地方，防止汽车意外被启动。

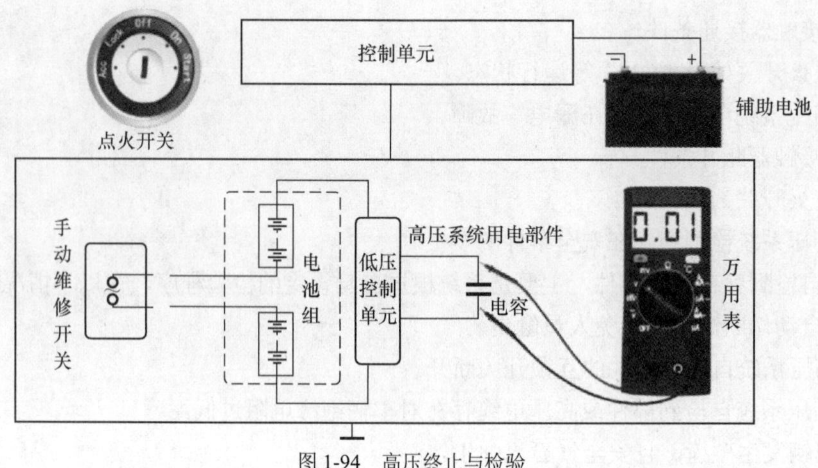

图 1-94　高压终止与检验

② 断开辅助电池负极端子。找到 12V 辅助电池，断开电池的负极，并固定搭铁线，以防止移动蓄电池负极端子。

③ 拆除手动维修开关。找到手动维修开关并断开。

当处理橙色高压组件和线路时，确保戴着绝缘手套。将拆下的维修开关放在口袋中以防止其他人将它安装回车上去，并将裸露的维修开关槽使用绝缘胶布封住。

④ 等待 5min。拆下维修开关后，须等待 5min，使高压部件中的电容器进行放电，才可以继续对车辆进行高压检验操作。

（2）高压检验

高压检验是利用数字万用表再次确认高压终止以后，具体维修的部件上确实已不再有高压。该步骤符合高压的检验操作标准。

使用万用表测量高压部件的连接器各个高压端子，在执行高压终止以后，每个端子对车身的电压应该小于 3V，且端子正负极之间的电压也应该小于 3V。

如果任一被测量的电压超过 3V，说明系统内部存在高压黏结情况，需要由经过特殊培训的工程师来进行处理。

注意：*在检验高压端子期间，必须佩戴好个人安全防护用品。*

六、急救与应急处理

1. 急救

援救触电事故中的受伤人员时，自身的安全是第一位的，绝对不要去触碰仍然与电压有接触的人员。如果可能，马上将电气系统断电，或用不导电的物体（木板、扫帚把等）把事故受害者或者导电体与电压分离。基本的触电急救流程如图 1-95 所示。

（1）迅速脱离电源

人体触电以后，可能由于痉挛或失去知觉等原因而紧抓带电体，不能自己摆脱电源。抢救触电者的首要步骤就是使触电者尽快脱离电源。在电动汽车中脱离电源的方法是戴上绝缘手套将触电者脱开或者切断高压电源。总之，要因地制宜，灵活运用各种方法，快速切断电源，防止事故扩大。

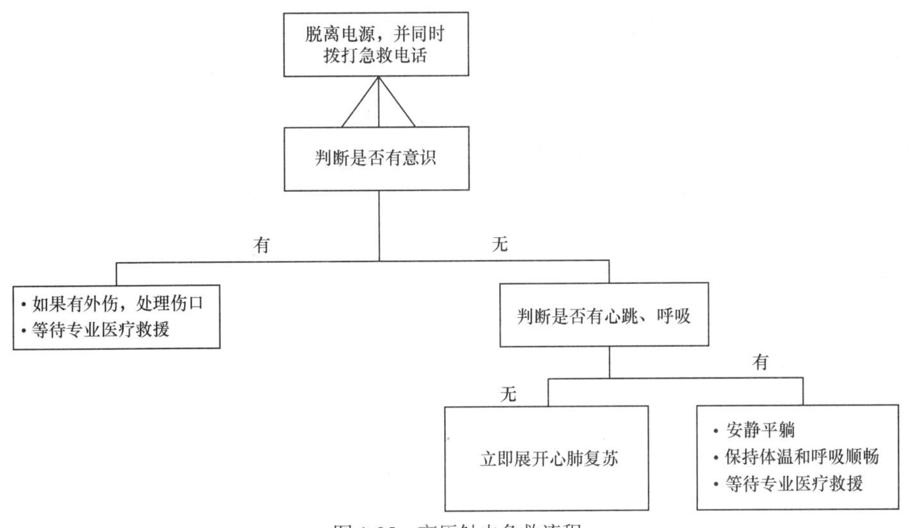

图 1-95　高压触电急救流程

（2）现场急救

当触电者脱离电源后，应根据触电者的具体情况迅速对症救护，力争在触电后 1min 内进行救治。国内外一些资料表明，触电后在 1min 内进行救治的，90%以上有良好的效果，而超过 12min 再开始救治的，基本无救活的可能。现场应用的主要急救方法是口对口人工呼吸法和胸外心脏按压法，严禁打强心针。

口对口人工呼吸法是用人工的方法来代替肺的呼吸活动，使空气有节律地进入和排出肺脏，供给体内足够的氧气，充分排出二氧化碳，维持正常的通气功能。

胸外心脏按压法是指有节律地对心脏进行按压，用人工的方法代替心脏的自然收缩，使心脏恢复搏动功能，维持血液循环。

（3）急救方法

① 触电事故。触电者一般有以下 4 种症状，可分别给予正确的对症救治。

a. 神志尚清醒，但心慌力乏，四肢麻木。该类人员一般只需将其扶到清凉通风之处休息，让其自然慢慢恢复。但要派专人照料护理，因为有的触电者在几小时后可能会发生病变。

b. 有心跳，但呼吸停止或极微弱。该类人员应该采用口对口人工呼吸法进行急救。

c. 有呼吸，但心跳停止或极微弱。该类人员应该采用人工胸外心脏按压法来恢复病人的心跳。

d. 心跳、呼吸均已停止者。该类人员的危险性最大，抢救的难度也最大。应该同时采用口对口人工呼吸法和人工胸外心脏按压法进行急救。最好是 2 人一起抢救，如果仅有一人抢救时，应先吹气 2～3 次，再按压心脏 15 次，如此反复交替进行。

② 电池事故。如果发生电池事故时，应按以下要求进行处理。

a. 如果发生了皮肤接触，立即用大量的清水进行冲洗。

b. 如果吸入了气体，必须马上呼吸大量新鲜空气。

c. 如果蓄电池内溶物接触到了眼睛，立即用大量的清水进行冲洗（至少 10min）。

d. 如果吞咽了蓄电池内溶物，需喝大量清水，不要设法使其呕吐。

2. 应急处理

常见的电动汽车的应急处理需求有以下几种。

① 救援。当电动汽车被撞或乘员需要解救时。

② 火灾。当电动汽车着火时，应该当着“电火”来处理并用干粉型灭火器灭火。

③ 泄漏。当高压动力电池液溢出时，要采取特别措施。

④ 牵引车辆。处理电动汽车路上抛锚。

⑤ 跨接启动。当车辆因 12V 电源故障无法启动时，用该方法应急启动车辆。

（1）救援

在对高压车辆进行救援时，千万不要因为车辆比较安静就误以为它就处于停机状态。对于混合动力汽车，当车辆处于“READY”模式时（Y 灯亮），发动机会自动停机，所以在检查或维修发动机舱时，记住要先看看“READY”指示灯是否已经熄灭。

在处理维修车辆前，首先用挡块挡住车轮并进行驻车制动，挂“P”挡并确认“P”挡指示灯亮，然后按“POWER”按钮并确认“READY”指示灯熄灭，断开 12V 辅助蓄电池，最后拔掉维修开关或者 HV 熔断丝。

需要注意的是，在对电动汽车进行操作时，急救组要知道橙色电缆代表高压，并在断开高压电池、接触电缆前也要等待 5min，即等电容充分放电完毕。

此外，解救时若高压电缆被撞断，系统一般会在人员触电前被切断，因为车辆上的绝缘监测功能会不断地监测高压电缆到金属底盘的漏电。撞车时，气囊展开，高压电源也会自动切断，即使气囊不展开，变换器里面的减速传感器若超过其限位，也会切断高压电。

（2）火灾

高压动力电池电解液主要由带腐蚀性的化学液体组成，因此在着火后，可以采用大量的水或者干粉灭火器灭火。

常规的 ABC 干粉灭火器，适用于油或电路火灾。然而，如果只是高压动力电池着火，则推荐使用二氧化碳灭火器，而发生大面积或大的火灾时，持续的浇水也同样适用于熄灭高压动力电池火灾。但是使用少量的水，如只用一桶，是危险的，实际上将加剧高压电池火灾的程度。

（3）泄漏

当面对有可能是高压动力电池溢出电解液时，应及早穿好合适的防护用品，并采用红色石蕊试纸检查溢出液，如果试纸变为蓝色，溢出的液体需要使用硼酸液进行中和。中和完成后，使用试纸再去检查溢出液，确认试纸颜色不改变。

中和完毕后，用充足的吸水毛巾或布，吸收事故中溢出的电解液。

（4）牵引车辆

电动汽车被牵引时，由于多数车辆为前轮驱动，因此对于这类车辆的牵引，必须严格遵守制造厂商的要求，否则可能损坏车辆的三相驱动电机或变速单元。

无论是混合动力汽车还是纯电动汽车，正确的牵引方法是使其全部平放在货车上，然后由牵引车辆运输到指定的位置。但是，如果是前轮驱动的车辆，也可以采用前轮离地的方式进行车辆的牵引。

（5）跨接启动

无论是纯电动汽车还是混合动力汽车，其全车控制模块的供电都是通过 12V 蓄电池来完成的。也就是说，在电动汽车中，除了高压动力电池外，所有的车辆还会配置有 12V 低压蓄电池。

由于 12V 蓄电池用来给所有 ECU 供电，若没有该电源，ECU 不能工作，车辆也无法驱动。如果纯电动汽车或混合动力汽车由于 12V 蓄电池亏电而无法启动，则可以实施跨接启动。

【任务实施与考核】

1. 准备工作

在技能学习工位准备好纯电动汽车及其相关技术资料。工具箱和防护用品柜内需有足够的专用维修工具和各类防护用品。

2. 学生工作

① 结合本学习任务相关知识的学习，观摩指导教师借实物讲解各类安全防护用品、专用维修工具的功能和高压终止与检验操作。

② 观摩结束后，学生通过观看各类实物，完成工单 1-3。

3. 教师工作

① 向学生讲解安全注意事项，并要求学生在工单 1-3 中做记录。

② 观察、指导学生进行相关操作，对可能发生危险的事情及时制止。

③ 结束后审阅学生完成的工单，并结合其操作情况给出评价。

| 任务 1-4　典型纯电动汽车认识 |

【任务分析】

纯电动汽车与传统燃料汽车的使用方法有很多相同之处，但由于纯电动汽车存在高压系统及更为完善的控制系统，所以在使用方面有其独特的一面。不同的纯电动汽车，在结构、配置和性能等方面会有一些差异，无论是用户还是纯电动汽车维修人员，均应熟悉其所使用或维修的纯电动汽车的结构及配置特点。

比亚迪纯电动汽车是我国具有代表性的纯电动汽车。因此，本任务主要学习比亚迪 e6 纯电动轿车的主要结构、配置和工作特点。

【学习目标】

1. 知识目标

① 能够简单描述比亚迪 e6 纯电动轿车的整车特点。

② 能够正确描述比亚迪 e6 纯电动轿车的典型配置及主要功能。

2. 能力目标

① 能够进行比亚迪 e6 纯电动轿车的常规使用操作。

② 能够针对具体的纯电动汽车，说明其结构特点与工作原理。

3. 素质目标

① 培养科学严谨的职业素养。

② 培养自信自立的思想素养。

【相关知识】

一、比亚迪 e6 纯电动轿车简介

1. 整车特点

比亚迪 e6 纯电动轿车为一款新能源、新动力、零排放纯电动轿车（以下简称比亚迪 e6），是比亚迪着力打造的一款环保产品。比亚迪 e6 所使用的驱动电机、电控单元、动力电池等均是比亚迪自主研发的产品，是比亚迪的核心技术。

（1）节能环保

比亚迪 e6 在各种工况下都是由电力驱动的，在环保方面完全实现了零排放。动力电池采用比亚迪自主研发和生产的动力电池，其含有的所有化学物质均可以无害的方式分解吸收，能够很好地解决二次回收等环保问题，不会给环境造成危害。

（2）操控平衡、动力充沛

整车重心位置低，操控平稳，乘坐舒适性好。75kW 驱动电机可为整车提供高转速、大转矩，0～50km/h 加速时间为 6s，最高车速可达 140km/h。

（3）低噪声

整车以完全的纯电动工况行驶，车内、车外噪声极小，为驾乘者提供了舒适的乘坐环境。

（4）安全性好

① 动力电池经过高温、高压、撞击等试验测试，安全性能极佳。

② 整车安全设计时，全面考虑了纯电动汽车与燃油发动机汽车之间安全性的差异，对主动、被动安全进行了高优化的设计。

③ 充分考虑车内及电池包防水、防漏电的保护设计。

④ 电源管理系统智能化监控动力电池的运行参数，保证电池的正常运行。

（5）使用便捷

目前，比亚迪 e6 可采用壁挂式交流充电、家用交流充电、直流充电（选装）和车辆对车辆充电，充电非常方便。

（6）超长续驶里程

比亚迪 e6 综合工况下 400km 的续驶里程，完全能满足日常的城市、城际出行需要。

微课：比亚迪 e6 纯电动轿车简介

2. 车辆规格

（1）整车参数

比亚迪 e6 整车参数，见表 1-9。

表 1-9　　　　　　　　　　　比亚迪 e6 整车参数

<table>
<tr><td colspan="4">产品型号名称</td><td>BYD7006BEVH</td></tr>
<tr><td colspan="2">外形尺寸/mm × mm × mm</td><td colspan="2">长×宽×高</td><td>4 560×1 822×1 630</td></tr>
<tr><td colspan="2">轮距/mm</td><td colspan="2">前/后</td><td>1 585/1 560</td></tr>
<tr><td colspan="4">轴距/mm</td><td>2 830</td></tr>
<tr><td rowspan="6">质量参数/kg</td><td colspan="3">整备质量</td><td>2 420</td></tr>
<tr><td colspan="3">满载质量</td><td>2 795</td></tr>
<tr><td rowspan="4">轴荷</td><td rowspan="2">空载</td><td>前轴</td><td>1 295</td></tr>
<tr><td>后轴</td><td>1 125</td></tr>
<tr><td rowspan="2">满载</td><td>前轴</td><td>1 445</td></tr>
<tr><td>后轴</td><td>1 350</td></tr>
<tr><td colspan="2" rowspan="2">轮胎</td><td colspan="2">规格</td><td>225/65R17</td></tr>
<tr><td colspan="2">胎压/kPa</td><td>250</td></tr>
<tr><td colspan="2" rowspan="2">备胎</td><td colspan="2">规格</td><td>T145/90R17</td></tr>
<tr><td colspan="2">胎压/kPa</td><td>420</td></tr>
<tr><td colspan="4">车轮动平衡要求（动平衡和配重后）/g</td><td>≤10</td></tr>
<tr><td colspan="2" rowspan="6">车轮定位参数（整备质量下）</td><td colspan="2">前轮外倾角/（°）</td><td>−1.25～0.25</td></tr>
<tr><td colspan="2">前轮前束/（°）</td><td>−0.08～0.08</td></tr>
<tr><td colspan="2">主销内倾角/（°）</td><td>6.75～8.25</td></tr>
<tr><td colspan="2">主销后倾角/（°）</td><td>3.17～4.67</td></tr>
<tr><td colspan="2">后轮外倾角/（°）</td><td>−1.5～0.5</td></tr>
<tr><td colspan="2">后轮前束/（°）</td><td>0～0.16</td></tr>
<tr><td colspan="4">制动踏板自由行程/mm</td><td>≤5</td></tr>
<tr><td colspan="4">制动摩擦副/mm</td><td>前摩擦材料：2～11
后摩擦材料：2～10.6
前制动盘：28
后制动盘：16</td></tr>
<tr><td colspan="4">接近角（满载）/（°）</td><td>21</td></tr>
<tr><td colspan="4">离去角（满载）/（°）</td><td>25</td></tr>
<tr><td colspan="4">前悬/mm</td><td>920</td></tr>
<tr><td colspan="4">后悬/mm</td><td>810</td></tr>
<tr><td colspan="4">乘员数</td><td>5</td></tr>
<tr><td colspan="4">最高车速/（km·h^{-1}）</td><td>140</td></tr>
<tr><td colspan="4">最大爬坡度</td><td>30%</td></tr>
</table>

（2）车辆标识

比亚迪 e6 的 VIN 码的位置有后背门内侧、左前门下方和左前侧 VIN 槽内，如图 1-96 所示。

（3）警告标签

① 安全气囊警告标签粘贴在右侧 B 柱上，如图 1-97 所示。

② 空调系统、操作说明、电机冷却液、冷却风扇、电池位置标签粘贴在前舱盖内侧，如图 1-98 所示。

③ 动力电池警告标签粘贴在动力电池安装壳体盖上，如图 1-99 所示。

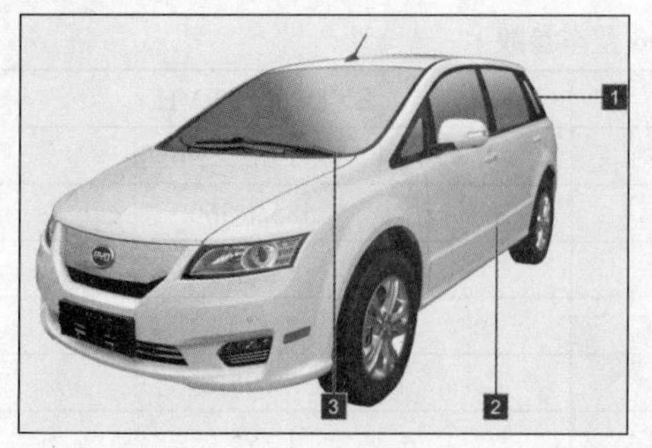

1—后背门内侧；2—左前门下方；3—左前侧 VIN 槽内

图 1-96　比亚迪 e6 纯电动轿车 VIN 码位置

（a）位置　　（b）标签内容

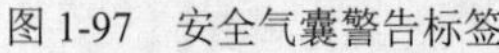

图 1-97　安全气囊警告标签

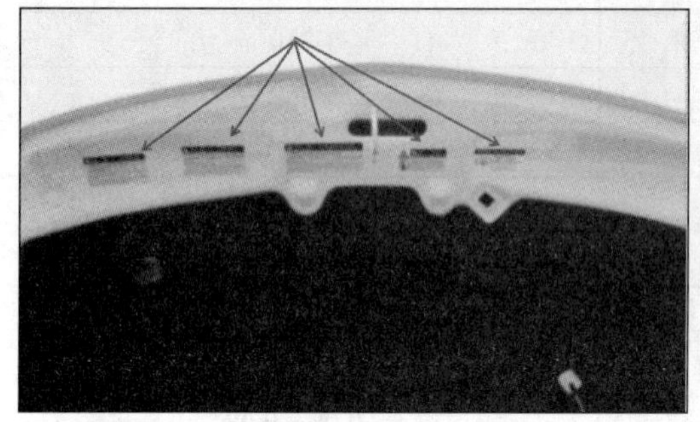

图 1-98　空调系统、操作说明、电机冷却液、冷却风扇、电池位置标签

图 1-99　动力电池警告标签

④ 轮胎气压指示牌粘贴在左 B 柱下方，如图 1-100 所示。

⑤ 空气过滤器标签粘贴在仪表台右侧，如图 1-101 所示。

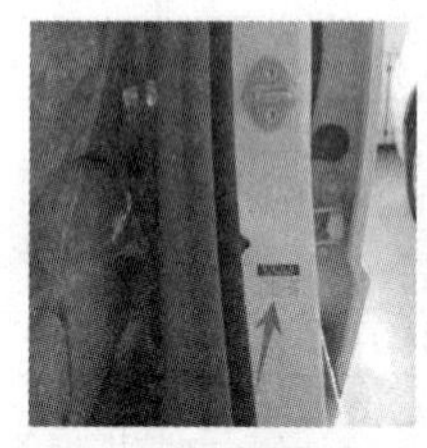

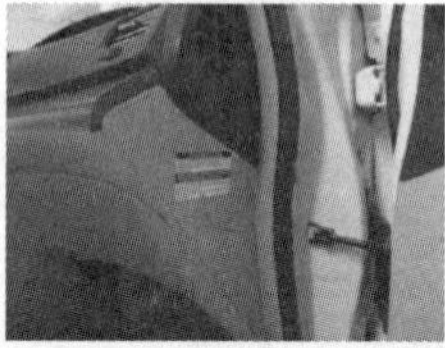

（a）位置　　（b）标签内容

图 1-100　轮胎气压指示牌

（a）位置　　（b）标签内容

图 1-101　空气过滤器标签

⑥ 高压系统标签粘贴在右侧仪表台下方，如图 1-102 所示。

图 1-102　高压系统标签

3. 相关缩略语

与比亚迪 e6 纯电动轿车相关的缩略语，见表 1-10。

表 1-10　　与比亚迪 e6 纯电动轿车相关的缩略语

缩略语	全称	缩略语	全称
ABS	防抱死制动系统	AUDIO	收音机
AUTO	自动	AUX	辅助信号端子
CD	光盘	Charge	充电
DOOR	门控	DVD-ROM	只读盘
DVD	数字化视频光盘	EBD	制动力分配系统
ECO	经济模式	ECU	电子控制单元
EPB	电子驻车	ESP	电子车身稳定装置
HBA	液压制动辅助	HHC	上坡辅助
HI	高	INT	间歇
ISOFIX	儿童安全座椅固定系统	LO	低
MIST	点刮模式	MODE	模式
ODO	总里程	SD	内存卡
SOC	电量百分比	SPORT	运动模式
SRS	安全气囊系统	TCS	牵引力控制
TPMS	胎压监测系统	USB	通用串行总线
VCD	视频高密光盘	VDC	车辆动态控制
VIN	车辆识别代码	VTOG	双向逆变充放电式电机控制器
VTOL	车对排插放电	VTOV	车对车放电

二、比亚迪 e6 纯电动轿车的配置及其功能

1. 组合仪表

（1）组合仪表布置

比亚迪 e6 的组合仪表如图 1-103 所示。

1—车外温度指示；2—车内设定温度指示；3—时间指示；4—车速表；5—电池电量表；6—罗盘指示；7—挡拉指示；8—续驶里程表；9—功率表；10—能量流程图；11—里程表

图 1-103　比亚迪 e6 组合仪表

（2）仪表指示灯

比亚迪 e6 的仪表指示灯的图形及功能，见表 1-11。

表 1-11　　比亚迪 e6 的仪表指示灯的图形及功能

车门及行李舱状态指示灯	主告警指示灯
驾驶人座椅安全带指示灯*	前排座椅安全带指示灯*
SRS 故障警告灯*	前排乘员安全气囊开关状态指示灯*
充电系统警告灯*	小灯指示灯
前雾灯指示灯	远光指示灯
转向信号指示灯	后雾灯指示灯
电机冷却液温度过高警告灯*	动力系统故障警告灯*
制动系统故障警告灯*	ABS 故障警告灯*
转向系统故障警告灯*	动力电池过热警告灯*
动力电池充电连接指示灯*	动力电池电量低警告灯*
OK 指示灯*	动力电池故障警告灯*
电机过热警告灯*	胎压系统警告灯（装有时）*
智能钥匙系统警告灯	防盗指示灯
运动模式指示灯	经济模式指示灯
定速巡航主显示指示灯（装有时）	定速巡航主控制指示灯（装有时）
倒车雷达开关状态指示灯（装有时）	倒车雷达提示信息（装有时）
制动片磨损警告灯*	电子驻车状态指示灯（装有时）*
ESP 故障警告灯（装有时）*	ESP OFF 指示灯（装有时）

注：表中带“*”的指示标记为保养提示指示灯。

① 驾驶人座椅安全带指示灯。此指示灯将提醒驾驶人扣好座椅安全带。当整车电源挡位处于“OK”挡时，如果驾驶人座椅的安全带没有扣紧，则指示灯点亮。除非扣紧安全带，否则该指示灯持续点亮。

② SRS 故障警告灯。

a．当整车电源挡位处于“OK”挡时，此警告灯点亮。如果 SRS 工作正常，则几秒后此警告灯熄灭。此后，如果系统发生故障，此警告灯将再次点亮。

b．此警告灯系统用于监控 SRS ECU、碰撞传感器、充气装置、警告灯、接线和电源。

c．当整车电源挡位处于“OK”挡时，此警告灯不亮或持续点亮，或者驾驶中此警告灯点亮或闪烁，表示由此警告灯系统监控的部件中发生故障。建议尽快与汽车授权服务店联系检查车辆。

③ 充电系统警告灯。

a．充电时，此警告灯用于警告充电系统故障。

b．放电时，此警告灯用于警告 VTOG 系统故障（在配备 VTOG 系统的车辆上）。

c．非充/放电时，此警告灯用于警告 DC 模块的工作状态。

d．如果在驾驶中此警告灯点亮，表示 DC 系统有问题。应关闭空调、风扇、收音机等，建议将车辆开到最近的汽车授权服务店进行修理。

④ 电机冷却液温度过高警告灯。

a．当整车电源挡位处于“OK”挡时，此警告灯显示电机冷却液的温度。正常运转时，指针应自底部标记处上升到中间位置。

b．在酷暑季节或长时间爬坡、高速行驶时，电机可能产生过热现象。如果冷却液温度表指针移到红色标记区，此警告灯变红，同时信息显示屏显示“电机冷却液温度过高”，应立即将车辆停靠在安全路段，使电机降温，并建议尽快与汽车授权服务店联系检查车辆。

⑤ 制动系统故障警告灯。

当整车电源挡位处于“OK”挡时，此警告灯在下列情况点亮。

a．制动液液位低时。

b．使用了驻车制动器时。

c．真空压力故障时。

d．EBD 故障时。

e．电子驻车故障时。

f．其他。

⑥ 转向系统故障警告灯。

a．当整车电源挡位处于“OK”挡时，此警告灯点亮。如果 EPS 工作正常，则几秒后此警告灯熄灭。此后，如果系统发生故障，此警告灯将再次点亮。

b．当整车电源挡位处于“OK”挡时，此警告灯不亮或持续点亮，或者驾驶中此警告灯点亮或闪烁，表示由此警告灯系统监控的部件中发生故障。建议尽快与汽车授权服务店联系检查车辆。

⑦ 动力电池充电连接指示灯。

当连接充/放电枪后，此指示灯点亮。如果需要行驶车辆，须断开充电枪后再上电。

⑧ OK 指示灯。

此指示灯点亮表示车辆系统工作正常，处于可行驶状态。

⑨ 电机过热警告灯。

a．如果此警告灯点亮，表示电机温度太高，须停车并使电机降温。

b．在下列工作条件下，电机可能会产生过热现象。

ⅰ．在炎热的天气进行长途行驶或爬坡。

ⅱ．在停停走走的交通状态，频繁急加速、急制动的状况，或长时间车辆运转得不到休息的状况。

ⅲ．拖拽挂车时或冷却液不足。

⑩ 前排座椅安全带指示灯。

此灯将提醒前排乘员扣好座椅安全带。当整车电源挡位处于“OK”挡时，如果前排座椅的安全带没有扣紧，则指示灯点亮。除非扣紧安全带，否则该指示灯持续点亮。

⑪ 前排乘员安全气囊开关状态指示灯。此指示灯点亮表示副驾驶座椅的安全气囊处于关闭状态。

⑫ 动力系统故障警告灯。

a．如果动力系统发生故障，此灯点亮。

b．如果当整车电源挡位处于“OK”挡时，此警告灯持续点亮，或驾驶中此警告灯点亮及当整车电源挡位处于“OFF”挡时，此警告灯点亮，均表示由此警告灯系统监控的部件中发生故障。建议尽快与汽车授权服务店联系检查车辆。

c．在操作中此警告灯短暂点亮不表示有问题。

⑬ ABS 故障警告灯。

a．当整车电源挡位处于“OK”挡时，此警告灯点亮。如果 ABS 工作正常，则几秒后此警告灯熄灭。此后，如果系统发生故障，此警告灯将再次点亮。

b．当此警告灯点亮时（制动系统警告灯熄灭），ABS 不工作，但制动系统仍将正常工作。由于 ABS 不工作，在紧急制动或在较滑的路面上制动时车轮将会抱死。

c．当整车电源挡位处于“OK”挡时，此警告灯不亮或持续点亮，或者在驾驶中此警告灯点亮，表示由警告灯系统监控的部件中发生故障。建议尽快与汽车授权服务店联系检查车辆。

d．在操作中此警告灯短暂点亮，不表示有问题。

⑭ 动力电池过热警告灯。

a．如果此警告灯点亮，表示动力电池温度太高，须停车降温。

b．在下列工作条件下，动力电池可能会产生过热现象。

i．在炎热的天气进行长途爬坡。

ii．在停停走走的交通状态，频繁急加速、急制动的状况，或长时间车辆运转得不到休息的状况。

iii．拖拽挂车时。

⑮ 动力电池电量低警告灯。

当动力电池的电量接近用完时，此警告灯点亮，须尽快给电池充电。

⑯ 动力电池故障警告灯。

a．当整车电源挡位处于“OK”挡时，此警告灯点亮。如果动力电池系统工作正常，则几秒后此警告灯熄灭。此后，如果系统发生故障，此警告灯将再次点亮。

b．当整车电源挡位处于“OK”挡时，此警告灯不亮或持续点亮，或者驾驶中此警告灯点亮或闪烁，表示由此警告灯系统监控的部件中发生故障。建议尽快与汽车授权服务店联系检查车辆。

⑰ 胎压系统警告灯（选配）。

a．当整车电源挡位处于“OK”挡时，此警告灯点亮。如果胎压监测系统工作正常，则几秒后此警告灯熄灭。此后，如果系统发生故障，此警告灯将再次点亮。

b．当胎压系统警告灯点亮或闪烁，同时组合仪表显示“请检查胎压监测系统”，胎压显示界面数值显示“---”时，表示胎压系统有故障。

c. 当胎压系统警告灯快速闪烁，同时组合仪表胎压显示界面有一个或多个数值位变红时，表示对应轮胎处于快速漏气状态。

d．当胎压系统警告灯常亮，同时组合仪表显示界面有一个或多个数值位变黄时，表示对应轮胎处于欠压状态。

e．如果发生上述任何一种情况，建议尽快与汽车授权服务店联系检查车辆。

⑱ 制动片磨损警告灯。

此指示灯点亮表示制动片过薄，须尽快更换制动片。

⑲ ESP 故障警告灯（选配）。

a．当整车电源挡位处于“OK”挡时，此警告灯点亮。如果 ESP 工作正常，则几秒后此警告灯熄灭。此后，如果系统发生故障，此警告灯将再次点亮。

b．当 ESP 故障警告灯点亮时，ESP 将不起作用。

c．当整车电源挡位处于“OK”挡时，此警告灯不亮或持续点亮，或者驾驶中此警告灯点亮，表示由此警告灯系统监控的部件中发生故障。建议尽快与汽车授权服务店联系检查车辆。

d．在操作中此警告灯短暂点亮不表示有问题。

⑳ 电子驻车状态指示灯（选配）Ⓟ。

a．当整车电源挡位处于“OK”挡时，如果电子驻车启动，则此指示灯点亮。释放电子驻车后，此指示灯熄灭。

b．如果发生任何一种下列情况，均表示由此警告灯系统监控的部件中发生故障。建议尽快与汽车授权服务店联系检查车辆。

ⅰ．当整车电源挡处于“OK”挡时，启动电子驻车后，此指示灯不亮；释放电子驻车后，此灯持续发亮。

ⅱ．释放电子驻车后，在驾驶过程中此指示灯点亮。

微课：比亚迪 e6 纯电动轿车组合仪表信息

（3）组合仪表信息

① 车速表（图 1-104）。当整车电源挡位处于“OK”挡时，此表指示车辆行驶车速。此表默认显示单位为 km/h，可通过菜单中的单位设置选择 MPH。具体操作方法见本任务技能学习部分内容。

② 电池电量表（图 1-105）。当整车电源挡位处于“OK”挡时，此表指示当前车辆动力电池预计剩余的电量。当指示条将要或已经进入红色区域时，应尽快给动力电池充电。另外，如果电池警告灯点亮，同时信息显示屏显示“请及时充电”，表示当前动力电池电量低，需尽快给动力电池充电。

③ 功率表（图 1-106）。功率表显示当前模式下整车的实时功率。此表默认用 kW 来指示整车的功率，可通过菜单中的单位设置选择马力（hp）。在车辆下坡或靠惯性行驶时，功率指示值可能为负值，表示正在能量回收，回收的能量对动力电池充电。

图 1-104　车速表

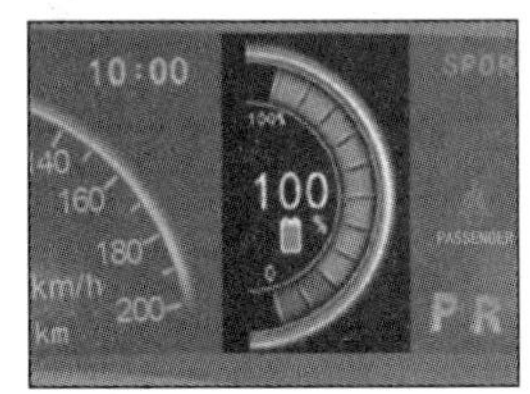

图 1-105　电池电量表

图 1-106　功率表

④ 车外温度表（图 1-107）。车外温度表显示当前车外温度，可显示的温度范围为−40～50℃。

⑤ 车内温度设定指示（图 1-107）。车内温度设定指示显示空调当前设定的车内温度。温度设置值低于 18℃时显示“Lo”；温度设置值高于 32℃时显示“Hi”。

⑥ 里程表（图 1-107）。里程表显示已行驶总里程数或短程里程数（可设置两个短程，分别为里程一和里程二）。里程表默认单位为 km，可通过菜单中的单位设置选择英里（mile）。

a．显示切换。要变换仪表的显示时，迅速按下并释放里程切换开关（图 1-108 中箭头所指）。每按一次，仪表将循环显示总里程（ODO）→里程一（TRIP A）→里程二（TRIP B）→ODO。

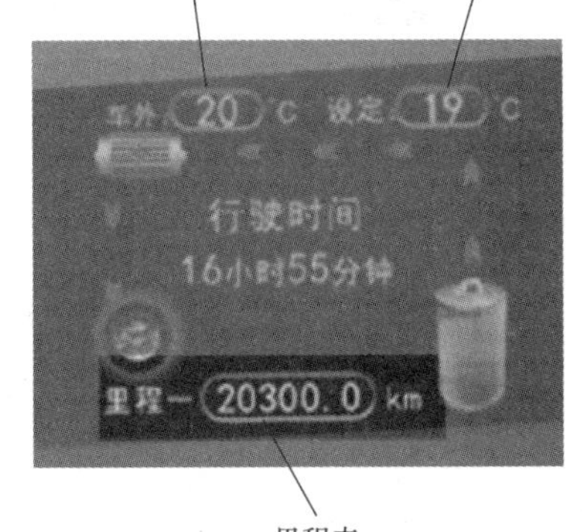

图 1-107　车外温度表、车内温度设定指示及里程表

b．清零。要使短程表清零时，先显示出该短程表（TRIP A 或 TRIP B）的读数，然后按住里程切换开关直到仪表被设定为零为止。

⑦ 时间显示（图 1-109）。时间显示用于显示日期和时钟。

图 1-108　里程切换开关

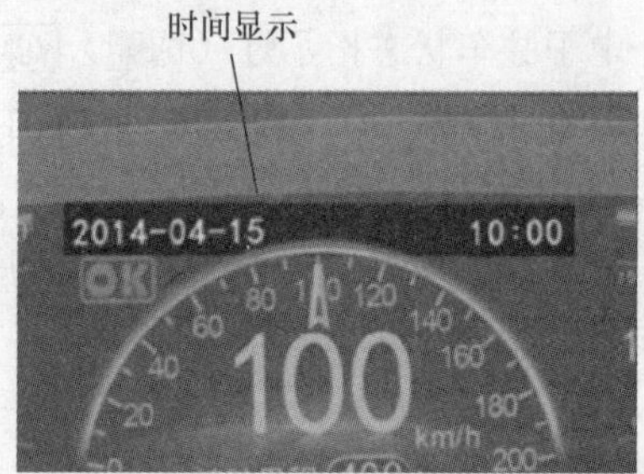

图 1-109　时间显示

⑧ 续驶里程显示（图 1-110）。续驶里程显示可显示可以继续行驶里程的近似值。此表默认单位为 km，可通过菜单中的单位设置选择英里。如果显示的续驶里程较低，应及时给动力电池充电。

⑨ 罗盘指示（选配，图 1-111）。罗盘指示可指示当前车辆行驶方向及当前位置的海拔高度。

图 1-110　续驶里程显示

⑩ 能量流程图。能量流程图可指示当前电流的流动方向。对于出租版车型和豪华版车型，显示方式不同，如图 1-112 所示。

图 1-111　罗盘指示

（a）出租版

（b）豪华版

图 1-112　能量流程图

⑪ 挡位指示。换挡杆在某挡位时，高亮放大显示当前挡位，如图 1-113 所示。

（4）菜单调节

通过转向盘按键（图 1-114 中线框所圈）可进入调节菜单。

微课：比亚迪 e6 纯电动轿车组合仪表菜单调节

① 用于确认选定的菜单项。

② 用于向上滚动菜单选择条。

③ 用于向下滚动菜单选择条。

显示的菜单结构如图 1-115 所示。

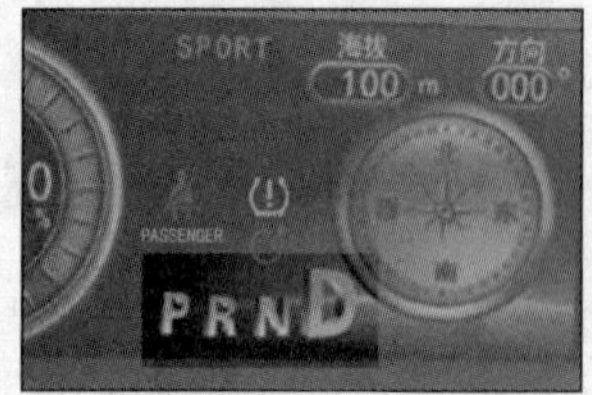

图 1-113　挡位指示

图 1-114　转向盘上的菜单按键

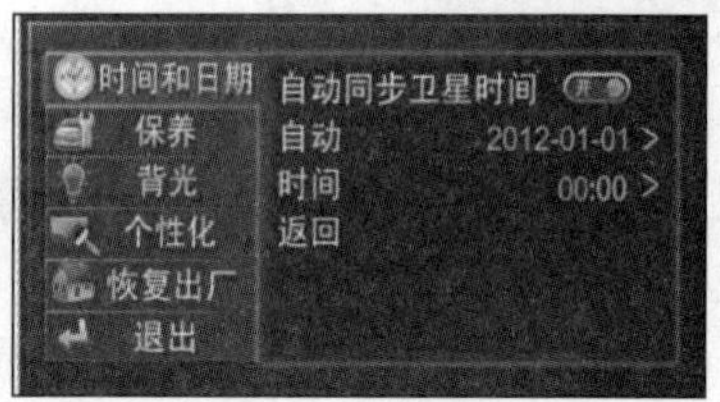

图 1-115　菜单结构

菜单的功能如下。

①“时间或日期”选项：设置当前日期和时钟。显示项与功能见表 1-12。

②“保养设置”选项：设置保养功能及状态，如图 1-116 所示。

a．保养功能开启，若保养快到期或已到期，每次启动车辆时，信息显示屏上会显示相应的提示信息。

表 1-12 时间和日期显示项与功能

显示项	功能
自动同步卫星时间（装有时）	开启/关闭自动同步卫星时间 开启后仪表根据 GPS 时间自动校准
日期	设置当前时期：2012-01-01
时间	设置当前时间：00:00
返回	退出日期设置菜单，返回上一层菜单

b．保养时间和保养里程：设置保养时间和保养里程状态，如图 1-117 所示。该界面显示项及功能见表 1-13 和表 1-14。

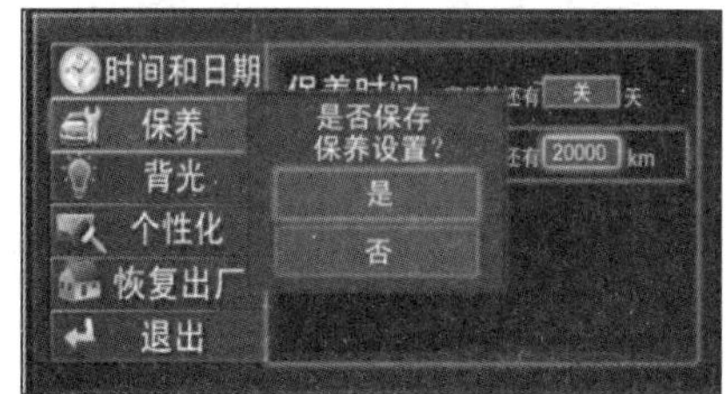

图 1-116 保养设置界面

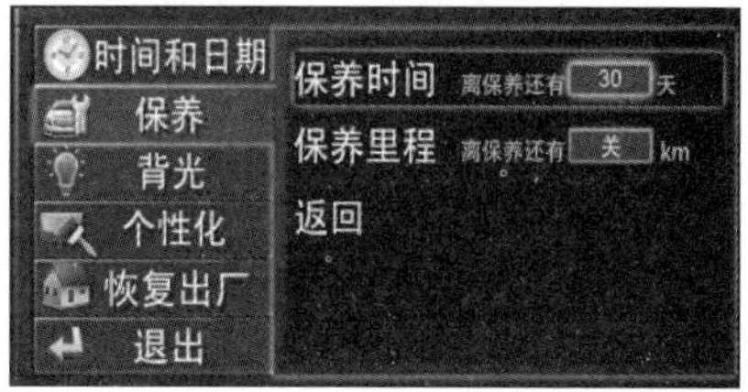

图 1-117 保养时间和保养里程显示界面

表 1-13 保养时间显示界面显示项及功能

显示项	功能
保养时间	菜单名
×km 或者“关”	当前设定的保养时间 或如果已关闭该功能，则显示“关”
+30 天	以 30 天为步长增加保养时间
−30 天	以 30 天为步长减少保养时间
清零	将保养时间清零
返回	退出保养时间菜单，返回上一层菜单

表 1-14 保养里程显示界面显示项及功能

显示项	功能
保养里程	菜单名
×天 或者“关”	当前设定的保养里程 或如果已关闭该功能，则显示“关”
开启/关闭	开启或关闭保养里程功能
+500km	以 500km 为步长增加保养里程
−500km	以 500km 为步长减少保养里程
清零	将保养里程清零
返回	退出保养里程菜单，返回上一层菜单

③“背光”选项：设置两侧装饰效果的主题色彩，如图 1-118 所示。

④“个性化”选项：设置个性化功能，如图 1-119 所示。

a．“语言”选项：设置显示语言的类型，如图 1-120 所示。

b．“电单价”选项：如图 1-121 所示，电单价设置完成后，仪表会根据当前电单价重新计算最近 50km 的平均电耗费用。其显示项与功能见表 1-15。

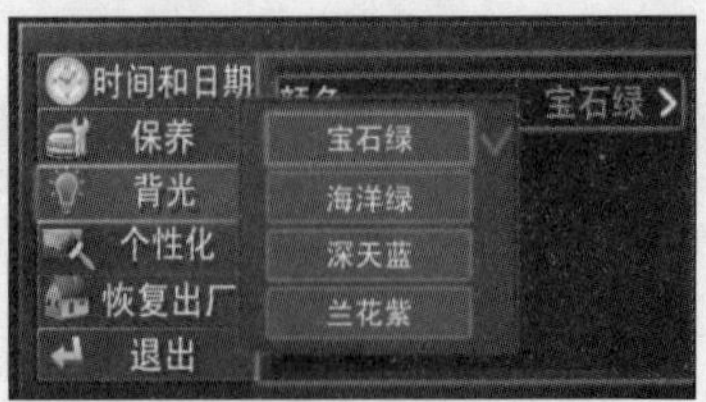

图 1-118　背光设置

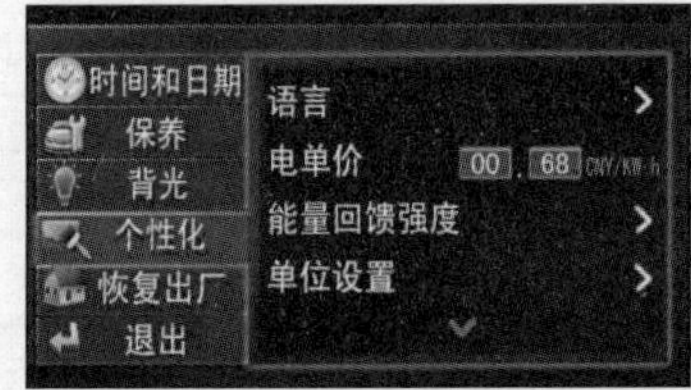

图 1-119　个性化设置

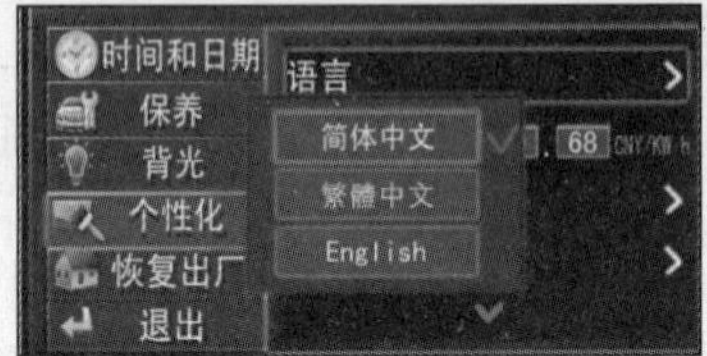

图 1-120　语言设置

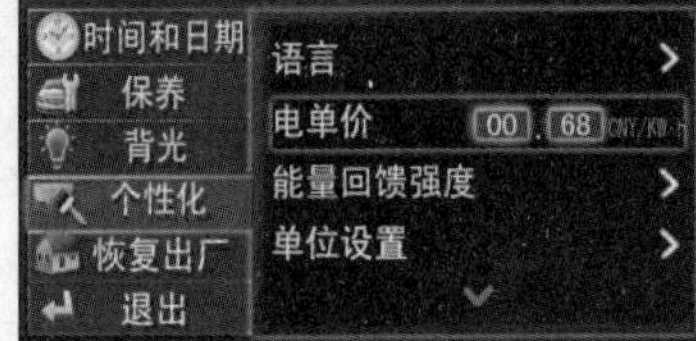

图 1-121　电单价设置

表 1-15　　电单价设置界面显示项与功能

显示项	功能
电单价	设置当前电单价（市电 1kW·h 电的费用）
00.68	以 1 为步长，通过选择按键向下递减或向上递加，设置范围为 00.00~99.99

c．“能量回馈强度”选项：如图 1-122 所示，用于设置电池包回馈电量的大小，可选择“标准”和“较大”回馈电量。

d．“单位设置”选项：设置货币种类，距离、温度、功率和压力单位等，如图 1-123 所示。该界面的显示项与功能见表 1-16。

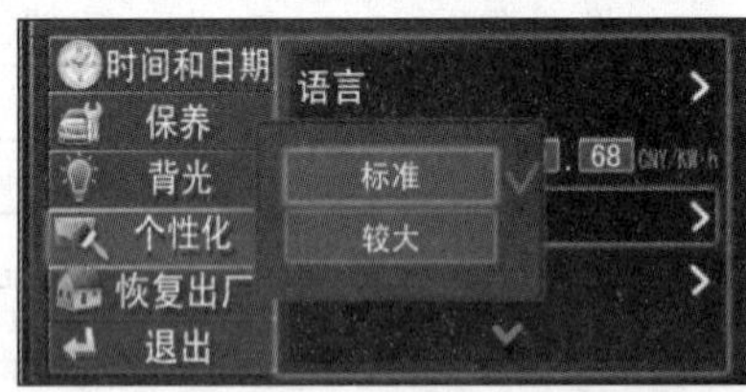

图 1-122　能量回馈强度设置

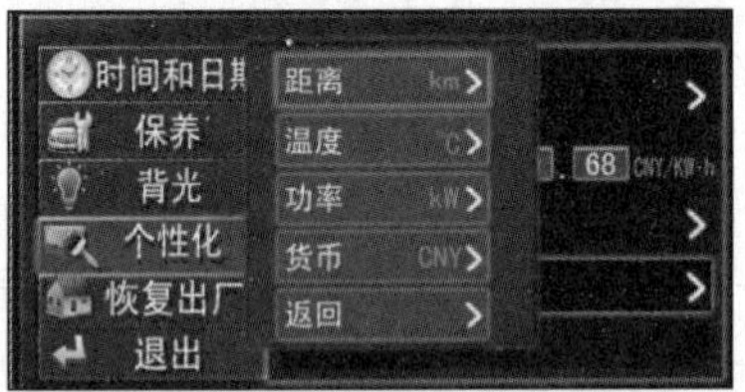

图 1-123　单位设置界面

表 1-16　　单位设置界面显示项与功能

显示项	功能
货币	设置货币的种类：CNY/USD
距离	设置距离的单位：km/mile
温度	设置温度的单位：℃/℉
功率	设置功率单位：kW/HP
轮胎压力（装有时）	设置压力单位：kPa/psi/bar

e．“门自动落锁”选项（选配，图 1-124）：用于开启或关闭当车速达到 20km/h 时，系统自动闭锁所有车门。

f．“车速提醒”选项（图 1-124）：设定车速报警值。若车速达到设定的报警值，则仪表显示屏会显示报警信息。该显示界面的显示项及功能见表 1-17。

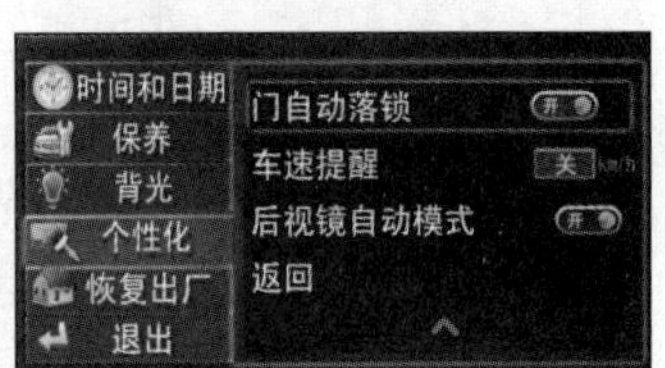

图 1-124　门自动落锁设置

g．“后视镜自动模式”选项（图 1-124）：开启和关闭用钥匙锁车时后视镜自动折叠功能。

表 1-17　　车速提醒显示界面显示项及功能

显示项	功能
车速报警	菜单名
×km/h 或者“关”	当前设定的报警车速 或如果已关闭该功能，则显示“关”
开启/关闭	开启或关闭车速报警功能
+10km/h	以 10km/h 步长提高报警车速
−10km/h	以 10km/h 步长降低报警车速
返回	退出“车速报警”选项，返回上一层选项

（5）行车信息

通过转向盘上的和键选择查看各类行车信息，如图 1-125 所示。

微课：比亚迪 e6 纯电动轿车组合仪表行车信息

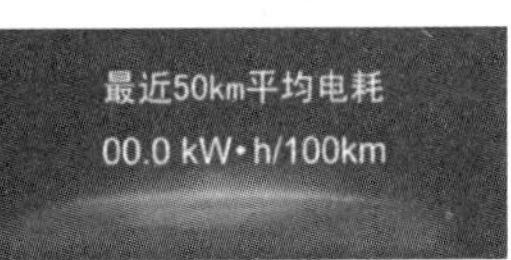

图 1-125　行车信息显示

① 最近 50km 平均电耗：自重新设置后至当前状态的最近 50km 平均电耗。长按转向盘上的确定键，可对此信息及电耗费用进行复位。

② 最近 50km 平均电耗费用：自重新设置后至当前状态的最近 50km 平均电耗费用，由最近 50km 平均电耗和电单价计算所得。长按转向盘上的确定键，可对此信息及电耗费用进行复位。

③ 行驶时间：驱动电机启动或自上次重新设置后的行驶时间。长按转向盘上的确定键，可对此信息进行清零。

④ 平均车速：自上次重新设置后至当前状态的平均车速。长按转向盘上的确定键，可对此信息进行复位。

（6）故障、提示信息

① 充电提示信息。

a.“充电连接中，请稍候”：表示充电设备与车辆正在通信。

b.“连接已成功，正在充电”：表示充电设备与车辆通信成功，可正常充电。

c.“请按转向盘选择确定按键设置预约充电开始时间”：表示按说明操作重新设置预约开始时间。

d.“离充电开始还有××小时××分钟”：为充电倒计时提醒。

e.“充电已结束，请断开充电枪”：充电结束提醒。

② 放电提示信息。

“请按转向盘【选择】【确定】按键设置放电模式”（选配）：表示车辆处于“OFF”挡未充电状态，按下放电开关，即可进行放电模式设置。在显示界面上共有 VTOL、VTOV 和 VTOG3 种模式可供选择，如图 1-126 所示。

图 1-126　放电模式选择界面

③ 故障提示信息。

a.“请检查充电系统”：在充电时显示此信息，表示充电系统故障；在电源为“OK”挡时出现此信息，表示 DC/DC 变换器故障，应立即停车。

b.“请检查充电设备”：表示充电柜、充电枪等相关充电设备故障。

c．“请检查放电设备”：表示放电设备异常，应检查放电设备是否与选择的放电模式一致。

d．“动力电池电量过低，请停止放电”：表示动力电池电量过低，提示用户停止放电。

e．请检查动力系统。表示动力系统出现故障。

f．“电机及控制器温度过高”：表示电机控制器温度高，应立即停车并与授权服务店联系检查车辆。

g．“请检查电网系统”：表示充电时电网出现故障，例如停电等。

h．“请检查制动系统”：表示制动液液位过低或制动系统故障，应立即停车并与授权服务店联系检查车辆。

i．“请检查转向系统”：表示电动助力转向系统故障，应立即停车并与授权服务店联系检查车辆。

j．“请检查胎压监测系统”（选配）：表示胎压监测系统故障，应立即停车并与授权服务店联系检查车辆。

k．“请检查 ABS 系统”：表示 ABS 故障或制动系统故障，应立即停车并与授权服务店联系检查车辆。

l．“电机冷却液压温度过高”：表示电动机冷却液温度过高，应立即停车并与授权服务店联系检查车辆。

m．“冷却液液位低”：表示电池冷却液液位过低，应立即停车并与授权服务店联系检查车辆。

n．“请检查车辆网络”：表示车辆网络系统异常，应立即停车并与授权服务店联系检查车辆。

o．“请检查 SRS”：表示 SRS 系统故障，应立即停车并与授权服务店联系检查车辆。

p．“请检查 ESP”：表示 ESP 系统故障，应立即停车并与授权服务店联系检查车辆。

q．“请检查制动片”：表示制动片厚度不足，应立即停车并与授权服务店联系检查车辆。

r．“驻车制动未解除”：车速超过 5km/h，驻车制动开关未完全断开，伴随报警声音提示。

s．“请释放电子驻车”（选配）：车速超过 5km/h，电子驻车制动开关未完全断开，伴随报警声音提示。

t．“切换到 P 挡”：提示应将挡位选择至“P”挡位。

u．“车速超过×××km/h”：表示实际车速已达到设定的车速报警值。

v．“请及时充电”：表示可用的电量较低，并伴随报警声。

w．“3G 信号弱”：表示车辆当前所在区域的 3G 信号弱。

x．“车辆进行限功率模式，请低速慢行”：表示动力系统异常，应立即停车并与授权服务店联系检查车辆。

y．“离保养还有×××天、离保养还有×××km”：表示保养时间即将到期时，提示车主准备保养车辆。

z．“立即保养”：表示保养时间或里程已经到期，提示车主及时保养车辆。

- “未检测到钥匙”：若钥匙未在可探测到的区域，当按下“POWER”按键后显示此信息。
- “钥匙电池电量低”：提示应更换钥匙电池。

- “请踩住制动踏板，解除电子驻车”（选配）：电子驻车解除操作提示，当不踩制动踏板按下 EPB 开关时显示此提示。
- “电子驻车已启动”（选配）：表示已启动电子驻车。
- “电子驻车已解除”（选配）：表示已解除电子驻车。
- “已启动，可挂挡行驶”：表示车辆状态 OK，可以挂“D”挡行驶。
- “车辆处于可行驶状态，请小心驾驶”：表示车辆已经启动，可以挂挡行驶。
- “仅停车状态下设置”：有车速（行车中）打开菜单界面时显示此信息，表示此时不可进行相关设置。
- “启动时，踩下制动踏板，同时按下启动按钮，待 OK 灯点亮后可挂挡行驶”：当整车电源挡挂“OFF”挡时操作启动按钮，但没有踩制动踏板时提示。

2. 放电功能

微课：比亚迪 e6 纯电动轿车典型配置与功能

比亚迪 e6 具有车辆对外放电功能（选配），即 VTOG 控制器能够实现为充电桩或壁挂式充电盒提供交流电的功能。通过放电模式设置，即可实现对车外不同种类的负载供电。

比亚迪 e6 有两种对外放电模式，即车辆对用电设备放电模式“VTOL”和车辆对车辆放电模式“VTOV”。VTOL 放电模式用于车辆对用电设备放电，可实现小功率电网供电功能；VTOV 放电模式用于车辆对车辆放电，可实现车辆对车辆充电功能。

3. 电子驻车（选配）

在副仪表台上设置有电子驻车（EPB）开关，如图 1-127 所示。向上拉起此开关，即可实现驻车功能，从而取代传统的操纵杆式手动操作。

4. 定速巡航（选配）

定速巡航控制可以在不踩加速踏板的情况下，保持 40km/h 的默认车速（或人工预设车速）行驶。其控制键位于转向盘右侧，如图 1-128 所示。

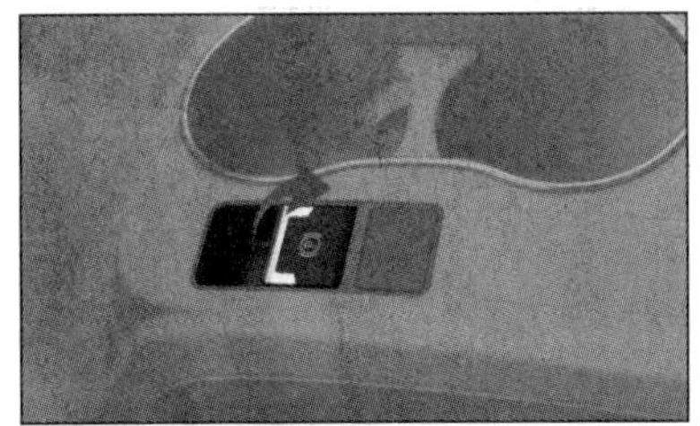

图 1-127　EPB 开关

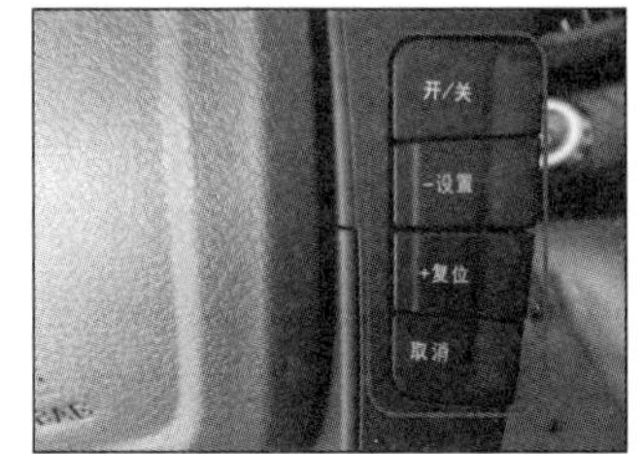

图 1-128　定速巡航控制键

5. 胎压监测系统（选配）

（1）系统说明

胎压监测系统（TPMS）是实时监测轮胎气压等参数，并以视觉信号、听觉信号进行显示和报警，以提高整车行驶的安全性和舒适性，并减少因气压不足造成轮胎加速磨损和车辆能耗增加的辅助系统。

该系统由胎压监测模块、胎压监测控制模块、胎压监测接收模块和显示部分组成。其中，胎压监测模块安装在轮胎的气门嘴上，胎压监测控制模块安装在车厢内部，胎压监测接收模块安装在车厢外部（与胎压监测模块距离位置较近，便于信号的可靠接收），显示部分由仪表实现。

仪表信息分为行车信息和提示信息。没有提示信息时，一直显示行车信息，用户可通过转向盘上的■按键选择胎压的显示界面。比亚迪 e6 的标准压力值为 250kPa。压力数据根据单位值显示相应内容，共有 3 个单位供切换，即千帕→磅→巴（kPa→psi→bar）。单位为 kPa 或 psi 时，显示精度为 1；在 bar 时，显示精度为 0.1。4 个轮胎的压力为同时切换。

温度数据根据单位显示相应内容，共有 2 个单位供切换，即摄氏度→华氏度（℃→℉），显示精度均为 1。4 个轮胎的温度单位为同时切换。

（2）系统功能

① 开机报警。轮胎在车辆断电时已处于低压状态，当车辆上电后，TPMS 立即发出低压报警，以提示给轮胎充气。

② 胎压过低报警。当 4 个轮胎中的任意一轮胎压力低于标准胎压值的 75%，且在 TPMS 运行的状态下，TPMS 会在 6s 内发出胎压过低报警信号，并指明低压轮胎的位置。低压报警之后就应给轮胎充气至标准压力，当胎压大于标准压力的 90%时，低压报警自动取消。

③ 快速漏气报警。在 TPMS 运行状态下，当一个或多个外轮胎漏气，且速率大于等于 30kPa/min，TPMS 会在 1min 内发出快速漏气报警信号，并指明漏气轮胎的位置。

④ 信号异常报警。在 TPMS 运行状态下，系统自检，发现故障 10min 后发出报警信号。

⑤ 实时显示轮胎压力值。TPMS 在运行状态下，能够实时显示每个轮胎的压力值。

6. 驻车辅助系统（选配）

驻车辅助系统是帮助倒车的一种方式。在车辆驻车时，驻车辅助系统通过 DVD（选配）和仪表上的图像显示车辆与障碍物之间的距离，并有蜂鸣器报警提示。驻车辅助系统通过传感器来探测障碍物，比亚迪 e6 的驻车辅助系统共有 6 个传感器，如图 1-129 所示。

7. 倒车雷达（选配）

倒车雷达电源开关位于 CD 下方的开关组上，如图 1-130 所示。当电源挡位为“OK”挡时，倒车雷达电源开关打开，系统工作。

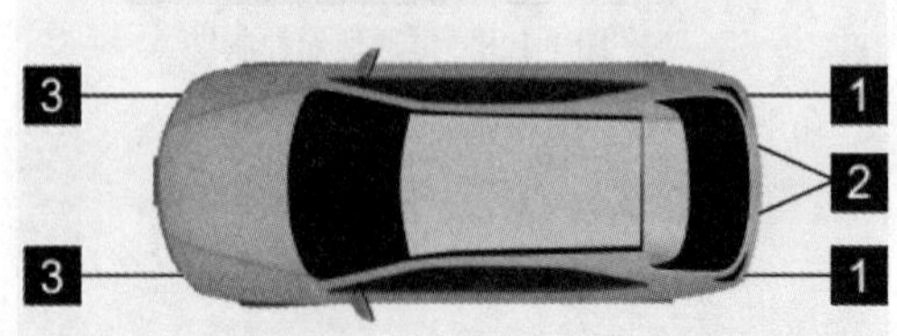

1—后角传感器；2—后中央传感器；3—前角传感器

图 1-129　驻车辅助系统传感器布置

图 1-130　倒车雷达开关

倒车雷达电源开关默认为开启，指示灯点亮。车辆挂入倒挡时，倒车雷达开启，车辆周围有障碍物时，根据障碍物的方位及车辆与障碍物之间的距离，相应的图像将在 DVD 和仪表上显示并有蜂鸣提示。

如需关闭系统，按下倒车雷达开关即可。

后中央传感器在工作时，可探测距离、显示方式和报警方式，见表 1-18。

表 1-18　后中央传感器工作示例

大致距离/mm	DVD 显示示例	仪表显示示例	报警声
1 200～800		慢闪	慢速
800～500		快闪	快速
约 500 或更小		长亮	长鸣

后角传感器在工作时，可探测距离、显示方式和报警方式，见表 1-19。

表 1-19　后角传感器工作示例

大致距离/mm	DVD 显示示例	仪表显示示例	报警声
600～500		快闪	快速
约 500 或更小		长亮	长鸣

前角传感器在工作时，可探测距离、显示方式和报警方式，见表 1-20。

表 1-20　前角传感器工作示例

大致距离/mm	DVD 显示示例	仪表显示示例	报警声
600～500		快闪	快速
约 500 或更小		长亮	长鸣

各传感器的探测范围如图 1-131 所示。

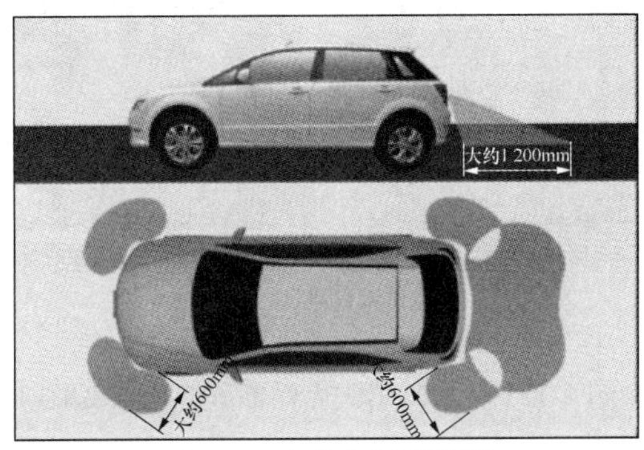

图 1-131　各传感器探测范围

8. 防抱死制动系统

防抱死制动系统（ABS）是一个复杂的系统。其主要功能是在制动时防止车轮抱死，从而提高车辆的稳定性。ABS 对缩短制动距离效果不大。

ABS 具有自检功能，如果系统发生任何故障，仪表盘上的 ABS 指示灯都会点亮，这意味着 ABS 功能可能失灵，但常规制动仍然可以正常工作。

9. 车身稳定控制系统（选配）

车身稳定控制系统（EPS）集成 ABS、VDC 和 TCS 3 个功能模块，另外集成 HHC 和 HBA 两个增值子功能。

（1）VDC（车辆动态控制）

当车辆在行驶过程中突然转向时，VDC 根据转向盘转角和车速等信息确定驾驶人的驾驶意图，并持续与车辆实际状况进行对比，如果车辆出现偏离正常行驶路线的情况，VDC 将通过对相应的车轮施加制动进行修正，以帮助驾驶人控制侧滑，保持车辆的方向稳定。

（2）TCS（牵引力控制）

TCS 通过降低电动机输出转矩防止车辆的驱动轮在加速行驶时打滑，必要时施加制动力控制，以防止驱动轮空转。在不利的行驶条件下，TCS 可使车辆易于起步、加速和爬坡。

（3）HHC（上坡辅助控制）

在松开制动踏板后，HHC 能够保持驾驶人所施加的制动力，约有 1s 时间将脚从制动踏板移动到加速踏板，防止停在坡上的车辆后溜。

（4）HBA（液压制动辅助）

当驾驶人快速踩下制动踏板时，HBA 能识别出车辆处于紧急状态，并迅速地将制动压力提高至最大值，从而使 ABS 更迅速地介入，有效地缩短制动距离。

10. 熔断丝与继电器

比亚迪 e6 共在 2 个位置设置了熔断丝盒，分别在前舱［图 1-132（a）］和驾驶席仪表板下方［图 1-132（b）］。

（a）前舱熔断丝盒

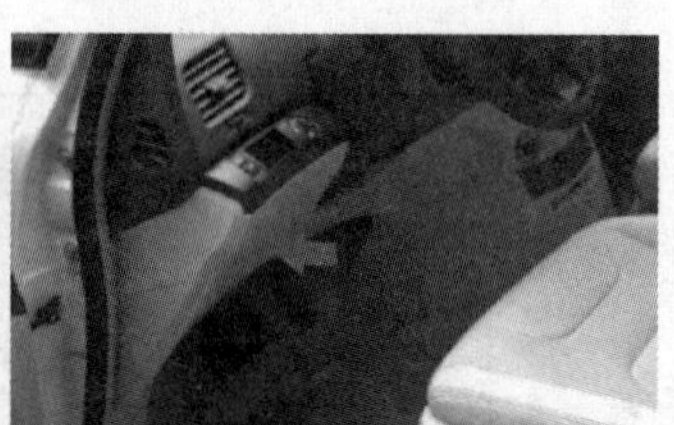

（b）驾驶席熔断丝盒

图 1-132　熔断丝盒位置

前舱熔断丝盒标牌如图 1-133 所示。驾驶席熔断线盒标牌如图 1-134 所示。

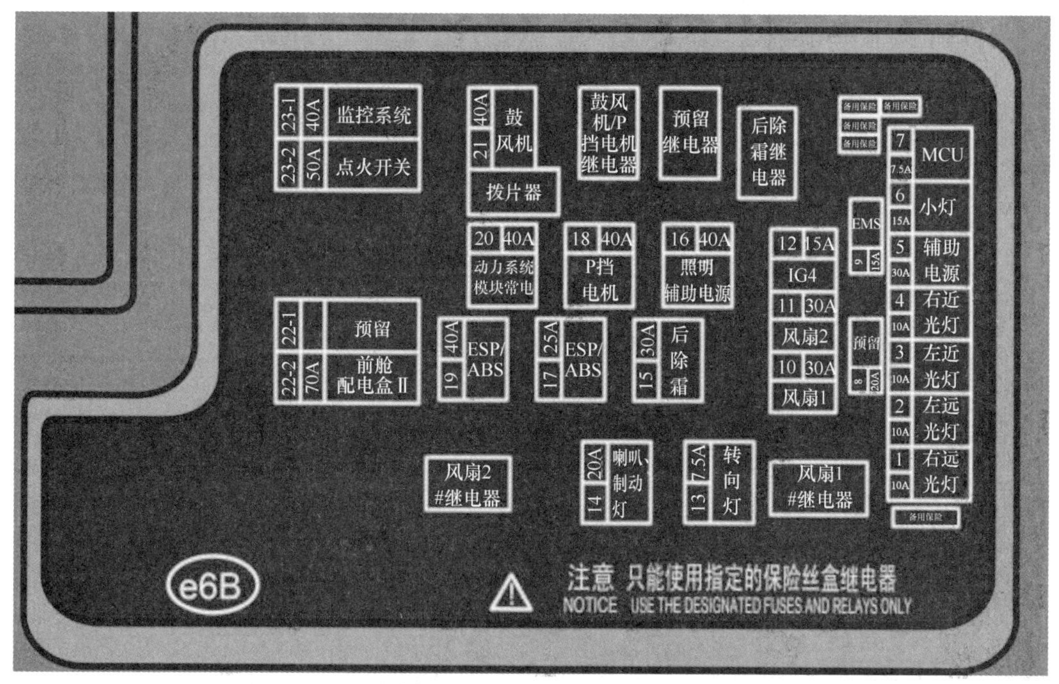

图 1-133　前舱熔断丝盒标牌

e6B

1	30A	后洗涤继电器
2	30A	电动外后视镜除霜继电器
3	30A	点烟器继电器
4	30A	P挡电机继电器
5	30A	电动车窗继电器
6	30A	电池包冷却水泵继电器
7	30A	IG4继电器

23 15A	24 7.5A	25 10A	26 10A	27 7.5A	28 15A	29 7.5A	30 5A	31 10A	32 15A	33 30A
P挡电机	DLC	电池包冷却水泵	后洗涤	EHPS	模块二挡电源	电动外后视镜除霜	ESP-ECU/ABS-ECU	开关二挡电源	SRS-ECU	前雨刮
12 10A	13 7.5A	14 10A	15 15A	16 20A	17 20A	18 20A	19 20A	20 10A	21 10A	22 7.5A
昼行灯/前雾灯	转向轴锁	空调模块	后雨刮	左前窗控	右后窗控	右前窗控	左后窗控	ACC电源	车载终端	高压配电箱
1 25A	2 7.5A	3 10A	4 15A	5 15A	6 7.5A	7 15A	8 7.5A	9 7.5A	10 7.5A	11 7.5A
门锁电机	室内灯	组合仪表	音像系统	点烟器	后雾灯	双路电源	VTOG常电	动力电池管理器	网关 key	EPB-ECU

图 1-134　驾驶席熔断丝盒标牌

【任务实施与考核】

1. 准备工作

在技能学习工位准备好纯电动汽车及其相关技术资料。工具箱和防护用品柜内需有足够的专用维修工具和各类防护用品。

2. 学生工作

① 学生在各自工位分组学习。学生在查阅相关技术资料的基础上，完成下列操作任务。

a．车门解锁与闭锁。

b．前排座安全气囊的启用与关闭。

c．转向盘调节。

d．车辆启动。

e．充电。

f．放电。

g．驻车。

h．坡道起步。

i．定速巡航的启用与设置。

j．EPS 的启用与关闭。

② 在进行上述工作任务的同时，完成工单 1-4。

3. 教师工作

① 向学生讲解安全注意事项，并要求学生在工单 1-4 中做记录。

② 观察、指导学生进行相关操作，对可能发生危险的事情必须及时制止。

③ 结束后审阅学生完成的工单，并结合其操作情况给出评价。

模块 2 混合动力汽车

任务 2-1　混合动力汽车类型认识

【任务分析】

通常认为，由发动机、动力电池和驱动电机组成的混合系统来提供能量的汽车，即为混合动力汽车。混合动力汽车是燃油发动机汽车向纯电动汽车过渡的一种汽车类型，在组成上保留了燃油发动机汽车的大部分结构，同时增添了电动机、储能元件、电力电子元件等，因而在组成上更加复杂，结构也更加灵活，存在多种结构类型。

那么，什么是混合动力汽车，它有哪些类型呢？本任务主要学习混合动力汽车的特点及主要类型。

【学习目标】

1．知识目标

① 能够正确描述混合动力汽车的定义和特点。

② 能够正确描述混合动力汽车的基本组成及各组成部分的功能。

③ 能够正确描述混合动力汽车的分类方法及各类型混合动力汽车的特点。

2．能力目标

① 能够通过观察典型的混合动力汽车，找出代表混合动力汽车特征的部件。

② 能够通过混合动力汽车的典型特征，判断混合动力汽车的类型。

3．素质目标

① 培养劳动安全保护、善于观察分析的职业素养。

② 培养善于借鉴的综合素养。

【相关知识】

一、混合动力汽车的定义与特点

1. 定义

参考国际能源署（IEA）有关文献，将能量与功率传动路线具有如下特点的车辆称为混合动力汽车。

① 传送到车轮推进车辆运动的能量，至少来自 2 种不同的能量转换装置（例如发动机、燃气涡轮、斯特林发动机、电动机、液压马达、燃料电池等）。

② 能量转换装置至少要从 2 种不同的储能装置（例如燃油箱、动力电池、高速飞轮、超级电容、高压储氢罐等）吸取能量。

③ 能量从储能装置流向车轮的通道中，至少有 1 条是可逆的（既可放出能量，也可吸收能量），并至少还有 1 条是不可逆的。

④ 可逆的储能装置供应的是电能。混合动力汽车的不可逆动力元件是发动机，储能元件是油箱；可逆的动力元件是电动机，对应的储能元件是动力电池、电容、燃料电池等。

2. 特点

与纯电动汽车比较，混合动力汽车具有以下优点。

① 减少了电池包的数量，即减轻了整车的重量，降低了整车的制造成本。

② 延续了燃油发动机汽车成熟的驱动与控制技术，适合量产。

与燃油发动机汽车比较，混合动力汽车具有以下优点。

① 可使发动机在最佳效率区域稳定运行。

② 可实现纯电驱动。

③ 可实现制动能量回馈，进一步降低汽车的能量消耗和排放污染。

④ 可满足日益严格的环保法规要求。

二、混合动力汽车的组成

混合动力汽车继承和沿用了很大一部分的燃油发动机汽车传动系统，保留了人们已经习惯的燃油发动机汽车的操纵装置，包括发动机控制装置、加速踏板、制动踏板、离合器踏板、变速器的操纵装置等。混合动力汽车一般由发动机、发电机、驱动电机、储能装置和电动附件等组成，如图 2-1 所示。

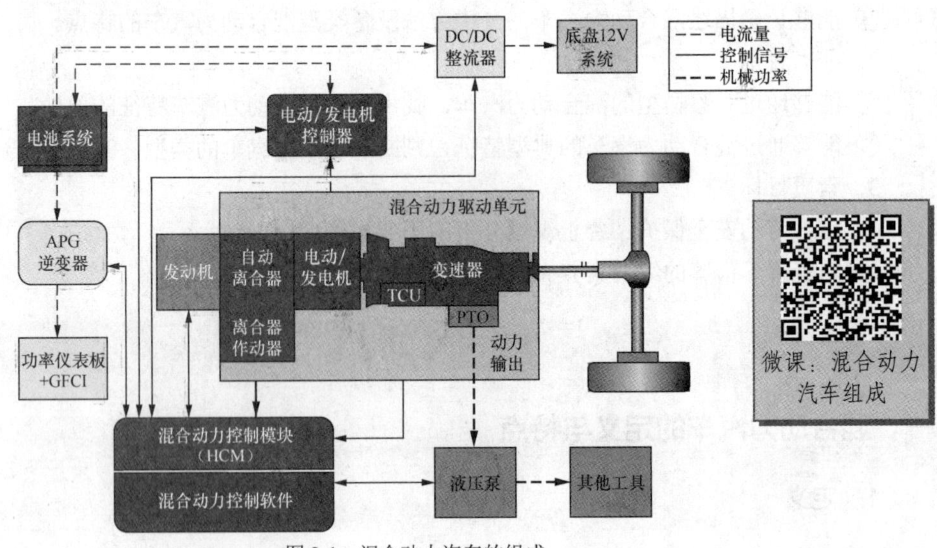

图 2-1　混合动力汽车的组成

（1）发动机

从能量来源来说，发动机可以采用汽油机、柴油机。从结构原理来说，可以采用四冲程发动机、二冲程发动机、转子发动机和斯特林发动机。与传统发动机一样，转子发动机的燃烧效率比较高，排放比较清洁。一般用于混合动力汽车的是四冲程发动机。丰田普锐斯采用阿特金森循环发动机。

（2）电动/发电机

汽车启动时，电动机作为发动机的起动机；发动机运转时带动发电机发电，为动力电池充电。根据不同的混合动力结构，电动/发电机的功率大小和布置也不相同，其在某些混合动力汽车上直接参与车辆驱动，在车辆加速或爬坡时提供辅助动力，在车辆制动时回收制动反馈能量。

（3）驱动电机

驱动电机用于纯电驱动、混合驱动和制动能量回收，可采用直流电动机、交流异步电动机、实磁同步电动机和开关磁阻电动机等多种类型。目前，多数混合动力汽车采用永磁同步电动机，开关磁阻电动机也得到了重视。

（4）储能装置

储能装置是混合动力汽车的电动机驱动、能量回收和发电时的电能存储单元。储能装置可以是不同类型的动力电池、超级电容、燃料电池或者多种储能元件的复合。

（5）电动附件

电动附件包括水泵、油泵、制动系统和电动助力转向系统等。

这些操纵装置接收驾驶人的控制输入信号，并且发出控制信号。通过中控计算机的中央控制器和各个部分的控制模块向驱动系统中的发动机、电动机、离合器和变速器发出指令，以获得不同的驱动模式。同时，整车的传感器系统也会采集车辆信号，为控制系统提供反馈信号。

三、混合动力汽车的分类

1. 根据驱动系统连接方式分类

根据驱动系统的不同连接方式，混合动力汽车主要分为串联式、并联式、混联式和复合式 4 类，如图 2-2 所示。

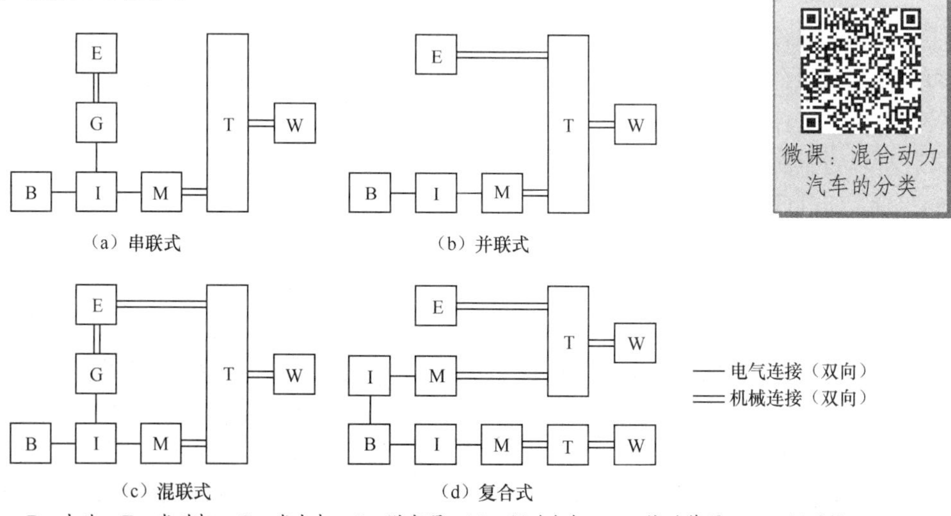

B—电池；E—发动机；G—发电机；I—逆变器；M—驱动电机；T—传动装置；W—驱动轮

图 2-2　混合动力汽车分类

（1）串联式混合动力汽车（SHEV）

如图 2-2（a）所示，串联式混合动力汽车的能量流向为：由发动机直接带动发电机，燃料的化学能通过燃烧转换为机械能驱动发电机发电，将机械能转换为电能；电能再传输给电动机，将电能转换为机械能驱动汽车。在串联式结构中，动力电池相当于“缓冲器”，在发电机和电动机之间进行能量的调节。这种动力系统在城市公交车上使用较多，可以很好地改善城市工况中车辆的燃油经济性和排放性。增程式电动汽车也是根据这样的结构原理开发的，其能量流动路线如图 2-3 所示。

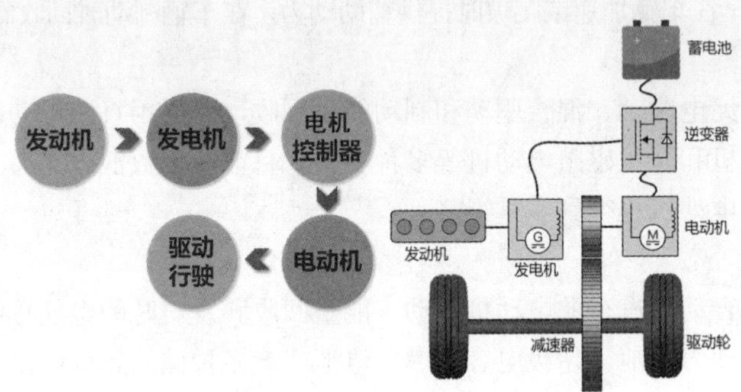

图 2-3　增程式电动汽车能量流动路线图

（2）并联式混合动力汽车（PHEV）

如图 2-2（b）所示，并联式混合动力汽车的驱动力由电动机及发动机同时或单独供给。其驱动结构主要由发动机、电池组、电动/发电机、减速机构、变速器和驱动轮等组成。并联式驱动系统的结构特点是可以单独使用发动机或电动机作为动力源，也可以同时使用电动机和发动机作为动力源驱动汽车行驶，但通常情况下是以发动机为主、电动机为辅的，电动机一般无法单独驱动汽车长距离行驶。

并联式混合动力驱动系统结构简单，成本低，适用于多种行驶工况，尤其适用于复杂的路况，所以在轿车中应用较多，如本田 Accord 和 CR-Z 混合动力轿车。并联式混合动力汽车的能量流动路线如图 2-4 所示。

（3）混联式混合动力汽车（CHEV）

混联式混合动力汽车同时具有串联式、并联式驱动方式，如图 2-2（c）所示。其特点是可以在串联混合模式下工作，也可以在并联混合模式下工作，同时兼顾了串联式和并联式的特点。由于这种类型的混合动力系统可以设计成用发动机驱动前轮、用电动机驱动后轮的形式，所以适合应用于四轮驱动的车辆。代表车型有丰田普锐斯、雷克萨斯 CT200h、比亚迪秦和唐、Golf GTE、雅阁 Hybird 等。混联式混合动力汽车的能量流动路线如图 2-5 所示。

（4）复合式混合动力汽车

如图 2-2（d）所示，复合式混合动力汽车的结构更复杂，难以把它归于上述 3 种类型中的任何一种。其结构似乎与混联式混合动力汽车相似，因为它们都有起发电和驱动作用的电动/发电机；二者的主要区别在于复合式混合动力汽车中的电动机允许功率流双向流动，而混联式混合动力汽车中的发电机只允许功率流单向流动。双向流动的功率流可以有更多的运行模式，这对于采用 2 个驱动动力装置的混联式混合动力汽车而言是不可能达到的。复合式混合动力汽车同样具有结构复杂、成本高的缺点，不过，现在有些新型的混合动力汽车也采用这种双轴驱动的复合式混合动力汽车系统。复合式混合动力汽车的简化能量流动路线如图 2-6 所示。

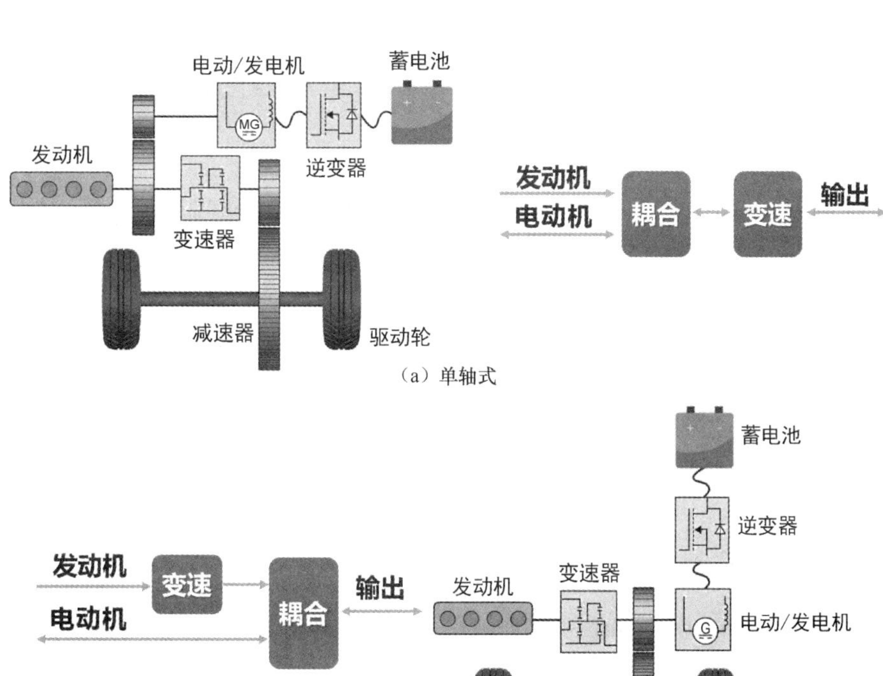

（a）单轴式

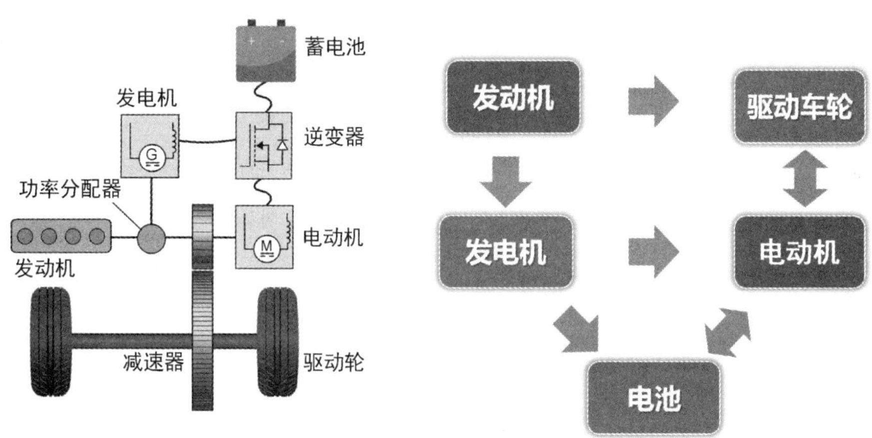

（b）双轴式

图 2-4　并联式混合动力汽车能量流动路线图

图 2-5　混联式混合动力汽车能量流动路线图

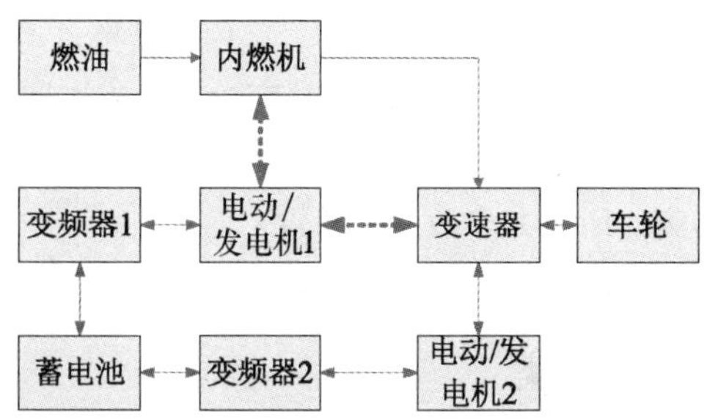

图 2-6　复合式混合动力汽车简化能量流动路线（两个粗箭头中只能有 1 个）

为了实现混联式及复合式的混合驾驶模式，发动机与电动/发电机之间以及电动机与变速器之间必须进行机械连接。其中，机械连接装置多选择行星齿轮机构。

2. 按照混合度分类

混合度即电动机峰值功率占发动机额定功率的百分比。按照我国汽车行业标准中对混合动力汽车的分类和定义，混合动力汽车按照混合度可分为微混、轻混、中混和重混 4 种。

（1）微混

微混合动力（简称微混）的混合度小于等于 5%。微混型混合动力汽车的电动机基本不具备驱动车辆的功能，一般是用作迅速启动发动机，实现启动/停止功能。微混也称起停（Start-Stop）式混合，在交通拥堵的城市，可实现节油率 5%～10%。这种混合动力系统实际上就是将燃油发动机汽车的发电机换为电动/发电机，除正常的发电功能外，还可以驱动发动机启动，所以也被称为 BSG 系统。由于 BSG 系统能够快速启动发动机，从而取消了发动机的怠速，降低了油耗和排放。微混动力系统的电动机的电压通常有 12V 和 24V 两种。其中，24V 主要用于柴油混合动力系统。从严格意义上讲，微混型混合动力汽车不属于真正的混合动力汽车，电动机仅作为发动机的发电/起动机使用，并没有为汽车行驶提供持续的动力。

微混型混合动力汽车的代表车型有标致雪铁龙集团（PSA）的混合动力 C3、丰田混合动力 Vitz、奇瑞 A5 和君越混合动力汽车等。

（2）轻混

混合度在 5%～15%的为轻混合动力（简称轻混），也称为辅助驱动混合。这种混合动力系统中，在发动机和变速器之间装有集成启动电动机（ISG），发动机依然是主要动力，电动机不能单独驱动汽车，只是在爬坡或加速时辅助驱动，同时具有制动能量回收和“起停”功能。发动机排量可减少 10%～20%，电动机的功率约为发动机的 10%，节油率可达到 10%～15%。

轻混型混合动力汽车的典型代表是本田 insight 混合动力汽车和 GM 的混合动力皮卡车。

（3）中混

混合度在 15%～40%的为中混合动力（简称中混）。中混合动力系统同样采用了 ISG 系统，但与轻混动力系统不同，中混动力系统采用的是高压电动机，可以单独驱动车辆，当汽车处于加速或者大负荷工况时，电动机能够辅助驱动车轮，从而补充发动机本身动力输出的不足。

中混型混合动力汽车的代表车型有本田 Accord 和思域。

（4）重混

混合度在 40%以上的为重混合动力（简称重混），也称为全混合或强混合动力。这种混合动力系统采用了 272～650V 的高压电动/发电机，混合程度更高。

重混动力系统中的电动机和发动机可以独立或联合驱动车辆，低速起步、倒车和低速行驶时可以纯电动驱动，同时具有制动能量回收和“起停”功能。电动机的功率约为发动机的 50%，节油率可达到 30%～50%。但其实现技术难度较大，成本增加较多。

混联式混合动力系统基本都属于重混，而插电式混合动力系统（下文介绍）也基本都能满足 25%以上的电功率比例，所以大多数属于重混。

重混型混合动力汽车的代表车型是丰田普锐斯和 Estima。

3. 按能否进行外部充电分类

混合动力汽车按能否进行外部充电，可分为插电式混合动力（图 2-7）和非插电式混合动力。

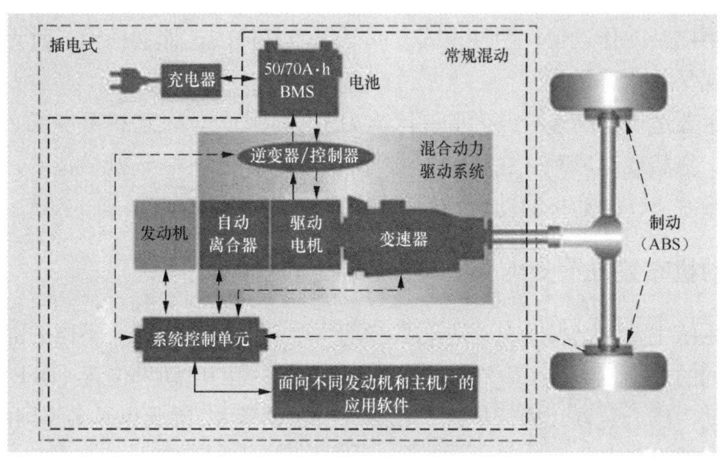

图 2-7 插电式混合动力系统

插电式混合动力系统根据欧美驾车习惯而来，更有利于节能减排。这种模式的出现基于对欧美人群用车情况的分析。国外研究机构根据资料统计得出结论，法国城镇居民 80%以上日均驾车里程少于 50km，美国汽车驾驶者也有 60%以上日均行驶里程少于 50km，80%以上日均行驶里程少于 90km。因此，在车辆上安装一套大的电池组，使其电量足以撑过这一里程，就可以在大部分日常行驶中达到零排放。

插电式混合动力系统的特征是可由电能单独驱动，并配备一个大容量的可外部充电的蓄电池组，显著的特性是可通过外部工业 380V 或家庭 220V 电源进行充电。插电式混合动力汽车的电动机的功率接近发动机，可实现较长距离的纯电动行驶，电池容量根据纯电动行驶里程来选定，电池成本增加很多，节油率在不计电能时最大可达到 100%。

比亚迪 F3 DM、雪佛兰 Volt，以及中国一汽新能源汽车公司的奔腾 B50 插电式混合动力轿车都属于这种类型。

非插电式混合动力汽车的电池不能由车外部的电源进行充电，即只能由本车的电动机或发动机来充电。

4. 按运行模式分类

按运行模式，混合动力汽车可分为单一模式混合动力汽车和双模式混合动力汽车。

（1）单一模式混合动力汽车

这种类型的混合动力汽车可以按照 3 种方式操控，即仅使用电力驱动、仅使用发动机驱动，以及使用发动机与电力的组合驱动。

如果在交通拥堵、时停时走的状态下，汽车仅使用电力驱动，延长发动机的关闭时间，则可以实现完全意义上的节油。这种模式适用于低速小负荷的情况。

（2）双模式混合动力汽车

这种类型的混合动力汽车的核心实质上是一个电控可调变速器。它利用现有的传动系统，配有 2 个电动机，可以在 2 种混合动力运行模式之间实现自如切换。

在双模式混合动力系统中，精准的控制机构将决定汽车在特定的行驶状态下采用何种驱动方式。控制机构输入功率将取决于行驶时所需的转矩，并向发动机和电动机发出相应的指令。发动机和电动机将转矩传送到变速器中的一系列齿轮，利用与传统自动变速器类似的原理将转矩扩大，从而驱动汽车行驶。但与传统的持续型可变变速器不同的是，双模式混合动力系统并不使用皮带或传送带，两种模式之间是同步切换的，即切换模式时无须改变发动机速度，从而实现平稳加速。

这种模式主要适用于高速公路驾驶。除电力驱动辅助外，发动机可以在必要时启动全部气缸，如超车、拖载或爬坡时。它整合了尖端电子控制技术、随选排量技术、凸轮调整及进气门延迟启闭系统，使发动机的动力输出更加灵活、有效。

5. 按电动机布置位置分类

混合动力系统主要包括发动机、电动机和动力耦合装置等部件。不同的混合动力系统构型可能具有不同的电动机数量（如单电机、双电机）、不同的电动机位置（如 P0～P4，图 2-8）及不同类型的动力耦合装置（如行星排、双离合变速器等），因此也具备不同的特性。

混合动力系统里常见的电动机布置位置及相对应的构型如下。

P0：位于发动机前端，为传统发动机启动电机的位置。P0 位置的电动机常应用于 48V 轻混型混合动力系统，通常功率较小，无法进行纯电驱动。

P1：位于离合器前，与发动机直接连接。P1 位置的电动机同样无法进行纯电驱动。P1 是双电机构型中功率较小的电动机的常见位置。

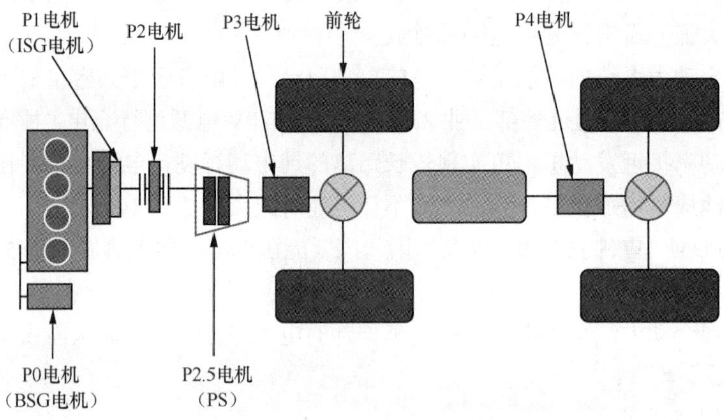

图 2-8　P0～P4 混合动力系统构型示意图

P2：位于离合器后、动力耦合装置前。P2 是双电机混合动力系统构型中功率较小的电动机的另一个常见位置，且电动机位于 P2 及之后的位置均可以实现纯电驱动。

PS（P2.5）：位于动力耦合装置内。P2.5 是单电机混合动力系统构型中电动机的常见位置，且 P2.5 的动力耦合装置通常类似于传统燃油发动机汽车的双离合变速器。

P3：位于动力耦合装置之后、差速器之前。P3 是双电机混合动力系统构型中功率较大的电动机的位置，且在双电机混合动力系统构型中，P3 位置的电动机通常为主要驱动电机。

P4：位于与发动机不同轴的差速器之前。由于 P4 与发动机异轴，因此其通常应用于四驱车型。

【任务实施与考核】

1. 准备工作

准备好各类型混合动力汽车（经高压终止并检验合格）及其相关技术资料。

2. 学生工作

结合本学习任务相关知识的学习，边查阅技术资料边观察整车，完成工单 2-1。

3. 教师工作

① 向学生讲解安全注意事项，并要求学生在工单 2-1 中做记录。
② 观察、指导学生进行相关操作，对可能发生危险的事情必须及时制止。
③ 结束后审阅学生完成的工单，并结合其操作情况给出评价。

| 任务 2-2 混合动力汽车的结构特点及工作模式认识 |

【任务分析】

不同类型的混合动力汽车，其结构和基本工作原理各不相同。对于具体的混合动力汽车而言，又有多种工作模式。

那么，各类型混合动力汽车的具体结构是怎样的？有哪些工作模式？各工作模式与汽车行驶工况是如何对应的？本学习任务主要学习串联式、并联式、混联式和插电式混合动力汽车的主要结构、特点及工作模式。

【学习目标】

1. 知识目标

① 能够正确描述串联式混合动力驱动系统的工作原理、特点、工作模式种类、各种类工作模式的工作原理及适用的汽车工况。

② 能够正确描述并联式混合动力驱动系统的工作原理、特点、工作模式种类、各种类工作模式的工作原理及适用的汽车工况。

③ 能够正确描述混联式混合动力驱动系统的工作原理、特点、工作模式种类、各种类工作模式的工作原理及适用的汽车工况。

④ 能够正确描述插电式混合动力驱动系统的工作原理、特点、工作模式种类、各类型工作模式的工作原理及适用的汽车工况。

2. 能力目标

① 能够通过观察不同类型的混合动力汽车，找出代表混合动力汽车的典型结构。
② 根据具体的混合动力汽车，说明其主要结构、特点及工作模式。

3. 素质目标

① 培养劳动安全保护、善于观察分析的职业素养。

② 培养具备创新精神的综合素养。

【相关知识】

一、串联式混合动力汽车

1. 结构

串联式混合动力驱动系统的结构如图 2-9 所示。其工作原理是：发动机带动发电机发电，发出的电能通过电动机控制器输送给电动机，由电动机将电能转换为机械能驱动汽车行驶。储能系统（动力电池、超级电容、飞轮电池等）是发电机与电动机之间的储能装置，起到功率平衡的作用，即当发电机发出的功率大于电动机所需的功率时（如汽车减速滑行、低速行驶或短时停车等工况），多余电能向储能系统充电；而当发电机发出的功率低于电动机所需的功率时（如汽车起步、加速、爬坡及高速行驶等工况），储能系统向电动机提供额外的电能，补充发电机功率的不足，满足车辆峰值功率要求。

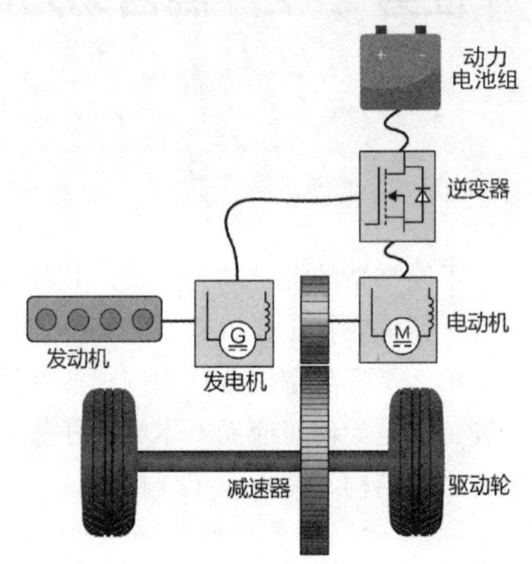

图 2-9　串联式混合动力驱动系统

串联式混合动力汽车上的发动机与道路负荷不耦合，不必考虑传动系统的要求，这样就可对发动机工作进行优化，使其在某一固定工作点（或在某固定工作点周围很窄的区域内）运行。同时，广义的“发动机”的选择也具有多样性，可以是发动机，也可以是其他不适用于直接驱动车轮的发动机，例如微型燃气轮机、斯特林发动机等。发动机-发电机组作为一个整体也可以是燃料电池系统。采用液化石油气、天然气、氢气或氢气与天然气的混合气体的混合动力汽车的排放比较低，装有柴油机的混合动力汽车的燃油经济性比较好。

串联式混合动力汽车具有以下两种设计理念。

（1）小发电单元+大容量动力电池组合

该设计组合以电池动力为主要驱动能量的来源，而小型发动机作为车载发电装置用来增加续驶里程。小功率发电单元（即发动机与发电机组成的车载发电装置）用来调节电池存储能量的峰谷。在动力电池的荷电状态（SOC）达到设定的下限值时，车载发电装置开始启动并对动力电池充电。车载发电装置一直工作到动力电池达到预定的荷电状态上限值为止。

车载发电装置工作时间的长短与电池容量和自身功率大小有关，具有安静、环保的优点。同时，发动机的燃油消耗和排放性都得到了明显的改善。但是由于采用大容量的电池，导致汽车的制造成本较高。增程式电动汽车大多采用这种结构。

（2）大发电单元+小电池组合

该设计组合根据串联式混合动力驱动系统的特点，通过调节发动机的工作点，使发动机一直工作在效率较高的区域，整车以发动机能量转换成电能为主。与“小发电单元+大容量动力电池组合”相比，该设计组合成本降低，续驶里程更长，同时可以带动其他附件。

但是，由于发动机比前一种设计更大，所以安静舒适度差，环保效果不如前者。美国的混合动力客车因为强调动力性，所以多采用这样的结构，以增强驱动能力，同时能够保持与原车相当的燃油经济性。

由发动机和发电机组成的车载发电单元所输出的平均功率与动力电池为满足峰值功率要求而提供的补充功率之间的比例，通常由车辆的应用特点决定，特别要考虑车辆行驶循环的需求。

2. 特点与应用

（1）优点

串联式混合动力汽车具有以下优点。

① 排放污染少。串联式混合动力汽车以动力电池组内的电能为基本能源来驱动。串联式混合动力汽车采用纯电动驱动时可关闭发动机，只用电池组内的电力驱动汽车，实现“零排放”行驶。发动机-发电机组所发出的电能可向动力电池组充电。发动机独立工作在高效率区域，用于补充动力电池组的电能或直接供给驱动电机，可增加续驶里程，减少有害气体排放。

② 驱动形式多样。串联式混合动力汽车可采用电动机驱动系统或轮毂电动机驱动系统。根据布置位置的不同，其还可以分为前轮驱动、后轮驱动和四轮驱动等多种驱动形式。

③ 布置方便。串联式混合动力是只有驱动电机的电力驱动系统，其特点更加趋近于纯电动汽车。因为驱动电机与发电单元没有机械连接，因而布置起来更容易。

（2）缺点

串联式混合动力汽车具有以下缺点。

① 对驱动电机、发电单元和电池的要求高。在串联式混合动力汽车上，驱动电机的功率需要满足汽车在行驶中的最大功率需求，因此驱动电机的功率要求较大，使得电动机的体积和质量都较大。而且由于需求功率的要求，动力电池组的容量要大。还需要装置一个较大功率的发动机-发电机组，但由于其外形尺寸和质量较大，在中小型混合动力汽车中布置有一定的困难，所以串联式混合动力驱动系统较适合在大型客车上使用。

② 能量转换效率低。串联式混合动力驱动系统的能量需要通过热能-电能-机械能转换，能量损失较大。

③ 对发动机-发电机组与动力电池组之间的搭配要求高。为了保护电池，获得更好的电池性能，延长电池的寿命，要根据动力电池荷电状态的变化，自动启动或关闭发动机-发电机组，以避免动力电池组过度充/放电。所以发动机-发电机组与动力电池组之间必须有严格的搭配。

（3）应用

串联式混合动力驱动系统适用于目标和行驶工况相对确定的车辆，例如货物分送车、城市公交车等在城市内频繁起停的车辆。

3. 工作模式

串联式混合动力汽车的典型工作模式有纯电驱动、纯发动机驱动、混合驱动、行车充电、制动能量回收和停车充电等，各工作模式下的能量转换情况如下所述。

① 纯电驱动模式。如图 2-10 所示，发动机关闭，车辆从动力电池组中获得电能，驱动车辆前进。

② 纯发动机驱动模式。如图 2-11 所示，车辆驱动功率来源于发动机-发电机组发电单元，这时动力电池组既不提供电能也不从发动机-发电机组发电单元获取电能。

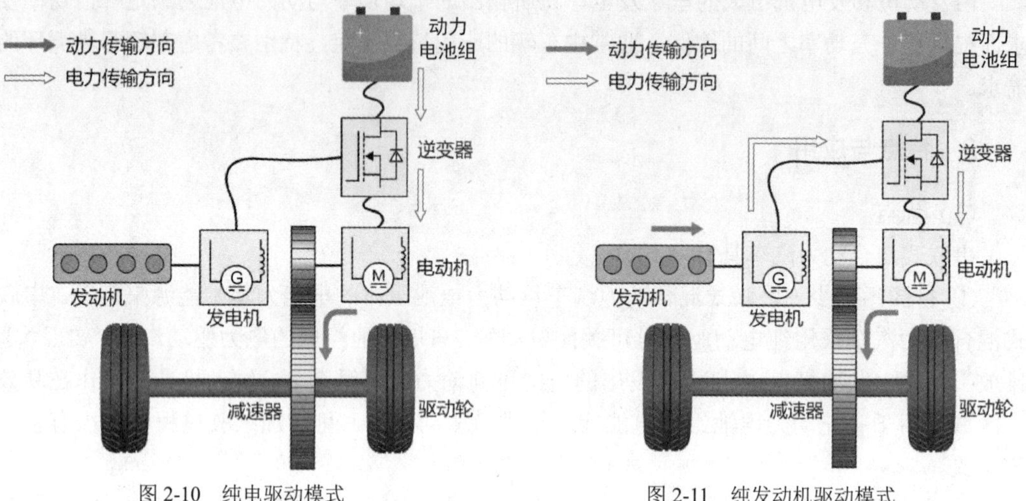

图 2-10　纯电驱动模式　　图 2-11　纯发动机驱动模式

③ 混合驱动模式。如图 2-12 所示，电动机同时从动力电池组和发动机-发电机组发电单元获取电能，驱动车辆。

④ 行车充电模式。如图 2-13 所示，发动机-发电机组除向车辆提供行驶所需功率外，还向动力电池组充电。

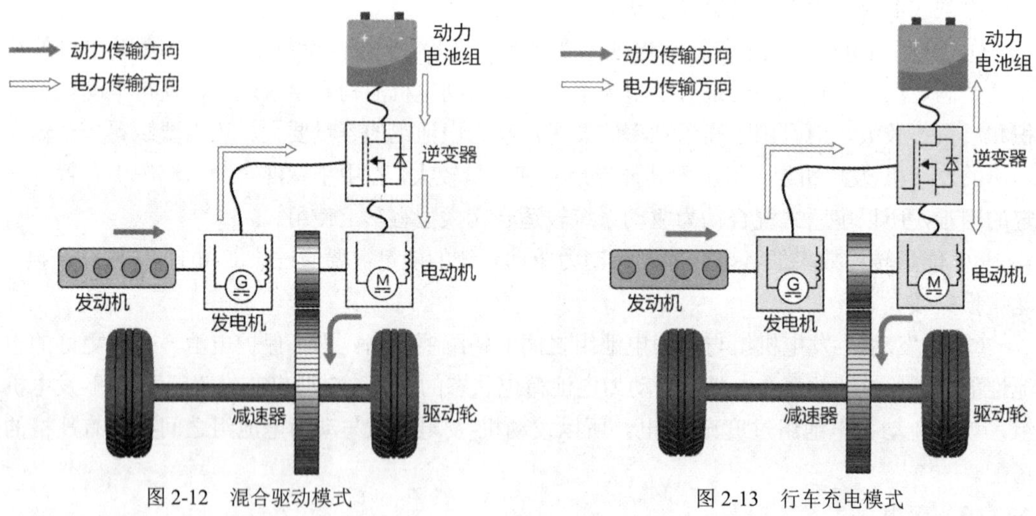

图 2-12　混合驱动模式　　图 2-13　行车充电模式

⑤ 制动能量回收模式。如图 2-14 所示，由电动机为发电机回收减速或制动过程提供能量并向动力电池组充电。

⑥ 停车充电模式。如图 2-15 所示，电动机不接收功率，车辆停驶，发动机-发电机组仅向动力电池组充电。

实际行车时的工作模式需要经过控制策略的优化，在满足动力性能要求的前提下，保护电池的状态和性能，以获得更好的燃油经济性和更低的排放。

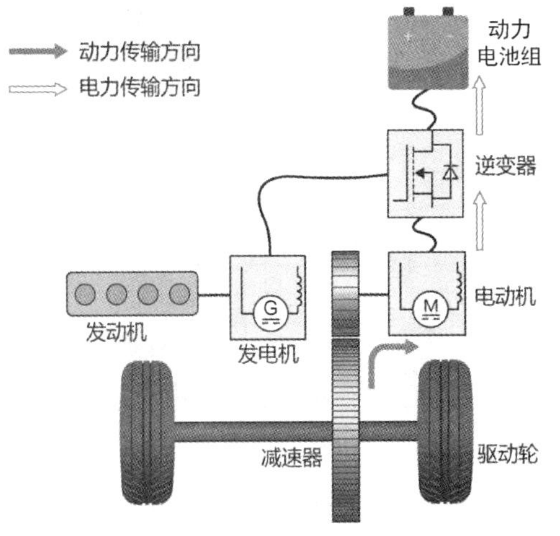

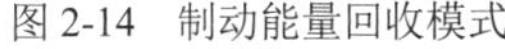

图 2-14　制动能量回收模式

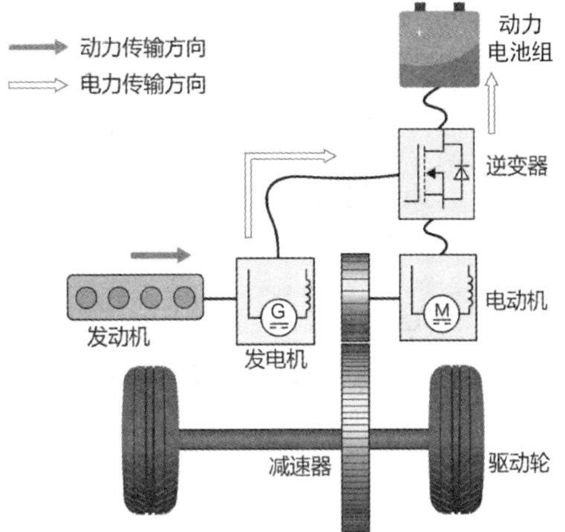

图 2-15　停车充电模式

二、并联式混合动力汽车

1. 结构

并联式混合动力汽车有发动机和电动机 2 套驱动系统。并联式混合动力汽车可以在比较复杂的工况下使用不同的驱动模式，应用范围较广。并联式混合动力驱动系统的结构由于电动机的数量和布置、变速器的类型、部件的数量（如离合器、变速器的数量）和位置关系（如电动机与离合器的位置关系）的不同，具有多种类型。

微课：并联式混合动力汽车

根据输出轴的结构不同，并联式混合动力驱动系统可划分为 2 种形式，即单轴式和双轴式。

（1）单轴式并联混合动力驱动系统

单轴式并联混合动力驱动系统如图 2-16 所示，发动机通过主传动轴与变速器相连，电动机的转矩通过齿轮与发动机的转矩在变速器前进行复合，这种形式称为转矩复合。在单轴式结构中，发动机、电动机和变速器输入轴之间的转速成一定比例关系。

（2）双轴式并联混合动力驱动系统

双轴式并联混合动力驱动系统如图 2-17 所示。其可以有 2 套机械变速器，发动机和电动机各自与一套变速器相连，然后通过齿轮系统进行复合。在这种复杂结构中，可以通过调节变速器的速比来调节发动机、电动机之间的转速关系，使发动机的工况调节更灵活。

当采用行星齿轮机构作为动力耦合机构时，由于行星齿轮机构有 2 个自由度，可以实现根据 2 个输入部件的转速复合确定输出轴的转速，而各个部件间的转矩保持一定的比例关系，这种功率复合形式称为转速复合。

2. 特点

（1）优点

相对于串联式混合动力汽车，并联式混合动力汽车具有以下优点。

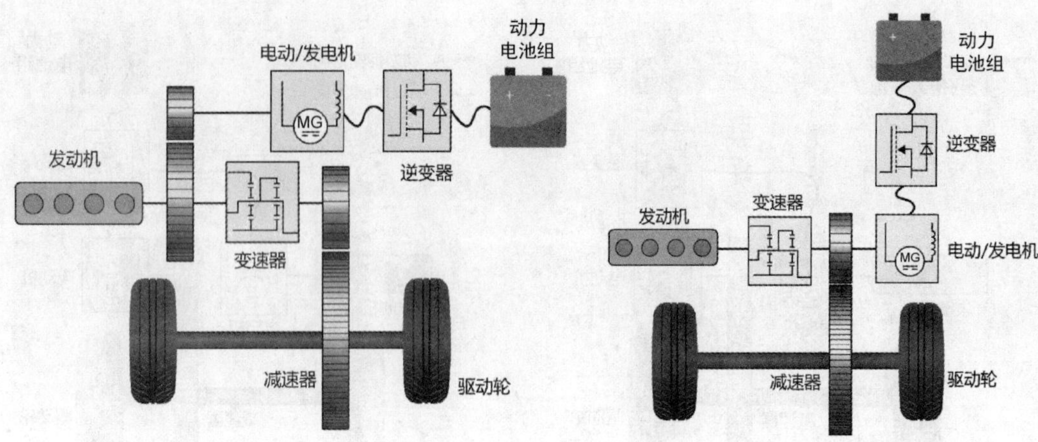

图 2-16　单轴式并联混合动力驱动系统　　图 2-17　双轴式并联混合动力驱动系统

① 驱动功率高。并联式混合动力汽车具有发动机和电动/发电机（或驱动电机）2 套驱动系统，增强了混合动力汽车的动力性。

② 能量转换效率高。并联式混合动力汽车从发动机到车轮之间的动力传递过程中，除摩擦损耗外，没有机械能-电能-机械能的转换过程，能量转换综合效率要比串联式混合动力汽车高。

③ 动力元件体积小。由于在车辆需要较大输出功率时，电动/发电机可为发动机提供额外的辅助动力，因此可以选择功率较小的发动机，使得并联式混合动力汽车不仅燃料经济性比串联式混合动力汽车要高，而且比串联式混合动力汽车的 3 个动力总成的功率、质量和体积要小很多。

④ 储能元件容量小。电动机和发动机的功率根据多能源动力总成匹配的要求，可以选择较小功率的发动机。与此相对应，电动/发电机的质量和体积较小，与它们配套的动力电池组的容量也较小，使得整车整备质量大大减小。

⑤ 电动/发电机根据工况灵活工作。电动/发电机同时起到起动机和飞轮的作用（仅单轴式并联混合动力驱动系统），可以带动发动机启动，在发动机运转时起飞轮平衡作用，调节发动机动态变化和输出功率，使发动机基本稳定在高效率、低排放的状态下运转。发动机带动电动/发电机发电，所发出的电能向动力电池组充电，用于补充动力电池组的电能，可增加续驶里程。

（2）缺点

与串联式混合动力汽车相比，并联式混合动力汽车具有以下缺点。

① 发动机工作状态受行驶工况影响。发动机驱动模式是并联式混合动力汽车的基本驱动模式，发动机的工况会受到并联式混合动力汽车行驶工况的影响，无法一直运行在高效区域，因此并联式混合动力汽车的发动机的排放性能劣于串联式混合动力汽车。

② 结构和布置复杂。并联式混合动力汽车的发动机驱动路径需要配备与燃油发动机汽车相同的传动系统，包括离合器、变速器、传动轴、主减速器和差速器等传动总成，另外，还有电动/发电机、动力电池组及动力耦合器等装置，因此并联式混合动力汽车的多能源动力系统结构复杂，布置和控制困难。

3. 工作模式

并联式混合动力汽车可以在纯电驱动模式、纯发动机驱动模式、混合驱动模式、行车充电模式、制动能量回收模式和停车充电模式下工作。

① 纯电驱动模式。纯电驱动模式如图 2-18 所示，并联结构由于增加了一套电驱动系统，在电池电量充足的情况下，可使用纯电动机启动和车辆起步驱动。纯电驱动克服了传统车辆起步时发动机效率低、排放差的缺点。

② 纯发动机驱动模式。纯发动机驱动模式如图 2-19 所示，当车辆匀速行驶，满足发动机高效工作区域时，使用纯发动机驱动，可以获得较高的效率。

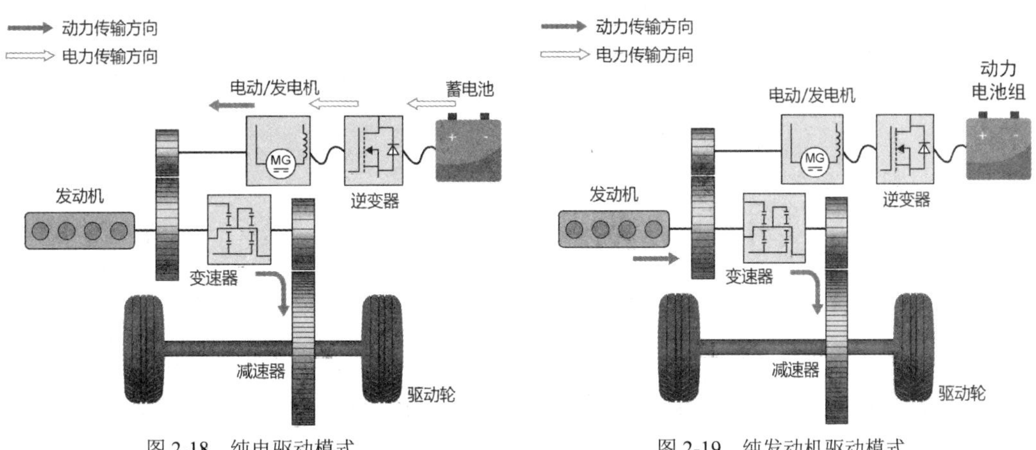

图 2-18　纯电驱动模式　　图 2-19　纯发动机驱动模式

③ 混合驱动模式。如图 2-20 所示，在加速或爬坡工况下，车辆需要更大的驱动力，这时 2 条动力线同时输出动力，可满足高动力要求。此时，电动机的能量来自动力电池组。

④ 行车充电模式。如图 2-21 所示，当发动机输出功率大于车辆负荷、动力电池组荷电状态未达到最高限值时，发动机的多余能量可用来带动发电机给动力电池组充电。

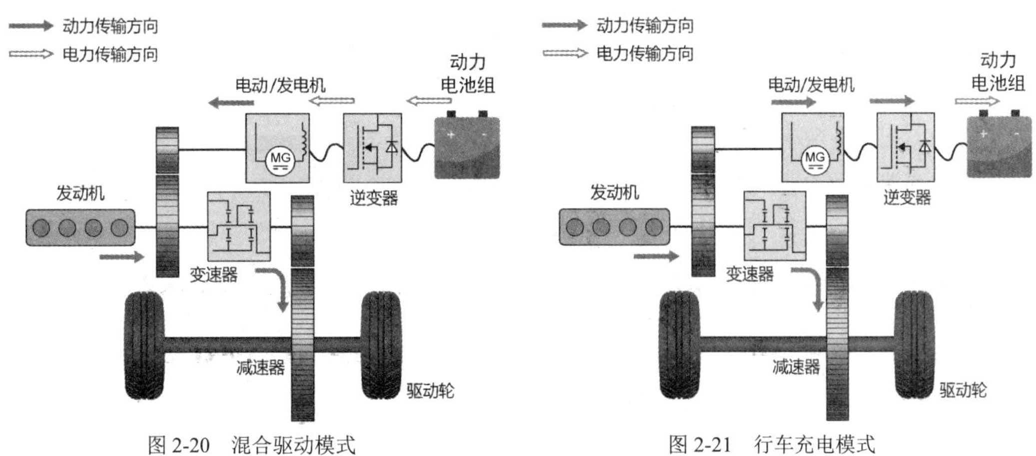

图 2-20　混合驱动模式　　图 2-21　行车充电模式

⑤ 制动能量回收模式。如图 2-22 所示，当车辆减速制动时，电动机作为发电机使用，提供电制动力矩，同时回收电能给动力电池组充电。

⑥ 停车充电模式。如图 2-23 所示，若停车前动力电池组的电量不足，为了保证下一次启动时可以使用纯电启动，增加纯电驱动续驶里程，可以在停车时利用发动机给动力电池组充电。

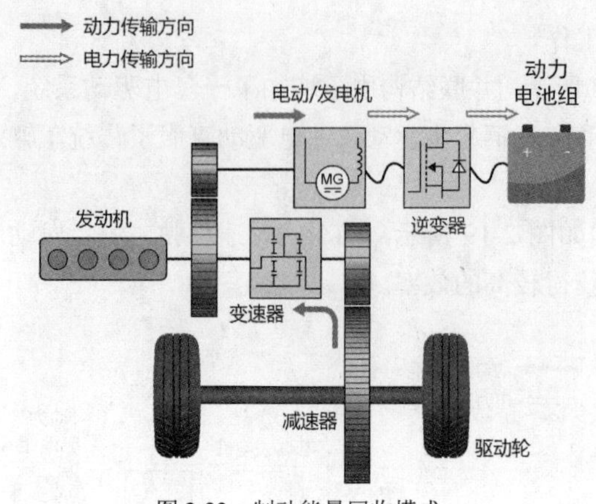

图 2-22　制动能量回收模式

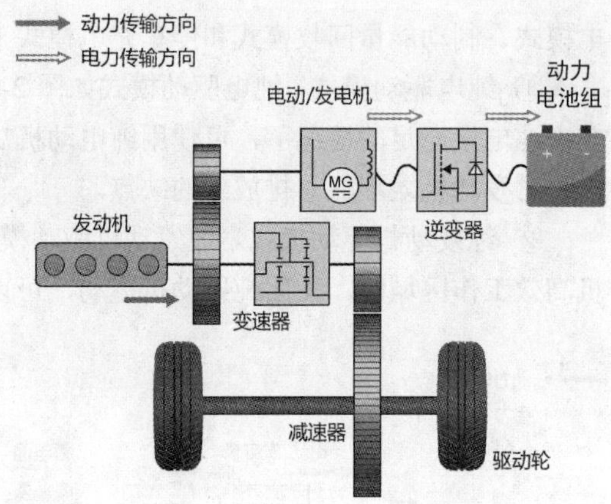

图 2-23　停车充电模式

三、混联式混合动力汽车

微课：混联式混合动力汽车

1. 结构

混联式混合动力驱动系统可以在串联混合动力模式下工作，也可以在并联混合动力模式下工作，即两种模式的综合。这就要求有 2 台电动机、1 个比较复杂的传动系统和 1 个智能化控制系统。

混联式混合动力驱动系统的结构如图 2-24 所示。其工作原理如下：发动机发出的功率一部分通过功率分流装置（功率分配器），经机械传动系统传至驱动轮，另一部分则驱动发电机发电，发出的电能输送给电动机或动力电池组，电动机的力矩同样也可通过传动系传送给驱动轮。混联式混合动力驱动系统的一般控制策略是：当汽车低速行驶时，其主要以串联式混合动力驱动系统工作；当汽车高速稳定行驶时，则以并联式混合动力驱动系统为主。

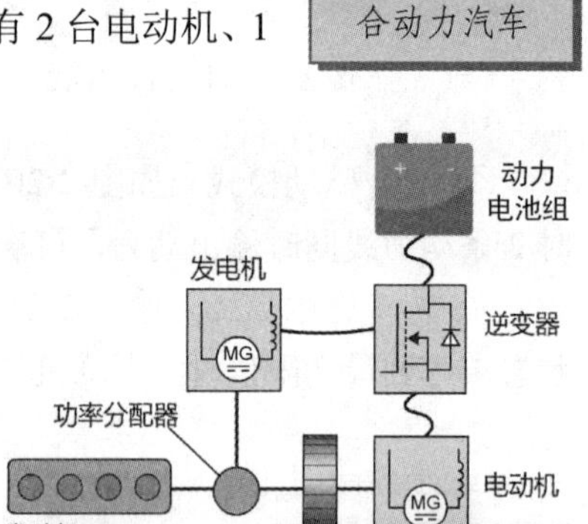

图 2-24　混联式混合动力驱动系统

混联式混合动力驱动系统的结构形式和控制方式充分发挥了串联式混合动力驱动系统和并联式混合动力驱动系统的优点，能够使发动机、发电机、电动机等部件进行更优化的匹配，在结构上保证了在更复杂的工况下使系统工作在最优状态，因此更容易实现排放和油耗的控制目标。与并联式混合动力驱动系统相比，混联式混合动力驱动系统的动力复合形式更复杂，因此在机械结构和控制方面对动力复合装置提出了更多的要求。目前，混联式混合动力驱动系统的结构一般以行星齿轮机构作为动力复合装置。

2. 特点

（1）优点

① 与串联式混合动力汽车相比，混联式混合动力汽车的动力系统更小、成本更低。混联式混合动力汽车是在并联式混合动力汽车的基础上，再增加电动/发电机或驱动电机，因此混联式混合动力汽车由 3 个动力总成组成，3 个动力总成以总功率需求的 50%～100%驱动车

辆，比串联式混合动力汽车动力总成的功率、质量和体积要小。

② 多种工作模式获得更好的性能。混联式混合动力汽车有多种驱动模式可供选择，包括串联驱动和并联驱动，使发动机的工作状态在多变的工况中都可以选择最优的模式。

③ 发动机参与驱动，减少能量转换损失。发动机驱动模式是混联式混合动力汽车的基本驱动模式之一，从发动机到车轮之间的动力传递过程中，除摩擦损耗外，没有机械能-电能-机械能的转换过程，能量转换的综合效率要比燃油发动机汽车高。

④ 纯电行驶，降低排放。纯电动机驱动模式也是混联式混合动力汽车的基本驱动模式之一，可以独立驱动车辆行驶，在车辆起步时，发挥电动机低速大转矩的特征，带动车辆起步，实现“零污染”行驶。

（2）缺点

① 并联模式下排放性能劣于串联式混合动力汽车。混联式混合动力汽车的动力性能更接近燃油发动机汽车。但在并联模式下，发动机的工况会影响汽车的行驶，发动机排放的有害气体量高于串联式混合动力汽车。

② 结构复杂，布置困难。混联式混合动力汽车需要配备 2 套驱动系统，发动机传动系统需要装置离合器、变速器、传动轴等传动总成。另外，还有电动/发电机、驱动电机、减速器、动力电池组，以及多能源的动力组合或协调发动机驱动与驱动电机驱动力的专用装置，因此，混联式混合动力汽车的多能源动力系统结构复杂，总布置也更加困难。

③ 整车多能源控制系统要求高。多能源动力的匹配和组合有不同的组合形式，需要装配一个复杂的多能源动力总成控制系统，才能实现高经济性和超低污染的控制目标。

3. 工作模式

混联式混合动力汽车兼具并联式和串联式混合动力汽车的工作模式，可以实现纯电驱动、串联驱动、发动机单独驱动、行车充电、停车充电、制动能量回收、并联驱动和全加速 8 种工作模式。

① 纯电驱动模式。如图 2-25 所示，利用动力电池组的电能，通过电动机单独驱动汽车行驶。

② 串联驱动模式。如图 2-26 所示，混联式混合动力汽车将在以下两种工况下采用串联驱动模式：一是低速大功率驱动工况（如连续爬坡），此时依照工作状况设定，由电动机驱动，将会消耗大量的电能，需要发动机为动力电池组补足电量；二是动力电池组的电能不足，低于预设值，发动机需要为电池及时补充电能。汽车以串联驱动模式行驶时，发动机工作在经济转速区域且输出恒定功率。

③ 发动机单独驱动模式。如图 2-27 所示，发动机单独驱动和燃油发动机汽车工作状况相同，因此适合于发动机经济转速区域，即此时为巡航车速。

④ 行车充电模式。如图 2-28 所示，在发动机的中速区域，发动机动力负荷偏低，效率低。通过这种行车充电来提高发动机的工作负荷，从而提高发动机的工作效率并为动力电池组补充电能。

⑤ 停车充电模式。如图 2-29 所示，当动力电池组的荷电状态低于设定限值时，采用停车充电模式，使发动机在经济转速区域以输出恒定功率的方式带动发电机发电，为动力电池组补充电量。

⑥ 制动能量回收模式。如图 2-30 所示，汽车制动时，车轮提供反向转矩，带动电动机作为发电机发电，以此回收能量。通过回收制动能量，混联式混合动力汽车能很好地控制油

耗和排放。这种模式适合于汽车工作在中高速滑行和制动的工况下。

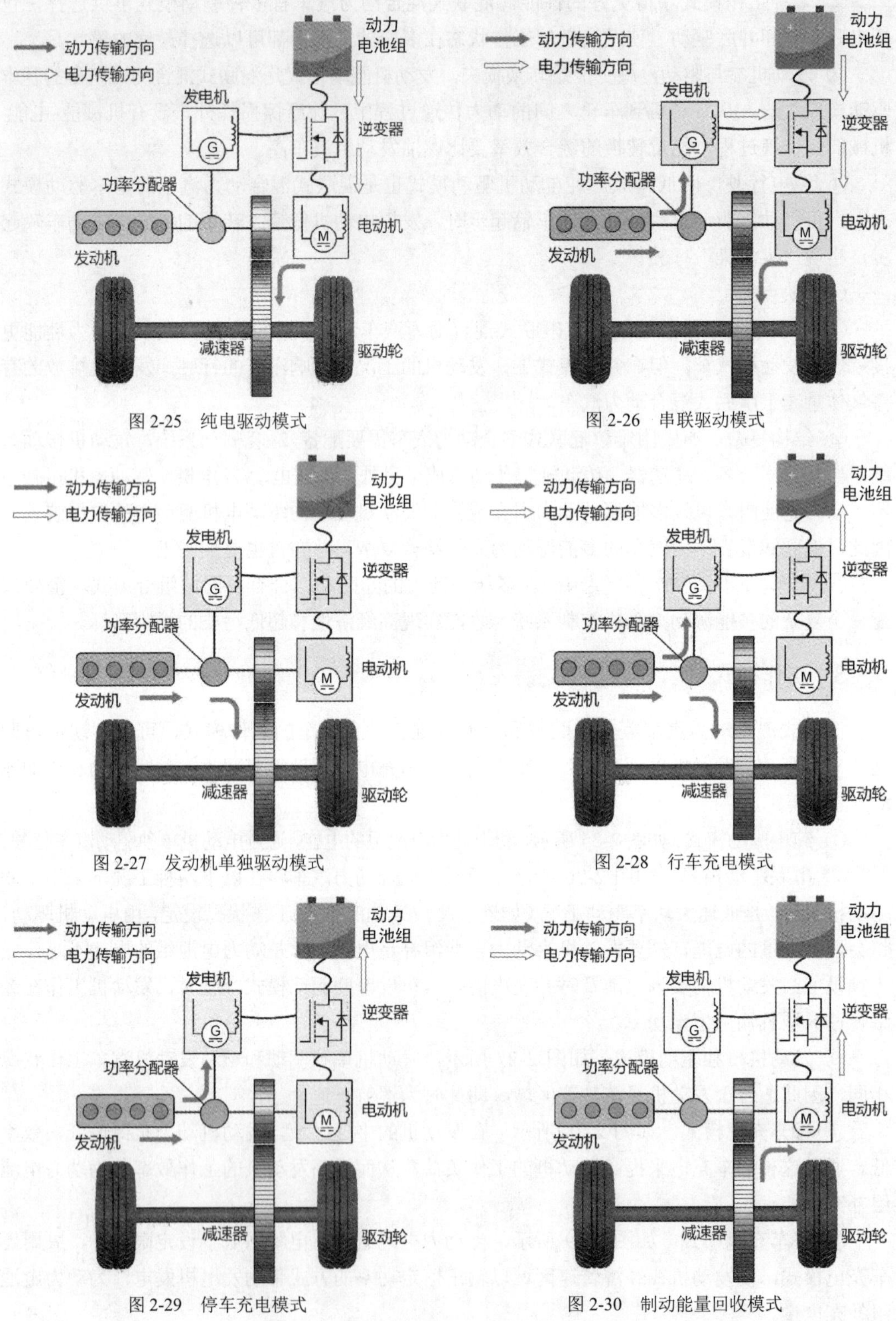

图 2-25　纯电驱动模式

图 2-26　串联驱动模式

图 2-27　发动机单独驱动模式

图 2-28　行车充电模式

图 2-29　停车充电模式

图 2-30　制动能量回收模式

⑦ 并联驱动模式。如图 2-31 所示，发动机和电动机同时工作，能提供较大的动力输出，因此，这种模式通常适合于汽车工作在中低速加速和高速区。

⑧ 全加速模式。如图 2-32 所示，发动机、发电机及电动机同时驱动。此时，所有的能量输出都用于驱动汽车，这种模式能获得最大的驱动力，一般适合于极限速度行驶、超车等情况。

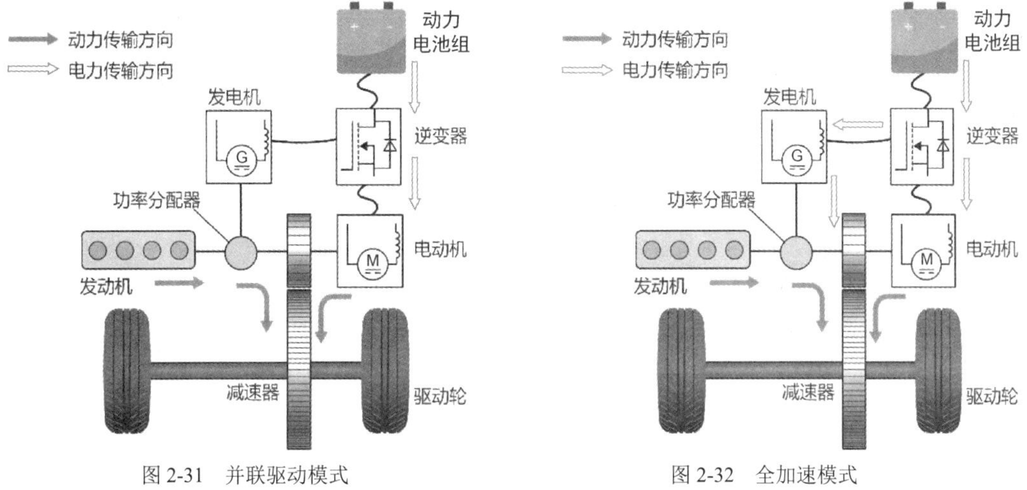

图 2-31　并联驱动模式　　图 2-32　全加速模式

四、插电式混合动力汽车

1. 结构

插电式混合动力汽车（PHEV）是可以使用电网（包括家用电源插座）对动力电池组充电的混合动力汽车，是在油电混合动力的基础上开发出来的。它既可以纯电动长距离行驶，也可以在全混合模式下工作。插电式混合动力驱动系统分为并联与串联两种结构，分别如图 2-33 和图 2-34 所示。

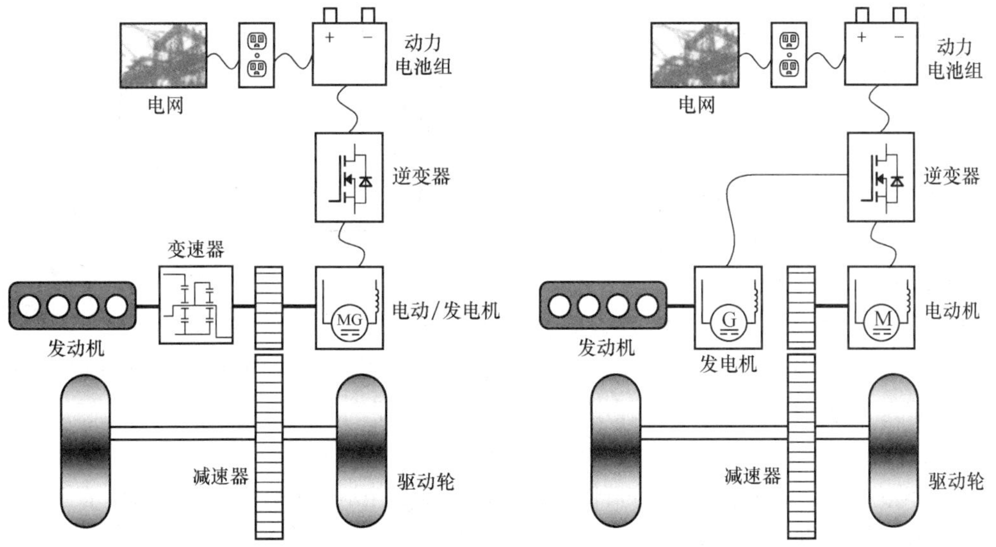

图 2-33　并联结构插电式混合动力驱动系统　　图 2-34　串联结构插电式混合动力驱动系统

插电式混合动力汽车自身安装有车载充电器，可以直接用电网充电。与纯电动汽车相比，插电式混合动力汽车增加了发动机；与油电混合动力汽车相比，插电式混合动力汽车可以外接电网充电；在相同车型条件下，插电式混合动力汽车的电池比油电混合动力汽车的电池功率大，发动机功率比油电混合动力汽车的小。总之，插电式混合动力汽车在设计目标上是综合纯电动汽车与油电混合动力汽车的优点。

2. 特点

插电式混合动力汽车的特点是行驶动力主要来自动力电池组，发动机只是作为后备动力来源，在电池电量耗尽时才启用。也就是说，插电式混合动力汽车主要适合城市道路，在日常使用过程中，它可以当作一台纯电动汽车来使用，只要单次使用不超过动力电池组可提供的续驶里程，它就可以做到零排放和零油耗。

（1）优点

插电式混合动力汽车具有以下优点。

① 插电式混合动力汽车具有纯电动汽车的全部优点：可利用晚间低谷电对电池充电，改善电厂的机组效率，节约能源；减少温室气体和各种有害物的排放；降低对石油燃料的依赖，减少石油进口，增加国家能源的安全。

② 如果是在城市内行驶，距离较短，使用纯电动模式，不消耗燃油；如果是长途旅行，距离较长，使用混合驱动模式，增加续驶里程。

（2）缺点

插电式混合动力汽车具有以下缺点。

① 根据特定需求确定纯电动里程，同时影响电池大小的选择。

② 纯电行驶对电池提出了较高的要求，如电池要有足够高的能量密度和功率密度、较长的循环寿命，放电及充电性能要好。

③ 对充电设施有要求，包括充电站的建设等。

3. 工作模式

根据动力电池组荷电状态的变化特点，可以将PHEV的工作模式分为电量消耗（CD）、电量保持（CS）和常规充电（BC）3种模式。其中，电量消耗模式又分为纯电动（EV）和混合动力（HEV）2种子模式。

PHEV优先应用电量消耗模式。在电量消耗模式中，PHEV根据整车的功率需求，具体选择纯电动和混合动力2种子模式。丰田普锐斯插电式混合动力汽车的工作模式如图2-35所示。

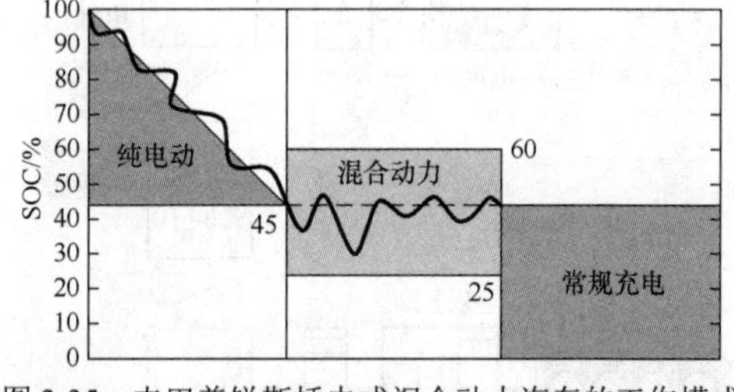

图2-35　丰田普锐斯插电式混合动力汽车的工作模式

在电量消耗-纯电动子模式中，发动机是关闭的，动力电池组是唯一的能量源，动力电池组的荷电状态降低，整车一般只达到部分动力性指标。该模式适合于汽车在启动、低速和低负荷时应用。

在电量消耗-混合动力子模式中，发动机和电动机同时工作，动力电池组提供整车功率需求的主要部分，动力电池组的荷电状态也在降低，发动机用来补充电池输出功率不足的部分，直至电池的荷电状态达到最小允许值。该模式适合于汽车在高速，尤其是要求全面达到动力性指标时采用。

在电量保持模式下，PHEV的工作方式与传统HEV的工作模式类似，动力电池组的荷电状态基本维持不变。

电量消耗-纯电动子模式、电量消耗-混合动力子模式和电量保持模式之间能够根据整车管理策略进行无缝切换。切换的主要依据是整车功率需求和动力电池组的荷电状态。

五、增程式电动汽车

微课：增程式电动汽车

1. 增程式电动汽车简介

增程式电动汽车是一种配有地面充电和车载供电功能的混合动力车（也有将其归类于纯电动汽车）。装载的动力电池组可满足日常行驶的动力需要，当超出了动力电池组电力供应能力范围时，由其他的动力源为动力电池组充电，继续驱动车轮行驶。动力电池组可由地面充电桩充电或由车载发动机充电。整车运行模式可根据需要工作于纯电动模式和增程模式。

增程式电动汽车的工作模式与插电式混合动力汽车非常类似，两者都可以工作在纯电动模式下，动力电池组都具有外接充电方式和发动机充电方式。增程式电动汽车和插电式混合动力汽车的主要区别是：插电式混合动力汽车基本依靠发动机行驶，电力只是补充，无法依靠纯电行驶太远；而增程式电动汽车的动力来源都是电力，发动机只是为动力电池组充电以达到足够的续驶里程。

增程式电动汽车的品牌车型很多，如江淮增程式电动汽车、广汽传祺 GA5 增程式电动汽车、宝马 i3 增程式电动汽车、奇瑞 S18D 增程式电动汽车等。增程式电动汽车的典型代表是雪佛兰 Volt，虽然 Volt 搭载了一款小型发动机，但其设计理念是以纯电动为主的。在动力电池组电量充足的情况下，驱动车辆的能量全部由动力电池组提供，只有在电池电量不足的时候，会启动发动机给电池充电。

2. 动力系统布置

如图 2-36 所示，Volt 的动力系统采用前置前驱方式，充电接口位于车辆侧前方，T 形锂电池组布置在中部。动力系统由 2 台电动机和 1 台发动机组成，通过 3 组离合器和 1 个行星齿轮连接，可实现不同的工作模式，以适应行驶工况的需求。

电动机驱动单元
锂电池组
控制单元
充电接口

图 2-36 雪佛兰 Volt 结构图

3. 工作模式

Volt 驱动系统采用同轴连接方式，电动机、行星齿轮、发动机呈直线排列，如图 2-37 所示。功率较大的主电动/发电机 MG1 与太阳轮机械连接，输出轴与行星齿轮架机械连接，内齿圈的连接则因为 3 个离合器的不同接合状态形成不同的工作模式，如低速纯电动模式、低速制动能量回馈模式、低速增程模式、高速纯电动模式、高速制动能量回馈模式、高速增程模式和停车发电模式等。

（1）低速纯电动模式

如图 2-38 所示，在该模式下，内齿圈被离合器 C1 锁止，而离合器 C2 与离合器 C3 均处于分离状态。辅助电动/发电机 MG2 和发动机与动力总成分开，都不工作。MG1 通过行星齿轮减速后将动力传递给输出轴驱动车轮。该模式下，车辆仅由 MG1 驱动，最高速度可达 65km/h。

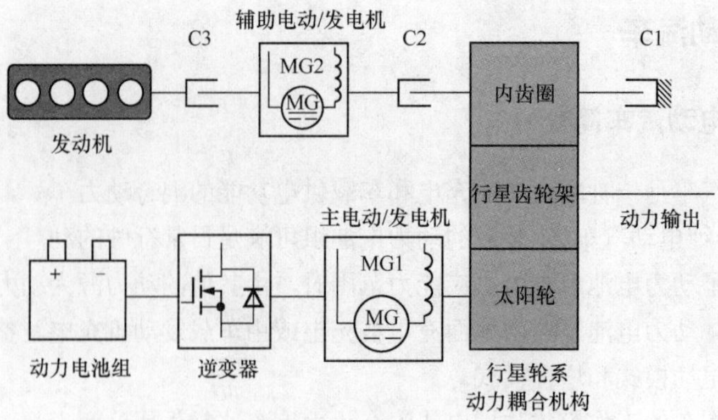

图 2-37　雪佛兰 Volt 动力耦合系统结构图

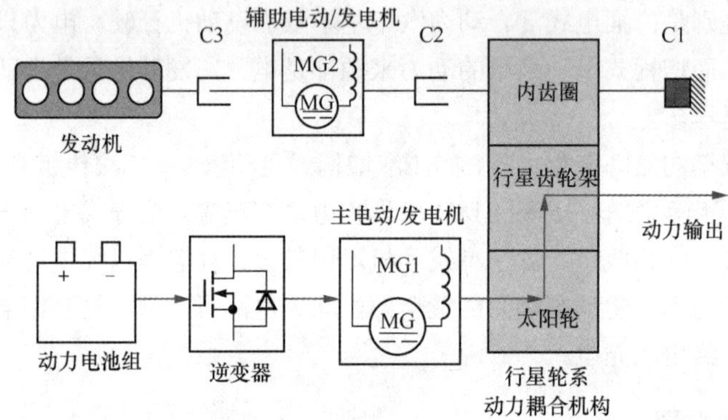

图 2-38　低速纯电动模式

（2）低速制动能量回馈模式

如图 2-39 所示，在低速纯电动模式下，踩下制动踏板，车辆进入低速制动能量回馈模式。该模式下，MG1 作为发电机，由车轮能量带动其发电，将车辆的动能转换为电能储存回动力电池组中。

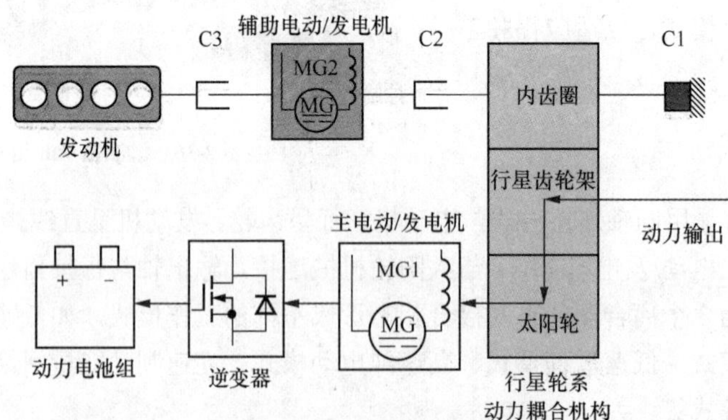

图 2-39　低速制动能量回馈模式

（3）低速增程模式

如图 2-40 所示，在车速为 40～80km/h、电池电量在 35%以下时，发动机启动，进入低速增程模式。该模式下，离合器 C1 和离合器 C3 接合，发动机带动 MG2 进行发电。MG1 从动力电池组及 MG2 获得电能驱动车辆。

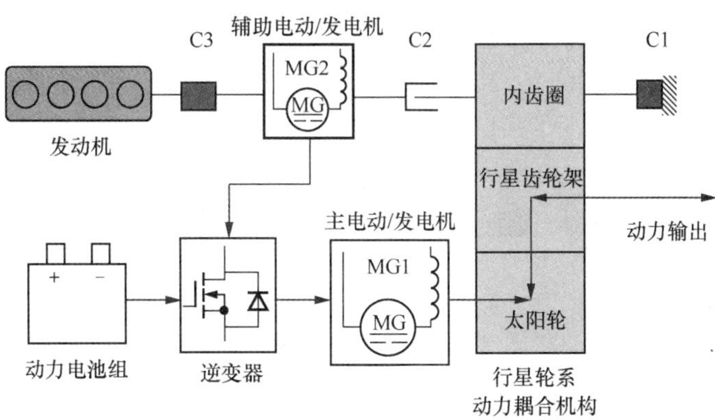

图 2-40 低速增程模式

（4）高速纯电动模式

如图 2-41 所示，该模式下，离合器 C1 分离，离合器 C2 接合。MG2 与内齿圈连接，MG1 和 MG2 通过行星轮系动力耦合机构同时驱动车辆行驶。MG2 的加入降低了 MG1 的转速需求。

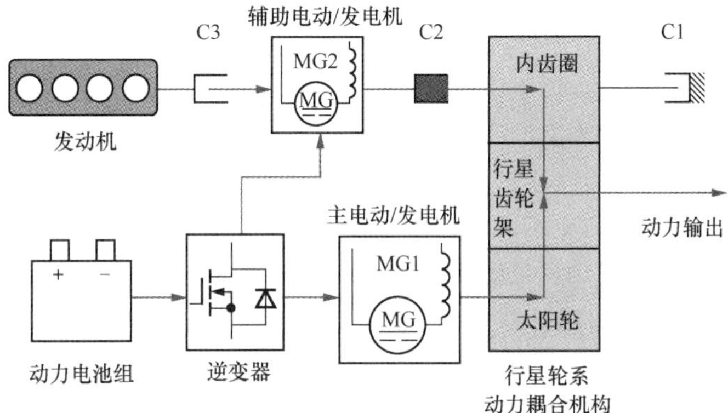

图 2-41 高速纯电动模式

（5）高速制动能量回馈模式

如图 2-42 所示，与低速制动能量回馈模式相似，其也可将车辆的动能转换为电能储存回动力电池组中。此模式下，离合器 C2 接合，MG1 和 MG2 同时发电供动力电池组充电。

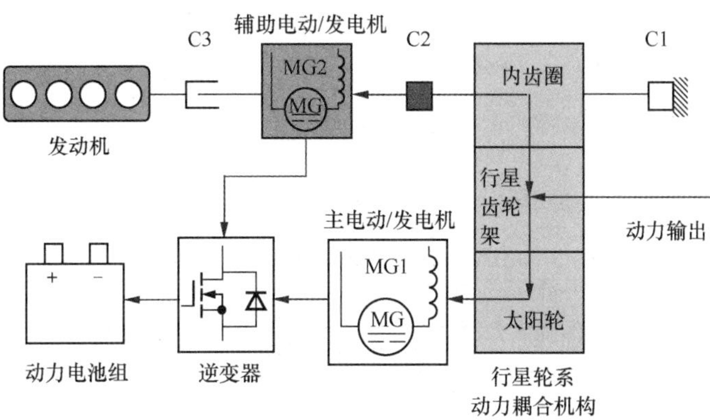

图 2-42 高速制动能量回馈模式

（6）高速增程模式

如图 2-43 所示，在动力电池组电量过低、高速行驶车况下，高速增程模式启动。该模式下，离合器 C2、C3 接合，离合器 C1 分离。发动机与 MG1 共同驱动车辆行驶，同时发动机带动 MG2 给动力电池组充电。

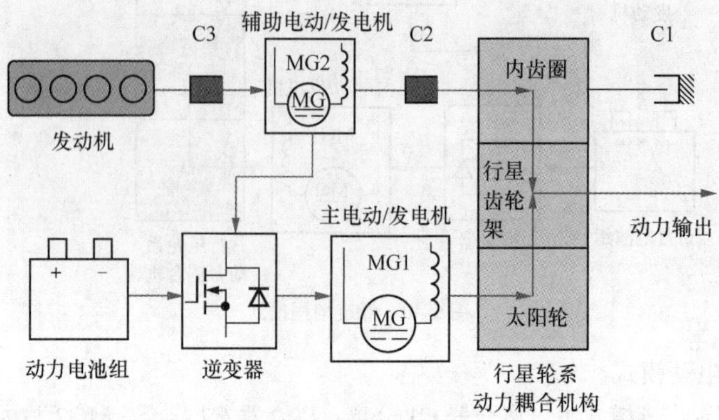

图 2-43　高速增程模式

汽车长时间处于高速行驶的工况下，仅仅使用动力电池组作为能量源输出，汽车性能将无法满足车辆动力性能需求，所以，行星轮系动力耦合机构将发动机与辅助电动/发电机两者动力耦合并输出动力。因此，对于该种模式，更确切的说法应该是属于混合动力模式，这在 Volt 的设计定位之初也颇具争议。

（7）停车发电模式

如图 2-44 所示，在停车状态下，当动力电池组的电量不足时，停车发电模式启动。离合器 C1 接合，MG1 关闭，发动机带动 MG2 给动力电池组充电，以补充动力电池组的电量。

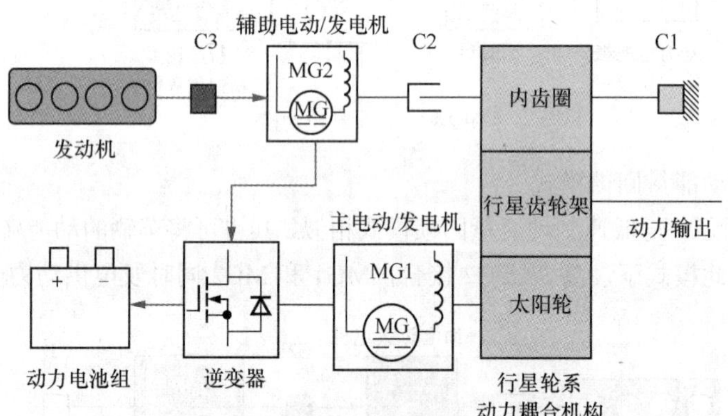

图 2-44　停车发电模式

雪佛兰 Volt 驱动系统 5 种驱动模式的车速与能量源情况见表 2-1。

表 2-1　　雪佛兰 Volt 驱动系统工作模式

车速	模式	能量源
低速	模式 1（低速纯电动）	电池
	模式 2（低速增程）	电池、发动机
高速	模式 3（高速纯电动）	电池
	模式 4（高速增程）	电池、发动机
停车	模式 5（停车发电）	发动机

【任务实施与考核】

1. 准备工作

分别在至少 3 个工位，为每组学生准备好混合动力汽车（经高压终止并检验合格）及其相关技术资料。

2. 学生工作

结合本学习任务相关知识的学习，边查阅技术资料边观察整车，完成工单 2-2。

3. 教师工作

① 向学生讲解安全注意事项，并要求学生在工单 2-2 中做记录。
② 观察、指导学生进行相关操作，对可能发生危险的事情必须及时制止。
③ 结束后审阅学生完成的工单，并结合其操作情况给出评价。

| 任务 2-3　BAS 和 ISG 混合动力系统认识 |

【任务分析】

BAS 混合动力系统，即驱动皮带-发电机-起动机系统，简称“皮带启动系统”。ISG 是集成的具有起动机功能的发电机的缩写，简称“集成启动系统”。BAS 和 ISG 这两种动力系统目前只给发动机起助力作用，无法实现纯电驱动。

那么，BAS 和 ISG 这两种动力系统是什么样的结构？如何实现发动机启动与助力功能呢？本任务主要学习 BAS 和 ISG 这两种动力系统的结构原理及整车特点。

【学习目标】

1. 知识目标

① 能够正确解释混合动力系统的工作阶段。
② 能够正确描述 BAS 混合动力系统的基本结构特征及典型工作模式的工作原理。
③ 能够正确描述 ISG 混合动力系统的典型结构和控制原理。

2. 能力目标

① 能够通过观察不同类型的混合动力汽车，区分 BAS 和 ISG 混合动力系统。
② 能够结合具体的混合动力汽车，简单阐述其典型结构特征和工作原理。

3. 素质目标

① 培养劳动安全保护及善于观察分析的职业素养。
② 培养坚持生态良好的文明发展道路等综合素养。

【相关知识】

一、混合动力系统的工作阶段

混合动力汽车在不同的状态下，混合动力系统处于不同的工作阶段，具体情况如下所述。

① 燃油供给阶段：发动机正常工作，消耗燃油。

② 电动助力阶段：当驾驶人踩下加速踏板比较深时，通过电动机对车辆进行电动助力。

③ 智能充电阶段：发电机由发动机带动旋转，动力电池组尽可能地从系统中获得更多的充电机会。

④ 减速断油阶段：当车辆在制动、滑行或停驶后，发动机被切断燃油供应。在某些滑行期间，为了保证转矩的平顺性，电动机也将转动。

⑤ 再生制动阶段：当车辆减速时，发动机停止供油，变矩器锁止，车辆带动电动机转动，电动机此时作为发电机进行发电，发电机相当于车辆的负载，对车辆有制动作用（类似于发动机制动）。

二、BAS 混合动力系统

微课：BAS 混合动力系统

1. 基本结构特征

以下以别克君越 ECO Hybrid 油电混合动力汽车为例介绍 BAS 混合动力系统。

BAS 混合动力系统是一种低电压、小电动机系统，电动机没有驱动车辆的能力。其基本工作原理是：发动机在自动停止模式时处于关闭状态，没有燃油流向发动机；当驾驶人松开制动踏板或踩下加速踏板，车辆需要起步时，电动机带动发动机运转，燃油供应恢复，发动机自动启动。

君越 ECO Hybrid 混合动力系统的结构如图 2-45 所示，由发动机、启动/发电机总成（MGU）、启动/发电机控制模块（SGCM）、动力电池组（36V 电池组）、辅助电池（12V 电池）、驱动皮带总成等组成。图 2-46 所示为君越 ECO Hybrid 的 BAS 混合动力系统的主要零部件示意图，图 2-47 所示为君越 ECO Hybrid 的 BAS 混合动力系统的主要零部件安装位置示意图。

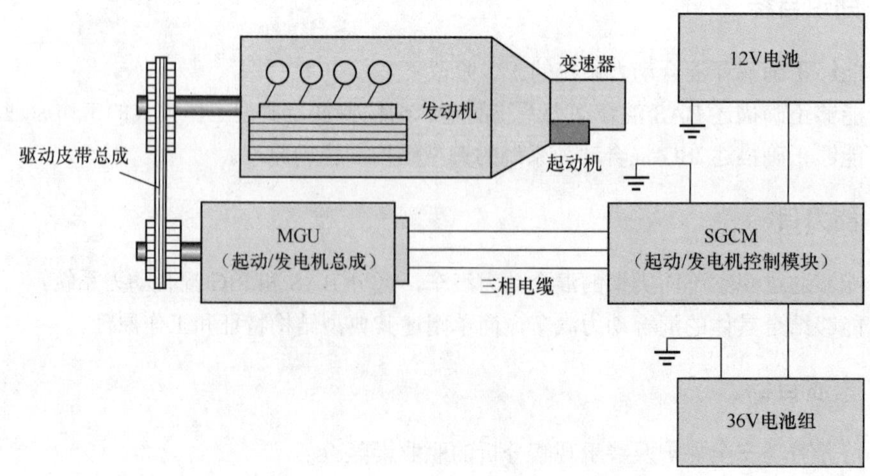

图 2-45 君越 ECO Hybrid 的 BAS 混合动力系统结构

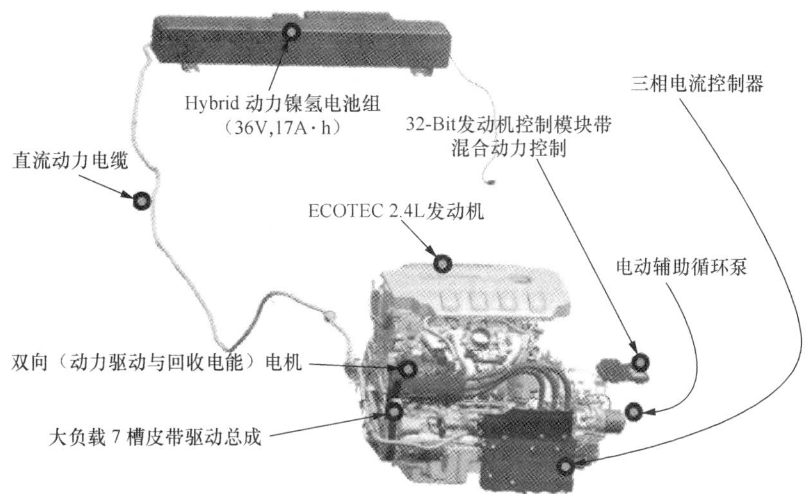

图 2-46 君越 ECO Hybrid 的 BAS 混合动力系统主要零部件示意图

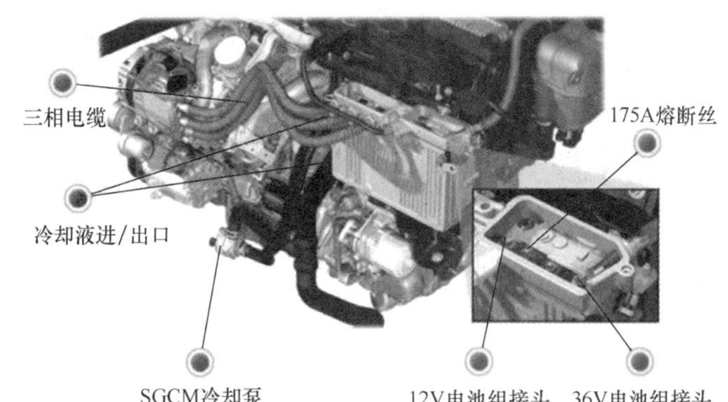

图 2-47 君越 ECO Hybrid 的 BAS 混合动力系统主要零部件安装位置示意图

君越 ECO Hybrid 仍然有传统的发电机和起动机，只不过发电机也可作电动机用，启动发动机的任务主要依靠传统的起动机来进行。

为了减小发动机在智能停机模式下，频繁启动和熄火对发动机的损伤，BAS 混合动力系统设置了皮带驱动器及其张紧器。张紧器的作用是双向的，可以在发动机驱动和启动/发电机驱动时对驱动皮带起到张紧的作用。

在 BAS 混合动力系统中，也设计有在刚启动时的加浓辅助喷油量的软件程序，对比传统的燃油喷射系统，君越 ECO Hybrid 的 BAS 混合动力系统约可节油 15%以上，尾气排放更低。

SGCM 的辅助冷却泵安装在自动变速器机体上，如图 2-48 所示，由 SGCM 进行驱动，保证在发动机停机时，SGCM 仍然可以进行冷却。SGCM 上部管路接口是进水口，下部接口是出水口。辅助冷却泵的主要功能是将冷却液循环不断地提供到 SGCM，以对其进行散热，使得 SGCM 模块保持最佳冷却效果。

君越 ECO Hybrid 使用的是镍氢动力电池组，在动力电池组上装有通风装置和 1 个电池组分离控制模块（图 2-49），对人体不会有危险影响。动力电池组由 3 块 12V 电池串联而成，36V 正极输出线路上有 1 个接触开关，由动力电池组分离控制模块控制。3 块电池上各有 1 个电压传感器，由电压传感器监测每一块 12V 电池的电压变化，并将信号提供给电池组分离控制模块，用以监测每一块电池的工作状态及电压变化情况。辅助电池可由 MGU 或动力电池组充电，充电情况受 SGCM 管理。

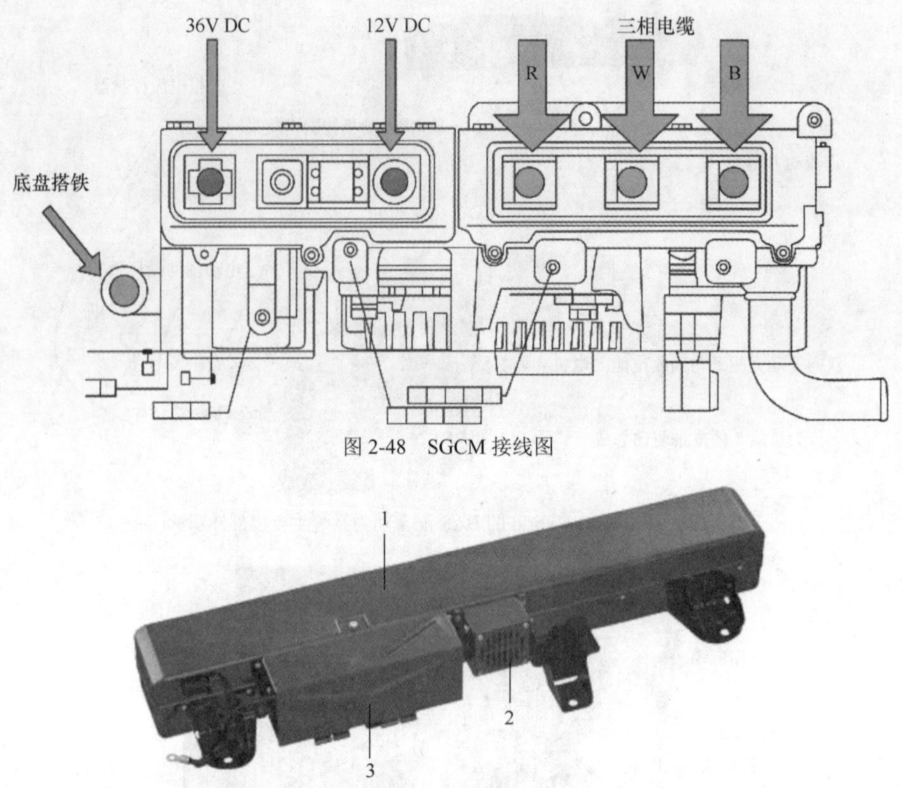

图 2-48　SGCM 接线图

1—动力电池组；2—风扇；3—电池组分离控制模块

图 2-49　电池组分离控制模块

通过风扇的转动来冷却动力电池组，并由电池组分离控制模块通过脉宽调制信号控制风扇的转速。

君越 ECO Hybrid 油电混合动力汽车使用的是 4 速自动变速器，如图 2-50 所示。这款变速器是专为君越油电混合动力汽车开发的，搭配 ECO 智能发动机，能很好地适应混合动力系统的特性，做到智能停机。除此之外，它还具有限挡功能，以帮助车辆在爬坡等需要大转矩输出的路况下，顺利起步，提高主动行驶的安全性。当挡位进入“M”挡时，仪表盘上就会出现“D、3、2、1”的挡位显示，用户可以根据路况选择不同的挡位范围。需要特别指出的是，一旦挡位离开“D”挡，车辆将无法实现智能停机，因此建议在一般道路行驶时使用“D”挡，可使车辆更加省油、更加环保。

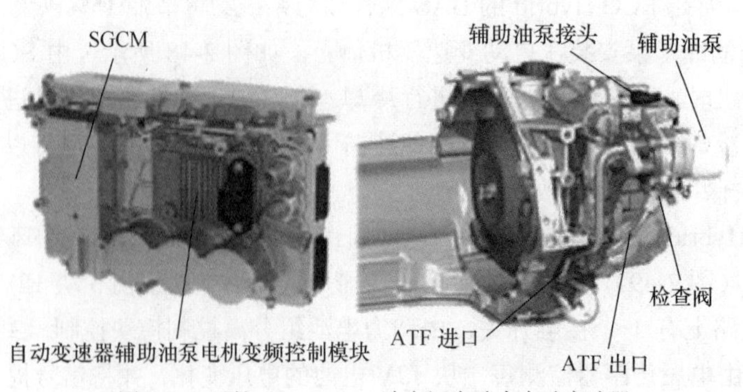

图 2-50　君越 ECO Hybrid 油电混合动力自动变速器

自动变速器辅助油泵电机变频控制模块安装在 SGCM 上，其内部有油泵驱动器。SGCM

与该模块进行通信，控制辅助油泵的工作。此自动变速器的基本结构与传统车型自动变速器相同，因为要满足混合动力系统的 Auto Stop 模式的恢复运行，特增加了一个辅助油泵，以确保前进离合器的压力，使内部元件在停机时仍与差速器/车轮保持接合，以使在发动机智能启动后的行驶动作基本无迟滞。

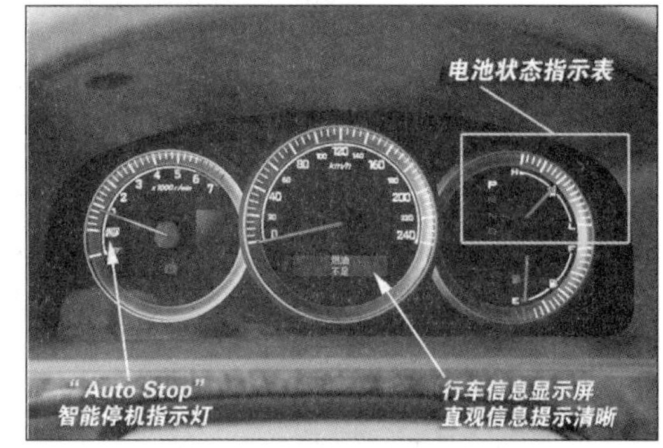

图 2-51　君越 ECO Hybrid 仪表盘显示

2. 典型工作模式

（1）启动模式

君越 ECO Hybrid 的仪表和仪表指示灯如图 2-51 所示。

发动机转速表指针停留在“Auto Stop”和“OFF”位置时，启动发动机的形式不同。“Auto Stop”位置表示车辆已经进入自动停止模式并等待发动机重新启动，如图 2-52 所示；“OFF”位置表示发动机已经正常关闭，驾驶人需要通过点火钥匙重新启动发动机。

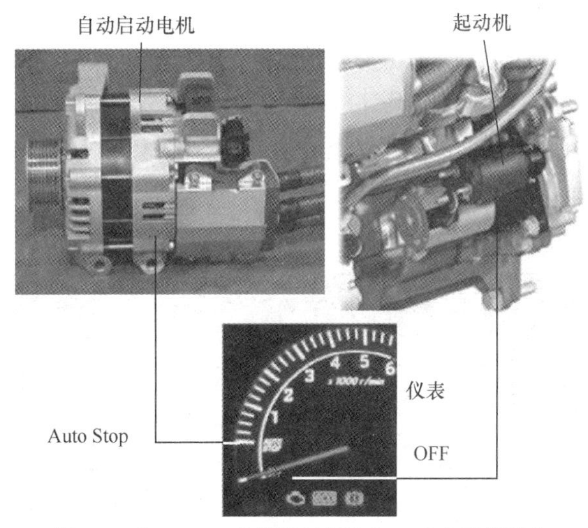

图 2-52　“Auto Stop”智能起停和“OFF”起动机启动

（2）坡路起步模式

因为在制动踏板松开后到发动机重新启动之间有一个时间上的延迟，所以与传统车辆相比，混合动力汽车在发动机熄火后进行重新启动的过程中更容易产生溜车的现象。因此，君越 ECO Hybrid 采用了带坡路保持阀（HHV）的制动系统，如图 2-53 所示，由 SGCM 对 HHV 进行 PWM 控制。在车辆从自动停止到发动机重新启动的过程中，SGCM 控制坡路保持阀打开的速率，以缓慢降低制动压力的释放，这样可以避免车辆起步前溜车的危险和车辆起步后制动拖滞的发生。在坡路保持阀总成内有 2 个电磁阀，主要控制 2 个驱动轮（前轮）压力。

（3）空调模式

空调有 3 个模式：OFF、ECO 和 Normal（A/C）。

OFF：空调关闭，允许智能停机；ECO：经济模式，空调运行，允许智能停机；Normal：空调运行，不允许智能停机。

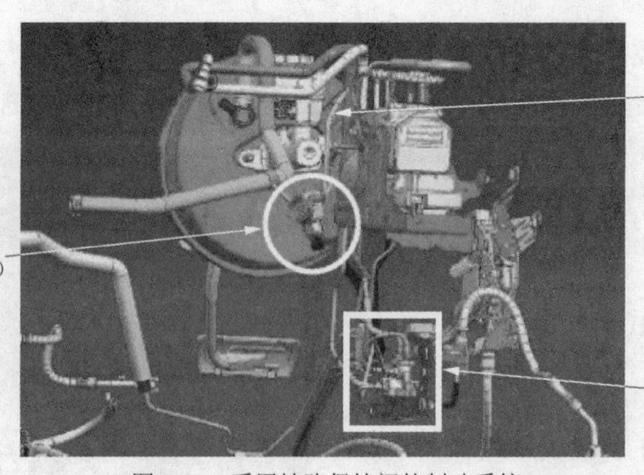

图 2-53　采用坡路保持阀的制动系统

图 2-54　空调模式

如图 2-54 所示，按下“eco”键，即可进入 ECO 经济模式，当车辆处于怠速停机时，空调压缩机停止运转，空调系统依靠系统内残留的制冷剂工作。但当车外温度很高时，发动机会保持运转来带动空调压缩机以保证车内制冷，即此时不会智能停机。当使用风窗除霜/除雾功能时，空调将自动切换至 A/C 模式，此时，将不能智能停机。

当发动机处在自动停止模式下，由于冷却液无法进行循环，车内的空调加热器无法进行热量交换。为了提供如同一般发动机车型怠速时空调制热的功能，在混合动力汽车上安装了 1 个电动的空调加热器冷却水泵，如图 2-55 所示。该水泵在发动机进入自动停止模式时，根据需要由 SGCM 控制运转或停机。

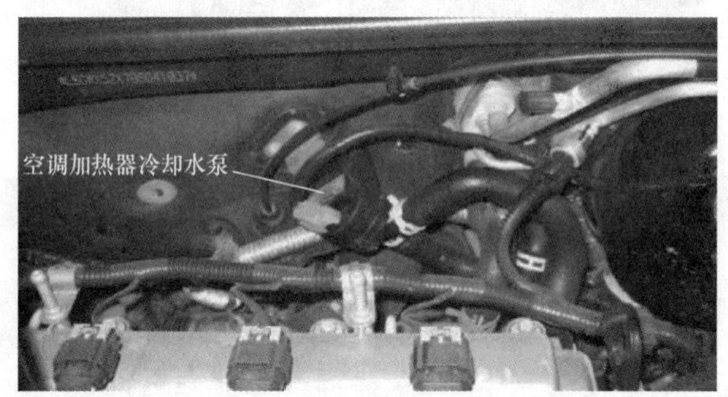

图 2-55　空调加热器冷却水泵安装位置

（4）Auto Stop 模式

智能停机是指发动机不供油，但启动/发电机待命。如图 2-56 所示，智能停机时，转速表指示为“Auto Stop”位置（发动机转速为零），车速表指示为 0，挡位指示器指示为“D”挡。

踩下制动踏板至车辆停止，发动机自动停转；松开制动踏板瞬间，发动机自行启动并恢复至怠速状态。

发动机自动停止工作后，SGCM 将动力电池电源转换成 12V 的电源，用来给辅助电池充电及供给车内其他用电器和负载使用；如果电池的充电能力太低，发动机将自动重新启动。

空调加热器冷水泵使冷却液循环；SGCM 冷却泵工作，确保足够的冷却液流过 SGCM；自动变速器辅助油泵工作，保持工作压力，确保发动机和变速器的连接；坡路保持阀关闭，保证制动管路中的制动液压力，减少车辆滚动的趋势。

图 2-56　智能停机（Auto Stop）

实现智能停机的主要条件：在“D”挡，空调在 OFF 或 ECO 模式下，电池的荷电状态（SOC）指示表高于 L，踩紧制动踏板，第一次 Auto Stop 之前，最高车速要大于 20km/h。如果不满足智能停机条件，发动机将正常怠速。如果智能怠速停机时间较长，达到了标定的最长停机时间（2min），发动机也会自动启动，以保持动力电池组的电量。

自动停止模式启用条件一：车辆速度超过 6.4km/h（初始）；环境温度高于−15℃；动力电池组的温度在 10～50℃区间；变速器储油槽温度在 25～110℃区间；发动机冷却液温度在 60～121℃区间（环境温度低于 12℃）；发动机冷却液温度在 82～121℃区间（环境温度高于 12℃）；挡位在“D”挡。

自动停止模式启用条件二：空调压缩机请求发动机打开为“False”（不成立）；足够的制动真空；充电状态大于自动停止要求（70%）；动力电池组的放电容量大于自动启动要求的最小值（6.2kW）；可接受的辅助蓄电池状态（电压、电流、温度）；车轮滑移（防抱死制动系统或牵引力控制）未启动；燃油箱蒸发系统（EVAP）没有运行轻微泄漏测试；发动机舱盖关闭。

自动停止后重新启动：制动踏板松开后，车辆开始进入重新启动/加速模式，发动机重新启动。在 30s～2min 之内，启动/发电机自动启动发动机，具体时间要根据动力电池组的充电状态和车辆附件的用电情况决定。空调在 ECO 工作状态下，系统会在自动停止模式启用后 30～120s 内重新启动发动机。车辆在重新启动开始加速时，坡路保持阀打开。自动变速器辅助油泵由混合动力辅助油泵驱动器通过 PWM 进行控制。

君越 ECO Hybrid 油电混合动力汽车的仪表盘上没有冷却液温度表，如果发动机过热，将和原君越发动机汽车一样，在仪表盘上点亮发动机冷却液温度警告灯。

（5）减速模式

当加速踏板被释放后，燃油供应停止，车辆进入减速断油状态。在车辆滑行减速期间，变矩离合器会尽早地锁止，车辆从发动机推动（燃油消耗）到能量再生（制动发电）的过程中，转矩的变化比较平稳。车辆在再生制动状态，当车速接近 0km/h 时，如果驾驶人想要快速启动发动机，混合动力电池组将作为电源带动启动/发电机通过驱动皮带使发动机转动，燃油系统重新启用。当车速降低（未踩加速踏板，车辆靠惯性滑行时；或在车辆制动时），燃油供应自动切断，同时，部分能量回收。当车辆降低至一定车速或再次踩下加速踏板时，发动机将自动启动，恢复至正常燃油状态。

（6）ECO 模式

车辆在 ECO 模式下工作的提示是 ECO 指示灯点亮。

当车辆的燃油消耗量小于 4L/100km 后，ECO 指示灯会点亮；在车辆进入自动停止模式后，因为发动机停止工作，没有了燃油的消耗，所以 ECO 指示灯点亮；当车辆滑行进入再生制动模式时，该指示灯点亮。

（7）智能充电模式

充电指示表上标有一个电池的符号及“Hybrid”文字标志，表示 36V 动力电池组的电压状态。当动力电池组处在充电的状态时（电压较高），指针偏向“H”方向；当动力电池组处在耗电状态时（电压较低，如加速助力时），指针偏向“L”方向。

如图 2-57 所示，当电池充电时，电池荷电状态（SOC）指示表指针从“L”向“H”慢慢移动，SGCM 控制智能充电，动力电池组会在能量回收和智能充电这两种情况下自动充电。在一般的城市驾驶中，只要有小段的行驶距离（约 100m）就可以提供充电的机会来维持持续的智能充电。建议在路况好的情况下，尽量多地使用自动巡航，匀速行驶将帮助车辆更加省油。

（8）转向助力模式

君越 ECO Hybrid 混合动力汽车采用电动液压助力转向系统（EHPS），有故障时，EHPS 故障指示灯点亮，如图 2-58 所示。当汽车高速行驶时，转向盘助力作用减小或者消失，路感增强，保障操控稳定；当汽车的速度降低，如转弯、倒车时，转向盘助力作用增大，操控轻便。该系统的优点是转向轻便灵活，提高主动行驶的安全性，节省动力，可降低 2%～3%的油耗，利于环保。但在使用时，不要无谓地转动转向盘，否则会消耗动力电池组的电量，导致车辆智能停机的时间缩短。

图 2-57　电池荷电状态（SOC）指示表

图 2-58　EHPS 故障指示灯

三、ISG 混合动力系统

配备 ISG 混合动力系统的车辆的主要功能有怠速起停、再生制动、辅助驱动、发电功能等。HCU（混合动力控制单元）会根据驾驶人的请求（加速踏板踩下深度）、动力电池组的 SOC、电驱动系统的状态（停车、行车）及整车状态等控制 ISG 电动机的工作模式，自动实现以上功能。

以下以奔驰 400 型混合动力汽车为例加以说明。

奔驰 400 型混合动力汽车是采用 ISG 混合动力系统的典型代表，其主要零部件如图 2-59 所示。其典型的配置为：高压电池模块、电机功率模块、RBS 真空助力器、DC/DC 转换模块等。功率控制器（如电机控制器）和 DC/DC 变换器采用了双电动冷却循环泵的设计；制动系统采用了电控电动真空泵、RBS 真空助力器；ABS 控制单元配合电动机实现再生制动；空调采用电控电动压缩机。

奔驰 400 型混合动力汽车的混合动力系统结构如图 2-60 所示，共由发动机、电动机、自动变速器、动力电池组、功率控制模块、12V 交流发电机、DC/DC 变换器及辅助电池等组成。

混合动力系统负责各子系统部件之间协调工作。该管理系统集成于 ECU 中，通过 CAN 总线与自动变速器、动力电池组和动力电子设备等系统单元进行通信。其中，动力电子设备负责管理电动机与动力电池组之间的能量流动，除了控制电动机的脉冲逆变器之外，还控制一个直流变压器。其可将发电机或动力电池组传来的电流转换为 12V 直流电，从而支持车辆电气系统工作。混合动力系统可以根据动力电池组的充电状态、车速和其他的具体参数，瞬间完成自动分析并选择理想的操作策略。而这种操作策略是传动系统控制软件的关键成分，能够连接各个系统，优化动力电池组电能的使用，以达到效率的最大化，从而消除发动机拖拽所产生的阻力。在高速稳定行驶状态下（最高车速 160km/h），当驾驶人松开加速踏板后，发动机也会在离合装置的控制下与自动变速器完全脱离，避免不必要的摩擦损耗，提高车辆滑行距离，进而降低油耗。

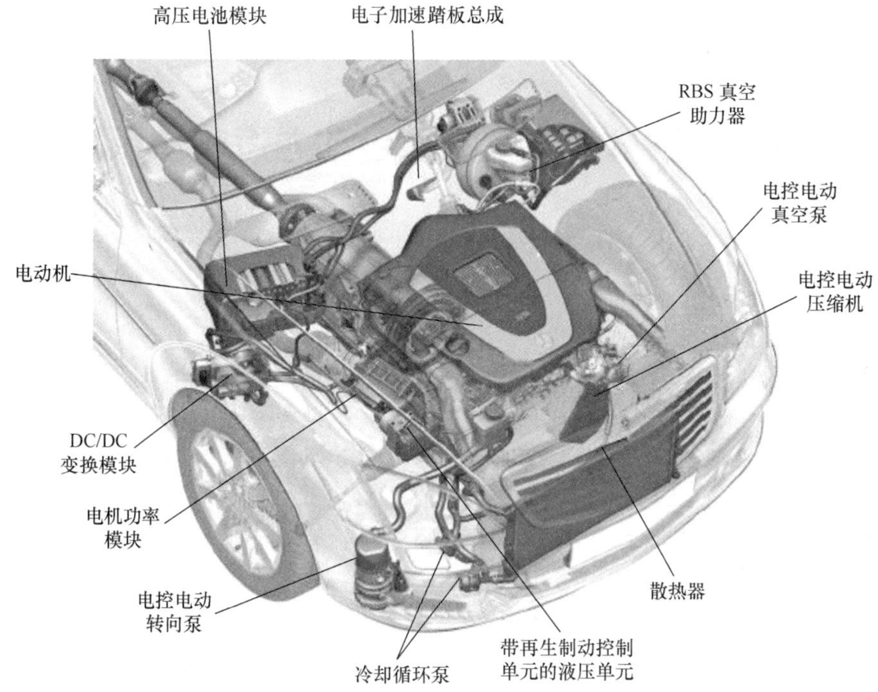

图 2-59　奔驰 400 型混合动力汽车 ISG 混合动力系统主要零部件

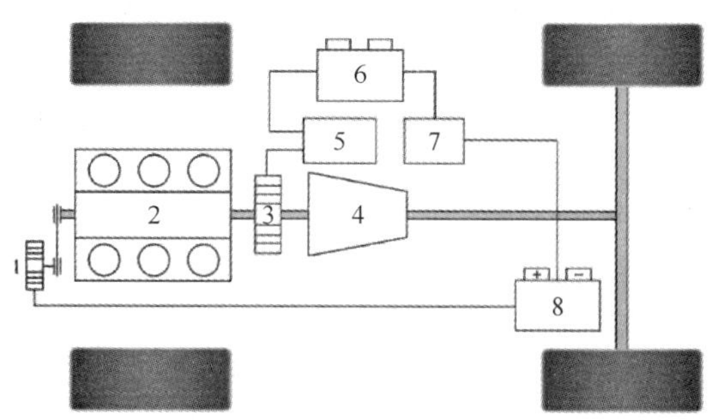

1—12V 交流发电机；2—发动机；3—电动机；4—自动变速器；5—功率控制模块；6—动力电池组；7—DC/DC 变换器；8—辅助电池

图 2-60　奔驰 400 型混合动力汽车混合动力系统结构

【任务实施与考核】

1. 准备工作

在技能学习工位准备好 2 种类型的混合动力汽车（分别配备 BAS 和 ISG 混合动力系统）及其相关技术资料。

2. 学生工作

学生分组学习，每组分配 1 台混合动力汽车。学生在查阅相关技术资料的基础上，观察整车并完成工单 2-3。

3. 教师工作

① 向学生讲解安全注意事项，并要求学生在工单 2-3 中做记录。

② 观察、指导学生进行相关操作，对可能发生危险的事情必须及时制止。

③ 结束后审阅学生完成的工单，并结合其操作情况给出评价。

| 任务 2-4　典型的混合动力汽车认识 |

【任务分析】

丰田普锐斯是史上第一款量产的混合动力汽车，于 1997 年量产上市，不过在我国销售的普锐斯是在 2001 年上市的第一代。丰田普锐斯是史上第一款销售量超 100 万辆的混合动力汽车。

继奔驰携手比亚迪之后，比亚迪 F3DM 低碳版双模电动汽车于 2010 年 3 月 29 日上市。比亚迪 F3DM 搭载全球首创的 DM 双动力混合系统。DM 为双模式的英文缩写。DM 双模电动汽车采用电动系统（EV）和混合动力系统（HEV）。该系统是将汽油发动机和电动机有机融合为一体，配合动力电池组，形成由电动机和电动机配合发动机向车辆输出动力的两种驱动模式。这种双模式动力系统不仅降低了油耗及排放，还显著提高了动力和操控性能，实现了既可充电又可加油的多种能源补充方式，实现了真正意义上的双动力混合系统。随着技术的不断推进，比亚迪又分别在 2013 年推出了基于多速 DCT 并联架构的 DM2.0；在 2018 年推出了基于多速 DCT 混联架构的 DM3.0。2020 年 6 月，比亚迪推出旗下最新混动技术 DM-i/p，DM-i 主打“超低油耗”，是对 DM1 的延续；DM-p 主打“超强动力”，是对 DM3.0 的传承。

本任务主要学习丰田普锐斯、比亚迪 F3DM 汽车及比亚迪 DM-i/p 混合动力汽车的典型结构及工作原理。

【学习目标】

1. 知识目标

① 能够正确描述丰田普锐斯混合动力系统的基本组成及各组成部分的功能。

② 能够正确描述丰田普锐斯电池箱内部、变速驱动桥的组成及工作原理。

③ 能够正确描述丰田普锐斯变频器的组成及功能。

④ 能够正确描述丰田普锐斯混合动力控制系统的控制功能。

⑤ 能够简单说明混合动力控制系统的工作情况。

⑥ 能够正确描述丰田普锐斯混合动力发动机的典型技术应用。

⑦ 能够简单描述比亚迪 F3DM 的主要特点。

⑧ 能够正确描述比亚迪 F3DM 在 4 种工况下的工作情况。

⑨ 能够正确描述 DM-i 混合动力汽车在 5 种工况下的工作情况。
⑩ 能够正确描述 DM-p 混合动力汽车在 5 种工况下的工作情况。

2. 能力目标

① 能够通过观察丰田普锐斯混合动力汽车，指出代表混合动力系统的典型部件。
② 根据具体部件（系统），阐述其工作原理。

3. 素质目标

① 培养劳动安全保护、认真严谨工作的职业素养。
② 培养合理借鉴等综合素养。

【相关知识】

一、丰田普锐斯混合动力汽车

1. 丰田普锐斯混合动力系统的基本组成

丰田普锐斯（PRIUS）混合动力汽车从 1997 年 12 月生产的第一代（代号 NHW10）至 2023 年 1 月，已经生产了 5 代。第一代普锐斯搭载代号 1NZ-FXE 的 1.5L 直列四缸自然吸气发动机和 1 台 288V 永磁交流电动机，其中汽油发动机的最大功率约为 43kW，电动机最大功率为 29kW，配备 ECVT（电控无级变速器），镍氢电池组作为电力源。丰田将这套油电混合动力系统称为“THS”，即 Toyota Hybrid System。

历经 20 余年的技术革新，普锐斯混合动力汽车在发动机、驱动电机及其他配置等方面不断更新，使其一直成为世界范围内混合动力汽车的典型代表。而第二代普锐斯（THS-Ⅱ）则是普锐斯成熟技术的代表，故下面仅以第二代普锐斯混合动力系统为例进行介绍。

丰田普锐斯混合动力系统的布置如图 2-61～图 2-64 所示。

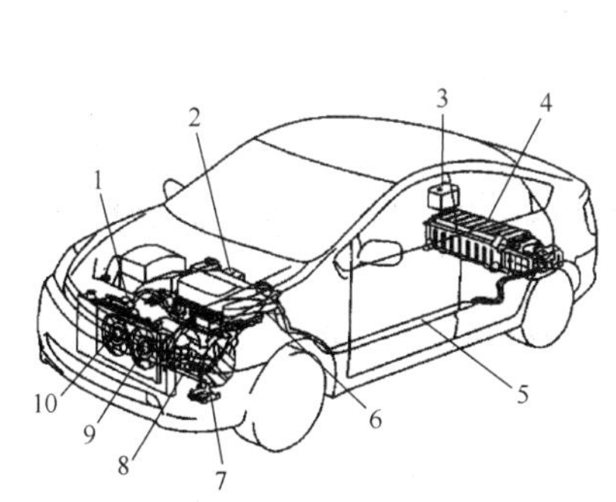

1—压缩机总成；2—变频器总成；3—备用蓄电池；4—HV 蓄电池；5—导线；6—继电器盒；7—水泵；8—混合动力变速驱动桥；9—2 号冷却风扇；10—1 号冷却风扇

图 2-61　丰田普锐斯混合动力系统的布置（一）

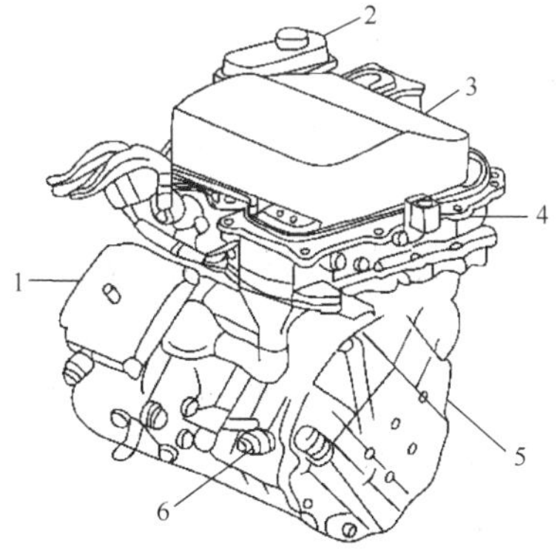

1—MG1（1 号电动/发电机）；2—油壶；3—变频器盖；4—1 号断路器传感器；5—MG2（2 号电动/发电机）；6—温度传感器（MG1、MG2）

图 2-62　丰田普锐斯混合动力系统的布置（二）

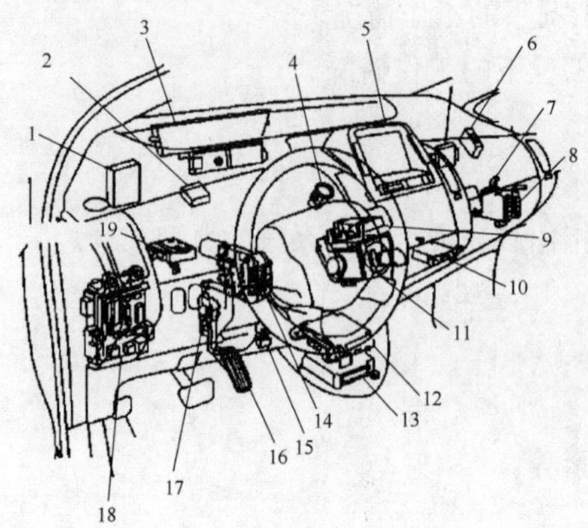

图 2-63　丰田普锐斯混合动力系统的布置（三）

1—电源控制 ECU；2—智能钥匙 ECU；3—组合仪表 ECU；4—电源开关；5—多功能显示器；6—网关 ECU；7—发动机 ECU；8—HV ECU；9—驻车开关；10—变速器控制 ECU；11—挡位传感器；12—A/C 空调 ECU；13—安全气囊控制单元；14—制动防滑控制 ECU；15—DLC3；16—加速踏板总成；17—加速踏板位置传感器；18—车身网格控制 ECU；19—动力转向 ECU

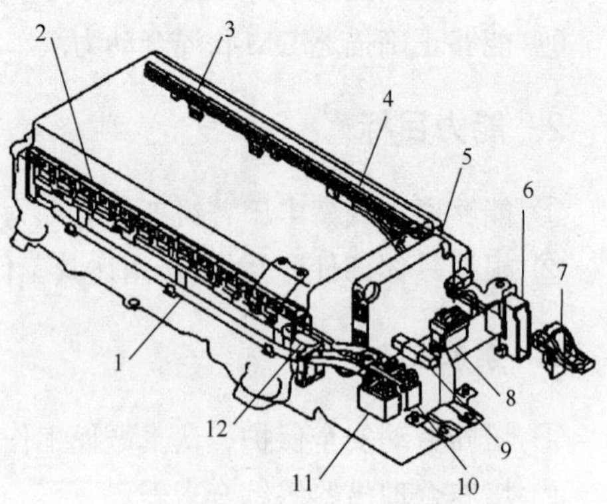

图 2-64　丰田普锐斯混合动力系统的布置（四）

1—1 号主电池电缆；2—2 号框架线束；3、4—接线盒总成；5—蓄电池 ECU；6—蓄电池插头；7—维修接头（含高压熔断丝）；8—1 号主继电器；9—主电动机；10—2 号主继电器；11—3 号主继电器；12—2 号主电池电缆

（1）MG1

MG1 由发动机带动旋转产生高压电，为 MG2 供电或为 HV 蓄电池（混合动力电池）充电。同时，它还可以作为起动机启动发动机。

（2）MG2

MG2 由来自 MG1 和 HV 蓄电池的电能驱动，产生车辆行驶动力，当车辆减速滑行或制动踏板被踩下时产生制动回馈电能为 HV 蓄电池充电（再生制动控制）。

（3）HV 蓄电池

HV 蓄电池在车辆起步、加速和上坡时，将电能提供给 MG2。

（4）蓄电池 ECU

蓄电池 ECU 监控 HV 蓄电池的充放电状态。

（5）变频器总成

变频器总成包括增压变换器、DC/DC 变换器和空调变频器。

① 增压变换器将 HV 蓄电池的最高电压 DC 201.6V 增到 DC 500V，或从 DC 500V 降到 DC 201.6V。

② DC/DC 变换器将电压从 DC 201.6V 降到 DC 12V，为电气设备供电，以及为辅助蓄电池（备用蓄电池）充电。

③ 空调变频器将 HV 蓄电池的额定电压由 DC 201.6V 转换为 AC 201.6V，为空调系统中的电动变频压缩机供电。

（6）HV ECU

HV ECU 接收传感器及有关 ECU（发动机 ECU、HV 蓄电池 ECU、制动防滑控制 ECU、动力转向 ECU 等）的信息，计算所需的转矩和输出功率，并将计算结果发送到变频器总成及有关的 ECU。

（7）发动机 ECU

发动机 ECU 根据接收到的来自 HV ECU 的目标发动机转速和所需的发动机动力，启动

ETCSI（智能电子节气门控制系统）。

（8）制动防滑控制 ECU

制动防滑控制 ECU 控制 MG2 产生的再生制动及控制液压制动。

（9）加速踏板位置传感器

加速踏板位置传感器将加速踏板角度转换为电信号输送到 HV ECU。

（10）挡位传感器

挡位传感器将挡位转换为电信号并输送到 HV ECU。

（11）断路器传感器

断路器传感器用于当检测车辆发生碰撞时，切断高压电路。

（12）SMR（主继电器）

SMR 接收来自 HV ECU 的信号，以连接或断开 HV 蓄电池和变频器总成间的高压电路。

（13）互锁开关

互锁开关用于确认变频器盖和检修塞均已安装完毕。

（14）检修塞

在检查或维修车辆时，拆下检修塞，关闭 HV 蓄电池高压电路。

2. 混合动力系统的结构特点

第二代丰田普锐斯混合动力汽车搭载的混联式混合动力系统如图 2-65 所示，采用的是 1.5L 小型发动机和 500V 大型电动机。混合动力系统所采用的 EV 模式，就是在低速时单独靠电力行驶，但车速必须在 55km/h 以下，行驶时间大约不会超过 1min，而且此时车辆载重不能太高，踩加速踏板的力度也不能太大，所以大部分用户都认为，EV 模式的实际使用意义并不是很大。

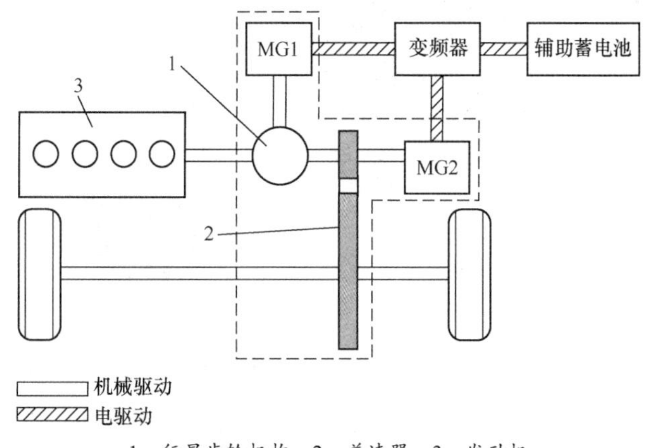

1—行星齿轮机构；2—差速器；3—发动机

图 2-65 丰田普锐斯混联式混合动力系统示意图

混合动力系统的驱动力由密封的镍氢电池组提供。根据设计的不同，这种 HV 蓄电池的额定电压为 200～300V，通过风扇对动力电池组进行冷却。变频器将交流电转换成直流电，或者将直流电转换成交流电。它具有一套单独的液体冷却系统。动力电池组、变频器和 2 台电动机通过一根大电流电缆连接起来。

（1）电池箱内的元件

电池箱内的元件主要包括 HV 蓄电池（HV 蓄电池模块）、蓄电池 ECU、3 个系统主继电器等。丰田普锐斯的电池箱内元件如图 2-66 所示，第二代普锐斯的 HV 蓄电池由 168 个单格镍氢电池

（1.2V×6 个单体电池×28 个模块）组成，额定电压为DC 201.6V，安装在车辆行李舱内。在车辆起步、加速和上坡时，HV 蓄电池将电能提供给驱动电机。动力电池组总成的主要构成如图 2-67 所示。

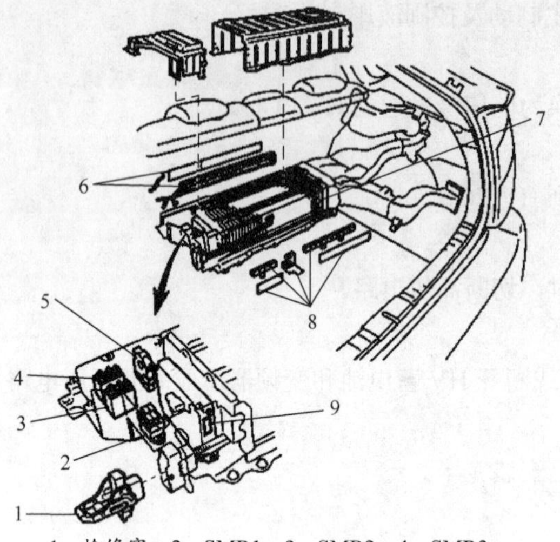

1—检修塞；2—SMR1；3—SMR2；4—SMR3；5—电流传感器；6—前母线模块；7—HV 蓄电池模块；8—后母线模块；9—蓄电池 ECU

图 2-66 电池箱内元件

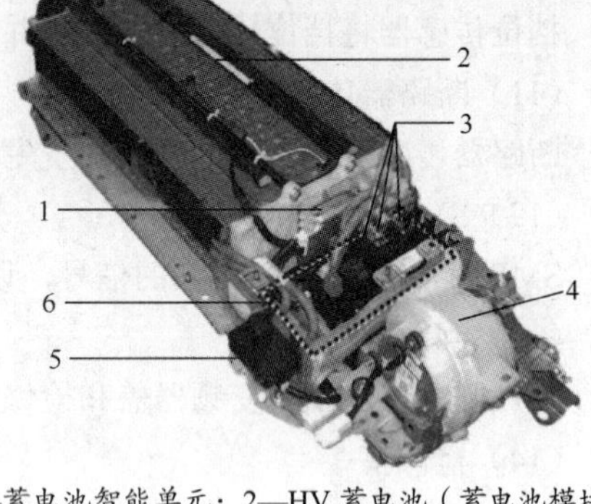

1—蓄电池智能单元；2—HV 蓄电池（蓄电池模块）；3—SMR（主继电器）；4—HV 蓄电池冷却风扇；5—检修塞连接器；6—接线盒总成

图 2-67 动力电池组总成构成

电池箱内的通风系统如图 2-68 所示，以空气冷却的形式为 HV 蓄电池冷却。当 ECU 检测到 HV 蓄电池过热时就会启动冷却系统，使 HV 蓄电池维持在正常工作状态。

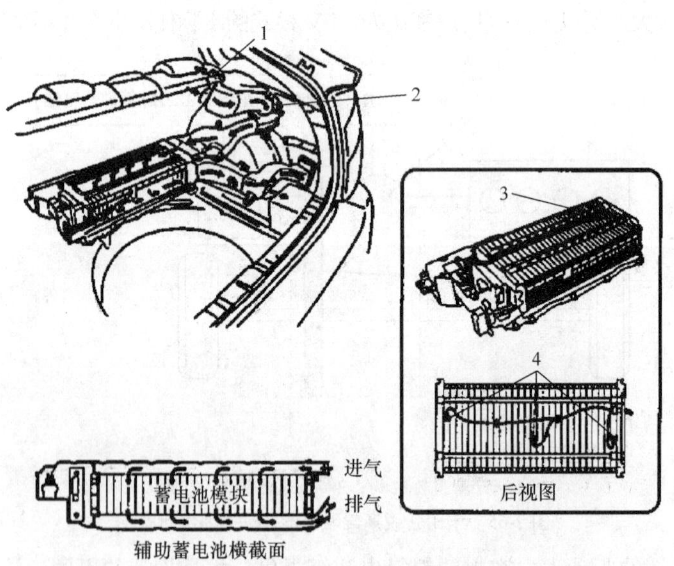

1—进气；2—风扇总成；3—进气温度传感器；4—蓄电池温度传感器

图 2-68 电池箱内的通风系统

（2）变速驱动桥

① 基本结构。变速驱动桥由 MG1、MG2 和行星齿轮等组成。丰田普锐斯混联式混合动力系统结构如图 2-69 所示，由点燃式发动机和两台三相交流电动机组成。电动机也可以作为发电机运行。发动机与两台三相交流电动机通过行星齿轮机构相互连接。

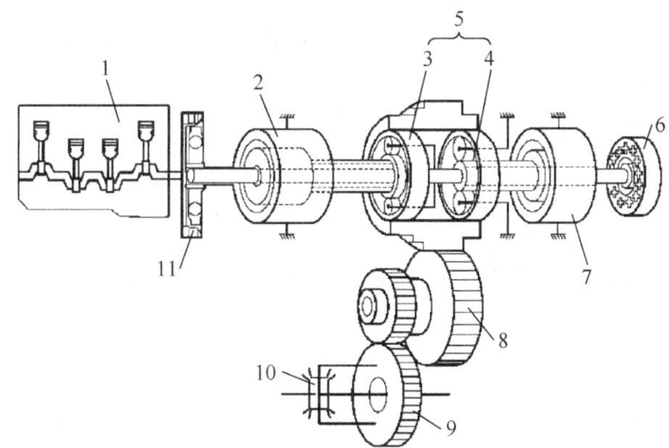

1—发动机；2—MG1；3—动力分配行星齿轮机构；4—电动机减速行星齿轮机构；5—复合齿轮装置；6—油泵；7—MG2；8—中间轴从动轮；9—减速从动轮；10—差速器齿轮机构；11—传动桥阻尼器

图 2-69　丰田普锐斯混联式混合动力系统结构

变速驱动桥主要包括阻尼器（带扭转减振的飞轮）、MG1、MG2 和减速装置（包括传动链、中间轴主动齿轮、中间轴从动齿轮、主减速器小齿轮和主减速器环齿轮）。行星齿轮组、MG1、MG2、阻尼器和主动链轮都安装在同心轴上，动力从主动链轮传输到减速装置。

如图 2-70 所示，MG2 和驱动轮的差速器通过传动链和齿轮连接在一起。发动机的动力传给行星架，之后分成两部分，一部分由太阳轮传给 MG1；另一部分由环齿轮（齿圈）传给 MG2。

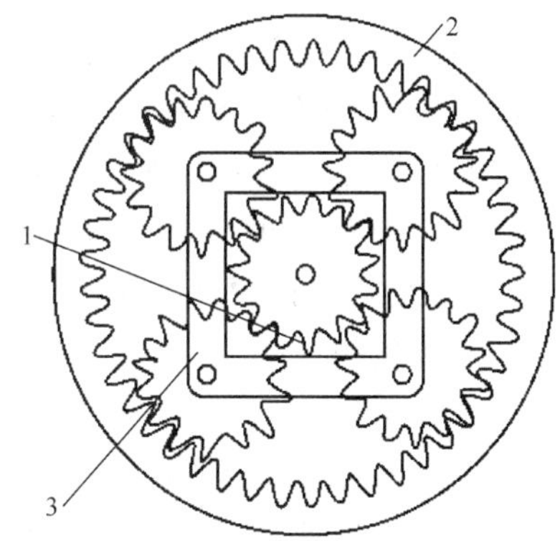

图 2-70　行星排外部连接元件
1—MG1；2—MG2；3—发动机输出轴

② 工作原理。丰田普锐斯混联式混合动力系统的 ECU 通过一个加速踏板传感器来检测驾驶人的驾驶需求。ECU 还要接收有关行车速度和变速器挡位的信息。利用这些信息，ECU 就能确定车辆的行驶状况，从而对 MG1、MG2 及发动机的驱动力进行调节。

当汽车起步时，驱动力完全由 MG2 提供，发动机保持关闭状态，MG1 反向旋转，不产生电能。

当汽车在低速行驶时，行星齿轮机构将发动机的功率进行分流。一部分功率输送给驱动轮，其余部分输送给 MG1，用来发电。当汽车需要很大的驱动力时，系统就会额外消耗 HV 蓄电池的电能，通过 MG2 增加驱动力。

阻力增加时，汽车不管是起步还是在低速行进中（低于 42km/h），如需要更多动力（驾驶人深踩加速踏板或检测到负载过大），MG1 会启动发动机。此过程中，MG1 和 MG2 都将作为主动部件。

当汽车在高速急加速时（车速高于 42km/h），系统的动力电池组就会对 MG2 进行电流输出，以提供更多的动力。

另外，当动力电池组的充电电流值或温度偏离预定值的时候，发动机也要启动。在发动机启动之后，MG1 作为一台发电机工作。MG1 通过变频器给 HV 蓄电池充电。

当汽车在减速时，能量回收功能将被启用。在目前大多数的混合动力车型上，制动动能回收都设计了 2 种挡位，既常规的“D”挡和制动回收“B（Brake）”挡。当汽车在“D”挡减速时，发动机停转，MG1 空转，MG2 被车轮驱动发电给 HV 蓄电池充电。当汽车在“B”挡减速时，MG2 产生的电能一部分给 HV 蓄电池充电，一部分供给 MG1，MG1 驱动发动机，此时发动机断油空转，MG1 输出的动力成为发动机制动力。所以，当汽车在“B”挡减速时，会明显感觉到车辆瞬间会有一种拖拽感。所以“B”挡的设计是为汽车在下坡时使用，既可以利用回收的能量减速，也能减少车辆制动系统的磨损。

当汽车以较高的行驶速度减速时，发动机要维持一个预定的高转速，以便保护行星齿轮机构。

当汽车以倒挡行驶时，驱动力全部由 MG2 提供。

当发动机的动力通过行星齿轮架传递到太阳轮上时，转矩减小速度加快，带动 MG1 发电，用以驱动 MG2 或是向动力电池组充电。当汽车由纯电动状态转入混合动力状态，需要启动发动机时，MG2 输出的动能将通过行星齿轮架减速增矩，启动发动机。MG2 由 MG1 或 HV 蓄电池输出的电能驱动，在低速时驱动车辆或在高速时提供辅助动力；而当汽车减速时，发动机停止工作，车轮带动 MG2 作为发电机向 HV 蓄电池充电。有些时候，MG2 还会为 MG1 提供电能，在发动机油路切断的情况下保持其被动运转，以提供发动机制动效果。启动时，行星排的内齿圈不动，MG1 带动太阳轮高速顺时针旋转，行星齿轮架低速顺时针转动，带动曲轴转动启动发动机。

从普锐斯不能插电的方式看，2 台电动机的电能只能来自燃油转换的机械能转换而来，每一级转换都要降低效率，因此，应该更加消耗燃油。但事实上，当使用行星排后，MG1 和发动机有了动力耦合，普锐斯之所以省油是靠 MG1 控制太阳轮转速从而调节优化发动机的功率输出，使发动机的热效率大大提高。另外，起动机运行时不用单向超越离合器是因为发动机驱动行星齿轮架，太阳轮本可能超高速烧毁行星齿轮架上的行星齿轮，但太阳轮的运动方向与发动机的旋向相同，不仅调节了发动机的功率输出，而且也降低了行星齿轮的转速。

（3）变频器

变频器由增压变换器、逆变整流器、DC/DC 变换器和空调变频器组成。变频器总成内部电路如图 2-71 所示，主要电路是由电力半导体功率器件和绝缘栅双极型晶体管（IGBT）模块组成。变频器总成内的增压变换器和变频器担负着电动机 MG1、MG2 的电能转换与调控任务，变频器总成有升压、降压、逆变、整流和变频等功能。

增压变换器将 HV 蓄电池 DC 201.6V 电压升压为 DC 500V 高压；反向工作时，把 DC 500V 降压为平均值 DC 201.6V 的直流电，向 HV 蓄电池充电。

逆变整流器可以实现逆变和整流两种功能。逆变电路工作时，将 DC 500V 直流电转换成三相 AC 500V 交流，供给 MG1 和 MG2（第二代普锐斯以后，由于采用了直流电动机，则不再有逆变器）。整流电路工作时，将 MG2 在车辆减速或制动时产生的再生制动回馈电能（交流电）、转换为约 DC 500V 的直流电，经降压后（由增压变换器转换为 DC 201.6V 的直流电），向 HV 蓄电池充电。

DC/DC 变换器将 HV 蓄电池 DC 201.6V 降为 DC 12V，为车身用电器供电，同时为辅助蓄电池充电。

空调变频器将 HV 蓄电池 DC 201.6V 转换成 AC 201.6V 交流电。为空调系统中的电动变频压缩机供电。

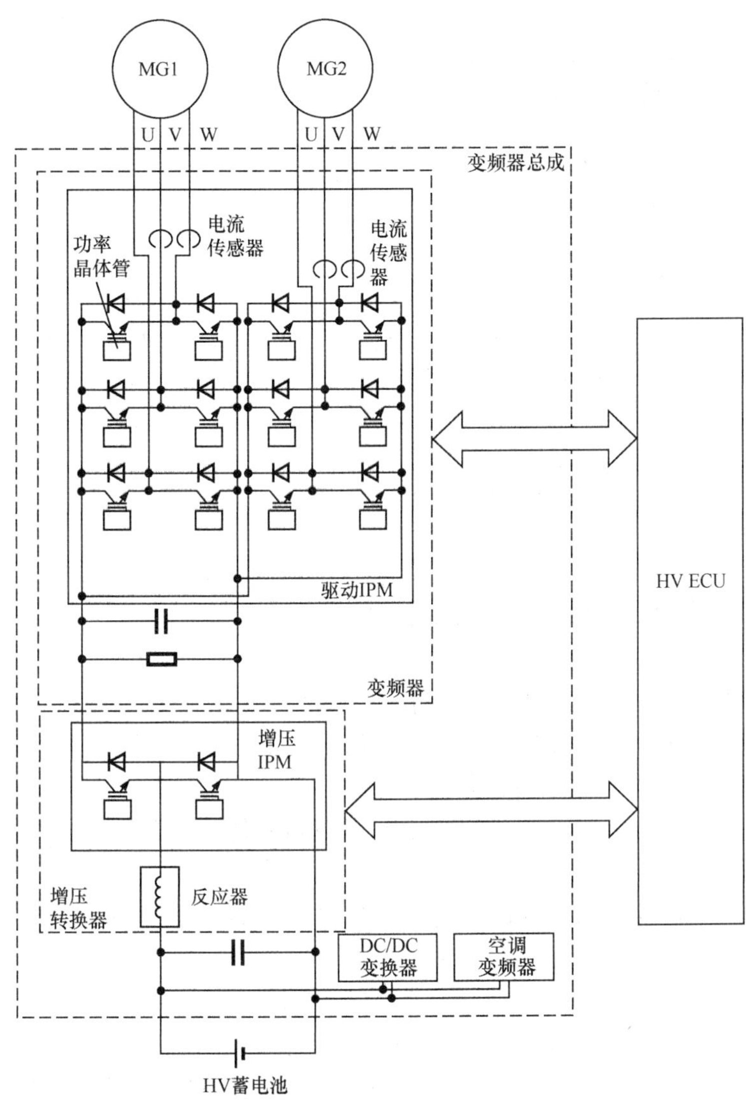

图 2-71 变频器总成内部电路图

3. 丰田普锐斯混合动力发动机

微课：阿特金森发动机基本工作原理

（1）发动机技术参数

第一代和第二代丰田普锐斯混合动力汽车采用 1NZ-FXE 汽油发动机，其技术参数见表 2-2。该发动机使用高膨胀比 Atkinson（阿特金森）循环、VVT-i（智能可变气门正时）、ETCS-i（智能电子节气门控制系统）等技术，具有较高的动力性、燃油经济性和排放清洁性。

表 2-2 1NZ-FXE 汽油发动机技术参数

项目	参数
发动机类型	1NZ-FXE
气缸数与排列形式	4 缸，直列
气门结构	16 气门，DOHC，链传动，VVT-i
燃烧室	屋脊形

续表

项目	参数
节气门控制系统	ETCS-i
燃油系统	SFI
排量/cm^3	1 497
（缸径/mm）×（行程/mm）	75.0×84.7
压缩比	13.0∶1
最大输出功率（SAE NET）/kW	57（发动机转速 5 000r/min）
最大转矩（SAE NET）/（N·m）	115（发动机转速 4 000r/min）
点火顺序	1—3—4—2
燃油牌号	95 或更高
机油等级	API SJ、SL、EC 或 IISAC
蒸发排放标准	欧Ⅳ
尾气排放标准	欧Ⅳ

（2）1NZ-FXE 汽油发动机控制系统

① 1NZ-FXE 汽油发动机控制系统的组成。1NZ-FXE 汽油发动机控制系统的组成如图 2-72 所示。1NZ-FXE 汽油发动机控制系统框图如图 2-73 和图 2-74 所示。

② 1NZ-FXE 汽油发动机控制系统功能。

a．EFI（连续多点燃油喷射）控制。采用 L 型 EFI 系统，通过热线式空气流量计直接检测进气质量。

b．ESA（电子点火提前）控制。发动机 ECU 根据来自各个传感器的信号控制点火正时。发动机 ECU 依据发动机爆燃传感器信号校正点火正时。

c．ETCS-i（智能电子节气门控制系统）控制。根据发动机的状态和来自 HV ECU 的控制请求，发动机 ECU 可有效地控制节气门的开启。

d．VVT-i（智能可变气门正时）控制。根据发动机的状态和来自 HV ECU 的控制请求，控制进气凸轮轴到最佳气门正时。

e．空燃比传感器、氧传感器的加热器控制。将空燃比传感器或氧传感器的温度保持在适当的水平，以提高排气中氧密度检测的准确性。

f．燃油泵控制。燃油泵的运行由来自发动机 ECU 的信号进行控制。在发生正面或侧向碰撞，安全气囊打开时，将停止燃油泵运行，以切断燃油供给。

g．空调切断控制。根据发动机的状态切换空调压缩机的 ON 或 OFF，以保持驾驶性能。

h．冷却风扇控制。根据发动机的温度、车速、发动机的转速和空调运行状态，由发动机 ECU 无级控制风扇转速，以提高冷却效果。

i．蒸发排放控制。根据发动机的状态，由发动机 ECU 控制炭罐电磁阀，以便在合适的时机将炭罐中的汽油蒸气引入气缸。

j．HV 停机控制。如果用无效的卡式钥匙（点火钥匙）启动混合动力系统，则禁止输油、点火和混合动力系统的启动。

k．诊断。发动机 ECU 检测到故障后，会对出现故障的部位进行诊断和 DTC 存储。所有 DTC 都与 SAE 控制代码一致。

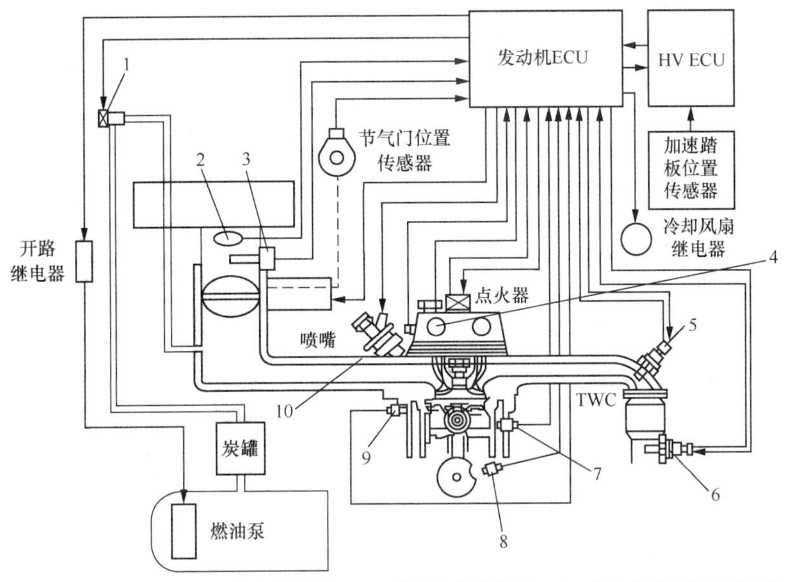

1—VSV（用于 EVAP）；2—空气流量计；3—进气温度传感器；4—凸轮轴正时机油控制阀；5—空燃比传感器（1 排，传感器 1）；6—空燃比传感器（1 排，传感器 2）；7—冷却液温度传感器；8—曲轴位置传感器；9—爆燃传感器；10—凸轮轴位置传感器

图 2-72　1NZ-FXE 汽油发动机控制系统示意图

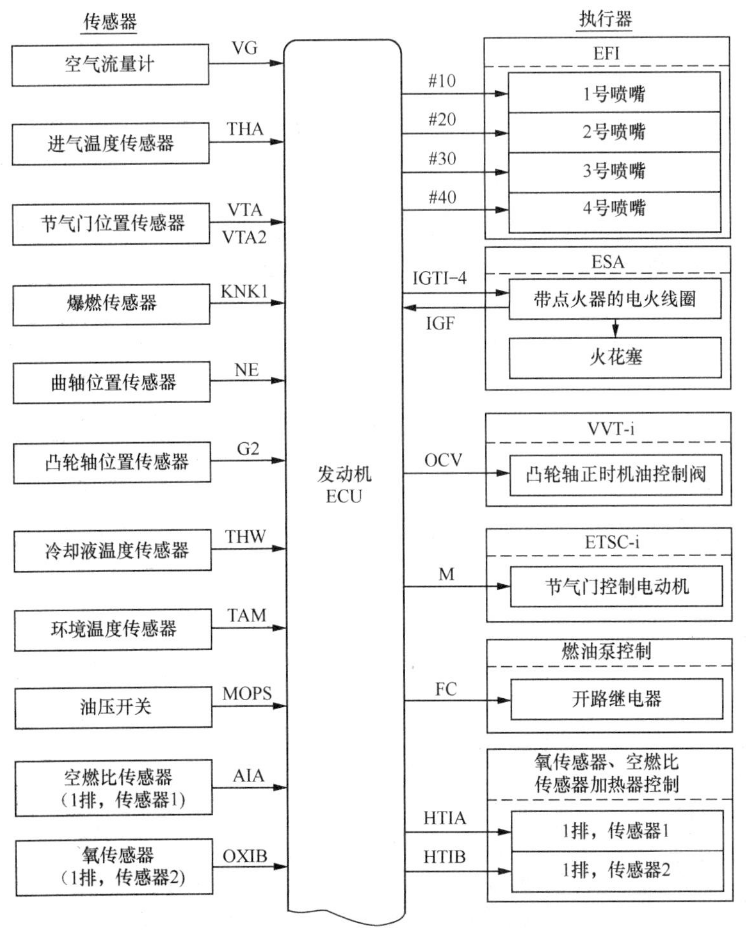

图 2-73　1NZ-FXE 汽油发动机控制系统框图（一）

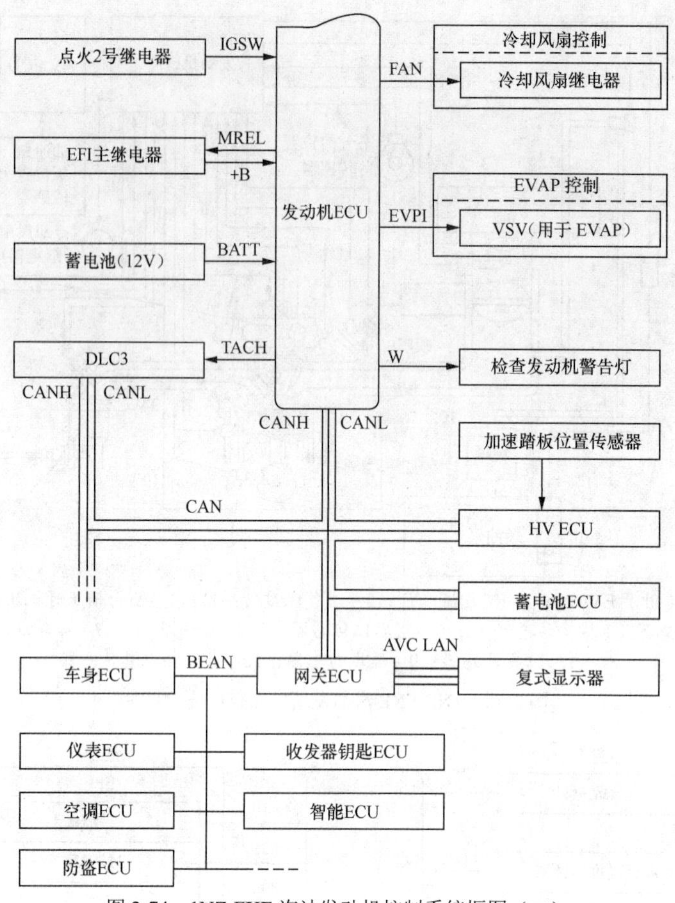

图 2-74　1NZ-FXE 汽油发动机控制系统框图（二）

1. 安全保护。发动机 ECU 检测到故障后，会根据已存储在存储器中的数据，调节或停止发动机。不同的 DTC 对应的安全保护操作及其解释条件见表 2-3。

表 2-3　DTC 的安全保护操作及其解释条件

DTC	安全保护操作	安全保护解释条件
P0031，P0032 P0037，P0038	关闭检测到异常的加热器电路	电源开关关闭
P0100，P0102，P0103	根据发动机转速和节气门角度计算点火正时	检测到“Pass”条件
P0110，P0112，P0113	进气温度被设定为 20℃（68℉）	检测到“Pass”条件
P0115，P0117，P0118	发动机冷却液温度被设定为 80℃（176℉）	检测到“Pass”条件
P0120，P0122，P0123	间歇燃油切断	电源开关关闭
P0121	间歇燃油切断	检测到“Pass”条件，且电源开关关闭
P0325	最大点火正时延迟	电源开关关闭
P0351，P0352 P0353，P0354	燃油切断	检测到“Pass”条件
P2102，P2103	VTA 被设定为约 16%，且间歇燃油切断	电源开关关闭
P2119	VTA 被设定为约 16%，且间歇燃油切断	检测到“Pass”条件，且电源开关关闭

③ 1NZ-FXE 汽油发动机控制系统的诊断。发动机 ECU 检测到故障后，会做出诊断并存储故障信息。此外，组合仪表内的检查发动机警告灯会点亮或闪烁来通知驾驶人。发动机 ECU 同样会存储 DTC。诊断通信由串行通信改变为 CAN 通信，须用智能测试仪Ⅱ来读取发动机控制系统的 DTC。要想清除存储在发动机 ECU 中的 DTC，可以使用智能测试仪Ⅱ，也可以断开 HV 蓄电池负极电缆或 EFI 熔断丝 1min 以上。

二、比亚迪 F3DM 混合动力汽车

1. 基本特点

比亚迪 DM 混动技术先后经历了 4 轮迭代。DM1.0 以节能为技术导向，通过双电机与单速减速器的架构，搭配 1.0L 自吸三缸发动机。DM1.0 架构实现了纯电、增程、混动 3 种驱动模式。在 DM1.0 系统中，与发动机直连的 P1 发电机同时具有驱动电机的功能；通过离合器与 P1 发电机和主减速器相连的 P2 驱动电机也同时具有发电机的功能。DM1.0 可实现纯电百千米电耗 16kW·h/100km，综合工况油耗 2.7L/100km 的成绩。DM2 于 2013 年推出，从节能转向以性能为导向，同样可实现纯电、增程、混动 3 种驱动模式。其搭配 1.5Ti 缸内直喷发动机（最大功率为 113kW）、P3 位置为峰值功率 110kW/250N·m 的电动机，以及 6 速干式双离合变速器，实现 0～100km/h 加速时间为 5.9s。2015 年推出 DM2.0 升级版，其搭配 2.0T 缸内直喷发动机（最大功率为 151kW）、6 速湿式双离合变速器、P4 位置增加一个 110kW/250N·m 的后驱动电机，实现 0～100km/h 加速时间为 4.9s。DM3 于 2018 年推出，以性能为技术导向，增加了位于 P0 位置的 BSG 电动机（最大功率为 25kW），主要作用是发电/启动发动机和在变速器换挡时迅速调整发动机的转速，以大幅度减少汽车在混动行驶时的顿挫感。P4 电机提升为 180kW/3 800N·m，极大地提升了后轴的动力，实现 0～100km/h 加速时间为 4.3s。

F3DM 是比亚迪双模混合动力汽车的第一代产品，于 2010 年 3 月上市，继比亚迪 F3DM 之后的 DM 双模混合动力的第二代产品为比亚迪秦。

图 2-75　比亚迪 F3DM 模式切换按钮

比亚迪 F3DM 将是全球第一款上市的不依赖专业充电站的双模混合动力汽车。其可以在纯电动（EV）和混合动力（HEV）这两种模式之间自由切换。比亚迪 F3DM 模式切换按钮如图 2-75 所示。

比亚迪 F3DM 的动力由 1 台 371QA 全铝汽油发动机、主副 2 台永磁同步电动机 M1 和 M2 组成，主电动机的功率为 50kW，副电动机的功率为 25kW，3 台机器的动力总和达到了 125kW。从数据上看，比亚迪 F3DM 的动力与传统 2.4L 自然吸气发动机相近。比亚迪 F3DM 低碳版的最高车速可以达到 150km/h，纯电动模式的续驶里程达到 60km，这样的距离已经足以满足日常城市生活的需要。

比亚迪 F3DM 的动力电池组采用比亚迪生产的磷酸铁钴锂电池，型号为 FADM07309，动力电池组的标称电压为 330V，容量为 45A·h。锂电池本身的稳定性在串联的情况下对一致性的要求更高，内耗更为严重。所有种类的电池，在低温条件下，性能会大大下降，极端条件下甚至接近 50%，北方冬季室外的低温是一个难以克服的障碍。汽车在炎热的夏季行驶，必须开启空调；在寒冷的冬季行驶，则需要热风加温，因此电能损耗很大。

比亚迪 F3DM 标称的 100km 耗电是 16kW·h，50km/h 等速的巡航里程为 100km，但这仅仅是理想状态下的最佳表现。比亚迪 F3DM 在充电站只需 10min 可以充电 50%；220V 慢充，则需要 9h。纯电动模式，只能支持城市短途使用。中长途，F3DM 大部分时间工作在混合动力模式下。

比亚迪 F3DM 在纯电动与混合动力模式下，都采用了交流-直流-交流的驱动方式。发电机或者充电插座提供的交流电，通过整流，存储在动力电池组中。驱动车辆的时候，再通过 IGBT 逆变器，将其还原为交变电流，驱动高效的永磁同步交流电动机，为变速器提供动力。

比亚迪 F3DM 一次充电的续驶里程可达 100km，充满电和加满油后，综合续驶里程可达 580km。而在普通情况下，比亚迪 F3DM 不需启动发动机，纯电动模式即可满足日常出行需要，也没有尾气排放。

2. 工作模式

比亚迪 F3DM 的混合动力有 4 种典型的工作模式，即纯电动模式、减速模式、串联模式和加速模式，如图 2-76 和图 2-77 所示。

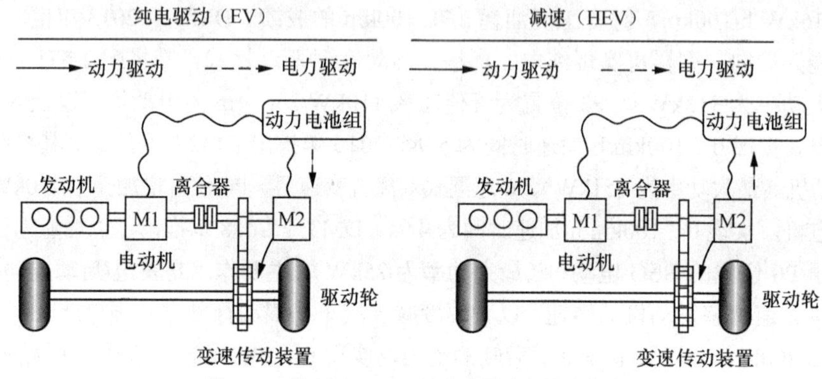

图 2-76 比亚迪 F3DM 纯电动模式和减速模式

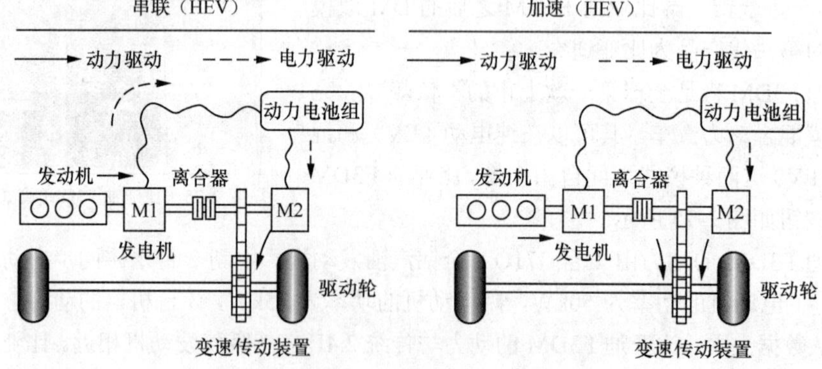

图 2-77 比亚迪 F3DM 串联模式和加速模式

① 纯电动模式。在中短途、中低速行驶的路况下，比亚迪 F3DM 主要采用纯电动模式，仅依靠动力电池组供电，M2 提供动力；如果电量充足的话，也可以纯电动方式高速行驶一段时间。

② 减速模式。在带挡滑行或者制动等减速工况下，M2 不再消耗电能提供动力，此时电动机被车辆带动继续旋转而发电，回收一部分动能，为动力电池组充电；在温柔驾驶、反复起停的城市路况中，大约可以降低 20%的能量消耗。

③ 串联模式。在纯电动模式下，动力电池组的电量接近耗尽、SOC 降到 20%底线时，发动机启动，带动 M1 发电为动力电池组充电。然后通过 IGBT 逆变器，为 M2 供电，驱动车辆行驶。

如果跑长途，比亚迪 F3DM 会长期处于混合动力模式，M1 在动力电池组的电量只剩 50%时就会启动发动机，直至动力电池组充电到 70%时停止工作。

④ 加速模式。在动力电池组的电量充足，高速行驶或者急加速的情况下，M1、M2 和发动机将协同工作，提供强劲的动力。

三、比亚迪 DM-i/p 混动技术

1. 基本特点

DM-i/p（双模 DM 技术双平台）于 2020 年 6 月推出。DM-i 主打“超低油耗”，是对 DM1 的延续；DM-p 主打“超强动力”，是对 DM3.0 的传承。

2. DM-i 的工作模式

DM-i 系统的重要组成部件包括发动机、发电机和驱动电机。与 DM 系统相比，其少了 1 个 BSG 电机、1 套双离合变速器和 P4 后驱电机。搭载 DM-i 系统的车辆只有 1 个 P3 前驱电机。

DM-i 系统的工作模式与 DM 系统类似。

① 纯电模式（图 2-78）。当电量充足时，汽车纯电行驶，具有纯电动汽车安静、平顺和零油耗的优点。

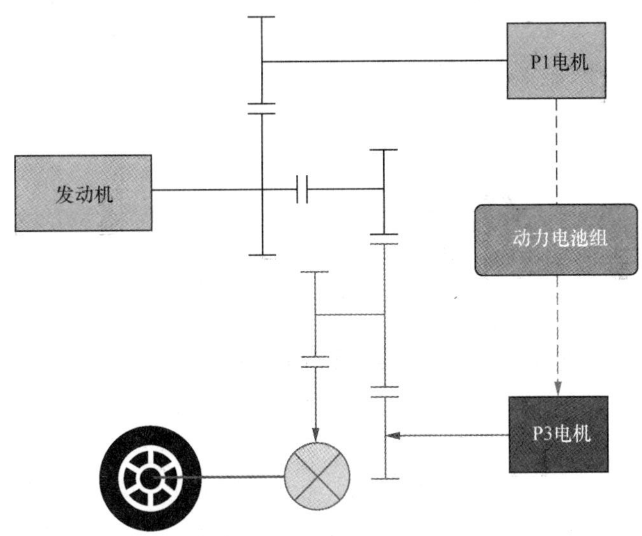

图 2-78　比亚迪 DM-i 纯电模式

② 串联模式（图 2-79）。汽车在中低速行驶或者加速时，若动力电池组的 SOC 值低于设定的阈值，整车控制单元会使发动机工作在最佳效率区，带动 P1 电机发电，将电能输出给动力电池组后，再通过 P3 电机驱动车轮。若动力电池组的 SOC 值高于设定的阈值，则整车控制单元会切换为纯电模式，发动机停止运转。

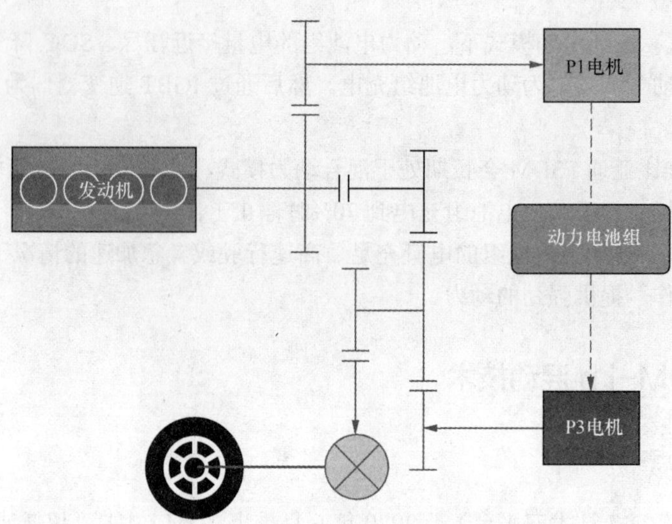

图 2-79　比亚迪 DM-i 串联模式

③ 发动机直驱模式（图 2-80）。汽车在高速巡航工况下，离合器接合，将发动机的动力通过变速器直接驱动车轮，发动机工作在高效率区。同时，在发动机功率有富余时，利用 P1 发电机发电，并将电能输入给动力电池组。

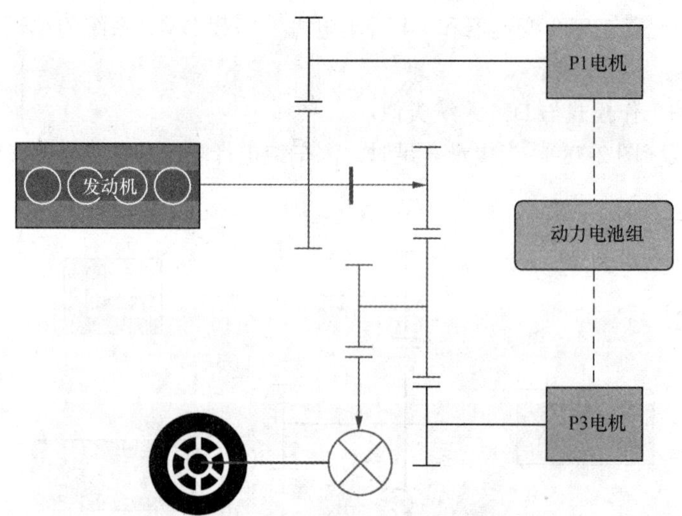

图 2-80　比亚迪 DM-i 发动机直驱模式

④ 并联模式（图 2-81）。汽车在高速超车或者超高速行驶工况下，功率需求比较高时，离合器接合，发动机输出功率，同时，控制系统控制动力电池组提供电能给 P3 电机，与发动机并联输出动力。

⑤ 能量回收模式（图 2-82）。汽车制动时，车轮将动能通过 P3 电机运转发电，回馈给动力电池组，实现能量回收。

3. DM-p 的工作模式

DM-p 的结构组成（图 2-83）、工作模式与 DM-i 基本相同，就是在 DM-i 的基础上增加了 1 个后置电机 P4。比亚迪 DM-p 混动系统包括 3 种基本架构：三擎四驱 P0+P3+P4、双擎四驱 P0+P4、双擎两驱 P0+P3。

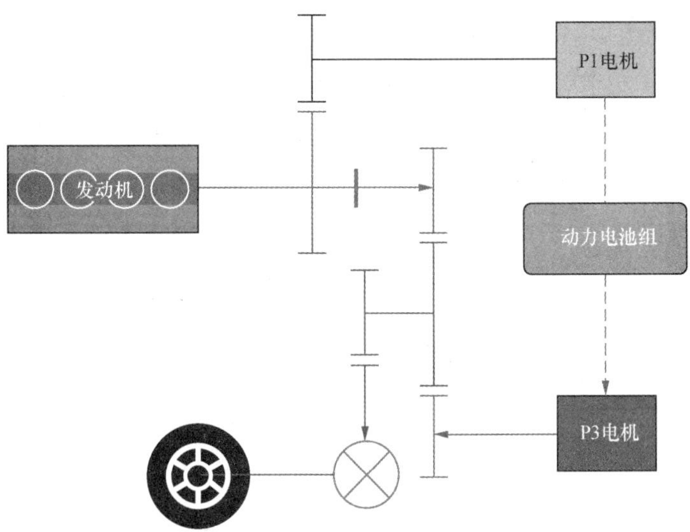

图 2-81　比亚迪 DM-i 并联模式

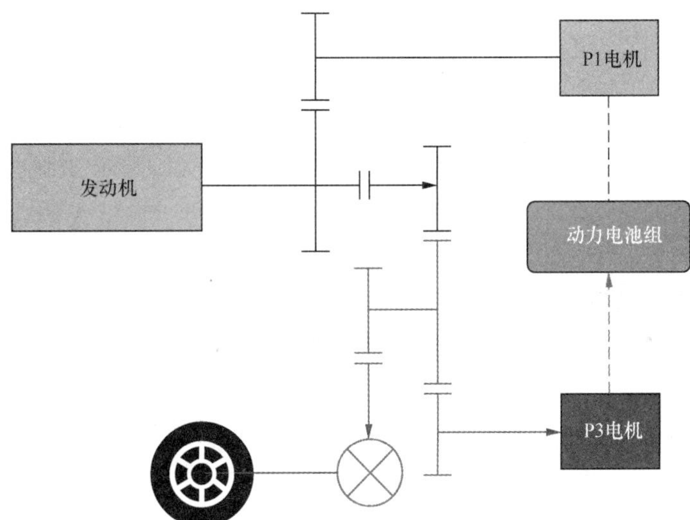

图 2-82　比亚迪 DM-i 能量回收模式

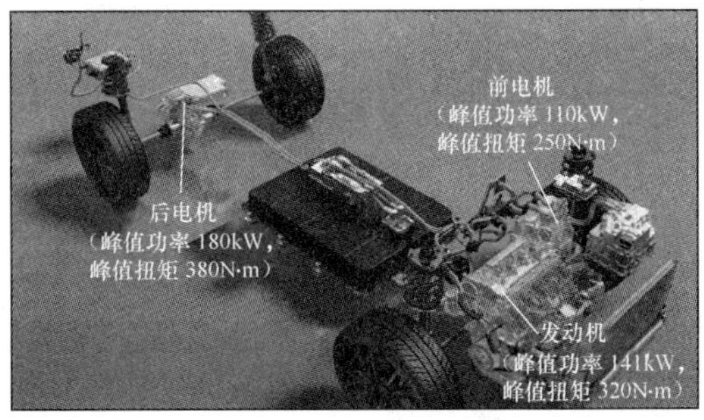

图 2-83　比亚迪 DM-p 结构组成图

比亚迪 DM-p 三擎四驱构的混动系统，其工作模式包括纯电模式、串联模式、并联模式、发动机直驱模式和能量回收模式。

① 纯电模式（图 2-84）。汽车在城市道路行驶，包括车辆起步工况下，由动力电池组输出电能给 P3、P4 电机，驱动车辆行驶。汽车在纯电模式下的续驶里程高达 100km。

② 串联模式（图 2-85）。发动机带动 P0 电机发电，将电能输入动力电池组，再由动力电池组输出电能给 P3、P4 电机，驱动车辆行驶。

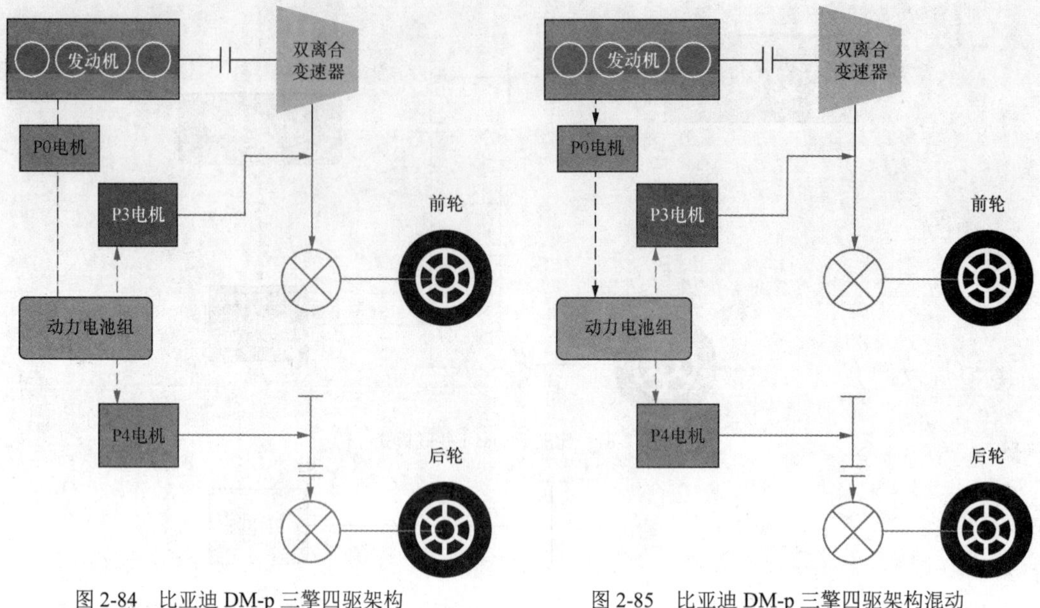

图 2-84　比亚迪 DM-p 三擎四驱架构混动系统纯电模式

图 2-85　比亚迪 DM-p 三擎四驱架构混动系统串联模式

③ 并联模式（图 2-86）。发动机与前后轴的 P3、P4 电机共同驱动车辆，0～100km/h 加速时间为 4.5s。

④ 发动机直驱模式（图 2-87）。汽车在高速匀速巡航工况下，发动机在高效区间运转，通过变速器驱动车辆，同时带动 P0 电机发电，既保证了动力又经济节油。

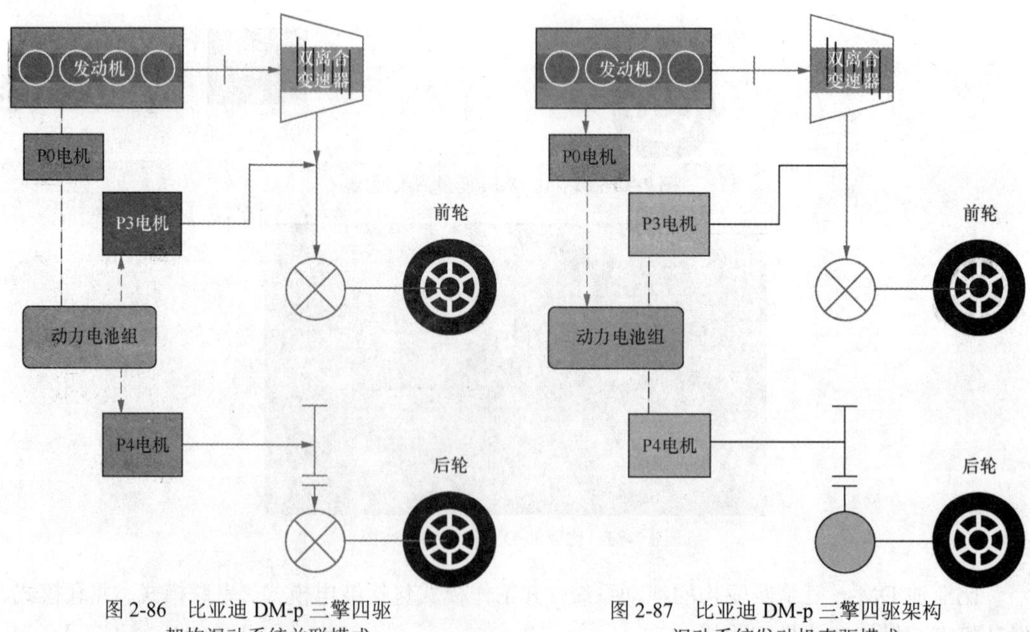

图 2-86　比亚迪 DM-p 三擎四驱架构混动系统并联模式

图 2-87　比亚迪 DM-p 三擎四驱架构混动系统发动机直驱模式

⑤ 能量回收模式（图 2-88）。汽车在制动过程中，利用行驶惯性，由发动机和前、后轴的 P3、P4 电机同时进行动能回收。

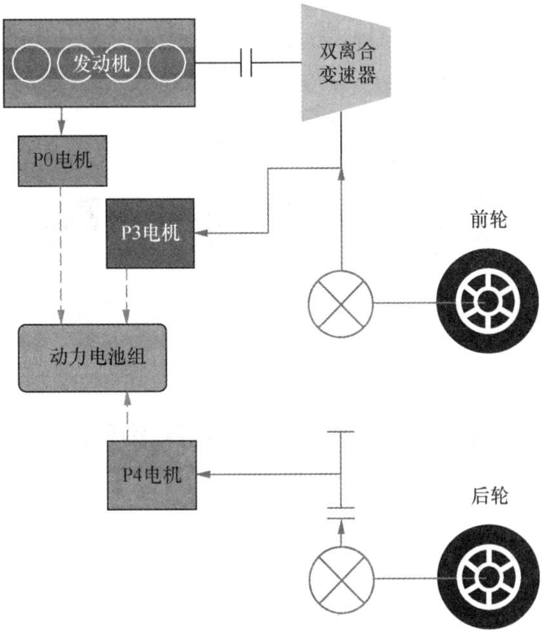

图 2-88　比亚迪 DM-p 三擎四驱架构混动系统能量回收模式

【任务实施与考核】

1. 准备工作

在技能学习工位准备好丰田普锐斯混合动力汽车和比亚迪 F3DM 双模电动汽车及其相关技术资料。

2. 学生工作

学生分组学习，每组分配 1 台混合动力汽车。学生在查阅相关技术资料的基础上，观察整车并完成工单 2-4。

3. 教师工作

① 向学生讲解安全注意事项，并要求学生在工单 2-4 中做记录。

② 观察、指导学生进行相关操作，对可能发生危险的事情必须及时制止。

③ 结束后审阅学生完成的工单，并结合其操作情况给出评价。

模块 3 其他新能源汽车

任务 3-1　燃料电池汽车

【任务分析】

燃料电池汽车是一种低污染排放的汽车。大力发展燃料电池汽车是为可持续发展做贡献。

燃料电池汽车（FCV）是一种用车载燃料电池装置产生的电力作为动力的汽车。车载燃料电池装置所使用的燃料为高纯度氢气或含氢燃料经重整所得到的高含氢重整气。与通常的电动汽车比较，其动力方面的不同在于 FCV 用的电力来自车载燃料电池装置，电动汽车所用的电力来自由电网充电的动力电池。因此，FCV 的关键是燃料电池。

那么，燃料电池是什么样的结构原理呢？本任务主要学习燃料电池的结构原理、燃料电池发电系统的组成及工作原理以及车载氢气系统的安全措施。

【学习目标】

1. 知识目标

① 能够正确描述燃料电池的基本结构原理、特点及应用于汽车的燃料电池种类。

② 能够正确描述质子交换膜燃料电池的组成、各组成部分的作用及基本工作原理。

③ 能够正确描述燃料电池组的组成及各组成部分的作用。

④ 能够正确描述以氢为燃料的燃料电池发电系统和以甲醇为燃料的燃料电池发电系统的组成及各组成部分的功能。

⑤ 能够正确描述燃料电池汽车采用的电源复合结构种类及各类型电源复合结构的特点。

⑥ 能够正确描述燃料电池汽车混合动力系统的类型及各类型系统的特点。

⑦ 能够正确描述车载氢气系统的安全装置种类及各类型安全装置的作用。

2. 能力目标

① 能够根据具体的燃料电池汽车，简单说明其特点。

② 能够通过观察，找出代表燃料电池汽车的典型部件。

3. 素质目标

① 培养劳动安全保护、理论与实际相结合的职业素养。

② 培养坚持可持续发展等综合素养。

【相关知识】

一、燃料电池汽车的发展历史

1. 国外燃料电池汽车的发展历史

燃料电池技术的基本原理在 19 世纪末就已被科学家发现了，但其被应用于汽车上是在 20 世纪 60 年代末。

20 世纪 90 年代初，质子交换膜燃料电池在实用化方面取得长足进步。采用铂金属作为催化剂的质子交换膜燃料电池具有发电效率高、输出功率密度高（高达 $0.5\sim1.5W/cm^2$）、寿命长、噪声低、可室温启动等诸多优点，为该技术应用到汽车上铺平了道路。

戴姆勒-奔驰于 1994 年推出了燃料电池汽车 Necar1。这款车型是基于奔驰 MB100 车型改造而来的。由于其车内安装了大量的实验用设备，所以还不能称之为真正的燃料电池汽车。

此后，丰田、本田、通用等汽车厂商用于展示其技术实力的燃料电池汽车产品如雨后春笋般涌现。2014 年 6 月 10 日，量产型的现代 Tucson FCV 正式登陆美国加利福尼亚州市场，于 2017 年 5 月在英国上市。所以专家们将 2014 年定为燃料电池汽车的元年。

对于燃料电池的自主研发，丰田比戴姆勒-奔驰开始得更早。丰田在 1992 年就开始对燃料电池进行研究，这个研究项目几乎是与丰田普锐斯混合动力汽车项目同时开展的。经过多年的量产化过程，丰田 Mirai 于 2014 年 12 月 15 日在日本本土正式上市。相比现代 Tucson FCV，丰田 Mirai 在动力性能和续驶里程上都有一定的优势。Mirai 的动力系统输出功率已达到甚至超越 1.8L 自然吸气汽油发动机的水平，加上超过 400km 的续驶里程，使 Mirai 具备了较好的实用性。2022 年，丰田发布了第二代 Mirai，并将产能提高到每年 3 万辆。但从 2014 年至今，丰田 Mirai 仅销售出 21 700 辆。

随后丰田向全球免费开放有关燃料电池技术的 5 680 项专利技术。其中，丰田 Mirai 所采用的 1 970 项关键技术，涵盖燃料电池、高压氢罐及相关软件系统等。这一举措大力推动了燃料电池汽车在全球范围内的快速发展，如马自达、宝马等企业先后与丰田合作研发燃料电池汽车。日产、戴姆勒、福特 3 家企业强强联合，拟开发出燃料电池动力系统的标准化部件，降低各自开发燃料电池汽车的成本。这种强强联合的格局及团队之间的竞争也将加速燃料电池汽车的量产化和普及化进程。

韩国也在 2006 年推出自主研发的第一代电堆，组装 30 台 SUV 和 4 辆大客车，并进行示范运行；于 2009 年至 2012 年开发出第二代电堆，装配 100 台 SUV；于 2013 年开始生产车型为 ix35 的燃料电池 SUV；于 2015 年推出第三代燃料电池 SUV 和客车。

本田在 2015 年推出氢燃料汽车 Clarity 后，一直到 2016 年才正式向普通消费者交付。Clarity 单程最长可行驶 366 英里（589.01km）、油耗 68MPGe、加注仅需 3～5min，定位为中型车，但其高昂的售价也不可小觑。Clarity 日本官方售价为 783 万日元，约合人民币 45.54 万元。

2016 年年底，丰田在日本建立 100 座氢燃料充注站。

2017 年，奔驰推出世界首款插电式燃料电池技术的量产车 GLCF Cell EQ Power，其续驶里程达 483km。

其实，研究燃料电池汽车的整车生产厂商远不止上面提到的几家，但凡有点实力的汽车生产厂商都在燃料电池领域有所涉猎。所不同的是，并不是所有汽车生产厂商都能把研发成果推广至量产产品上。

燃料电池汽车零排放无污染，可以说是环保汽车的终极形态。但是在现阶段，燃料电池汽车所用的燃料（氢气）的大规模环保制备技术并未十分成熟。传统的制氢工艺是通过电解水来获得氢气的，如果用于电解水的电能来自于烧煤发电，便存在碳排放，燃料电池汽车便失去了其存在的意义。

除此以外，基础设施建设也是制约燃料电池汽车发展的障碍，加氢站的建设及氢存储问题始终掣肘着氢能源乘用车的发展。没有人会买一台没地方添加燃料的汽车。所以基础设施建设及氢气制备技术这两方面对燃料电池汽车的普及有着至关重要的影响。

2. 我国燃料电池汽车的发展历史

在 20 世纪末，上海神力科技公司和大连新源动力公司承担了国家“九五”重点“863 科技攻关计划”的“质子交换膜燃料电池动力系统”的研制，取得了多项专利技术，并为同济大学和清华大学研制的燃料电池汽车配套燃料电池动力系统。

2003 年和 2004 年，同济大学和上海神力科技公司合作开发了 2 款燃料电池汽车，即“超越一号”和“超越二号”。“超越一号”是基于上海大众桑塔纳 2000 时代轿子车型改造而来的；“超越二号”是基于桑塔纳 3000 车型改造的，最高车速为 118km/h，续驶里程可达 168km。

福田汽车和清华大学共同研发的燃料电池客车曾在 2008 年作为“奥运节能与新能源示范车”用于接载来自全世界的运动员。该车最高车速可达 80km/h 时，续驶里程可达 200km。

2006 年，新一代燃料电池轿车动力系统技术平台研制成功，并应用于 Passat 领驭等车型。Passat 领驭燃料电池汽车曾服务 2008 年的北京奥运会，其最高车速可达 150km/h，续驶里程可达 300km，0～100km/h 加速时间为 15s。

2014 年北京车展上，荣威 950 插电式氢燃料电池轿车正式发布。该车续驶里程可达 400km。

2021 年，第五届国际氢能与燃料电池汽车大会上，红旗 H5-FCEV 亮相，其动力系统采用氢燃料电机，额定功率为 60kW，峰值功率为 140kW，动力与 2.0T 燃油发动机差不多。

2023 年以来，我国多条氢能重卡跨区域物流干线启动运营，多家企业也合作开放氢能重卡项目，包括未势能源科技有限公司、国鸿氢能科技（嘉兴）股份有限公司、氢动力（北京）科技股份有限公司、河北长征汽车制造有限公司、金龙客车、北奔重型汽车集团有限公司等。2022 年冬奥会期间，我国也选用了多辆氢能源巴士。

总体来看，我国的燃料电池汽车研发开展得较早，部分车企与高校合作也做出了一些展示车，其中包括轿车和大巴车，但最终形成量产产品的车型并不多。大多数展示车只作为大型会议的宾客接送车之用，普及程度很低。

二、燃料电池

1. 概述

（1）燃料电池的工作原理

简单地说，燃料电池（Fuel Cell）是一种将存在于燃料与氧化剂中的化学能直接转换为电能的发电装置。它从外表上看有正负极和电解质等，像一个蓄电池，但实质上它不能储电，只能发电。

单元燃料电池由阳极、阴极、电解质、隔膜和附件组成，其发电原理如图 3-1 所示。燃料在阳极氧化，氧化剂在阴极还原。如果在阳极上连续供应气态燃料，而在阴极上连续供给氧气（或空气），就可以在电极上连续发生电化学反应，并产生电动势，如果接入负载，就会有电流产生。燃料电池与其他电池的发电机理不同，它的燃料和氧化剂不储存在电池内，而是储存在电池外部的储罐内。工作时，它需要连续地向电池内输入燃料和氧化剂，并同时排出反应生成物。

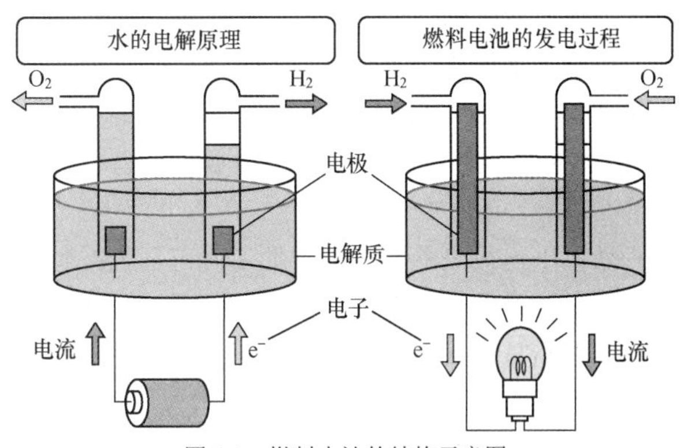

图 3-1　燃料电池的结构示意图

燃料电池阳极的作用是为燃料和电解液提供公共界面，并对燃料的氧化反应产生催化作用，把反应中产生的电子传输到外电路或者先传输到集流板后再向外电路传输。燃料电池阴极的作用是为氧气和电解液提供公共界面，对氧气的还原反应产生催化作用，从外电路向氧电极的反应部位传输电子。由于电极上发生的反应为多相界面反应，电极一般采用多孔材料并涂有贵重金属铂作催化剂。电解质的作用是输送燃料电极和氧电极在电极反应中所产生的离子，并能阻止电极间直接传递电子。隔膜的作用是传导离子，分隔氧化剂与还原剂。隔膜必须是抗电解质腐蚀和绝缘的物质，并且有良好的湿润性。

燃料电池的输出电压是阴、阳电极的电势差。当外电路 $I=0$ 时，称为开路电压；当 $I\neq0$ 时，称为端电压。端电压低于开路电压的现象称为极化。电池输出电流时，阳极电位的损失称为阳极极化，阴极电位的损失称为阴极极化。一个电池的极化包括阴极极化、阳极极化和欧姆极化（电池内阻造成的电压降）3 部分。

（2）燃料电池的特点

燃料电池十分复杂，涉及化学热力学、电化学、电催化、材料科学、电力系统及自动控制等学科的有关理论。总的来说，燃料电池具有以下特点。

① 能量转换效率高。它直接将燃料的化学能转换为电能，中间不经过燃烧过程。目前，燃料电池系统的燃料—电能的转换效率为 45%～60%，而火力发电和核发电的效率为 30%～40%。

② 对环境污染小。其有害气体硫化物、氮氧化物的排放及噪声排放都很低，二氧化碳排放因能量转换效率高而大幅度降低，无机械振动。

③ 燃料适用范围广。除氢气外，甲醇等一些含氢燃料均适用于燃料电池。

④ 使用方便。燃料电池电站占地面积小，安装地点灵活，建设周期短，电站功率可根据需要由电池堆组装，十分方便。

⑤ 负荷响应快，运行质量高。燃料电池在数秒钟内就可以从最低功率变换到额定功率，非常适合作汽车动力。

（3）燃料电池的种类

燃料电池的种类繁多，常见的分类方法是按参与反应的燃料制取方式分类。按此种分类方法，燃料电池可分为直接式、间接式和再生式 3 种。

直接式燃料电池的燃料（如氢气和甲醇）直接与氧化剂作用；间接式燃料电池的燃料不是直接用氢或甲醇，而是通过某种方法把某种富氢化合物转变成氢气后再供给电池；再生式燃料电池是把燃料电池反应生成的水通过某种方法分解为氢气和氧气，再使氢气重新进行反应。

直接式燃料电池按工作温度的高低可分为高、中、低 3 类。工作温度在 750℃以上的为高温燃料电池；工作温度在 200～750℃的为中温燃料电池；工作温度低于 200℃的为低温燃料电池。直接式燃料电池也可按工作温度分为 4 类，即 25～100℃、100～300℃、500～1 000℃、1 000℃以上。

燃料电池按照电解质类型的不同可分为：碱性燃料电池（AFC）、固态聚合物燃料电池（ESPFC，又称“质子交换膜燃料电池”，PEMFC）、磷酸盐燃料电池（PAFC）、熔融碳酸盐燃料电池（MCFC）和固体氧化物燃料电池（SOFC）等。各类型燃料电池的特点及应用情况见表 3-1。

表 3-1　各类型燃料电池的特点及应用情况

类型	简称	电解质	燃料	氧化剂	应用
碱性燃料电池	AFC	氢氧化钾溶液	氢气	氧气	航天设备等
质子交换膜燃料电池	PEMFC	质子交换膜	氢气	空气	汽车等
磷酸盐燃料电池	PAFC	磷酸	天然气、氢气	空气	发电厂等
熔融碳酸盐燃料电池	MCFC	碳酸钾	天然气、石油气	空气	发电厂等
固体氧化物燃料电池	SOFC	固体氧化物	天然气	空气	发电厂、汽车等

从表 3-1 可见，应用于汽车的燃料电池有质子交换膜燃料电池和固体氧化物燃料电池。质子交换膜燃料电池由于具有工作温度低、功率密度大、启动快、使用寿命长、结构简单等特点，因此得到迅速发展。

2. 质子交换膜燃料电池

质子交换膜燃料电池是指以质子交换膜作电解质和隔离材料的燃料电池。质子交换膜燃料电池的工作温度低于 100℃，是电动汽车的理想动力电源。

质子交换膜燃料电池是最早被用于空间飞行试验的燃料电池。早期的质子交换膜燃料电池的发展一直受到昂贵的、必需的结构材料和含量高的铂催化剂的困扰，研究困难。后来在加拿大巴拉德（Ballard）公司的带动下，克莱斯勒、福特、通用、本田、丰田、尼桑、大众和富豪等汽车公司都投入了巨资进行此类燃料电池的研究。

（1）质子交换膜燃料电池的组成

质子交换膜燃料电池由燃料极（阳极）、空气极（阴极）、电解质膜（质子交换膜）及隔板等组成，如图 3-2 所示。燃料是氢气，氧化剂为氧气（空气中的氧气）。质子交换膜的作用是双重的，作为电解质，为氢离子提供通道；作为隔离膜，隔离两极反应气体。质子膜脱水将会使氢离子形成水合物比较困难，燃料电池的电阻增加；水分过多则会淹没电极。这两种情况都将导致电池性能下降，因此优化质子交换膜的质子传输性能及适当的水管理是保证质子交换膜燃料电池性能的关键。

（2）质子交换膜燃料电池的工作原理

质子交换膜燃料电池的工作原理如图 3-3 所示。氢气（燃料）通过管道或导气板到达阳极（燃料电极），在阳极催化剂的催化作用下，氢分子离解为带正电的氢离子（H^+）并释放出带负电的电子（e^-）。氢离子以水合物（H_3O^+）的形式穿过电解质（隔膜）到达阴极，电子则通过外电路到达阴极（氧电极），电子在外电路形成电流。

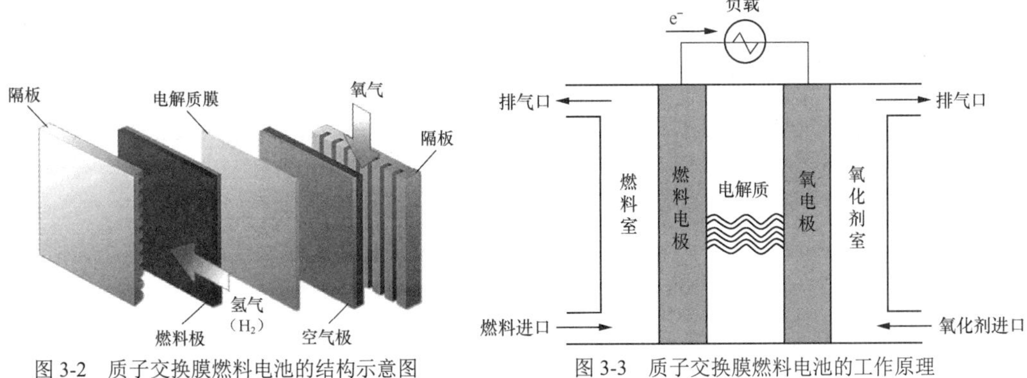

图 3-2　质子交换膜燃料电池的结构示意图

图 3-3　质子交换膜燃料电池的工作原理

氧气（氧化剂）通过管道或导气板到达阴极，在阴极催化剂的催化作用下，氧与氢离子及电子发生反应生成水。

在质子交换膜燃料电池里，固态酸电解质被水饱和，其中含有游离氢离子，因此能完成氢离子从阳极转移至阴极的任务，但电子是不能穿越电解质膜的。氢离子也叫质子，因而有聚合物质子交换膜（PEM）这个名称。从图 3-4 可以看到，氢燃料流入靠近阳极侧的双极板流道内，氧则流入靠近阴极侧的双极板流道内。

单体质子交换膜燃料电池的电压只有 0.7V 左右，为了获得足够高的工作电压，需将多个单体质子交换膜燃料电池串联在一起，形成燃料电池组（简称“电池堆”或“电堆”）。图 3-5 所示的典型燃料电池堆即可以产生兆瓦级电能。

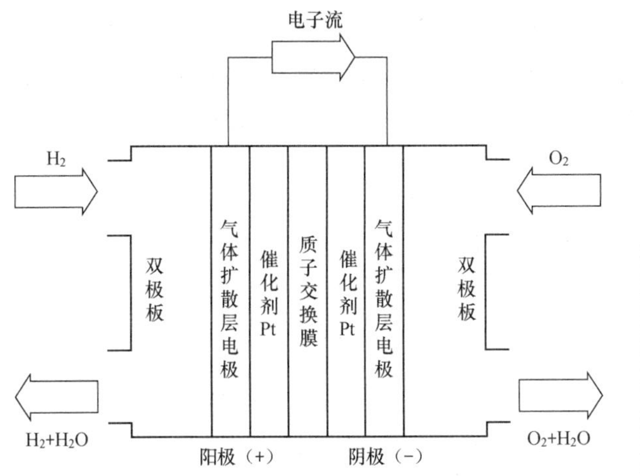

图 3-4　质子交换膜燃料电池的结构

图 3-5　典型燃料电池堆

（3）燃料电池系统

燃料电池系统主要由燃料电池堆，氢气、氧气的供给装置，增湿器及去离子水供给装置，冷却装置，尾气及生成物排放装置组成。图 3-6 是一个燃料电池堆试验装置示意图，其中，氢气和氧气由高压气瓶提供（氧气或空气也可由鼓风机提供），氢气和氧气经减压再通过增湿器增湿之后，分别进入燃料电池堆的阳极和阴极进行反应发电。反应物随着尾气排出，水收集后排放，电池温度通过循环水量来调节。

燃料电池堆的性能取决于单体燃料电池的性能，燃料电池堆的输出电压为组成电池堆的各单体燃料电池电压之和，电池堆的寿命取决于先损坏的单体燃料电池的寿命。因此，全部单体燃料电池性能的均匀性对燃料电池堆影响很大，应设置检测装置在线检测各单体燃料电池的输出电压，以保证燃料电池堆的性能完好。

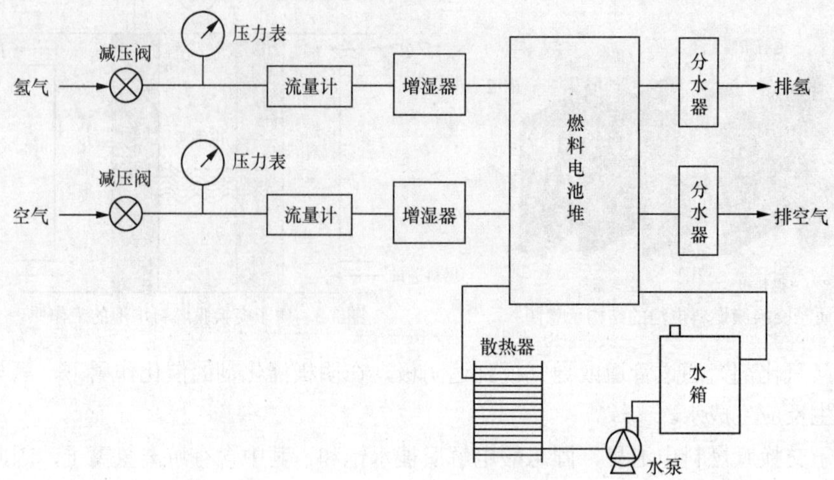

图 3-6　燃料电池堆试验装置示意图

低温质子交换膜燃料电池根据输入空气的压力分为常压型和增压型 2 种类型。类似发动机系统通过采用排气涡轮增压来提高发动机的功率密度一样，燃料电池系统也可通过提高反应气体压力的方法来增加它的功率密度。这种燃料电池系统称为增压式燃料电池系统。而反应气体的压力大约为 1 个大气压（约 101.325kPa）的燃料电池系统称为常压式燃料电池系统。

① 增压式燃料电池系统。图 3-7 所示为增压式燃料电池系统结构示意图，系统中，质子交换膜燃料电池堆有不同的进口和出口，分别与氢回路（阳极）、空气回路（阴极）相连接。来自储氢罐的氢气经氢压力调节阀、射流泵进入阳极入口（In1），该系统对氢气采取过量供应，从阳极出口（Out1）排出的氢气经气水分离器分离掉水后又重回到射流泵，实现氢的循环回收。

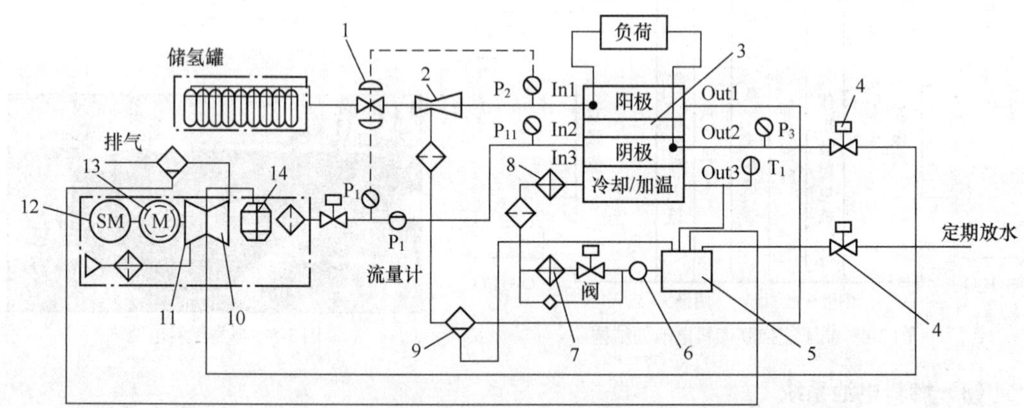

1—氢压力调节阀；2—射流泵；3—质子交换膜；4—压力调节阀；5—水箱；6—水泵；7—散热器；8—加热器；9—气水分离器；10—膨胀机；11—压缩机；12—电动机 1；13—电动机 2；14—稳压器

图 3-7　增压式燃料电池系统结构示意图

图 3-7 中的压缩机与膨胀机安装在同一根传动轴上，燃料电池系统启动时，压缩机由电动机 1 驱动（由辅助电池供电），将空气经稳压器压入阴极入口（In2）。燃料电池系统启动后，压缩机转换为由燃料电池供电的电动机 2 驱动。电动机 2 比电动机 1 功率大、电压高。通过控制电动机 2 的转速调节空气流量，以满足过量空气系数和功率需求。

过量空气系数取得越大，压缩机消耗功率越大，燃料电池输出的净功率越小，效率越低。

为了提高燃料电池系统的效率，除了根据燃料电池的工作条件来合理优选过量空气系数值外，还可使阴极出口（Out2）排出的气体进入膨胀机进口，利用排出气体中的剩余能量借膨胀机来驱动压缩机，实现能量回收。膨胀机排出的气体经气水分离器排入大气。

在增压式燃料电池系统中，压缩机是十分关键的部件。它可以选用的类型很多，有双螺杆式、罗茨转子式和叶片式等。

为了提高增压式燃料电池系统的效率，可将压缩机和膨胀机组合使用，在完成压缩空气的同时实现回收排气中的能量，降低功率消耗。压缩-膨胀机系统动态响应时间快、尺寸紧凑、重量轻、成本低。

空气加压是需要消耗功率的，这个功率叫作寄生功率。因此，尽管在空气出口这一侧装备了 1 台膨胀机来回收膨胀功率，但是，即使技术先进的巴拉德公司开发的系统，在 0.3MPa 的压力下工作时仍然有大约 20%的总功率消耗在辅助系统里，其中主要是消耗在空气压缩机上。压缩-膨胀机系统不仅体积大、复杂，且价格高。为了尽量减少寄生功率，压缩机的使用也限制了可以进入阴极的过量空气总量。

② 常压式燃料电池系统。通过增压虽然提高了燃料电池系统的功率密度，但燃料电池系统的总效率却降低了。针对此缺点，美国 UTC 公司开发了常压式燃料电池系统。该系统的寄生功率仅为燃料电池发出功率的 5%左右。图 3-8 为增压式和常压式两种燃料电池的系统结构比较。

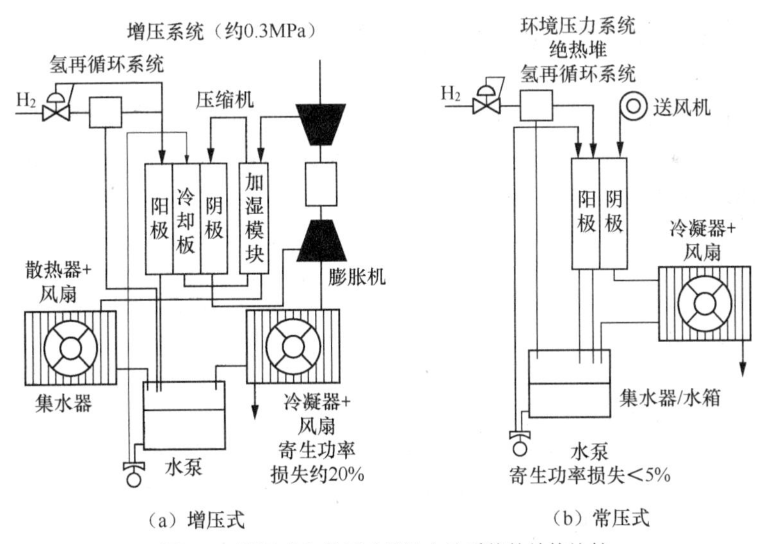

图 3-8 增压式和常压式燃料电池系统的结构比较

常压式燃料电池系统具有以下特点。

a. 阳极处直接用液态水对交换膜加湿，保证交换膜充分含水。

b. 阴极处供应近似常压式的空气，寄生功率损失小、系统效率高。

c. 由于对阴极供应的是不加湿的空气流，系统不需要加湿模块，流道中液态水量很少，所以压力很低。

d. 供应给阴极的空气流量很大，所以不会积累大量的水。

e. 通过直接利用进入反应气体里的水使燃料电池堆冷却，使冷却系统大大简化。

f. 由于是低压系统，燃料电池堆系统、管接头、管道等的密封容易处理。

常压式燃料电池系统的基本结构如图 3-9 所示。

常压式燃料电池系统中的膜片式水泵将水送到阳极的水道里，以便对交换膜直接用液态水加湿。从理论上讲，供应水流量只需等于蒸发所需流量，但为了保持连续流动并除去气泡，可使水微微地循环。为了维持阳极处双极板上水通道内的压力略高于氢循环通道内的压力，防止水被氢替代，可在出水管路上设置 1 只背压阀（压力调节阀），使燃料电池堆内的水压力大于供氢管路中的压力。从图 3-9 中可以看到有一条氢循环通道，氢气从燃料电池堆出来后首先要经过水箱，然后经过装在通道上的氢泵回到阳极进口。氢泵用来冲刷氢循环道里的水冷凝物，否则燃料电池堆内的某些地方可能会缺乏要参与反应的氢气。如果常压式燃料电池系统较大，也可用喷射泵来使氢气循环，这种方法可利用压缩氢本身所含的能量。

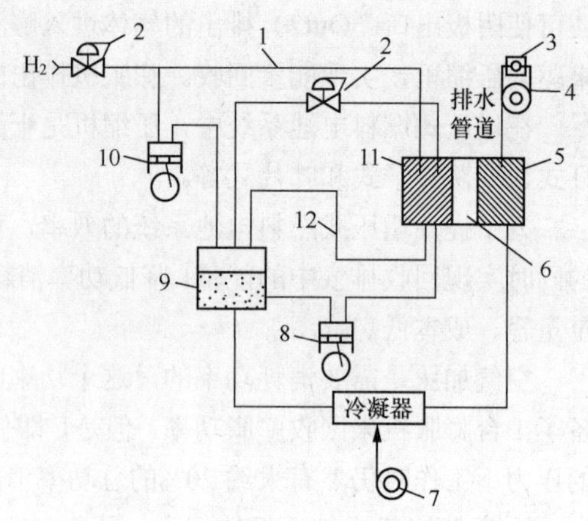

1—供氢管路；2—压力调节阀；3—控制器；4—鼓风机；5—阴极；6—燃料电池堆；7—风扇；8—水泵；9—水箱；10—氢泵；11—阳极；12—氢循环通道

图 3-9　常压式燃料电池系统的基本结构

三、燃料电池发电系统的结构及工作原理

单独的燃料电池堆是不能发电并用于汽车的，它必须和燃料供给与循环系统、氧化剂供给系统、水/热管理系统及一个能使上述各系统协调工作的控制系统组成燃料电池发电系统，简称“燃料电池系统”，如图 3-10 所示。

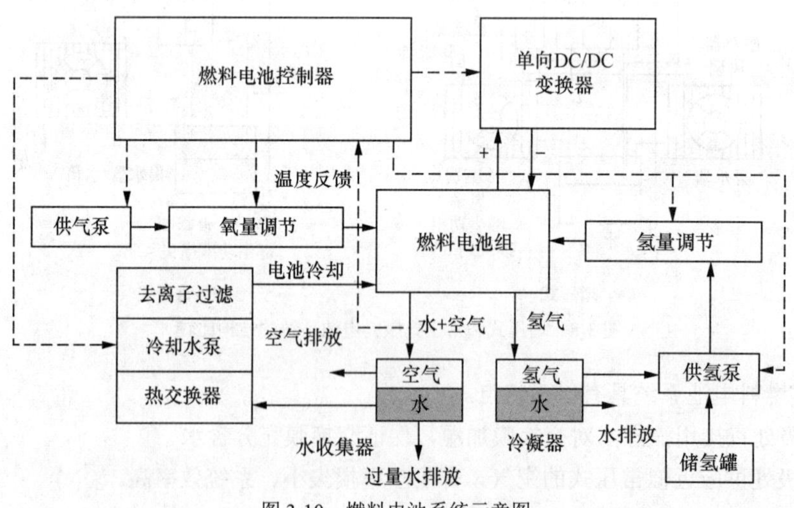

图 3-10　燃料电池系统示意图

燃料电池系统的运作一般采用计算机进行控制，根据 FCEV 的运行工况，通过 CAN 总线系统进行信息传递和反馈，并经过计算机的处理，以保证燃料电池系统正常运行。

燃料电池控制器根据汽车所需的电功率控制燃料电池的燃料调节、电池的温度调节（冷却）、湿度调节从而控制发电功率，燃料电池发电后经单向 DC/DC 变换器输出。

FCEV 是以燃料电池为主要电源和以电动机驱动为唯一驱动模式的电动汽车。目前，因受到燃料电池低温启动较慢和燃料电池不能用充电来储存电能的限制，在 FCEV 上还需要增加辅助电源来加速 FCEV 启动所需要的电能和储存车辆制动反馈的能量。FCEV 上的关键装备为 DC/DC 变换器、驱动电机、传动系统及蓄电池等。

1. 以氢气为燃料的燃料电池系统

以氢气为燃料的燃料电池系统包括氢气供应、管理和回收系统，氧气供应和管理系统，水循环系统，电力管理系统等，如图 3-11 所示。

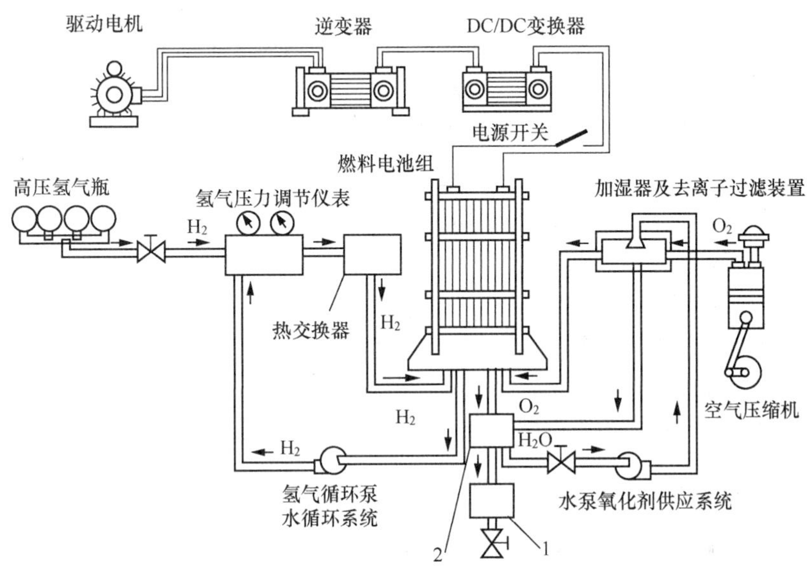

1—水箱；2—冷凝器及气水分离器

图 3-11 以氢气为燃料的燃料电池系统

（1）氢气供应、管理和回收系统

气态氢的储存装置通常用高压氢气瓶来装载，对高压氢气瓶的品质要求很高，为保证燃料电池汽车一次充气有足够的行驶里程，就需要用多个高压氢气瓶来储存气态氢。一般轿车需要 2～4 个高压氢气瓶，大客车需要 5～10 个高压氢气瓶。液态氢虽然比能量高于气态氢，但由于液态氢是处于高压状态，不但需要用高压氢气瓶储存，还需要用低温保温装置来保持低温，而且低温的保温装置是一套复杂的系统。

在使用不同压力的氢气（高压气态氢和高压低温液态氢）时，就需要用不同的氢气储存容器，不同的减压阀、调压阀、安全阀、压力表、流量表、热交换器和传感器等进行控制，并对各种管道、阀和仪表等的接头采取严格的防泄漏措施。从燃料电池中排出的水，也会含有未发生反应的少量氢气。但正常情况下，从燃料电池中排出的氢气应低于 1%，应用氢气循环泵将这少量的氢气回收。

（2）氧气供应和管理系统

氧气的来源有从空气中获取氧气和从氧气罐中获取氧气两种。空气需要用压缩机来提高压力，以提高燃料电池反应的速度。在燃料电池系统中，压缩机的质量和体积会影响燃料电池系统的质量、体积和成本，压缩机所消耗的功率会使燃料电池系统的效率降低，因此会对配套压缩机的性能有特定的要求。在空气供应系统中，要对其中的各种阀、压力表、流量计等的接头采取防泄漏措施，还要对空气进行加湿处理，保证空气有一定的湿度。

（3）水循环系统

燃料电池系统在运行过程中将产生水和热量。在水循环系统中，用冷凝器、气水分离器和水泵等对反应生成的水和热量进行处理，其中一部分水可以用于空气的加湿。另外，还需要装置一套冷却系统，以保证燃料电池系统的正常运作。

燃料电池系统的工作温度一般在 60～100℃（燃料电池组的出口温度约为 80℃），其散热方式有电池组本体外部冷却、冷却介质通过电池组内部管道进行循环、电极气体通过外部冷却器进行循环、电解液通过外部冷却器进行循环等方法。电动机和电动机控制器的允许冷却液温度为 55～60℃，这和燃料电池系统的最佳工作温度相差较大，所以不能将电动机、电动机控制器和燃料电池系统的冷却系统串联，须设有专门的冷却装置。燃料电池汽车一般采用高、低温 2 套冷却循环回路：一套为高温回路，由燃料电池串联汽车空调的加热器和散热器组成，加热器在冬季用来为暖风供热，散热器用来冷却燃料电池组；另一套为低温回路，用来冷却电动机及电动机控制器。燃料电池的冷却介质为去离子水，这是由燃料电池本身决定的，因此要有去离子装置。由于冷却液温度在 100℃以下，与外界的温差小，导致燃料电池汽车所采用的散热器体积较大。

（4）电力管理系统

燃料电池系统产生的是直流电，需要经过 DC/DC 变换器进行调压。在采用交流电动机的驱动系统中，还需要用逆变器将直流电转换为三相交流电。以氢气为燃料的燃料电池系统的各种外围装置的体积和质量约占燃料电池系统总体积和质量的 1/3～1/2。

2. 以甲醇为燃料的燃料电池系统

在以甲醇为燃料的燃料电池系统中，用甲醇供应系统代替了上述的氢气供应系统，其包括甲醇储存装置、燃烧器、加热器、蒸发器、改质器及氢气净化器等。

（1）甲醇储存装置

甲醇可以用普通容器储存，不需要加压或冷藏，可以部分利用燃油发动机汽车的供应系统，有利于降低 FCEV 的使用费用。

（2）燃烧器、加热器和蒸发器

甲醇进入改质器之前，要用加热器加热甲醇和纯水的混合物，使甲醇和纯水的混合物一起受高温（621℃）热量的作用，蒸发成甲醇和纯水的混合气，然后进入改质器。

（3）改质器

改质器是将甲醇用改质技术转化为氢气的关键设备。不同的碳氢化合物采用不同的改质技术，改质过程中的温度、压力会有所不同，例如，甲醇用水蒸气改质法的温度为 621℃；用部分氧化改质法的温度为 985℃；用废气改质法的第一阶段温度为 985℃，第二阶段温度为 250℃。FCEV 在用甲醇经过改质产生的氢气作燃料时，就需要对各种改质方法进行分析，以选择最佳改质技术和最适合 FCEV 配套的改质器。

（4）氢气净化器

改质器所产生的氢气因为含有少量的一氧化碳，因此必须对氢气进行净化处理。净化器中有催化剂，使氢气中所含的一氧化碳被氧化成二氧化碳后排出，最终进入燃料电池的氢气中的一氧化碳的含量不超过 10^{-5}。用甲醇经过改质后所获得的氢气作为燃料时，燃料电池的效率为 40%～42%。

以甲醇为燃料的燃料电池系统中的氧气供应和管理系统，反应生成的水、热量的处理系统以及电力管理系统与以氢气为燃料的燃料电池系统基本相同。

3. 燃料电池汽车的电源复合结构

纯燃料电池汽车只有燃料电池一个能量源。这种结构中的燃料电池的额定功率大，成本高，对冷启动时间、耐启动循环次数、负荷变化的响应等提出了很高的要求。

为了提高燃料电池汽车的性能，采用了以下 2 种电源复合结构。

（1）燃料电池+动力电池（FC+B）结构

如图 3-12 所示，在 FC+B 结构中，有燃料电池和动力电池组 2 个动力源。通常，燃料电池系统输出汽车常规速度行驶时所需的平均功率，而动力电池用来提供峰值功率以补充汽车在加速或爬坡时燃料电池输出功率能力的不足。这样，燃料电池汽车的动力性得到了增强，运行状态更加稳定，总体运行效率也得到了提高。

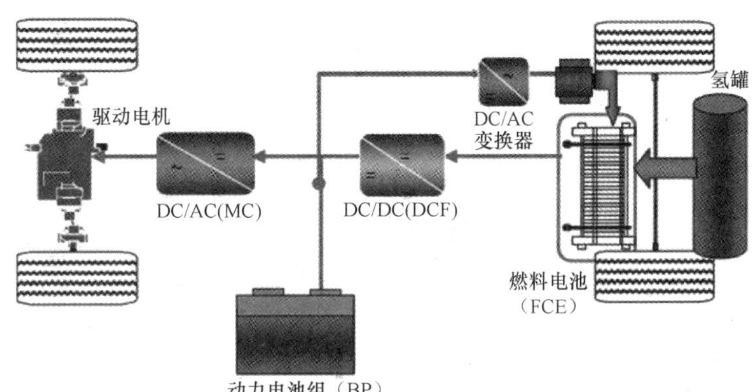

图 3-12　燃料电池+动力电池式复合电源

（2）燃料电池+动力电池+超级电容（FC+B+C）结构

现代 FCEV 上采用了燃料电池+动力电池+超级电容的混合电源。超级电容具有大电流的充电和放电特性，恰好弥补了动力电池的不足，可以避免在回收制动反馈的能量时，电流过大造成的动力电池的热失控和发生安全事故。

4. 燃料电池汽车混合动力系统

燃料电池汽车混合动力系统有单向 DC/DC 燃料电池混合动力系统和单双向两 DC/DC 燃料电池混合动力系统 2 种。

① 单向 DC/DC 燃料电池混合动力系统。这种系统通常在燃料电池和电动机控制器之间安装 1 个单向 DC/DC 变换器，燃料电池的端电压通过 DC/DC 变换器的升压或降压来与系统直流母线的电压等级进行匹配。尽管系统直流母线的电压与燃料电池的功率输出能力之间不再有耦合关系，但 DC/DC 变换器必须将系统直流母线的电压维持在最适合电动机系统工作的电压点（或范围）。单向 DC/DC 燃料电池混合动力系统也称为能量混合型动力系统，如图 3-13 所示，由于动力电池组在使用过程中电压会下降，因此这时的能量主要由燃料电池来维持。

② 单双向两 DC/DC 燃料电池混合动力系统。该类型系统结构中采用的电力电子装置只有电动机控制器，燃料电池和辅助动力装置（小容量动力电池组或超级电容）都直接并接在

电动机控制器的入口，也称功率混合型动力系统，如图 3-14 所示。

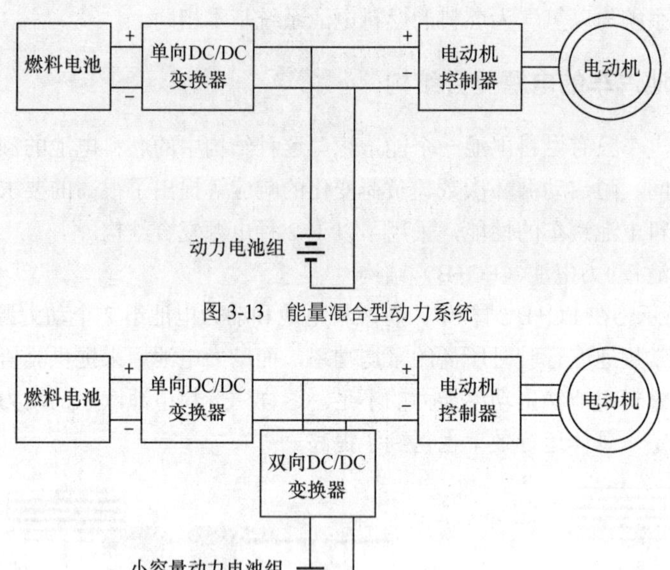

图 3-13　能量混合型动力系统

图 3-14　功率混合型动力系统

辅助动力装置扩充了该动力系统总的能量容量，增加了车辆一次加氢后的续驶里程；扩大了系统的功率范围，减轻了燃料电池承担的功率负荷。许多插电式混合动力燃料电池汽车也经常采用这样的装置，以减少氢燃料的消耗。另外，辅助动力装置的存在使得系统具备了回收制动能量的能力，并且增加了系统运行的可靠性。

在系统设计中，在辅助动力装置和动力系统直流母线之间添加了 1 个双向 DC/DC 变换器，使得系统对辅助动力装置充放电的控制更加灵活、易于实现。由于双向 DC/DC 变换器可以较好地控制辅助动力装置的电压或电流，因此它还是系统控制策略的执行部件。燃料电池和辅助动力装置之间对负载功率的合理分配还可以提高燃料电池的总体运行效率，双向 DC/DC 工作可使电动机的工作电压维持在高压状态，从而提高电动机的效率。

5. FCEV 的多电源电力总成控制策略

FCEV 的多电源电力总成的管理是一个多层次的管理系统，FCEV 上的最高层次的管理是整车管理。整车管理策略是以整车性能、节能、环保等方面的管理为核心，以控制多电源电力的匹配和电流的流向为基本方法。辅助电源、燃料电池、DC/DC 变换器、电动机和电动机控制系统等，属于第二层次的子管理系统。电力驱动的空调系统、线控转向系统和线控制动系统等属于第三层次的子管理系统。FCEV 的电力系统和驱动系统的基本组成如图 3-15 所示。

燃料电池的特点是冷启动的性能较差，输出功率在 20%～60%之间是系统效率最高区域。随着输出功率增大，效率逐渐降低。为了弥补以上缺点，在 FCEV 上采用辅助电源。在 FCEV 启动时，辅助电源可以加速燃料电池的启动，为压缩机和加热器等装置提供所需要的功率，在 FCEV 加速或爬坡时提供辅助电力，调整燃料电池的输出峰值功率，保持燃料电池在经济区域内运行。燃料电池是不可以充电的电池，因此，在 FCEV 上还需要装置辅助电源来回收制动反馈的能量。

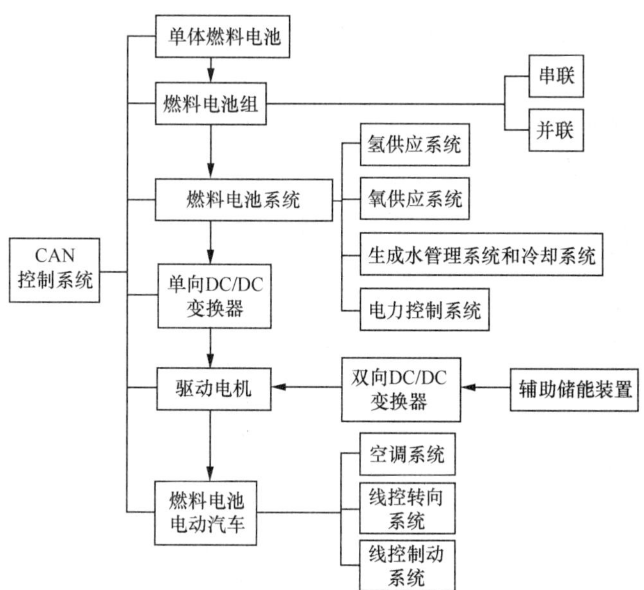

图 3-15 FCEV 的电力系统和驱动系统的基本组成

四、车载氢气系统的安全措施

1. 对车载氢气系统的要求

氢气很容易从小孔中泄漏，对于透过薄膜的扩散，氢气的扩散速度是天然气的 3.8 倍。另外，氢气在空气中的体积浓度很低时即可燃烧。所以，车载氢气系统应采取相应的安全措施，以避免发生事故。对车载氢气系统的具体要求如下。

① 应有压力过高安全报警等措施，不允许发生诸如下游压力升高的现象。

② 燃料电池汽车的燃料系统中应设有低压保护装置，当氢气瓶的内部压力低于要求的压力时，其防护装置应能够及时切断燃料的输出。

③ 在汽车启动、行车、停车、关闭等常规操作中，应保证释放、吹扫和其他溢出等情况下，与氢气有关的危害不会发生。

④ 汽车排气时，不能导致汽车周围、乘客舱及其他舱中氢气浓度超过限值。

⑤ 当发生故障或意外事故时，燃料系统需要通风放气。

⑥ 气体流动的方位、方向应远离人、电、点火源。

⑦ 放气装置应安装在汽车的高处，且应防止排出的氢气对人员造成危害，避免流向汽车的电气端子、电气开关器件或点火源等部件。

⑧ 在可能发生泄漏的部位，都应合理地安装氢气泄漏探测器。

⑨ 燃料电池系统部件的导体外壳应同电平台连接，确保在氢气泄漏时，不会因静电而引燃氢气。

⑩ 所有的燃料系统都应安装牢固，避免因汽车振动而导致损坏、泄漏等故障。

⑪ 所有燃料系统的部件都要采取适当的保护措施，且不应放置在汽车的最外端，压力释放装置和排气管除外。

⑫ 可能会排出或泄漏出氢气的出口应远离可能产生火花或高热的器件。

总的来说，车载氢气系统的安全措施应从预防与监控两个方面着手。图 3-16 所示的是从预防的角度给出的车载氢气系统安全实例。

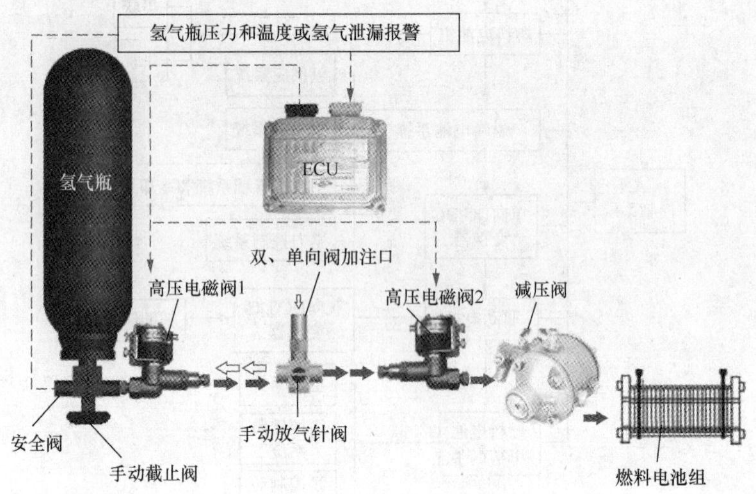

图 3-16　车载氢气系统安全实例

选择合适的氢气瓶材料，可以有效地解决氢气泄漏的问题。例如用塑料内胆或铝内胆，外部用碳纤维缠绕的高压氢气瓶。因其重量轻、单位重量储氢密度高，与钢制容器相比，很好地解决了氢脆问题，同时也大大降低了储氢成本。在美国加利福尼亚州进行的燃料电池示范项目中基本都采用了碳纤维缠绕高压氢气瓶。目前，高压氢气瓶的一般工作压力为 35MPa，工作压力可高达 70MPa 的高压氢气瓶也已经通过了相应的试验。高压氢气瓶应使用符合国家相关标准规定的车用储氢压力容器，在无国家标准之前，可参考相关的国际标准执行。储氢系统应有反映氢气瓶内温度的传感器，以能够反映高压氢气瓶内气体温度。

燃料供给系统应具有能够保证燃料加注时切断向燃料电池系统供应燃料的功能。燃料加注口应具有能够防止灰尘、液体和污染物等进入的防尘盖。防尘盖旁边应注明燃料加注口的最大加注压力。燃料加注口应设置在汽车侧面，且有消除汽车静电的措施。燃料加注口应能够承受来自任意方向的 670N 的载荷，且不会影响到燃料系统气密性。

气体流动的高压管路的材质一般会选用不锈钢，耐压强度要大于 35MPa。

在国内，同济大学自行开发设计的燃料电池轿车采用丁泰克公司提供的铝内胆碳纤维缠绕的高压氢气瓶。以“超越三号”为例，氢气瓶的工作压力为 35MPa，储氢总量为 2.67kg，续驶里程为 230km。在开放空间碰撞的情况下，如果氢气瓶不破裂，它可以承受比汽车自重更高的压力。

2. 车载氢气系统的安全装置

在燃料电池轿车上有多个装置来保证车载氢气系统的安全性，具体包括以下几种（图 3-16）。

① 氢气瓶电磁阀（图 3-16 中的高压电磁阀 1）。氢气瓶电磁阀由 12V 直流电源驱动，无电源时处于常闭状态，主要起到开关氢气瓶的作用，与氢气泄漏传感器系统联动，一旦泄漏氢气浓度达到保护值能自动关闭，从而达到切断氢气源的目的。驾驶人离开汽车时，此电磁阀断电，管路截止。

② 管路电磁阀（图 3-16 中的高压电磁阀 2）。其放置在减压阀前面，当外界给氢气瓶充气时，可有效防止气体进入燃料电池。

③ 减压阀。其位于管路电磁阀和燃料电池组之间，可以将氢气的压力调节到燃料电池组所需要的压力。

④ 手动放气针阀。当出现危险的时候，手动放气针阀可以将氢气瓶中的残余氢气安全放空。

⑤ 安全阀。其位于氢气瓶上，当氢气瓶中的氢气压力超过设定值后，能通过氢气瓶安全阀自动泄压。例如，当氢气瓶体的温度由于某种原因突然升高，造成氢气瓶内的气体压力上升至超过安全阀设定值时，安全阀自动泄压，保证氢气瓶内的气体压力在安全的工作压力范围之内。

⑥ 单向阀（位于加注口内）。其可在加注口出现损坏的情况下，防止气体向外泄漏，并延长加注口的使用寿命。其通常采用双单向阀串联结构，以提高可靠性。

⑦ 手动截止阀。手动截止阀通常处于常开状态，当氢气瓶的电磁阀失效时，其能手动切断氢气源。氢气瓶的电磁阀和手动截止阀联合作用，可有效地避免氢气泄漏。加注口在加注氢气时，要与加气机的加气枪相连，从而达到加注的目的；同时，它还具有单向阀的功能，应与未遮蔽的电气接头、电气开关和其他点火源保持至少 200mm 的距离。

⑧ 温度传感器和压力传感器。其位于氢气瓶上，用于检测氢气瓶内的温度和压力，避免系统工作在不正确的温度与压力下，并可实现报警功能。温度传感器是用来检测氢气瓶内气体温度的部件，可以将气体的温度信号发送到驾驶室仪表盘上，通过气体温度的变化来判断外界是否有异常情况发生。例如在气体温度突然急剧上升时，如排除温度传感器本身故障之外，则在氢气瓶周围可能有火警发生。压力传感器主要用于判断氢气瓶中的氢气量，以保证汽车的正常行驶。当氢气瓶内的压力低于某值时，其可以提示驾驶人加注氢气。

⑨ 氢气泄漏传感器。由于氢气泄漏传感器的测量原理不同，造成了其测量灵敏度及测量范围的差别，主要有半导体式、催化燃烧式、电化学式及光化学式等。根据传感器的量程不同，又可以分为低量程 TGS821 10^{-3}～5×10^{-3} 传感器和高量程 TGS813 10^{-3}～10^{-2} 传感器，低量程 TGS821 的反应灵敏度高，但这 2 种传感器在感应低浓度的氢气泄漏时反应都比较明显。传感器可以等效于 2 个电阻，一个是可变电阻，另一个为固定电阻。可变电阻是随着氢气的浓度、湿度、温度的变化而变化，其中氢气的浓度和湿度对它的影响比较大。传感器的可变电阻是随着氢气浓度的变大而变小（即信号端的输出电压变大）的。固定电阻是用来加热的。根据不同的要求，对氢气传感器的类型、数量及布置的位置均有一定的要求。一般来说，出于对安全性能的考虑，燃料电池汽车总共要求安装 4 个氢气泄漏传感器，而所有传感器的信号需应直接传送到仪表盘的醒目位置，以及时通知驾驶人。

一般在行李舱布置 2 个氢气泄漏报警仪，报警值设置为 3 级。

说明：氢气泄漏报警级别共分 3 级。

一级：氢气浓度达到 10^{-3}（2.5%LEL）时报警，系统自动切断氢气供应，由驾驶人将车辆移至指定的安全区域由专人检查整个系统。

LEL 是指爆炸下限，它是针对可燃气体的一个技术词语。可燃气体在空气中遇明火爆炸的最低浓度，称为爆炸下限，其英文缩写为“LEL”。空气中可燃气体浓度达到其爆炸下限值时，称这个场所可燃气环境爆炸危险度为 100%（100%LEL）；如果可燃气体含量只达到其爆炸下限的 10%，称这个场所此时的可燃气环境爆炸危险度为 10%LEL。

二级：氢气浓度达到 5×10^{-3}（12.5%LEL）时报警，红色报警，建议驾驶人切断氢气供应，将车辆开至指定的安全区域由专人检查整个系统。

三级：氢气浓度达 10^{-2}（25%LEL）时报警，黄色报警，建议驾驶人及时停车，用氢气检漏工具检查供氢系统。

在乘坐舱内布置 2 个报警器，报警级别分别为一级和二级，分别安装在后座的左右两侧。

报警系统需要自带蜂鸣器。氢气泄漏传感器需要常供电，在不开车的情况下如果测到氢气泄漏，蜂鸣器可以发出报警声音。

另外，在车辆发生碰撞的情况下，整车控制系统能通过车上安装的碰撞传感器关闭储氢罐电磁阀。

五、典型的氢燃料电池汽车

国内外燃料电池汽车市场已趋近商业化运用阶段，日韩、北美、欧洲等燃料电池相关技术发展迅速，已完成基本性能的开发、部分核心技术问题的解决。各国车商早已经开始生产燃料电池汽车，典型的燃料电池汽车品牌有丰田 Mirai、本田 Clarity、奔驰 F-Cell EQ Power、通用 EquiNOX 等。各国政府也在加快加氢站的建设，燃料电池汽车市场逐步开启。

1. 本田燃料电池汽车

本田燃料电池汽车首次亮相于 1999 年。目前，其燃料电池汽车的发展已经发生了很大的变化。本田的燃料电池汽车 FCX Clarity（图 3-17），以本田独创的燃料电池堆“V Flow FC s tack”技术为核心，实现了燃料电池汽车所特有的二氧化碳零排放。

本田 FCX Clarity 的电动机为永磁交流同步电动机，可从燃料电池中获取 100kW 的电功率，在 13 500r/min 的转速时可提供 98kW 的功率及 256N·m 的转矩，能够以大约 9.2s 的时间驱动一辆中型轿车由零加速至 96.6km/h。这和装备了 130kW 功率、2.4L 直列四缸发动机的 2008 款本田 Accord 轿车的加速时间一样。其氢消耗量约为 30L/km。

（1）动力系统布置结构

本田 FCX Clarity 动力系统的结构布置如图 3-18 所示，储氢罐布置在车身的尾部，燃料电池堆则布置在车辆底部；锂电池作为辅助动力电池布置在车身后部，通过驱动电机直接驱动车辆的前轮。

图 3-17　本田 FCX Clarity 外形

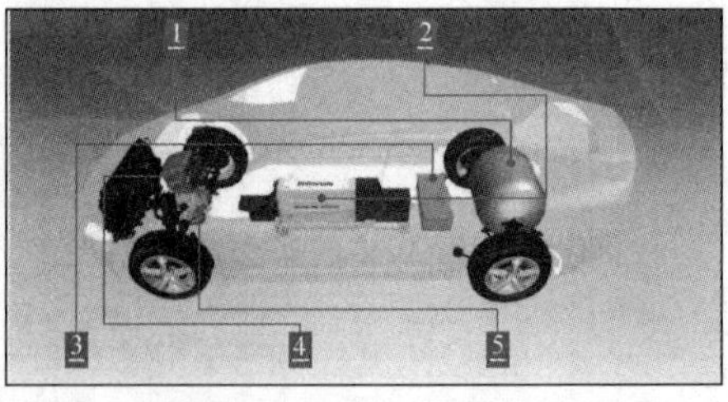

1—储氢罐；2—燃料电池堆；3—锂电池；4—能量驱动单元；5—驱动电机

图 3-18　本田 FCX Clarity 动力系统结构布置图

（2）燃料电池堆

本田 FCX Clarity 搭载的燃料电池堆如图 3-19 所示，采用 Honda 独创的氢气和空气竖直流动的 V Flow 电池单体结构，还采用使氢气和空气波状流动的“波状隔板”。燃料电池堆的最高功率可达 100kW，能在环境温度为−30℃以下顺利启动。本田 FCX Clarity 燃料电池堆的直角造型使它便于安装在轿车上，还可以更有效地提高燃料电池冷却、氢电转换和低温下的工作性能。因为各单体燃料电池是垂直分布的，

图 3-19　燃料电池堆

因此，其表面的水分会向下排出，使燃料电池堆不会结冰。燃料电池堆的电能可对 288V 的锂电池组进行充电或者驱动电机进行工作。

（3）动力电池组

本田 FCX Clarity 燃料电池汽车以锂电池作为一个补充电源，取代了在早期 FCX 原型车中的超级电容。其体积适合安放在车辆后部，从而节省了空间。

（4）驱动电机

本田 FCX Clarity 采用功率达 100kW 的永磁交流同步电动机，最大输出转矩为 189N·m。

2. 奥迪 Q5HFC

奥迪 Q5HFC 中的“HFC”代表的是 Hybrid Fuel Cell，即混合燃料电池。2 个 70MPa 的高压罐可以储存 3.2kg 氢气。低温氢燃料电池的功率可达 98kW，锂电池的容量为 1.3kW。靠近车轮的 2 个驱动电机的最高功率可达 90kW，最大转矩可达 420N·m。

奥迪 Q5HFC（图 3-20（a））可在 13.4s 之内加速到 100km/h，最高速度可达 160km/h。氢气的利用非常节约和高效，燃料电池的能量转换效率可以达到 50%以上。该车型实现了 500km 的超长续驶里程。

如图 3-20（b）所示，奥迪 Q5HFC 采用氢燃料电池和锂电池共同为前轮驱动提供电能。这款车采用轮毂电机驱动系统，因此可以实现左右前轮的动力分配，而后轮不参与驱动。

（a）奥迪 Q5HFC 动力系统结构透视图

（b）奥迪 Q5HFC 动力系统结构布置图

1—燃料电池系统和驱动电机；2—燃料电池堆；3—氢气供应系统；4—动力电池组；5—储氢罐

图 3-20　奥迪 Q5HFC 动力系统结构透视图及布置图

3. 奔驰 B 级燃料电池汽车

奔驰 B 级 F-Cell 动力系统（图 3-21）的性能要优于 2.0L 发动机，并且拥有良好的燃油经济性。其燃料消耗相当于每百千米消耗柴油 3.3L。其最大输出功率可达 100kW，峰值转矩可达 290N·m，最高车速可达 170km/h，续驶里程为 400km。这款车可以在−25℃的寒冷条件下实现启动，只需要 3min 的时间就能完成氢燃料的补充。

图 3-21　奔驰 B 级 F-CELL 动力系统结构透视图

因为这些动力装置安装在车底夹层之中，所以不会影响到这款车的内部空间。这款车标配了普通奔驰车的所有设置，如真皮内饰、自动空调系统及 Command 系统等。其还可以通过显示屏，来查看燃料的使用状况。

4. “超越”系列燃料电池汽车

同济大学、上汽等早在21世纪初就开始了燃料电池汽车的研发，技术领先程度并不逊于国外同行。2002年，所研制的“超越一号”氢燃料电池汽车露面，随后几年，又诞生了“超越二号”“超越三号”及上海牌燃料电池汽车，其搭载的氢燃料动力系统不断升级。

“超越二号和“超越三号”燃料电池汽车分别参加了2004年和2006年世界必比登新能源汽车挑战赛，与美国的通用、福特，德国大众及日本等汽车公司研制的燃料电池轿车同场竞技，在7项技术测试中分别取得5项和4项技术A级奖，综合成绩名列前茅，而且燃料经济性和车外噪声测试指标位列第一。

与“超越一号”燃料电池汽车不同的是，“超越二号”燃料电池汽车的所有关键零部件都由我国自主研发。“超越二号”燃料电池汽车以桑塔纳轿车为原型车装配而成，每100km氢消耗量从“超越一号”燃料电池汽车的1.39kg下降到1.03kg。与“超越一号”相比，“超越二号”燃料电池汽车起步加速能力大有提高，0～100km/h加速时间只需26.7s，比“超越一号”燃料电池汽车整整缩短了约20s，最高车速可达118km/h，续驶里程达到197km。“超越二号”燃料电池汽车采用了完全由我国自主研发的电动机，来替代“超越一号”燃料电池汽车的进口电动机，整车质量减轻150kg，燃料电池发电功率提高6kW，且可靠性和稳定性都超过了进口燃料电池。

“超越三号”燃料电池汽车的最高车速达到123km/h，0～100km/h加速时间为19s，一次加氢的续驶里程为230km，燃料经济性为1.132kg/100km。

“超越”系列燃料电池汽车的动力系统平台有两大特点：第一，主动力源FCE提供持续的平均驱动功率，辅助动力源（锂电池）提供加速所需的瞬态附加功率，从而大大降低燃料电池的容量，降低对燃料电池发电系统的瞬态响应要求，并可实现再生制动能量回馈，提高运行经济性；第二，采用恒流控制的DC/DC变换器与FCE串联，实现FCE与锂离子电池输出功率的汇流，可按FCE实际输出能力较精确地控制FCE的能量输出，很好地实现了燃料电池输出阻抗与驱动电机逆变器输入阻抗的匹配，并可大大提高整个动力系统的可靠性。“超越”系列燃料电池汽车的动力系统结构如图3-22所示。

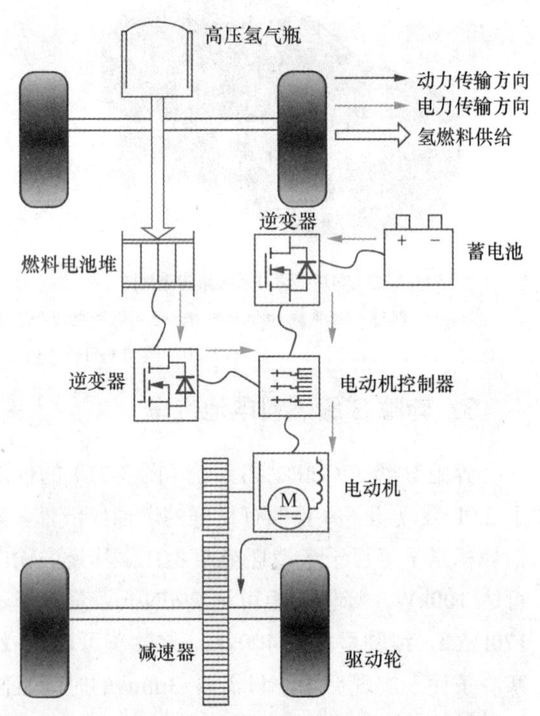

图3-22 “超越”系列燃料电池汽车动力系统结构图

5. 丰田混合动力燃料电池大客车

丰田与日野汽车公司合作开发的长10.5m、低底板燃料电池混合动力城市大客车FCHV-Bus2（图3-23）在日本爱知世界博览会上使用。该车将一对丰田的燃料电池堆与丰田的THS-Ⅱ混合驱动和管理系统结合在一起，此系统曾用于普锐斯车系。

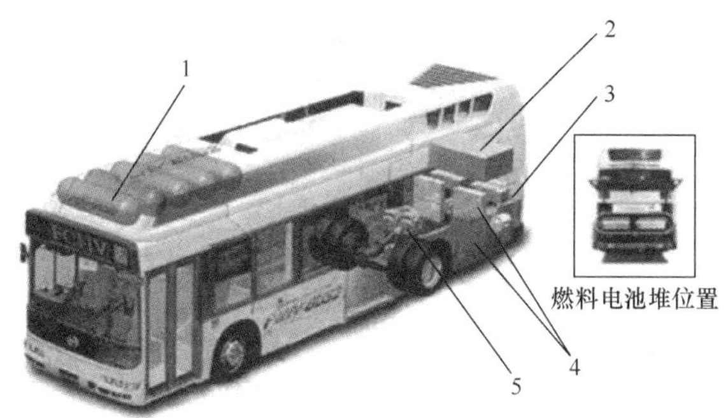

1—高压氢气瓶；2—动力电池组；3—燃料电池堆；4—动力控制单元；5—电动机

图 3-23 燃料电池混合动力城市大客车 FCHV-Bus2 的动力系统结构图

【任务实施与考核】

1. 准备工作

在技能学习工位准备好燃料电池汽车及其相关技术资料。

2. 学生工作

结合本学习任务相关知识的学习，边查阅技术资料边观察整车，完成工单 3-1。

3. 教师工作

① 向学生讲解安全注意事项，并要求学生在工单 3-1 中做记录。

② 观察、指导学生进行相关操作，对可能发生危险的事情必须及时制止。

③ 结束后审阅学生完成的工单，并结合其操作情况给出评价。

| 任务 3-2 气体燃料汽车 |

【任务分析】

气体燃料汽车在节能和环保方面均优于常规燃料（汽油或柴油）汽车，所以将其归类于新能源汽车中。气体燃料汽车包括代用气体燃料汽车和氢燃料发动机汽车 2 类。气体燃料种类很多，常见的有天然气和液化石油气（天然气应用较多）。氢燃料发动机汽车是以氢气为主要能量驱动的汽车。

气体燃料与液体燃料在性能方面是有很大差异的，那么，在汽车结构方面应做哪些改进呢？本任务主要学习天然气汽车和氢燃料发动机汽车的基本结构原理。

【学习目标】

1. 知识目标

① 能够正确描述天然气的特点。

② 能够正确描述压缩天然气动力系统的组成、工作原理及应采取的安全措施。

③ 能够正确描述预混式氢燃料发动机、缸内喷射式氢燃料发动机和内外组合式氢燃料发动机的工作原理。

④ 能够正确描述液氢汽车供氢系统的工作原理。

2. 能力目标

① 能够根据具体的气体燃料汽车，简单说明其特点。

② 能够通过观察，找出代表气体燃料汽车的典型部件。

3. 素质目标

① 培养劳动安全保护及善于观察分析的职业素养。

② 培养创新发展等综合素养。

【相关知识】

一、天然气汽车

1. 天然气及其在汽车上的应用

我国天然气储量丰富，总资源量约为 54 万亿 m^3，西气东输工程已覆盖 120 个城市，推广使用天然气汽车有着良好的资源条件。

天然气是一种以甲烷（CH_4）为主要成分的矿物燃料。根据产地的不同，天然气中甲烷的质量含量高达 80%～99%，其余成分是二氧化碳、氮气和低分子量烃。天然气在汽车上可以以液态形式存储，或者以气态压缩的形式存储。以液态形式存储是指在−162℃时，作为液化天然气（LNG）存储；以气态压缩的形式存储时，压缩天然气（CNG）的压力高达 20MPa。由于存储液化天然气的成本高，所以，一般都将天然气以压缩的形式存储。天然气的抗爆性极好（RON 约为 140），从而可使用 13∶1 的压缩比。然而，在两用燃料发动机上，如汽油和天然气组合使用的发动机上，由于压缩比必须按照汽油来调整，所以，这个优点不能得到很好的利用。国内改装的两用燃料汽车，因要兼顾燃油、燃气两种条件，对原发动机压缩比和燃烧结构等均不做变动，发动机的功率、汽车的最高车速、汽车的加速性能不低于原车的 90%，所以汽车输出功率略有下降，但城区地势较为平坦，不会影响驾驶效果。

1m^3 天然气可代替 1kg 以上的汽油，一次充气可行驶 200km 左右，排放达欧Ⅱ标准。

天然气用于点燃式发动机和压燃式发动机，具有以下优点：具有优异的燃烧特性，二氧化碳、氮氧化物和一氧化碳低排放特性。实际上，其废气中不含颗粒物和含硫排放物；火花塞无积炭，减轻了机油的污染。天然气用于点燃式发动机和压燃式发动机驱动，具有以下缺点：由于天然气的热值低，所以，发动机功率降低；天然气存储费用高；在同样的燃料箱容量的情况下，续驶里程缩短。

CNG 发动机动力性下降的原因有混合气热值低、分子变更系数小及充气效率低等。混合气热值低和分子变更系数小是由于燃料分子中含氢比例较大造成的，对于天然气，其分子结构是固定的，无法改变。要提高 CNG 发动机的动力性，只能从增压、缸内直喷、降低进气温度、大负荷工况减气增油等方面进行。天然气辛烷值为 115～139，比汽油高出 50%，抗爆性能强，提高压缩比、增大点火提前角是提高 CNG 发动机功率简单易行的有效方法。CNG 发动机的转矩除在高转速时略有下降外，均呈现出较好的低速特性，这是由于 CNG 抗爆性能好，低转速时不需要推迟点火。

目前，国内天然气汽车的开发主要采用 CNG 技术，但在实际应用中，存在诸如车辆行驶里程短，动力性、经济性不够理想，安全性能较差等问题，从而限制了其应用范围。

在点燃式发动机上，天然气动力系统一般将天然气驱动与汽油驱动相结合（所谓的两用燃料动力装置）。

有的汽油/CNG 两用燃料汽车在中、小负荷工况下，发动机燃用纯 CNG，当发动机负荷达到 50%以上时，减少 CNG 供气量并加入少量汽油掺烧，或在大负荷工况下完全切断 CNG 供气，改为纯汽油供给方式。

2. CNG 动力系统的工作原理

如图 3-24（a）所示，高压的压缩天然气从储气瓶出来，经高压电磁阀进入减压器（减压阀）。高压电磁阀的开闭由 ECM 控制，减压器的作用是将高压的压缩天然气（工作压力 20～30MPa）经过减压加热将压力调整至 7～9MPa。高压天然气在减压过程中由于减压膨胀，需要吸收大量的热量。为防止减压器结冰，将发动机冷却液引出到减压器对天然气进行加热。经减压后的天然气经过滤器过滤后进入电控调压器（喷轨），电控调压器的作用是根据发动机运行工况精确控制天然气的喷射量。天然气与空气在混合器（进气管道）内充分混合，进入发动机气缸内，经火花塞点燃进行燃烧，火花塞的点火时刻由 ECM 控制。氧传感器实时监控燃烧后尾气的氧浓度，推算出空燃比，ECM 根据氧传感器的反馈信号控制 MAP 来及时修正天然气的喷射量。图 3-24（b）所示为 CNG 发动机电控系统组成。图 3-25 所示为玉柴 CNG（增压）发动机系统原理图。

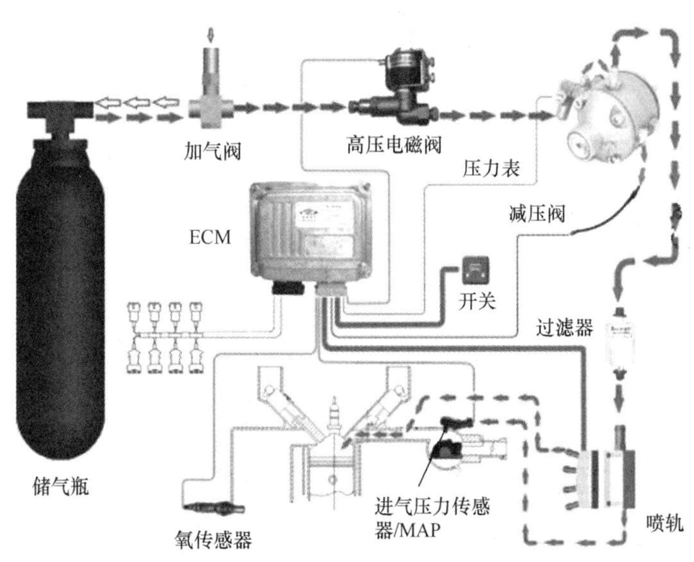

（a）CNG动力系统工作原理示意图

图 3-24　CNG 动力系统工作原示意图及 CNG 发动机电控系统组成

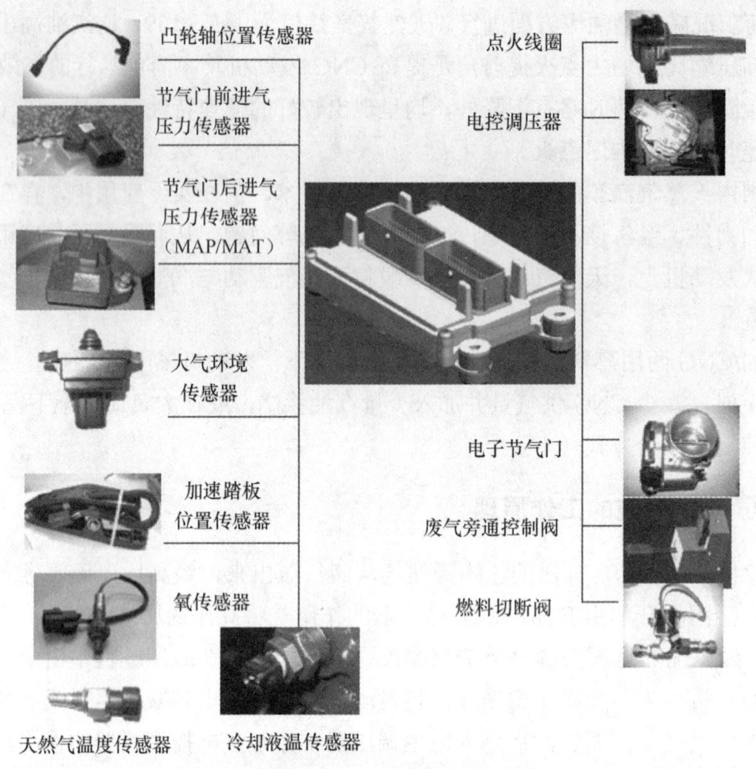

（b）CNG发动机电控系统组成

图 3-24　CNG 动力系统工作原示意图及 CNG 发动机电控系统组成（续）

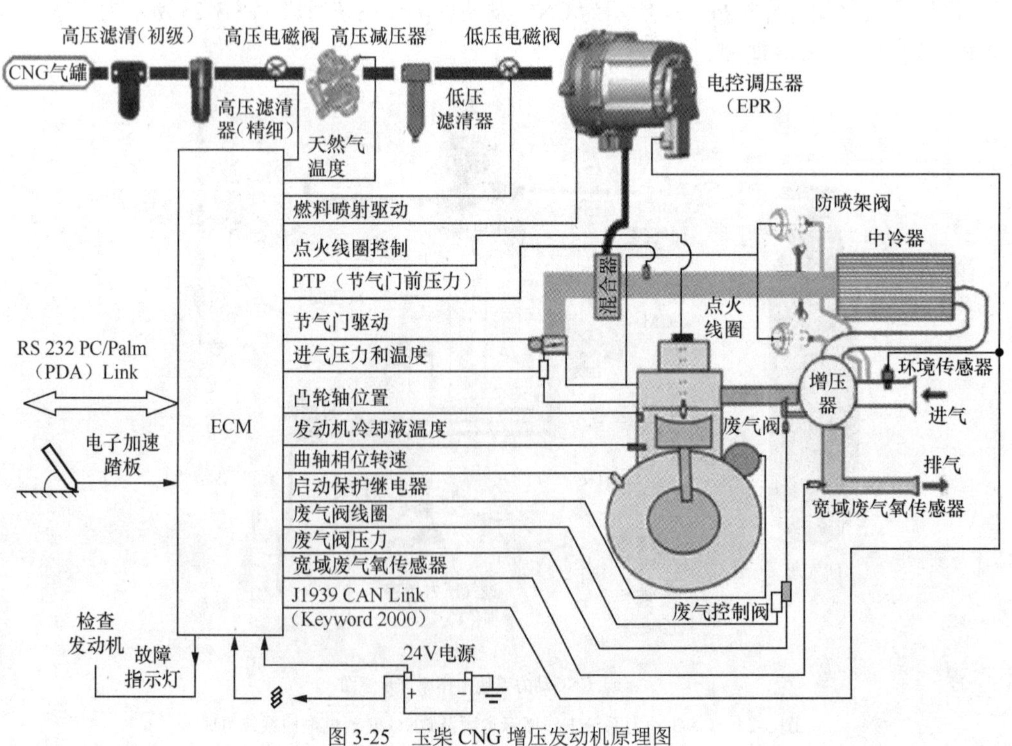

图 3-25　玉柴 CNG 增压发动机原理图

3. CNG 动力系统的安全措施

CNG 动力系统会对环境构成一定的威胁，例如，气体泄漏未被检查出来或是储存压力的提高存在爆炸的危险，为此，CNG 动力系统必须采取多种安全措施。

① 止回阀位于充气接头内的截止阀上，其作用是防止天然气经过充注阀倒流。

② 在车内布置的管路和部件上，包缠密封护套。

③ 螺纹套管接头采用双卡环螺纹套管接头。

④ 天然气储气瓶是由钢或碳纤维增强材料（CFRP）制成，每个储气瓶都要通过 2 个护圈安装到汽车上。钢瓶的爆炸压力约为 40MPa，而 CFRP 气瓶的爆炸压力约为 50MPa。

⑤ 储气瓶上安装易熔塞和热熔断器。这些装置可以防止过高的压力增长，从而防止起火所引起的储气瓶爆炸。

⑥ 电磁截止阀安装在天然气储气瓶上，在转换成汽油模式的情况下、在发生电源故障时、发动机停机后或者在发生碰撞事故时，此阀关闭。另有一个电磁截止阀安装在调压器上。

⑦ 限流器可以防止管路破裂所造成的天然气突然大量泄漏。

⑧ 在低压侧管路上采用软管（如调压器与气体喷射器之间的管路），可以防止疲劳损伤所引起的断裂现象。

⑨ 过压调节器安装在调压器上，可防止低压侧出现过高压力。

4. CNG 汽车的主要相关零部件

（1）高压燃料切断阀（高压电磁阀）

如图 3-26 所示，高压燃料切断阀由 ECM 控制其开合，停机状态下处于常闭状态，作用是及时切断或恢复燃料供给。

（2）高压减压器

如图 3-27 所示，高压减压器用来控制减压后的天然气压力，通过节流和加热，使高压的压缩天然气减压至 7～9MPa 的低压天然气。

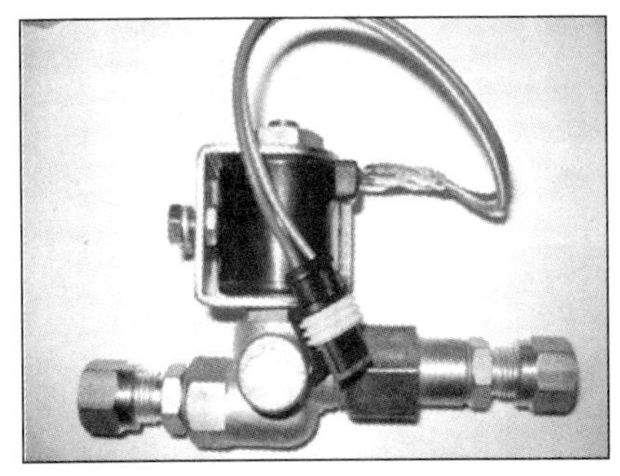

图 3-26　高压燃料切断阀

图 3-27　高压减压器

（3）低压电磁阀

如图 3-28 所示，低压电磁阀由线圈驱动阀芯，由 ECM 控制其开合，停机状态下处于常闭状态，有及时切断或恢复燃料供给作用。

（4）电控调压器（EPR 阀）

如图 3-29 所示，电控调压器内部有一控制芯片。该控制芯片接收来自 ECM 的控制指令，以控制天然气的供气量，从而实时有效地控制空燃比。

图 3-28　低压电磁阀

图 3-29　电控调压器

（5）混合器

混合器将天然气和中冷后的空气充分混合，使燃烧更充分、柔和，有效降低氮氧化物的排放和排气温度。

（6）电子节气门

电子节气门通过控制蝶阀的开度来控制进入缸内的混合气的量，从而控制发动机的转速和负荷。驾驶人通过加速踏板（内置位置传感器），将动力需求传送给 ECM，ECM 接收到此信号后，根据发动机的运行工况控制电子节气门的开度。

（7）点火线圈

如图 3-30 所示，点火线圈接收来自 ECM 的点火指令，产生高电压并将高电压传递给火花塞，产生火花，点燃混合气。点火线圈能根据 ECM 指令控制点火时刻，使发动机实现低排放、低气耗。

（8）防喘振阀

如图 3-31 所示，防喘振阀是当发动机突然减速时，通过防喘振阀通气软管将节气门后的低压压力传递到防喘振阀压力反馈接头上，打开防喘振阀单向截止膜片，使增压器压气机前后压力平衡，避免增压器喘振，从而保护增压器。

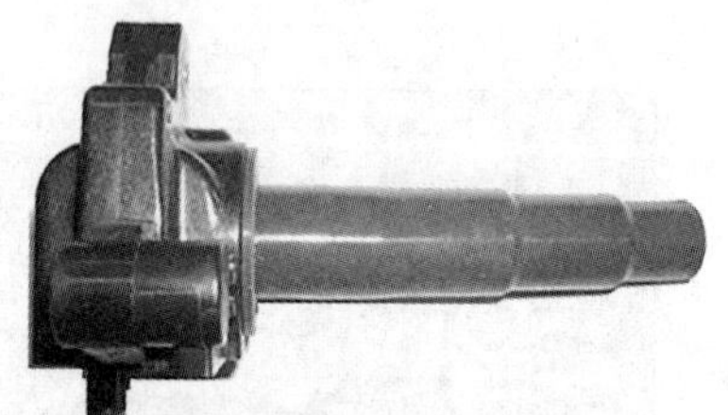

图 3-30　点火线圈

图 3-31　防喘振阀

该零件共有 3 个接口：一个接口连通节气门后方，用于感知节气门后方的进气压力；另外 2 个接口分别连接增压器前进气管和增压器后进气管。6G 系列 CNG 发动机使用 2 个防喘振阀。2 个防喘振阀安装时进、出气口刚好相反，使气流能相互流通。4G 系列 CNG 发动机只需要 1 个防喘振阀即可满足要求。

（9）火花塞

火花塞接收来自点火线圈的高电压，产生火花，点燃天然气。

（10）废气旁通控制阀

如图 3-32 所示，通过控制废气旁通控制阀的占空比，控制废气旁通控制阀的出口压力，从而控制发动机的增压压力。采用该技术能有效提高发动机的低速转矩，满足公交车频繁起步的工作要求。

（11）氧传感器

如图 3-33 所示，氧传感器通过检测排气中的氧分子浓度，判断燃烧时的空燃比，ECM 根据计算所得的空燃比修正天然气供给量。

图 3-32　废气旁通控制阀

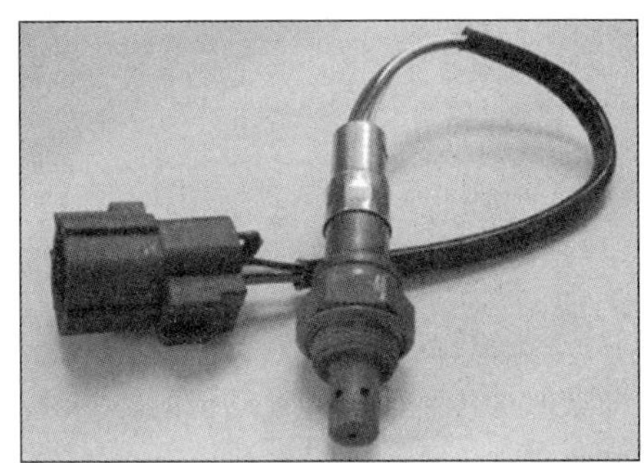

图 3-33　氧传感器

（12）大气环境传感器

如图 3-34 所示，通过测量进气压力、温度、湿度来修正实际天然气供给量，使发动机运行在最佳状态。

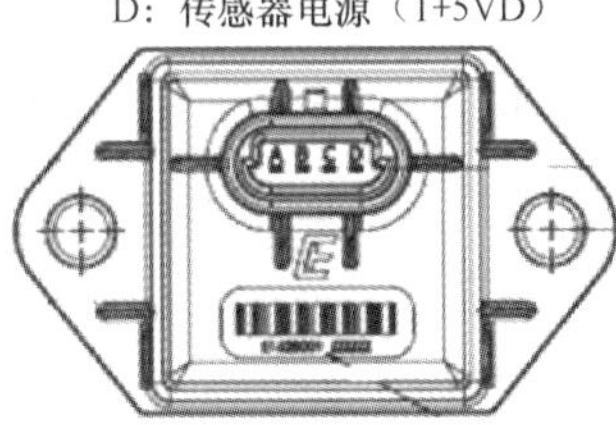

图 3-34　大气环境传感器

（13）进气压力、温度传感器

如图 3-35 所示，通过测量中冷后的压力、温度，结合发动机转速、排量、充气效率，计算出混合气流量。

（a）进气压力、温度传感器外形

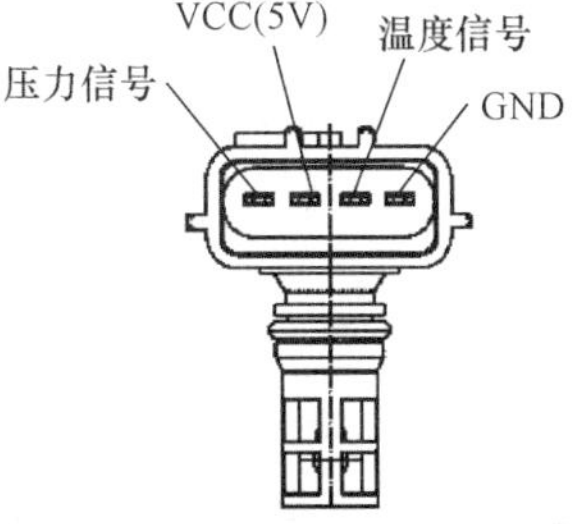

（b）进气压力、温度传感器针脚定义

图 3-35　进气压力、温度传感器

（14）凸轮轴位置传感器

如图 3-36 所示，其通过信号轮的触发信号，将第一缸活塞压缩上止点位置及时准确地传递给 ECM，其还具有测量曲轴转速的功能，ECM 根据触发信号及 MAP 来控制发动机的点火提前角、空燃比、增压压力等参数。

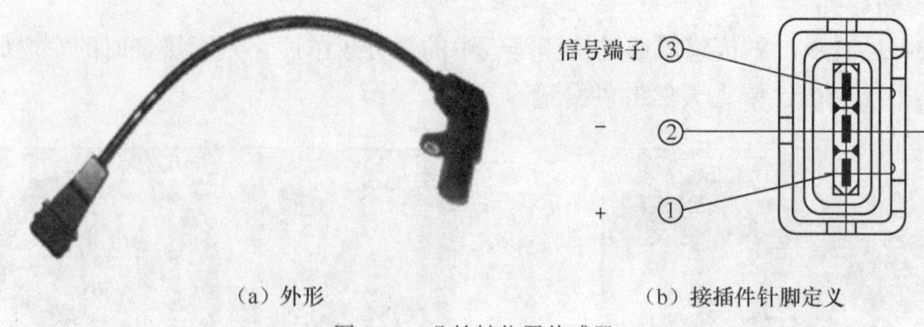

（a）外形　　（b）接插件针脚定义

图 3-36　凸轮轴位置传感器

（15）冷却液温度传感器

冷却液温度传感器可将发动机的冷却液温度信号及时准确地传递给 ECM，ECM 根据冷却液温度修正点火提前角、空燃比及怠速车速等参数，同时在冷却液温度失控的情况下限制发动机的功率，从而保护发动机。

（16）天然气温度传感器

如图 3-37 所示，天然气温度传感器实时测量电控调压器出口处的天然气温度并传递给 ECM，ECM 根据测量到的温度、压力等参数，及所需要的目标空燃比计算出需要提供给发动机的天然气供给量。

图 3-37　天然气温度传感器

（17）电子加速踏板

如图 3-38 所示，驾驶人通过电子加速踏板驱动和控制发动机的运行工况，反映驾驶人的实际动力需求。

（18）电子控制模块

如图 3-39 所示，电子控制模块是电控 CNG 发动机管理核心，通过各种传感器监控发动机的运行工况，根据发动机的运行工况和控制 MAP 控制各执行器，并通过 CAN 总线与汽车各子系统通信。

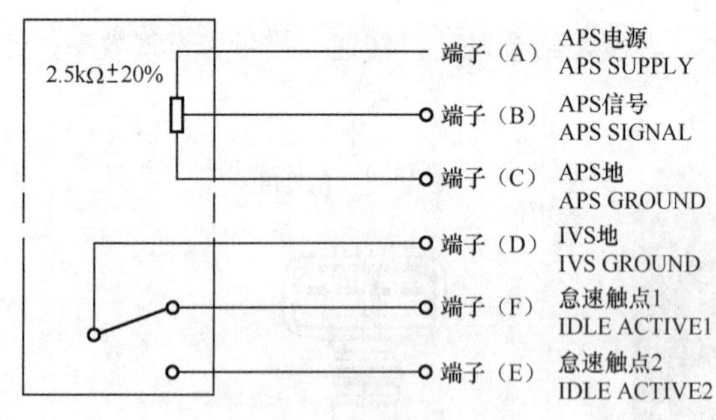

图 3-38　电子加速踏板端子布置

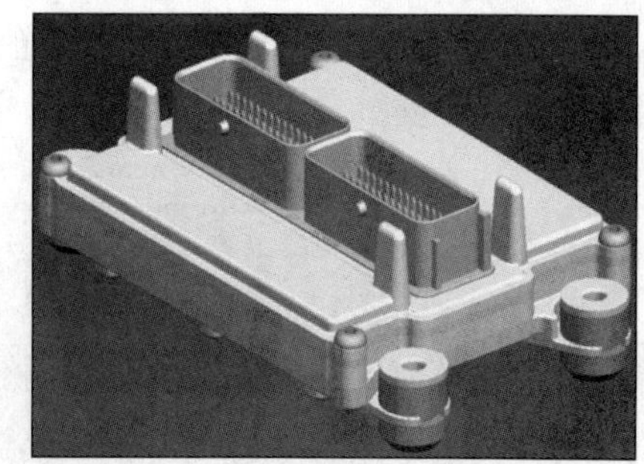

图 3-39　电控 CNG 电子控制模块

5. 天然气汽车的发展

CNG 汽车发动机历经了几代产品的演变和发展之后，呈现出如下发展趋势。

① 燃料供给系统从机械式混合器发展到电子控制喷射系统。

② 电子控制喷射系统由单点开环控制发展到闭环多点喷射控制系统。

③ 喷射方式从缸外预混合到复合供气、缸内直接喷射。

为从根本上解决以往预混合供气方式中，CNG 气体燃料挤占进气空气体积，造成充气效率下降而研制出 CNG 缸内直喷发动机。与常见的缸外混合 CNG 发动机不同，该发动机将空气的吸入和 CNG 的喷射分开进行，先将纯净空气吸入气缸，在接近压缩行程上止点时将 CNG 喷入汽缸，借助高温（约 1 300℃）的电热塞使天然气压燃。

CNG 缸内直喷技术综合了柴油机和汽油机的优势，从根本上解决了预混合供气方式中，天然气燃料挤占进气空气体积，造成充气效率下降的问题，实现了 CNG 非均质混合气扩散燃烧，燃烧效率高，能有效提高天然气发动机的动力性。

④ 燃料的使用从两用燃料、双燃料到单一燃料。

⑤ 燃料存储方式从 CNG 向 LNG 方向发展。

LNG 燃料开发和应用的难点之一在于天然气常温下难以液化，因此 LNG 的制取比 CNG 要复杂，而且 LNG 在常压下只有保持在−162℃以下才能呈现为液态，故 LNG 的气瓶和传输管路需要具有良好的绝热性能。其设计制造相当复杂，成本较高。

与 CNG 相比，LNG 具有更多的优点，主要体现在以下几个方面。

① 可提高发动机的压缩比。LNG 通过深冷前的净化处理几乎除掉了天然气中的全部杂质，深冷净化处理过程中又分离出不同液化点的重烃类成分和其他气体成分，因此 LNG 的纯度很高，甲烷含量为 97.5%～99.5%，而 CNG 中的甲烷含量只有 81.3%～97.5%。LNG 燃料成分的单一性和一致性有利于发动机压缩比等设计参数的确定，避免了乙烷、丙烷等成分的爆燃对发动机及其部件造成的不良影响。

② 燃料经济性好。LNG 的能量密度是 CNG 的 3.5 倍，这表明 LNG 的储存效率更高，可以使汽车获得较长的行驶里程，或者说在相同行驶里程的情况下，可以使汽车的总重量更轻，即比使用 CNG 有更好的燃料经济性。同时，储存效率高也使 LNG 更利于运输，扩大了 LNG 使用的地域范围。

③ 安全性好。LNG 的储气瓶为具有绝热夹层的压力气瓶，储存温度为−162℃，储存压力稍高于 1.0MPa，而 CNG 通常以 20～25MPa 的高压储存在高压储气瓶中，因此使用 LNG 更安全。

④ 发动机热效率高。应用 LNG 发动机的汽车可以充分利用 LNG 的低温特性降低混合气的温度，从而降低燃烧温度，提高发动机的热效率，同时降低氮氧化物的排放。

⑤ 对负荷变化响应快。使用 LNG 易于使发动机对负荷变化获得更好的响应性。

LNG 作为后起之秀，具有无与伦比的优势，发展前景看好。随着 LNG 低温液化技术的不断成熟，LNG 的制取、气瓶、传输管路等的价格将不断下降，届时，LNG 将成为天然气汽车发动机的主要发展方向。

6. 典型的天然气汽车

（1）一汽解放 J7 LNG 牵引车

其搭载解放动力 CA6SM3-47E6N 天然气发动机，12.52L 的排量，符合国家第六阶段机动车污染物排放标准；最大功率约 345.68kW，最大转矩为 2 100N·m。该车采用 3 气瓶的设计，两侧各有一个 500L 的气瓶，中间设置了一个 1 350L 的气瓶，总容量达到了 2 350L。其外形如图 3-40 所示。

（2）江淮瑞风 M4 CNG 系列

如图 3-41 所示，其搭载 LJ481QS6 五菱柳机 2.0L 发动机，发动机燃料类型为汽油和压缩天然气，其中，油箱容积为 15L，天然气罐容积为 170L，最大功率为 90kW，最大转矩为 175N·m，满载状态下还可以实现 550km 的超长综合续驶里程。

图 3-40 一汽解放 J7 LNG 牵引车

图 3-41 江淮瑞风 M4 CNG 系列汽车

二、氢燃料发动机汽车

1. 氢燃料发动机

氢气与石化燃料不同，其不含碳，燃烧之后生成的是水和少量的一氧化氮，没有 CO 和 HC（碳氢化合物），也不会产生造成温室效应的二氧化碳，符合减缓全球变暖的时代需求，所以它是一种清洁燃料。目前，车用氢能主要有两种方案：一种是燃料电池，它是通过氢的离子化转换成电能；另一种是氢燃料发动机，它通过氢的燃烧使化学能转换为机械能。

氢气在常温、常压下是无色、无味、无毒的气体。氢气本身的天然储量不大，而且自然界中的氢绝大部分以化合态的形式存在。但作为其来源之一的水，却是十分丰富的。而且氢气燃烧后生成的物质还是水，故能形成资源的快速循环。

（1）氢燃料发动机的分类与工作原理

氢燃料发动机属于点燃式发动机，根据氢燃料储存的压力和形态分为压缩氢、液态氢和吸附氢 3 种；根据混合气形成方式的不同，可分为外部混合（预混式）、内部混合（缸内喷射式）和内外组合式 3 种方式。

① 预混式氢燃料发动机。预混即缸外混合技术，是使气态氢与空气在发动机外部形成混合气，然后通过进气道在进气行程送入气缸，由火花塞或电热塞引燃，也可以用柴油引燃。这是使用氢燃料最简单的技术，所以目前国内外研发的氢燃料发动机大部分都采用这种形式。采用预混式燃烧形式不需要对传统发动机的结构进行很大的改动，而且该种发动机各缸燃料分配均匀，所以混合气的形成和燃烧较易组织。但是，预混式氢燃料发动机在运行中无法避免爆燃、早燃和进气管回火等异常燃烧现象，输出功率一般也较低。一旦出现异常燃烧，发动机性能将会急剧下降，甚至无法正常工作。为避免这些异常燃烧的现象，可以采用以下措施。

a．避免回火措施。回火一般是由早燃引起的，所以首先需要保证气缸清洁和减少热点。可采用在进气歧管加引管喷射的方式，将减压后的氢气喷射到进气门处以减少进气歧管内的氢气量，也可以很好地减轻回火程度。另外，还可以采用进气管喷水的方法，但是这种方式不仅要求有较大的喷水率，才会有明显的效果，而且还会腐蚀气缸，使发动机的功率下降。

b．避免早燃措施。为了抑制早燃的产生，氢燃料发动机必须采用各缸独立点火系统，而不能采用分组式电子点火系统。为了避免早燃，还应该根据氢气的燃烧特性选用冷型的火花塞和较狭小的火花塞间隙。为了克服极稀混合气状态下火焰传播速度显著下降引发的断火，应采用双火花塞点火。另外，在混合气中添加甲烷、氮气等可抑制早燃，而且在其中添加甲烧还可以弥补使用氢气燃料带来的功率不足，并解决燃烧过快或过慢的问题。

c．其他措施。通过调整喷氢提前角、点火提前角及它们之间的匹配，可以在一定程度上消除氢燃料发动机的异常燃烧；采取废气再循环方式也可防止异常燃烧现象，不过要想有明显的效果，需要保证 EGR 率在 25%～30%以上。

② 缸内喷射式氢燃料发动机。缸内喷射是指在进气门关闭后将氢燃料直接喷入缸内。压缩行程开始后，气缸内的气体压力是逐步上升的。在压缩行程的不同时期，喷入缸内氢气的压力必须是不同的，压力高低需要与缸内气体压力相匹配。氢气在压缩行程初期喷入的称为低压喷射型氢燃料发动机，在压缩行程末期将压力为 8MPa 以上的氢气喷入气缸的称为高压喷射型氢燃料发动机。采用缸内喷射，氢气不再占据气缸容积，这样就避免了预混式氢燃料发动机气缸内可燃混合气总量较少的缺点。另外，由于换气过程中新鲜空气对燃烧室的冷却作用，大大减少了表面点火的发生，发动机工作平稳可靠。低压喷射型氢燃料发动机虽可控制回火，但喷入常温下的氢气时易发生早燃等异常燃烧，功率只能与汽油机水平相当；而喷入低温（−50～0℃）氢气虽可抑制早燃和提高发动机的功率（功率比汽油机高 20%），但是运行成本上升，还受到发动机运动副的耐冻能力和循环工作情况的限制。高压喷射型氢燃料发动机由于氢气和空气混合不良，指示热效率稍低，但不会发生回火和早燃等异常燃烧，并可提高压缩比，从而提高输出功率和补偿热效率，改进发动机的整体性能。但是高压喷射型氢燃料发动机对喷氢系统有很高的要求，具体情况如下所述。

a．为了使氢喷束贯穿整个燃烧室，喷射压力必须大于 8MPa，这么高的压力只有通过采用液氢泵来获得。

b．氢极易通过喷射阀和阀座间的狭缝泄漏，因此这些偶件要求加工得十分精密，并需使用少量润滑油。这些特殊的低温防泄漏设备的采用增加了发动机的运行成本。

c．与汽油相比，氢的密度很小，因而在高压空气中，氢喷束的喷射速度较低，且射程较短，不利于及时形成混合气。因此，要实现快速燃烧，必须合理组织燃烧室内的气流运动。

d．氢的喷射正时、点火正时及循环喷氢量均应精确控制。

③ 内外组合式氢燃料发动机。在采用缸内高压喷射时，由于氢喷入缸内会吸热，氢的自燃温度又高，导致着火困难。采取缸内喷射与进气道喷射相结合的方式喷氢，使得少量氢和空气在进气管预混后进入气缸，其余大部分氢气在压缩末期高压喷入气缸，可以有效改善发动机的着火性能，从而降低氮氧化物的排放。日本古滨庄一等人采用缸内喷射（喷射压力为 5MPa）和预混（过量空气系数为 4）相结合的方式进行试验，结果表明，与全部预混的方式相比，这种方式更有利于在过量空气系数为 1 的附近正常燃烧，并能获得较低的氮氧化物排放量。

（2）关键零部件

典型的液氢汽车供氢系统如图 3-42 所示。由直流电动机驱动的液氢泵将液氢箱的氢抽出，氢迅速由液态变为气态，经高压输氢管送入热交换器，提高氢的温度，然后保持在室温左右。氢气由储氢罐，经喷氢器在高压作用下喷入发动机的燃烧室中。其中最主要的两个关键部件为液氢泵和喷氢器。

① 液氢泵。液氢泵的局部结构及工作原理如图 3-43 所示，图中画有阴影的部分是固定在液氢箱体中不动的。在泵送液氢的过程中，图 3-43（a）中未画阴影部分表示的钢筒向上提起，吸氢阀被关闭，并将缸筒中的氢气压上去，经过打开的供氢阀将汽化的氢在一定压力下，经高压输氢管送入热交换器。液氢泵的吸氢行程如图 3-43（b）所示，缸筒向下运动，供氢阀关闭，而吸氢阀打开，将液氢箱中的氢吸入缸筒的空腔内。这种泵的特点就是通常做

往复运动的活塞不动，而外面的缸筒做上下运动，这样受力情况由压缩变成拉伸，也提高了液氢泵的工作效率。

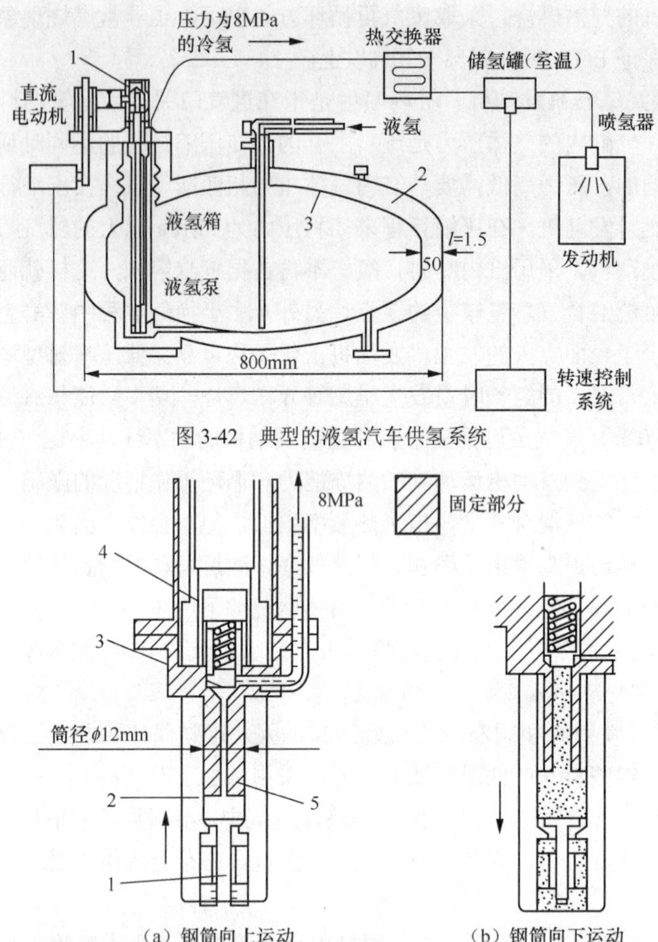

图 3-42　典型的液氢汽车供氢系统

（a）钢筒向上运动　　（b）钢筒向下运动

1—吸氢阀；2—往复运动的钢筒；3—供氢阀；4—往复运动的零件；5—固定的柱塞

图 3-43　液氢泵的局部结构及工作原理图

② 喷氢器。喷氢器的结构如图 3-44 所示。喷氢器在燃烧室中的布置情况如图 3-44（a）所示，利用了通常柴油机采用的喷油泵及喷嘴。此时被喷油泵压入喷氢器的柴油是作为工作液体起作用的，它推动喷氢器上端的针阀向下压，如图 3-44（b）所示，将喷氢阀打开，氢气便通过喷氢器下端喷头上的孔喷入燃烧室。

2. 典型车型

（1）宝马

① 7 系氢燃料发动机轿车（图 3-45）。7 系氢燃料发动机轿车上装备的 6.0L V12 发动机，最大输出功率为 191kW，相比同款发动机的汽油车，功率有所降低。这款氢燃料发动机可使用氢/汽油双燃料，使用氢时与采用汽油时的运行模式相同，由活塞压缩，火花塞点火燃烧。车上的燃料罐可容纳约 8kg 的液态氢，同时保留了容量为 74L 的普通油箱。

② H2R 氢燃料研究车（图 3-46）。2004 年 9 月，宝马 H2R 氢燃料燃油发动机汽车在法国 Miramas 高速试车场创造了 9 项速度纪录，显示了采用氢燃料发动机汽车的无限潜力。

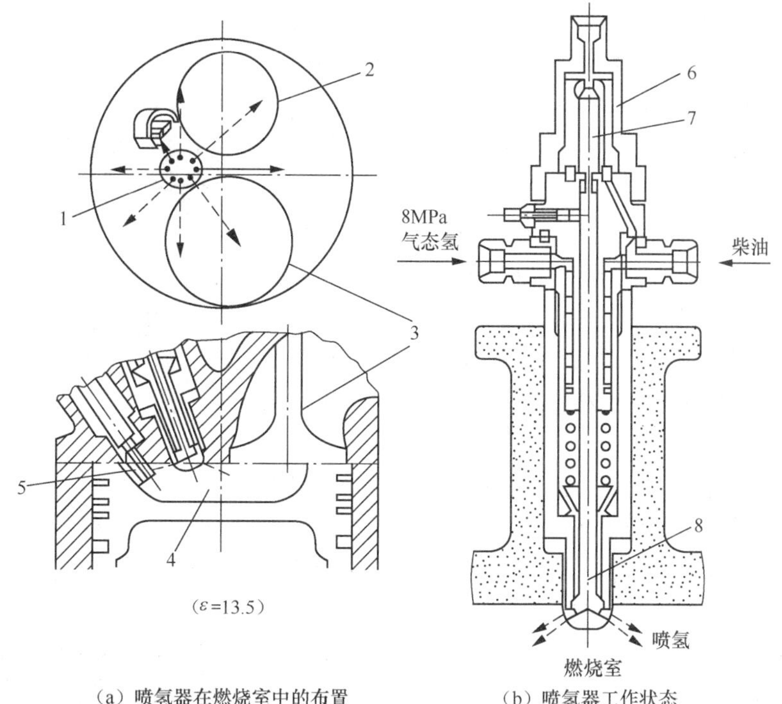

1—喷嘴；2—排气阀；3—进气阀；4—燃烧室；5—热表面；6—原柴油喷油泵；7—针阀；8—喷氢阀

图 3-44　喷氢器

图 3-45　宝马 7 系氢燃料发动机轿车

图 3-46　U2R 氢燃料研究车

H2R 搭载的氢燃料发动机是以宝马 760i 6.0L V12 汽油发动机为基础改造而成的，与改造前的量产型发动机将燃油直接喷入燃烧室不同，该款氢燃料发动机的喷射阀直接安装在进气歧管内。由于氢没有以往油/混合气那种润滑效应，因此阀和弹簧等部件均采用特殊材料制成。

由于氢/空气混合气更高的燃烧速度能产生比汽油发动机更高的燃烧温度。因此，其发动机管理系统经过特殊改进，将点火过程推到活塞到达上止点时才开始，从而确保了最大的输出功率。

由于需要尽可能推迟向进气歧管内喷射氢燃料，因此对喷射阀提出了很高的要求。宝马为该发动机开发了一个特殊的喷射阀，其体积比传统的喷射阀大，覆盖范围也更广。

H2R 位于驾驶人座椅旁的真空隔离双层燃料箱可容纳超过 11kg 的液态氢，燃料箱上由 1 个工作阀和 2 个附加安全阀组成的双重安全系统能确保其不会因压力过高而发生爆炸。

该车还装备了源自 F1 赛车的遥感全程监控整体安全系统，位于关键位置的 4 个传感器可实时监测并告知任何燃料泄漏现象。

（2）福特 U 型车

在 2003 年 1 月的底特律车展上，福特汽车公司向全球展示了第一台增压氢燃料发动机汽车，即 U 型车，如图 3-47 所示。该车将福特模块式混合动力车系统（MHTS）、远程信息处理与先进材料结合在一起，开创了福特汽车公司第二个新纪元。

图 3-47　U 型车

该车的氢燃料发动机是基于福特 Ranger、欧洲福特 Mondeo 和许多马自达汽车所使用的福特 2.3L Ⅰ-4 发动机而设计的。此发动机经过优化，以便于采用 12.2:1 高压缩比活塞、专门设计用来处理氢气的注油嘴、线圈在火花塞上的点火系统、电子节气门和新的发动机管理软件来燃烧氢气。

U 型车由进行过优化的、使用氢运行的发动机来提供动力，为使效率、功率和续驶里程范围最大化，发动机采用了增压、内冷技术。其全部污染物包括二氧化碳的排放几乎为零，其发动机比汽油发动机节省了 25%的燃料。氢电混合的变速系统进一步提高了燃烧效率。

U 型车可携带的氢量达 7kg，储氢罐是由 3mm 厚的铝和碳纤维制成的。其额定工作压力能达到 70MPa。

（3）马自达

① RX-8 氢转子发动机跑车（图 3-48）。马自达是全球唯一成功生产转子发动机的公司。它不仅一直坚持开发和研究这种独特发动机，在 2003 年，马自达还在其使用氢气与汽油两种燃料的“RX-8h ydrogen RE”上安装了 RENESIS 氢转子发动机。这是马自达自 1991 年开发第一辆氢转子发动机原型车 HR-X 以来，在开发氢能源发动机上取得又一成果。

图 3-48　RX-8 氢转子发动机跑车

在 RX-8 的 RENESIS 氢转子发动机外壳上，安装了 4 个氢气喷嘴。汽车在使用汽油为燃料行驶时与 RX-8 完全一样，采用两侧进排气；使用氢气为燃料行驶时，通过安装在 RENESIS 氢转子发动机外壳上的喷嘴直接喷射氢气（氢以气态喷射）。由于氢气的密度小，喷射量比汽油多得多，因此每个转子配备 2 个喷嘴。

结构设计上，将进气室和燃烧室分开，这样有效地避免了在吸入燃料的行程中产生燃烧的回火现象，从而实现稳定燃烧。同时，由于双氢喷射器带有对高温敏感的橡胶密封件，分开的进气室也为这种安装提供了更安全的温度。在传统的往复式发动机上，由于存在结构上的限制，不能在燃烧室上安装喷射器。而转子发动机在进气室上为双氢喷射器的安装提供了足够的空间，从而能够输出足够大的功率。

② Premacy 氢混合动力 RE 概念车。马自达 Premacy 是日本马自达公司自 1999 年起生产的多功能休闲车，第一代使用的名称为马自达 Premacy，自第二代生产以来，日本地区仍沿用此名，而其他区域称为马自达 5。

马自达 Premacy 氢转子发动机混合动力车是继马自达 RX-8 氢转子发动机车型之后，第二款投入商业实用化的氢动力转子发动机车型，如图 3-49 所示。它是一款采用（氢气/汽油）双燃料转子发动机，并匹配了混合动力系统的概念车。该车采用发动机与混合动力系统横向前置的驱动类型，即 FF。而且，在第二排座椅下方与第三排座椅位置安装了锂离子电池组及大容量高压储氢罐。这种混合方式实现优异环保性能与舒适的驾乘空间的平衡。

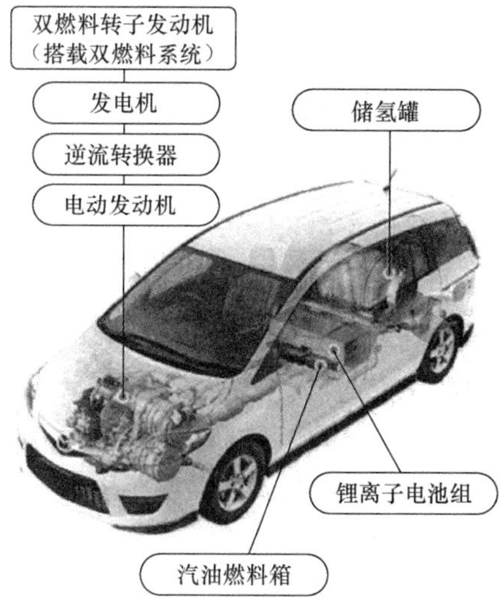

图 3-49 马自达 Premacy 氢转子发动机混合动力车的动力布置图

【任务实施与考核】

1. 准备工作

在技能学习工位准备好天然气汽车、氢燃料发动机汽车及其相关技术资料。

2. 学生工作

结合本学习任务相关知识的学习，边查阅技术资料边观察整车，完成工单 3-2。

3. 教师工作

① 向学生讲解安全注意事项，并要求学生在工单 3-2 中做记录。
② 观察、指导学生进行相关操作，对可能发生危险的事情必须及时制止。
③ 结束后审阅学生完成的工单，并结合其操作情况给出评价。

| 任务 3-3 代用液体燃料汽车 |

【任务分析】

汽车的代用液体燃料主要有煤制液体燃料和生物燃料两大类。目前，实际应用于汽车的煤制液体燃料主要是甲醇；生物燃料包括乙醇和生物柴油。以甲醇作为发动机燃料的汽车称为甲醇汽车，以乙醇作为发动机燃料的汽车称为乙醇汽车，以生物柴油作为发动机燃料的汽车称为生物柴油汽车。

那么，煤制液体燃料和生物燃料本身有哪些特点？其应用于汽车发动后，在结构方面应做哪些改进呢？本学习任务主要学习甲醇混合燃料、乙醇混合燃料和生物柴油的特点及相应汽车发动机（整车）的特点。

【学习目标】

1. 知识目标

① 能够正确描述甲醇的特性。
② 能够正确描述甲醇燃料对发动机的结构及性能的影响。
③ 能够正确描述甲醇燃料的特点及应对措施。
④ 能够正确描述乙醇的特点及其作为燃料的优势。
⑤ 能够正确描述汽油机改用乙醇燃料后，发动机在结构方面需采取的措施。
⑥ 能够正确描述生物柴油的优缺点。

2. 能力目标

① 能够根据具体代用液体燃料汽车，简单说明其特点。
② 能够通过观察，找出代表代用液体燃料汽车的典型部件。

3. 素质目标

① 培养劳动安全保护和善于总结分析的职业素养。
② 培养坚持节约能源等综合素养。

【相关知识】

一、甲醇汽车

1. 甲醇的特性

甲醇是一种无色、透明、易燃、易挥发的有毒液体，略有酒精气味，可混合溶于水、醇、醚等多种有机溶剂及无机溶剂，遇热、明火或氧化剂易燃烧。

甲醇可单独作为汽车燃料，也可与汽油、柴油混合作为混合燃料。

甲的辛烷值较高，有一定的挥发性，又较易和汽油混溶，因此较适合作汽油机的燃料。甲醇的十六烷值低，虽不易在柴油机中燃烧，但由于柴油机的热效率高，利用现代技术也可在柴油机中掺烧甲醇。

2. 甲醇燃料

根据甲醇与汽油掺混的比例不同，甲醇燃料有低比例掺混、中比例掺混、高比例掺混和全甲醇燃料。

低比例掺混甲醇燃料的甲醇掺混比例小于15%，包括M3、M5、M10和M15四种。中比例掺混甲醇燃料的甲醇掺混比例在30%～50%之间，包括M30、M40和M50三种。高比例掺混甲醇燃料的甲醇掺混比例为85%，即M85甲醇燃料。全甲醇燃料为100%纯甲醇，即M100甲醇燃料。

为了更好地利用甲醇燃料的优点，要根据不同掺烧方式的需要调整燃料性质、改进发动机的结构，以及设计良好的掺烧及控制装置。如调整汽油的组分或加入添加剂，以改善发动机的启动性能和避免汽阻；在甲醇燃料中加入着火改善剂，以改善其在柴油机中使用时的着火性能。

3. 甲醇对汽车的影响

（1）对发动机结构的影响

甲醇汽车分为低中比例甲醇汽车和全甲醇汽车。低中比例甲醇汽车一般是指使用 M3、M5、M10、M15、M30、M40、M50 类型甲醇燃料的汽车。使用低中比例甲醇燃料，不需要改变发动机的结构，但是甲醇特性与汽油机不适应，需要改变甲醇的特性变成燃料甲醇，使之可与汽油搭配使用。使用 M85、M100 类型甲醇燃料的汽车称为全甲醇汽车。全甲醇汽车需要对发动机进行重新设计制造。

（2）对汽车性能的影响

各种不同掺烧比例的甲醇汽油对于汽车性能的影响不同，具体特性见表 3-2。

表 3-2　　不同配比的甲醇燃料对汽车性能影响比较

特性	方案一	方案二	方案三	方案四
	低比例掺混（M3、M5、M10、M15）	中比例掺混（M30、M40、M50）	高比例掺混（M85）	纯甲醇（M100）
燃油经济性	一般	中	良	优
材料适应性	良	差	良	优
低温启动性	良	中	差	优
低温排放性	良	差	差	优

由于甲醇与汽油的理化性质与燃烧特性的一些不同，将会对传统汽油汽车带来一些有利的变化和改进，主要是降低排放和提高发动机的热效率。

① 降低排放。甲醇是含氧燃料且其含碳量比汽油低，在燃烧过程中有自供氧效应，在发动机中燃烧较均匀，减少了局部富氧或缺氧的概率，一氧化碳、碳氢化物和炭粒的产生量减少，排放量降低。

② 提高发动机的热效率。使用甲醇燃料可提高发动机的热效率，主要原因有以下 4 个方面。

a. 甲醇的辛烷值比汽油高，因此可以提高发动机的压缩比，发动机的热效率明显提高。

b. 甲醇的燃烧速度和火焰传播速度比汽油快，所以燃烧的定容性较好，燃烧持续期短，过后燃烧程度小，也有利于热效率的提高。

c. 甲醇的汽化热比汽油高。甲醇的汽化热比汽油高 2 倍多，当其进入气缸后，能吸收沿途管壁表面及周围高温零件壁面的热量而使自身蒸发，利用余热来使自身的能量提高，又降低了气缸、燃烧室和气缸盖的温度，从而减少了外传热量，提高了热效率。

d. 甲醇的着火燃烧浓度界限比汽油的相应范围宽。甲醇比汽油更容易稀燃。稀燃是一种节能燃烧和完善燃烧的形式。它有利于热效率的提高。而且，燃料的压缩比越高，负荷越大，越容易稀燃。

（3）针对甲醇燃料的应对措施

甲醇燃料本身的特性也给甲醇汽车带来了一些问题。常见的几种问题和相应的改进措施如下。

① 腐蚀性。甲醇及甲醇燃烧反应过程中产生的甲醛、甲酸、大量水蒸气等均对金属表面有腐蚀性，造成燃烧室周围机件（进排气门座、进排气门、气门导管、活塞环、缸套等）的腐蚀及快速磨损。一般通过添加抗腐蚀的化学添加剂来解决这个问题。不过，抗腐蚀添加剂对抗电化学腐蚀的作用有限，尤其是考虑到燃料的燃烧性能，添加剂的选择范围受到限制，且不能使用含有硅、磷及金属元素的添加剂。另外，改变发动机的机件材质和热处理工艺，也可以有效解决腐蚀性问题，如气门将铁类合金改为镍类合金，在气门座烧结材料中添加硬质微粒并做铅熔渗处理、活塞环镀铬等。

非金属材料也会受到甲醇燃料的腐蚀作用，主要是对橡胶材料的腐蚀。因此，必须应用新型的橡胶材料或对现有的橡胶进行改进。丁腈橡胶和氟橡胶经过改进后，基本可达到长期耐甲醇汽油的要求。

② 溶胀性。甲醇是一种良好的极性溶剂，汽油是一种良好的非极性溶剂，它们对发动机的弹性胶体、密封件等有不同程度的溶胀作用。解决甲醇汽油溶胀性的办法有两种：一是改用不被甲醇腐蚀的氟橡胶；二是在燃油中添加溶胀抑制剂，如羧酸或酰氯与芳胺反应制得的溶胀抑制剂，添加少量即能达到要求。

③ 冷启动性。甲醇的初沸点比汽油高，甲醇的汽化潜热是汽油的 2 倍多，甲醇在进气管道内汽化时要吸收大量的热，使进气管温度降低，造成甲醇汽化困难，并且混合气温度很低，进入气缸后造成缸温很低，使甲醇汽化量少，难以着火启动。不同掺烧比例的甲醇燃料，冷启动性能也有所不同，低中比例甲醇汽油的饱和蒸气压比纯汽油的大，容易蒸发，冷启动没有问题；高比例甲醇汽油冷启动困难，特别是在北方寒冷的冬季。以全甲醇燃料（M100）为例，其饱和蒸气压仅为 32MPa，冬季 93 号汽油的饱和蒸气压为 86MPa，在 0℃下，M100 的饱和蒸气压更低。M100 甲醇燃料是很难蒸发的，同时 M100 的蒸发潜热是汽油的 4 倍，也就是说，甲醇在蒸发的时候会吸收大量的热，使得温度降低，M100 更难蒸发，造成发动机不易启动。

对于高比例掺混甲醇燃料的冷启动难现象，常用的解决办法有以下几种：加大供油量，通常电喷车会通过发动机 ECU 来控制加大燃油喷射量，但是加大供油量也会增加发动机的磨损及污染物的排放；调整空燃比，减少空气量；增设加热器，在喷油器前或进气管合适的位置加装水温控制型的空气或混合气的加热器，此加热器的表面工作温度不应高于 200℃，否则有起火的危险；安装电加热火花塞及电热塞。

④ 污染物排放性。甲醇燃烧反应过程中产生的甲醛、甲酸等化合物，作为非常规排放的污染物比汽油燃烧排放量要多，用专用催化器处理后可以达到尾气排放标准要求。

⑤ 互溶性。甲醇和汽油的互溶性差，特别是含有少量水分时，分层现象更为严重，当采用低比例掺混甲醇燃料时，可以采用加入添加剂的办法解决。

⑥ 溶水性。甲醇的极性很强，与水可以无限互溶。水对甲醇汽油的稳定性影响很大，水的存在会使甲醇与汽油的临界互溶温度提高，甚至在某些情况下从空气中吸收的水分，也会导致稳定均一的甲醇汽油重新分层。要想改进甲醇汽油的溶水性，其本质在于增加甲醇与汽油的相容稳定性。目前，改善甲醇汽油稳定性所用的助溶剂有 MTBE、异丁醇和叔丁醇等。

⑦ 高温气阻性。甲醇沸程单一（64.8℃），大量加入后，甲醇汽油馏程严重偏离汽油原馏程曲线，因而需要添加高沸点的组分以调整馏程曲线，确保甲醇汽油在输油管中不会汽化；另外，如果燃烧不完全，烃类物质裂解、氧化聚合而产生炭渣的沉积，也会阻塞喷嘴，发生气阻。因此，为促进甲醇汽油充分燃烧，抑制高温下的氧化聚合，可添加抗阻沉积剂以抑制

甲醇汽油的气阻发生。

4. 甲醇发动机的结构特点

甲醇燃料的一些性质会对发动机造成影响。汽油机在使用甲醇燃料时，发动机上的一些参数要在考虑甲醇的理化、燃烧特性的基础上进行选择，如甲醇的辛烷值、汽化潜热和着火温度等。

（1）提高压缩比

汽油机在使用甲醇燃料时，其压缩比可进一步提高，因为甲醇燃料辛烷值高、抗爆燃性好。压缩比一般可以提高到 12～14，同时提高压缩比要考虑燃烧室的形状、缸内气流运动方向及强度、与火花塞的位置配合等，以实现最佳的燃烧过程。提高压缩比时，应有较强的气流运动，使甲醇燃料与空气进行更有效的混合。较强的扰动会使激冷层范围减少、激冷层变薄，同时在提高压缩比、改变燃烧室的形状及尺寸时，应尽量减少有害缝隙容积，在高压缩比及高功率情况下，要注意甲醇早燃及爆燃的可能。

（2）改善燃油分配均匀性及供油特性

甲醇的容积耗量在功率相等时比汽油大一倍多，因此选用甲醇燃料时，采用喷油器的甲醇汽车要考虑其流量特性是否满足要求及材料的相容性。由于甲醇的汽化潜热高，每循环供应量大，在发动机实际运转时很难完全汽化，如用单点喷射，各缸间分配不均匀性比汽油突出。如果采用使各缸进气管长度及阻力尽可能一致，混合气进行预热等措施，则有可能改善混合气的形成及均匀分配。甲醇混合气的预热可以提高中、低负荷特性时的燃油经济性，降低排放，但预热过度会使最大功率下降。

（3）混合气空燃比的调整

甲醇燃料混合气的可燃界限范围宽。通常汽油机改用甲醇燃料后会提高压缩比、缸内气流运动速度及压缩行程终点的缸内温度，这都有可能使用到更稀的甲醇燃料混合气。因此，汽油机改用甲醇燃料后，需要调整混合气空燃比，使用更稀的甲醇燃料混合气工作。

（4）火花塞及点火时间的选择

甲醇容易因炽热表面引起着火，最大火花塞温度也低于汽油机的火花塞温度，所以需要使用较冷型火花塞。尽管甲醇的着火界限宽，但是由于汽化潜热大、蒸气压低及各缸间混合气较大的不均匀性，在发动机较冷的状态下，难以稳定着火。可能改善的措施包括：增加点火能量、延长点火时间、采用多电极及电极局部侧面有屏障的特种火花塞等。

5. 典型甲醇汽车

（1）吉利帝豪甲醇轿车

2022 年，吉利发布了全球首款甲醇混动轿车——第四代帝豪醇电混动轿车（图 3-50）。该车型搭载了甲醇混合动力系统，拥有 41.5%的发动机热效率及 40%的节能率，百千米醇耗低至 9.2L 左右。光看百千米醇耗，似乎比汽油要高不少，但甲醇有着自己的优势。甲醇当前的市场价格为 2 500～3 000 元/t（每吨甲醇 1 266L），折合每升甲醇 1.97～2.37 元。按照百千米醇耗 9.2L 来计算，甲醇汽车的用车成本为 0.18～0.22 元/km，这样算下来，甲醇混动车

图 3-50　第四代帝豪醇电混动轿车

型的成本较低。

吉利汽车在 2005 年就开启了甲醇燃料和甲醇汽车的研究工作，深耕甲醇技术近 18 年，已成功掌握 200 余项甲醇汽车核心专利技术，具备了甲醇汽车整车研发、制造、销售的全链体系能力。截至 2022 年，吉利汽车共开发出 20 余款甲醇乘用车和商用车，总计投放市场 2.7 万辆甲醇汽车，单车最高运行里程达 150 万 km，总运行里程近 100 亿 km，成为全球首个实现甲醇汽车量产的主机厂。同时，吉利汽车的甲醇乘用车已成功驶入海外，已在冰岛、丹麦等多国进行测试运行。

（2）奇瑞旗云甲醇汽车（图 3-51）

旗云甲醇汽车是由奇瑞公司潜心研发成功的一种甲醇出租车型汽车，是在旗云车的基础上研发的环保节能型轿车。其延续了旗云车经济实用的特点，可使用甲醇和汽油双燃料。由于采用甲醇作为主要燃料，使得该车型在出租车运营时，实现了更低的运营成本和更优的排放指标。据计算，与同排量汽油车型相比，甲醇汽车燃料费用按照目前的价格，比汽油可节省 1/3 左右的费用。另外，经过多次试验证明，旗云甲醇汽车的动力性和可靠性达到了原汽油燃油发动机汽车的水平。

（3）吉利远程 G2M 甲醇牵引车（图 3-52）

图 3-51　奇瑞旗云甲醇汽车

图 3-52　吉利远程 G2M 甲醇牵引车

整车仅采用甲醇作为动力能源，搭载甲醇增程电驱桥动力链，配装华菱汽车 GS13M430H-60 甲醇发动机，输出功率为 316kW；匹配锰酸锂电池，允许外接充电。

二、乙醇混合燃料汽车

将燃料乙醇掺入汽油可以作为车用燃料，常规使用的是 E85 燃料，是由 15%的汽油和 85%的生物乙醇燃料混合而成。既可以使用此种混合燃料又可以使用常规汽油的汽车，通常也称为灵活燃料汽车（FFV）。燃料乙醇是一种绿色可再生资源，随着科学技术的发展，粮食和各种植物纤维都可以加工生产出燃料乙醇。燃料乙醇的原料来源相当丰富，而且可以循环再生。

1. 乙醇的特点

乙醇是无色、透明、具有特殊香味的易挥发液体，密度比水小，能跟水以任意比互溶，是一种重要的溶剂，能溶解醚、甘油等多种有机物和无机物。

乙醇和甲醇有很多共性，同样可单独作为汽车燃料，也可与汽油混合作为混合燃料。乙醇与汽油相比，具有以下特点。

① 热值低。乙醇的热值约为汽油的 61.5%，但含氧量高，存在自供氧效应，减少了一氧

化碳的生存条件，使一氧化碳大多数转变成二氧化碳；其一氧化碳和碳氢化合物排放量明显小于汽油，但氮氧化物排放量与汽油相当。

② 辛烷值高，当汽油中加入一定量的乙醇后可提高混合燃料的辛烷值。

③ 十六烷值低。乙醇的着火性差，在压燃式发动机中采用乙醇燃料要困难得多。

④ 沸点低。这一点对形成可燃混合气有利，但缺少高挥发性成分，对发动机冷启动不利。

⑤ 汽化潜热高。乙醇的汽化潜热是汽油的 3 倍，高的汽化潜热和低蒸气压对发动机冷启动不利，但可提高充气效率。

⑥ 着火极限宽。这一特性使得乙醇燃料发动机能在较稀薄混合气状况下工作。

另外，乙醇的理化性质较接近汽油，又容易与汽油混溶。国外首先以低比例（一般小于1%～5%体积比）的乙醇与汽油形成混合燃料用于汽车上，动力性能比仅用汽油时略有减少。为了方便用户，无混合燃料供应时，仍可只用汽油保持原来的发动机性能，所以对发动机的结构基本不做调整。当需要以较多的乙醇代替汽油时，可以在汽油中掺入中比例或高比例的乙醇，如 E20、E40、E50、E60 及 E85 等，但是需要对混合气空燃比及点火提前角进行调整，这一点和甲醇燃料是类似的。

生产乙醇的原料及资源非常丰富。当前，在以谷物及含糖类植物为主生产乙醇的同时，有的国家早已研究出用其他原料，如饮料业、造纸业的废液，林业、农业的残余物，城乡固体垃圾等生物质生产乙醇。由于世界上粮食危机一直存在，因此必须研究、开发用粮食作物以外的原料生产乙醇。有代表性及有发展前景的部分乙醇原料有：玉米、小麦、薯类、甘蔗、甜菜、高粱及糖蜜等淀粉以及含糖类原料；山区及林区的野生植物的果实、根茎及嫩叶等野生植物原料。目前，我国主要以谷物为原料生产乙醇，不仅成本高，而且涉及粮食安全问题，应该加大用生物质生产乙醇的研究开发力度。

2. 乙醇燃料发动机的结构调整

汽油机改用乙醇燃料后，发动机结构方面需要做一些变动和改进，这取决于乙醇燃料的理化性质、燃烧特点等。乙醇与甲醇同属于醇类燃料，在性质特点方面类似，所以发动机结构方面的变动和改进也与甲醇汽车类似，在此不再阐述。

3. 典型的乙醇汽车

（1）通用汽车

由于美国全境分布着众多的 E85 燃料加油站，因此此种类型的汽车在美国的应用十分广泛，得到了良好的发展。

美国通用汽车公司旗下有多款可以使用 E85 燃料的发动机，涵盖四缸、六缸和八缸系列，排量从 2.4L 到 6.0L。其应用涵盖了通用汽车旗下所有的品牌系列，如雪佛兰、别克、凯迪拉克和 GMC。

雪佛兰 Impala 2012 款轿车，采用可变气门正时技术，使用 E85 燃料的 206kW、3.6L V6 DOHCSIDI 发动机，EPA 估计燃油经济性在高速公路上为 7.8L/100km（常规汽油）、10.69L/100km（E85）。其车身油箱加注口有明显的标识，表明此车可以加注 E85 燃料。

（2）福特汽车

美国福特汽车公司开发了多款发动机可以使用 E85 燃料。其中，2013 款福特福克斯轿车搭载 2.0Ti-VCT GDII-4 发动机，EPA 估计燃油经济性在高速公路上为 17km/L（常规汽油），14km/L（E85）。

（3）沃尔沃汽车

沃尔沃汽车轿车 2006 年秋季在欧洲市场上投放了生物乙醇燃料的车型，全新的 C30 也推出了相应的“绿色”车型。

沃尔沃 3 个系列（C30、S40、V50）的 9 种车型可以提供多种燃料车型。4 气门自然吸气发动机可以产生 92kW 的动力，生物乙醇和汽油可以同时注入一个 55L 的油箱内。由于乙醇燃料具有腐蚀性，发动机的油管、阀门和衬垫都经过了改良，燃油喷嘴也得到了加固且较原来型号有所增大，目的是可以有更多的燃料同时注入发动机。同时，还对发动机管理系统做了相应的调校，使该系统将会严格监测油箱内的混合燃料比例，自动调节燃油泵入量。

（4）奇瑞汽车

奇瑞 A5 灵活燃料+CNG 多燃料轿车是一款能混合燃烧乙醇、汽油、CNG 气体燃料的清洁能源汽车，具有燃料价格便宜、排气污染小、安全性能高等众多优点。作为新型的节能型轿车，奇瑞 A5 灵活燃料+CNG 多燃料轿车在节能环保方面具有极大的优势，为发展汽车替代燃料技术、打造汽车能源多元化格局起到了急先锋的作用。

（5）丰田汽车

2018 年，公司丰田汽车公司在巴西圣保罗市首次发布了全球首款将汽油与乙醇作为燃料行驶的复合燃料车（Flexible-Fuel Vehicle，FFV）上搭载混合动力系统的实验车。其亮点在于只使用从甘蔗提炼的乙醇作为燃料的情况下，能够大幅减少二氧化碳的排放量。该车型能够使用百分百可再生的 E100 （纯乙醇）燃料，配备标准普锐斯混合动力系统，比普通的油电混合动力系统更有利于环境保护。

此外，丰田卡罗拉 Altis 混合动力车已经在巴西等市场上销售。该车使用乙醇混合燃料（E85）。它还采用了丰田的全混合技术，这在凯美瑞和城市巡洋舰 Hyryder 等车辆中都能看到。

（6）日产汽车

2023 年，日产正式发布了 e-Bio Fuel-Cell 原型车，这是全球首款搭载固体氧化物燃料电池技术的新能源汽车。其车载燃料电池可以使用纯生物乙醇发电，续驶里程超过 600km。据了解，日产 e-Bio Fuel-Cell 原型车是基于日产 NV200 纯电动版本中储能系统的替换。新车配备了可以发电的乙醇燃料电池堆和容量为 24kW·h 的动力电池组。燃料乙醇加满后，新车一次可连续行驶 600km 以上。

三、生物柴油汽车

1. 生物柴油的特点

生物柴油（Biodiesel）通常是指利用植物油、动物的油脂及废烹调油等作为原料，进行酯化反应生产的柴油。生物柴油的性质与柴油很接近。美国材料学会（ASTM）对生物柴油的含义做了如下的叙述：生物柴油是由植物油、动物油等可再生油脂原料所衍生的长链甲基脂肪酸，可用于柴油发动机。生物柴油是生物质能的一种，它是生物质利用热裂解等技术得到的一种长链脂肪酸的单烷基酯。生物柴油是含氧量极高的复杂有机成分的混合物，这些混合物主要是一些分子量大的有机物，几乎包括所有种类的含氧有机物，如醚、酯、醛、酮、酚、有机酸和醇等。生物柴油是一种优质清洁柴油，可从各种生物质中提炼，因此可以说是取之不尽、用之不竭的能源。在资源日益枯竭的今天，其有望取代石油成为替代燃料。

生物柴油与石化柴油（石油化工生产）相比，具有以下优点。

① 生产工艺简单。生物柴油由动植物油脂及废烹调油转化的技术已基本成熟，不需要复杂的设备。生物柴油的储存、运输及分配供应系统，可使用原来用于柴油的容器及设备，对材料没有特殊要求。

② 具有优良的环保特性。生物柴油和石化柴油相比含硫量低，使用后硫化物排放大大减少（硫化物的排放量可降低约 30%）。生物柴油不含对环境造成污染的芳香族化合物，燃烧尾气对人体的损害低于石化柴油，同时具有良好的生物降解特性。和石化柴油相比，生物柴油车尾气中的有毒有机物排放量仅为 10%、颗粒物为 20%，二氧化碳和一氧化碳的排放量仅为 10%。

③ 低温启动性能好。和普通柴油相比，生物柴油具有良好的发动机低温启动性能，冷滤点达到−20℃。

④ 生物柴油的润滑性能好。可以降低发动机供油系统和缸套的摩擦损失，延长发动机的使用寿命，从而间接降低发动机的使用成本。

⑤ 具有良好的安全性能。生物柴油不属于危险燃料，在运输、储存和使用等方面的优点明显。

⑥ 具有优良的燃烧性能。生物柴油的十六烷值比柴油高，因此燃料在使用时具有更好的燃烧抗爆性能，可以采用更高压缩比的发动机以提高其热效率。虽然生物柴油的热值比柴油低，但由于生物柴油中所含的氧元素能促进燃料的燃烧，可以提高发动机的热效率，这对功率的损失会有一定的弥补作用。

⑦ 具有可再生性。生物柴油资源丰富，是一种可再生能源，不会像石油、煤炭那样会枯竭。

⑧ 具有良好的经济性。使用生物柴油汽车的系统投资少，原用柴油的发动机、加油设备、存储设备和保养设备无须改动。

⑨ 可调和性。生物柴油可按一定的比例与石化柴油配合使用，降低油耗，提高动力，降低尾气污染。

由于生物柴油燃烧时排放的二氧化碳远低于该植物生长过程中所吸收的二氧化碳，从而可改善由于二氧化碳的排放导致的全球变暖这一有害于人类的重大环境问题。因而生物柴油是一种真正的绿色柴油。

目前在应用生物柴油作燃料时，主要存在以下问题。

① 价格尚高于常规柴油。

② 原料供应有局限性。在大量生产时，还需要保证原料的供应，如用可食用植物油作燃料，就需要较多土地，这与我国的粮食紧缺状况是矛盾的；如用野生植物油，则还有待于开发；如用废烹调油，则需组织采购工作。

③ 发动机需改进。使用生物柴油的发动机尚需进一步优化，解决可能产生的新问题。

2. 生物柴油汽车概况

由于使用生物柴油无须对原有柴油机进行较大的调整，而且燃油本身良好的自润滑性能使其有利于降低磨损，相比于醚类和醇类代用燃料，有一定的优势。世界各国对生物柴油汽车的研究都得出了它能显著降低发动机污染物排放的结论。生物柴油汽车的排放性能不仅包括传统的排放物如一氧化碳、碳氢化合物、氮氧化物等，还包括非常规排放物如醛酮类、芳香烃、硫化物等。多环芳香烃（PA·Hs）最突出的特点是致癌、致畸及致突变性，并且致癌性随着苯环数的增加而增加。当 PA·Hs 与$-NO_2$、—OH、$-NH_2$等发生作用时，会生产致癌性更强的 PA·Hs 衍生物。目前，大多数国家都将多环芳香烃列为环境监测的重要内容之一，我国政府列出的“中国环境优先污染物黑名单”中包括了 7 种 PA·Hs，汽车发动机尾气排放已成为 PA·Hs 污染的主要来源之一。对生物柴油汽车排放的研究中也包括了多环芳香烃。

一些研究机构和人员对生物柴油发动机的排放性能进行了研究，得出了一些具体的实验数据和结论。简要总结如下。

① 油耗及排放的影响。因生物柴油燃料热值的下降，使得比油耗上升 12%左右，但污染物排放明显下降，除氮氧化物比排放增加 5.6%外，一氧化碳、碳氢化物和颗粒物（PM）比排放分别降低了 41.4%、38.3%和 38.7%，烟度比排放降低了 43.16%。另外，随着燃油中生物柴油掺混比例的增加，甲苯呈逐渐下降趋势。生物柴油与普通柴油可以以任意比例混合燃烧而不会改变它们各自的排放特性，因此可以通过不同比例的掺混来找到排放和油耗的平衡点。

② 随着负荷的增加，发动机燃用纯生物柴油、柴油、B20 燃油的甲醛和乙醛排放均呈下降趋势。纯生物柴油的甲醛排放则明显高于柴油。纯生物柴油的乙醛排放在中低负荷时低于纯柴油，在高负荷时高于柴油及 B20 燃油。随着负荷的增加，发动机燃用 B20 燃油和纯生物柴油的丙酮排放要高于柴油，但排放量均较低。

③ 随着负荷增加，发动机的二氧化硫排放逐渐上升。随着燃油中生物柴油掺混比例的增加，二氧化硫呈逐渐下降趋势，纯生物柴油的二氧化硫排放大幅降低。

④ 随着生物柴油掺混比例的增加，发动机的二氧化碳排放略有降低。这表明了生物柴油对降低温室气体有利，若考虑到其作为一种可再生燃料，可以实现二氧化碳排放的闭式循环，其对降低温室气体的效果更为显著。

⑤ 在大多数工况下，燃用生物柴油后，PA·Hs 的排放浓度均有下降。生物柴油的 PA·Hs 平均排放浓度比柴油低 26.9%，B20 燃油的下降幅度为 10.0%。以 BaP（苯并芘）为标准，柴油、B20 燃油、生物柴油的毒性当量分别为 0.0 052、0.0 030 和 0.0 016，生物柴油 PA·Hs 排放的毒性大大低于柴油，仅为柴油的 30.8%。

3. 典型的生物柴油汽车

在生物柴油汽车研发方面，目前，世界各国基本上都是将低掺烧比的生物柴油应用于现行的柴油汽车，对车辆改造方面做的工作很少。如美国福特汽车公司推出的多款重型载货汽车，如 F250、F350、F450 等，均可使用生物柴油混合燃料。F450 属于福特 F 系列载货汽车中的 SUPERDUTY（重载）车型，有着强大的车辆载货与牵引车辆的能力。其装备可使用生物柴油的 6.7L 8 缸涡轮增压柴油发动机，最大功率达到 295kW，最大转矩为 1 084N • m，在 6 挡自动变速器的协助下，0～100km/h 加速时间为 9s。

2013 年，上海就开始研究生物柴油，并且在公交车和环卫车上使用这种生物柴油。2017 年，上海中石化奉贤庄行加油站和中石化浦东机场纬三加油站新加入了由“地沟油”生产出的 B5 生物柴油（5%左右的生物柴油与 95%石油柴油混合而成的调和燃料），这是继公交车和环卫车使用生物柴油之后，生物柴油首次正式面向社会，不仅可以把“地沟油”变成有效资源，而且能有效解决“地沟油”回流餐桌问题。

【任务实施与考核】

1. 准备工作

在技能学习工位准备好甲醇汽车、乙醇汽车和生物柴油汽车及其相关技术资料。

2. 学生工作

结合本学习任务相关知识的学习，边查阅技术资料边观察整车，完成工单 3-3。

3. 教师工作

① 向学生讲解安全注意事项，并要求学生在工单 3-3 中做记录。
② 观察、指导学生进行相关操作，对可能发生危险的事情必须及时制止。
③ 结束后审阅学生完成的工单，并结合其操作情况给出评价。

任务 3-4　其他清洁能源汽车

【任务分析】

压缩空气动力汽车（Air Powered Vehicle，APV），简称“压缩空气汽车”，是利用高压压缩空气为动力源，将压缩空气存储的压力能转换为其他形式的机械能，从而驱动汽车运行。

太阳能汽车是一种靠太阳能来驱动的汽车。相比传统热机驱动的汽车，太阳能汽车是真正的零排放。

二甲醚汽车是指以二甲醚为能源的汽车。

压缩空气汽车、太阳能汽车和二甲醚汽车由于排放污染物均比传统燃料汽车少，因而均被列入清洁能源汽车。

本任务主要学习压缩空气汽车、太阳能汽车和二甲醚汽车的主要结构原理。

【学习目标】

1. 知识目标

① 能够正确描述压缩空气动力发动机的工作原理、动力分配方式和气动回路高压减压段减压原理。

② 能够正确描述太阳能电池及太阳能电池板的结构原理、太阳能发电系统的工作原理，以及太阳能汽车的优点和缺点。

③ 能够正确描述二甲醚的特点及其应用于汽车可带来的益处。

2. 能力目标

① 能够根据具体的压缩空气汽车、太阳能汽车和二甲醚汽车，简单说明其特点。

② 能够通过观察，找出代表压缩空气汽车、太阳能汽车和二甲醚汽车的典型部件。

3. 素质目标

① 培养劳动安全保护和善于观察分析的职业素养。

② 培养坚持节约能源等综合素养。

【相关知识】

一、压缩空气汽车

压缩空气汽车属于气动汽车，除压缩空气汽车外，液态空气和液氮等吸热膨胀做功为动力的其他气体动力汽车，也属于气动汽车的范畴。

1. 压缩空气动力发动机

压缩空气动力发动机（简称“压缩空气发动机”）是压缩空气汽车的核心，由减压到工作压力的高压空气进入发动机气缸内膨胀做功。

除动力来源的不同，压缩空气汽车的工作原理与燃油发动机汽车基本相同。其发动机的总体结构形式借鉴燃油发动机汽车现有的结构模式，主要有往复活塞式、旋转活塞式等形式。图 3-53 所示为法国 MDI 公司的压缩空气汽车发动机的外观图。其中，往复活塞式可用于小型车，旋转活塞式主要用于客车。

（a）往复活塞式　（b）旋转活塞式

图 3-53　压缩空气发动机

压缩空气发动机的动力分配方式有串联式、并联式和混合式。

① 串联式。串联分配方式的气缸之间的空气动力管道是串联的，上一级气缸的剩余压力是下一级气缸的始动力。该方式的下一级气缸的结构尺寸较大，但动力利用率较高，热交换较充分。

② 并联式。并联分配方式是气缸之间的空气动力管道是并联的，不同气缸的初始压力相同。并联分配方式的气缸的结构尺寸相同、动力输出平稳，但剩余压力稍高。

③ 混合式。混合分配方式是将部分气缸空气动力管道并联，然后再串联。这种动力分配方式兼有并联和串联的特点。

由于压缩空气发动机的工作类似于燃料发动机在燃料爆炸燃烧产生高温高压气体后推动活塞对外做功的过程，因此，在基本结构上也接近于燃料发动机，包括机体、气缸、活塞、连杆、曲轴和配气机构等部分。但压缩空气发动机的工作循环为简单的两冲程，即高压压缩空气进入气缸膨胀的做功冲程和将膨胀后的低压气体排出气缸的排气冲程。由于没有燃烧过程，压缩空气发动机的机体不承受高温和超高压，机体强度也可减小，结构简单，重量轻，发动机不再需要冷却系统，制造及使用维护成本低。

压缩空气发动机进气为高压气体，且进气道压力始终高于气缸内压力，类似于发动机气门向气缸内开启的配气结构，进气门将始终承受高压气体很大的背压。在压力超过气门弹簧的预紧力情况下，即使进气门处于关闭状态，高压气体也会将进气门顶开，发生泄漏，造成耗气量增大、排气冲程缸内的气压升高、负功增加、整体功率和效率下降等不良效果。因此，在结构上，压缩空气发动机的配气机构必须满足高压进气的要求。

压缩空气发动机的工作特性具有启动转矩及低速转矩大，随发动机转速升高，输出转矩逐渐减小，而耗气量逐渐增大的特点。通常情况下，进气阀打开后，发动机即可运转并输出最大转矩，直接驱动汽车起步行驶。因此，在压缩空气汽车的集成中，传动系统适宜采用低减速比设计。

典型的压缩空气汽车气动回路如图 3-54 所示。回路的一端接高压储气罐，接触压力为超高压，另一端为中高压，接发动机的工作腔，两者间的压差非常大，因此必须实行分级减压。

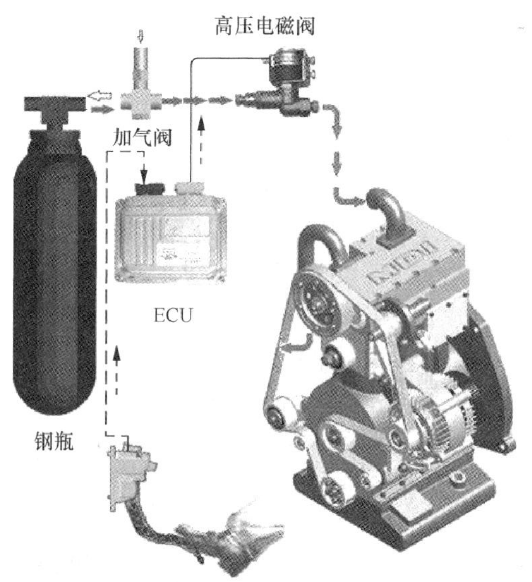

图 3-54　压缩空气汽车气动回路示意图

常规气动系统的减压控制都采用气动减压阀进行节流减压方式。在节流减压的过程中，由于通过节流口高速流动的气体的摩擦作用，能量损失较大，而且压力越高，损失越大。而对于压缩空气汽车来说，车载的压缩空气存储的总能量是有限的，要保证汽车有足够的续行能力，在提高车载储气量的同时，必须尽可能地减小压缩空气在气动回路传输过程中的能量损失，因此，普通的节流减压方式不适宜压缩空气汽车气动回路高压减压段。

压缩空气汽车的转速和转矩由压缩空气进气压力及流量的变动进行调节。压缩空气汽车气动回路高压减压段采用了高压容积减压方式，使用气体膨胀减压的方法使压力降低到设定值。该减压方式是在回路中设置了一个一定容积的减压气罐，设定好减压气罐的控制压力范围后，使用压力传感器检测减压气罐气压，当罐内气压低于设定压力的下限时，控制器发出控制信号开启高压大流量高速气动开关阀，让储气罐中的超高压气体通过大截面的阀口冲入减压罐，膨胀减压。而当减压气罐中进入足够的高压气体，罐内压力升高到设定压力的上限时，控制器根据压力传感器的反馈关闭高压大流量高速气动开关阀。通过开关阀的断续开启，维持减压气罐中的压力在设定压力范围内，保证次级气动系统的正常工作。高压大流量高速气动开关阀减小了阀口节流过程中的摩擦能耗损失，所以，对于高压气动动力系统的节流是一种很好的减压方式。

在压缩空气汽车的气动回路中，次级减压后的气体将作为发动机的进气与发动机进气道连接，所以，对发动机进气压力和流量的调节将在次级减压过程中完成。为方便调节，在次级减压环节使用了比例流量调节阀，同时在压缩空气汽车的集成中，考虑到一般驾驶人的驾驶习惯，设计连接机构，将发动机的进气流量调节阀与汽车加速踏板连接，按驾驶人踏下加速踏板的深度提高发动机进气压力及流量，以提高发动机的转矩和功率，满足不同工况的需要。

在压缩空气汽车气动回路的设计中，考虑到高压气体在减压后温度大幅降低，与环境温度将形成较大的温度差，如果低温的气体从环境中吸收热量，根据热力学规律，气体的温度和压力将升高，能量增大，最终使发动机输出更多的机械能，整车效率提高，也将获得更长的续行能力。因此，集成到汽车上的气动回路在两级减压环节后都设置了热交换器，让减压后的气体尽可能充分地从环境中吸热，并可充当制冷空调的冷源，减少发动机动力的消耗。

2. 典型辅助设备

在压缩空气汽车的辅助设备中，主要的电气设备与普通汽车相同，但在仪表盘上将集成气源压力表和进气压力表，以替代燃油指示表。

在汽车辅助设备中，空调已是乘用车的基本配置之一，而普通车用空调使用压缩机制冷，需要消耗较大的发动机功率。对于压缩空气汽车来说，因为发动机排出的尾气是膨胀做功后的压缩空气，压力减小了，温度也远低于环境温度，通过热交换器可以为汽车提供冷源，再加上减压环节后的两个热交换器，在整车的集成中合理配置，完全可以满足制冷的需要，而不再额外消耗发动机功率。同时，室外新鲜空气由热交换器冷却后作为冷气供给室内，更带来自然清新的效果。当需要在严寒环境中使用时，只需再选装电热空调即可，成本较低。

图 3-55　汽油-压缩空气混合动力传动系统

3. 典型的压缩空气汽车

图 3-55 为 PSA 标致-雪铁龙于日前发布的新款汽油-压缩空气混合动力传动系统。该混合动力系统（Hybrid Air）将 1 台传统的汽油发动机和自动变速器与 1 个由压缩空气提供动力的液压泵和液压马达结合到了一起。其可以在零排放的空气模式下运转，这时，压缩空气被用来驱动液压马达，由液压马达让变速器转动起来，从而驱动车辆。

二、太阳能汽车

1. 太阳能电池

太阳发射到地球大气层的阳光，被反射回太空的约 30%，被大气所吸收的约 24%，被地面所吸收的约 46%。经研究计算，每天地面约接收到 157W/m^2 的太阳辐射。太阳每天提供给地球的能量是地球上任何能源所不能达到的，太阳能将是取之不尽、用之不竭的能源。从 20

世纪 70 年代开始，太阳能被应用到汽车上至今，世界上已举办了多次太阳能汽车竞赛。

太阳能电池，也称为光伏电池，其基本结构如图 3-56 所示。在 N 型半导体的表面形成 P 型半导体，构成 P-N 结，即形成太阳能电池，形成的 P 型层厚度仅仅有 1～3μm，太阳光照射到它的表面，透过 P 型层达到 N 型层 P-N 结处，就能够产生电动势，产生的电压约为 0.5V。太阳能电池的电流大小与太阳光照射强度的大小和太阳能电池面积的大小成正比。

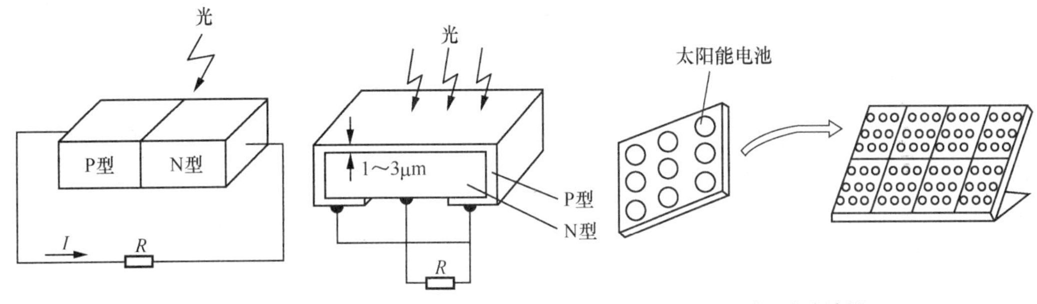

（a）太阳能电池的结构　　（b）太阳能电池板

图 3-56　太阳能电池的结构和太阳能电池板

太阳能电池的形状有圆形和方形，将很多个太阳能电池排列组合成太阳能电池板（也称为太阳能电池方阵、太阳能光伏阵列），就能产生所需要的高电压和大电流。太阳能电池的转换效率约为 10%。由于太阳能电池对能量的转换效率较低，需要进一步采用新材料和新技术来提高。在美国加利福尼亚的海滩，阳光充足，设有太阳能充电站，能够同时为 7 辆 EV 充电。目前，太阳能充电站已得到广泛的推广。

太阳能电池有非晶硅、单晶硅和多晶硅，一般在太阳能汽车的顶棚上装置转换能力较强的单晶硅电池板组（多个电池板的组合）。该电池板组的光电转换效率可达到 14.9%～15.2%，可产生 166～175V 的电压、2.3～2.5A 的电流和 360～380W 的功率。每天按 8h 的日照计算，太阳能汽车可获得 2.5～3kW • h 的电能，可供太阳能汽车行驶 40～60km，最高车速可达 60～80km/h。

瑞士联邦工学院米凯尔-格雷策尔研究的二氧化钛太阳能电池，是在二氧化钛薄膜上涂一层感光层制成的。当感光层受到光子撞击时，释放出自由电子并形成电流，用无定型有机材料代替电解液将电流输出。

到目前为止，太阳能在汽车上的应用技术主要有两个方面：一是作为驱动力，二是作为汽车辅助设备的能源。作为驱动力这一应用方式，一般采用特殊装置吸收太阳能，再转换为电能驱动汽车运行。而作为汽车辅助能源，主要用在电气设备上。

2. 太阳能电池汽车的基本原理

以太阳能电池接受阳光照射后产生的电能来驱动行驶的汽车，称为太阳能汽车。因为太阳能汽车为纯电驱动方式，所以也将其称为太阳能电动汽车。

太阳能汽车除太阳能电池外，需要配置动力电池组、电动机、电动机控制器和自动阳光跟踪系统等。一般情况下，汽车在运动时，太阳能转换后的电能被直接送到电动机控制系统。但有时提供的能量要大于电动机所需的电力，那么多余的能量就会被动力电池组储存以备后用。当太阳电池方阵不能提供足够的能量来驱动汽车时，动力电池组内被储存的备用能量将会自动补充。当然，当太阳能汽车不运动时，所有能量都将通过太阳能电池板储存在动力电池组内。也可以利用一些回流的能量来推动汽车。当太阳能汽车开始减速时，换用通用的机械制动，这时电动机将变成了一个发电机，能量通过电动机控制器反向进入动力电池组内进行储存。回充到动力电池组中的能量是非常少的，但是却非常实用。

太阳能汽车的关键技术装备是太阳能电池板。目前，由于硅晶体的太阳能电池的转换效率比较低，所能够提供的电能比较少，因此，太阳能电池板占据了很大的面积，并且必须装置在太阳能汽车的顶部，如图 3-57 所示。而且大多数太阳能汽车只能承载一个驾驶人。由于太阳能电池的能量较小，而且受天气的影响，在阴天、下雨时，太阳能电池的转换效率就会降低或停止，有些太阳能汽车要与动力电池组共同组成太阳能混合动力电动汽车。

太阳能汽车的太阳能电池板，只要能够接收到太阳的照射，就能够不断地将太阳能转换为电能，并连续地向动力电池组充电，可以无偿地获得电能，是一种价格低廉、零污染、取之不尽的理想能源。但太阳能电池板的造价高，能量转换效率低，占据面积大，整车布置较困难是目前太阳能汽车的缺点。

太阳能汽车耗能少，只需采用 3～4m^2 的太阳电池组件便可使太阳能汽车行驶起来。燃油发动机汽车在能量转换过程中要遵守卡诺循环规律来做功，热效率比较低，只有 1/3 左右的能量消耗在推动车辆前进上，其余 2/3 左右的能量损失在发动机和驱动链上；而太阳能汽车的热量转换不受卡诺循环规律的限制，90%的能量用于推动车辆前进。

由于太阳能电池板输出的是直流电能，动力电池组也是直流充电，两者的结合更能提高整个系统的效率。太阳能发电系统的工作原理如图 3-58 所示，太阳能电池板产生的直流电流流入控制器，会以某种方式给动力电池组充电。动力电池组的充电完全是通过太阳能实现的，以确保最大限度地使用太阳能。太阳能电池板的输出端首先要经过一个开关管（MOS 管）连接到 DC/DC 变换器，此 DC/DC 变换器的输出端连接到动力电池两端（实际电路里会先通过一个熔断丝再连到动力电池上）。加上开关管有两个作用：一是防止太阳能动力电池组输出较低时由动力电池过来的反充电流；二是当太阳能电池板极性接反时起到保护电路的作用。控制系统的设计不仅要考虑太阳能电池板的最大功率点电压和动力电池组的最大电压，而且要同时兼顾效率和成本。

图 3-57 太阳能电池汽车

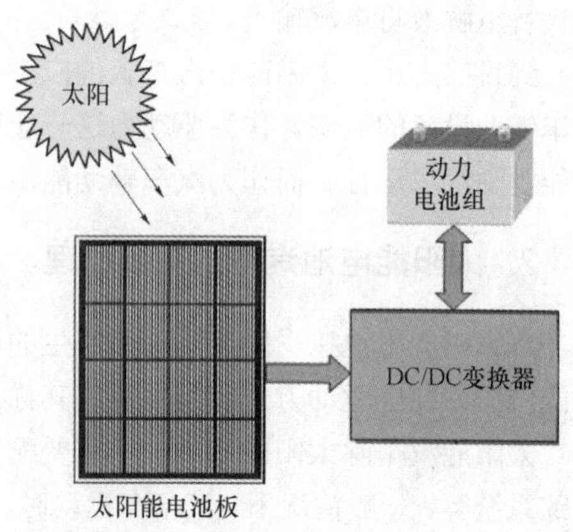

图 3-58 太阳能发电系统工作原理

太阳能汽车由太阳能电池板将太阳能转换为电能后，通过充电器向动力电池充电，也可以由太阳能电池板直接提供电能，通过电流变换器将电流输送到驱动电机，带动驱动系统驱动汽车行驶。其驱动模式类似于串联式混合动力电动汽车（SHEV），一般采用智能控制系统来控制其运行。

在太阳能汽车上所用的动力电池组可以是铅酸蓄电池、镍氢电池和锂离子电池等。

在太阳能汽车上最重要的组件就是电力系统。其基本功能是控制和管理整个系统中的电力。电力系统包括峰值电力监控仪、电动机控制器和数据采集系统。峰值电力监控仪所需的电能来源于太阳能电池板，太阳能电池板把能量传递给动力电池组用于储存或直接传递给电动机控制器用于推动车辆行驶。当太阳能电池板正在给动力电池组充电时，峰值电力监控仪会保护动力电池组不因过充电而被损坏。电动机控制器控制电动机的启动，而电动机启动信号是来自驾驶人的加速踏板。对电动机控制器进行电力管理是通过程序来完成的。很多太阳能汽车使用精确的数据检测系统来管理整个太阳能汽车的电力系统，其中包括太阳能电池板、动力电池组、电动机控制器和电动机。从监控系统获得的数据常常用来判断太阳能汽车的状况，并用来解决太阳能汽车出现的问题。

3. 太阳能汽车的发展

对于太阳能汽车，只需踩踏加速踏板便可启动，利用控制器使车速变化。不需要换挡、踩离合器踏板，简化了驾驶的复杂性，避免了因操作失误而造成的事故隐患，特别适合妇女和老年人驾驶。太阳能汽车结构简单，基本上不需要日常维护。在减速停车时，可以不让电动机空转，大大提高了能源使用效率和减少了空气污染。

1996 年，清华大学参照日本能登竞赛规范，研制了“追日号”太阳能汽车。其重 800kg 左右，最高车速达 80km/h，造价为 7.8 万美元。其采用的电池板是我国第五代产品。该车使用转换效率为 14%的矩形单晶硅电池板，在光照条件良好的状况下（地面日照强度为 1 000W/m^2），可向直流永磁无刷电动机提供 800W 的动力；结构上采用前二后一的三轮式布置，后轮驱动。“追日号”是我国第一代参加国际大赛的太阳能赛车。2001 年，上海交通大学设计制造了“思源号”太阳能汽车。该车长、宽、高分别为 2 100mm、860mm、800mm，满载质量为 400kg。其结构、动力系统与“追日号”相仿。但由于使用的是串联电阻的调速方式，其能量利用率低，车速仅为 20～36km/h，续行能力也有限。在 2005 年举办的第九届全国大学生“挑战杯”赛上，上海交通大学的又一太阳能车参加了比赛。这些尝试都预示着太阳能汽车正逐渐走向成熟。

太阳能汽车要想真正走进大众生活，还有很多难题需要解决，比如太阳能的采集与转换问题、造价太高问题。

太阳能转换率只能达到 20%左右，难以满足汽车高速行驶所需要的足够动力，而 7～8m^2 的太阳能电池板也导致车身过大转动不够灵活，内部空间过于狭小。除此之外，电动机、电力控制系统也是太阳能汽车发展的关键技术。用于电动汽车的电动机有很多类型，目前太阳能车用电动机多数为直流电动机，其工作效率也有待提高。

为了使车体轻、速度快，太阳能汽车普遍采用质量轻的航空航天材料，造价昂贵，所以开发新的、经济的替代材料迫在眉睫。以清华大学的“追日号”太阳能汽车为例，其太阳能转化率只能达到 14%，造价很高，为得到 1W 的电量需要花费 100 元人民币。

虽然太阳能汽车的发展仍存在着很多技术上的挑战，但不可否认的是，在不可再生能源日益匮乏的今天，太阳能汽车是未来新能源应用的佼佼者。相信在不久的将来，太阳能定会在汽车上逐渐应用普及，利用太阳能驱动汽车完全可行。

三、二甲醚汽车

1. 二甲醚的特点

二甲醚(DME)又称甲醚，是由氢气和一氧化碳通过化学反应合成的，化学式为CH_3OCH_3。DME 在常温常压下是一种无色气体，具有轻微醚香味。此外，DME 作为一种含氧燃料，压缩性高，常温时可在 0.5MPa 时液化，具有与液化石油气相似的物理特性。

DME 具有良好的燃烧性能，可以替代柴油用作清洁的汽车燃料。DME 具有相当高的十六烷值，能在发动机气缸内与空气迅速混合形成可燃混合气，因此发动机爆发力大，机械性能好，非常适合于压燃式发动机，可应用在城市公交车、出租车、家庭用车上。其动力性能与 93 号汽油相当，具有优良的性价比，燃料成本可降低 10%。

DME 的排放性能优于 LPG。由于 DME 分子结构中无 C—C 键的存在且其本身含氧量高达 34.8%，使得 DME 容易氧化燃烧，并在燃烧过程中基本无炭烟形成，一氧化碳、氮氧化物排放较少，不需要任何特殊处理即可达到相关排放标准，因此是一种理想的清洁燃料。其可以替代柴油作为柴油汽车燃料，这是其他同类替代燃料不具备的优势，排放指标不仅满足欧Ⅲ标准，而且接近欧洲 2005 年实施的排放标准和美国加利福尼亚州超低排放标准。

以 DME 作为燃料的柴油机与直喷式柴油机热效率几乎相同，运转柔和。DME 作为超低排放代用燃料已经引起国内外的关注。DME 作为燃料，不需要辅助点火装置，炭烟排放为几乎零，在低燃油喷射压力下也可很好地燃烧，并且 DME 发动机的噪声低于普通柴油机，接近汽油机。

同时，DME 在燃料体积上相比其他替代燃料有很大的优势。在行驶相同的里程数下，所花费的燃料体积是柴油的 1.7 倍，但比乙醇、LNG 等体积都小。

DME 相变潜热比柴油高，液相 DME 蒸发吸收的热量比柴油更加显著，可以达到降低燃烧室内混合气的温度，有利于减少氮氧化物的排放。

DME 的饱和蒸气压力比液化石油气低，DME 装置的设计承载压力为 1.2MPa，而液化石油气的承载压力为 1.77MPa。DME 在空气中的爆炸下限比 LPG 高出 1 倍，所以 DME 在储存、运输和使用上比 LPG 更加安全。

DME 可以和柴油以任何比例混合成高十六烷值的燃料。混合 10%左右，DME 可使炭烟排放降低接近 30%，氮氧化物和碳氢化物排放也略有减少。柴油和 DME 混合可获得良好的润滑和雾化性能。

与多种燃料比较，DME 具有以下特点。

① 十六烷值高，作为柴油发动机的燃料，发动机热效率高，排放低。

② 自燃温度与柴油基本相同，所以 DME 在柴油发动机本身结构无须变动的情况下，就能够压燃。

③ 热值比柴油低，其热值仅为柴油的 70%。

④ 黏度低，与液化天然气相当。

⑤ DME 发动机能够同时实现多种排放物的降低，不需要尾气后处理，很容易达到排放法规要求。

2. DME 汽车的基本结构

现阶段，DME 一般用在柴油机上，因此 DME 汽车一般是在载货汽车或者大客车的基础上改制而成的。例如，以上海申沃客车有限公司 SWB6115-3 系列城市公交客车为基础进行改制，在设计上主要采取以下措施。

① 采用 2 只 DME 储罐，其中一只为主燃料罐，布置在车辆左侧前后轮之间的纵梁旁，另外一只辅燃料罐布置在车辆右前轮后、中客门之间的纵梁旁，如图 3-59 所示。

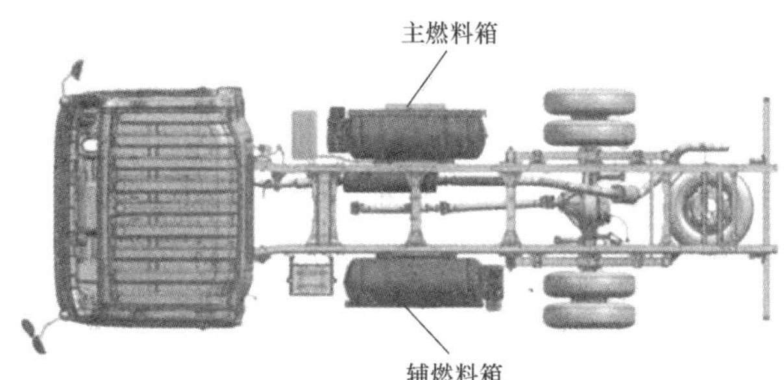

图 3-59　典型 DME 汽车底盘布置

② 仪表板上增加了泄漏报警器。在每只 DME 储罐上方和发动机上方设置燃气泄漏报警传感器，以便及时发现可能发生的 DME 泄漏。

③ 在仪表板上增设 DME 管路压力指示灯并调整发动机启动电路。当车辆电路接通后，电动增压泵首先工作，当 DME 管路压力达到要求后，压力指示灯点亮，发动机方能启动。

④ 拆除原燃油箱和供油管路，适当调整动力电池组的位置。

⑤ 为满足燃料电动增压泵对 12V 工作电压的要求，增加 DC/DC 变换器。

国外研究二甲醚汽车的院校及科研单位，主要将使用 DME 的柴油机用作轻型货车或重型载货汽车的动力。日本五十铃的一款 DME 轻型载货汽车的设备布置原理图如图 3-60 所示。

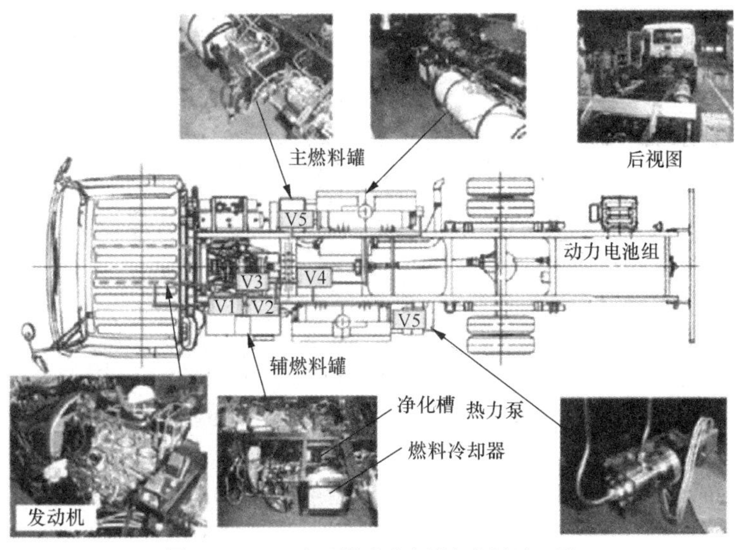

图 3-60　DME 轻型载货汽车设备布置原理图

3. DME 发动机

DME 发动机作为 DME 汽车的核心，研究其结构改进具有重要意义。

国内外关于DME作为柴油机代用燃料的研究重点集中在如何开发适合DME燃料特性的发动机，以实现高效清洁燃烧。丹麦技术大学、AMOCO、AVL 和 AIST 等在柴油机上先后进行了燃用 DME 的试验研究，结果表明，燃用 DME 燃料的发动机，在保持原柴油机效率和动力性的前提下，氮氧化物显著下降，PM 排放几乎为零。

4. DME 汽车的燃料供给系统

在 20 世纪 90 年代初提出 DME 作为柴油的替代燃料之后，国内外首先试验研究如何改动原柴油机的供油系统，使其参数优化，并验证获得的性能及排放指标。由于采用了现代的试验鉴别技术及计算机数值模拟分析方法，在对 DME 燃料的供给参数的优化及燃烧过程的分析等方面获得了大量的试验研究成果。

从图 3-61 中可以明显看到，DME 汽车的供油系统主要由液化 DME 燃料罐、输油泵、燃油冷却器、喷油泵、喷油器等组成。工作时，输油泵从燃料罐中泵出燃料并输送至喷油泵，经喷油泵加压后供给喷油器，多余的燃料经回流管、燃油冷却器后回到燃料罐。喷油泵及主燃料循环回路中汽化的燃料经燃料净化槽净化后，由压缩器压缩为液态，再经回油管流回燃料罐。

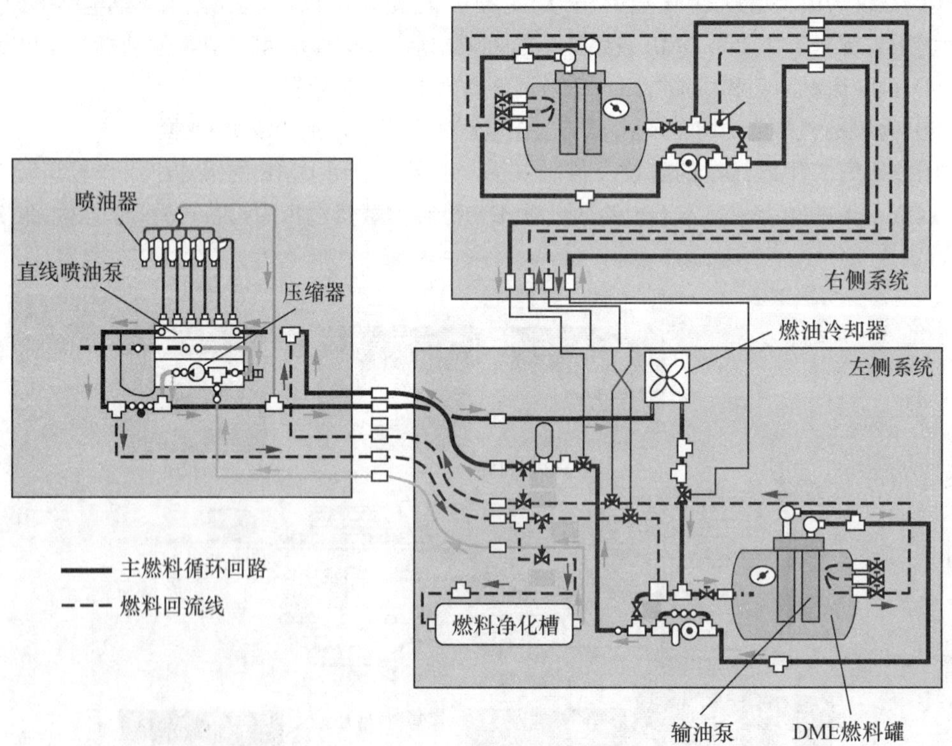

图 3-61　DEM 汽车的燃料供给系统

【任务实施与考核】

1. 准备工作

在技能学习工位准备好压缩空汽车、太阳能汽车、二甲醚汽车及其相关技术资料。

2. 学员工作

结合本任务相关知识的学习，边查阅技术资料边观察整车，完成工单 3-4。

3. 教师工作

① 向学生讲解安全注意事项，并要求学生在工单 3-4 中做记录。
② 观察、指导学生进行相关操作，对可能发生危险的事情必须及时制止。
③ 结束后审阅学生完成的工单，并结合其操作情况给出评价。

参考文献

[1] 殷承良，张建龙. 新能源汽车整车设计[M]. 上海：上海科学技术出版社，2013.
[2] 许崇良，张传发. 电动汽车与混合动力[M]. 济南：山东大学出版社，2013.
[3] 曹振华. 混合动力汽车原理与维修技术才从入门到精通[M]. 北京：电子工业出版社，2014.
[4] 蔡兴旺. 新能源汽车结构与维修[M]. 北京：机械工业出版社，2014.
[5] 崔胜民. 新能源汽车技术[M]. 2版. 北京：北京大学出版社，2014.
[6] 徐艳民. 电动汽车动力电池及电源管理[M]. 北京：机械工业出版社，2015.
[7] 段敏. 电动汽车技术[M]. 北京：北京理工大学出版社，2015.
[8] 张进华. 中国汽车技术发展报告[M]. 北京：北京理工大学出版社，2016.
[9] 中国汽车工程学会，丰田汽车公司. 中国汽车技术发展报告（2014—2015）[M]. 北京：北京理工大学出版社，2015.
[10] 李伟. 新能源汽车构造原理与故障检修[M]. 北京：化学工业出版社，2015.
[11] 王庆年，曾小华. 新能源汽车关键技术[M]. 北京：化学工业出版社，2017.
[12] 银石立方科技（北京）有限公司. 新能源汽车概论[M]. 北京：人民交通出版社，2016.
[13] 吴晓斌，刘海峰. 新能源汽车概论[M]. 北京：人民交通出版社，2017.
[14] 包科杰，徐利强. 新能源汽车维护与故障诊断[M]. 北京：人民交通出版社，2017.
[15] 赵金国，李沿国. 新能源汽车高压安全与防护[M]. 北京：人民交通出版社，2017.
[16] 朱学军. 混合动力汽车结构与检修[M]. 北京：人民交通出版社，2018.
[17] 唐勇，王亮. 新能源汽车电气技术[M]. 北京：人民交通出版社，2017.
[18] 官海兵. 新能源汽车高压安全及防护[M]. 北京：人民交通出版社，2018.
[19] 钱锦武. 新能源汽车储能装置与管理系统[M]. 北京：人民交通出版社，2018.
[20] 侯涛. 纯电动汽车结构与检修[M]. 北京：人民交通出版社，2018.
[21] 李丕毅. 新能源汽车电子电力辅助系统[M]. 北京：人民交通出版社，2018.
[22] 张利，缑庆伟. 新能源汽车驱动电机与控制技术[M]. 北京：人民交通出版社，2018.

新能源汽车概论（微课版）（实训手册）

人 民 邮 电 出 版 社
北 京

目　录

练习题

|任务 1-1　纯电动汽车总体认识|

一、简答题

1．国家法规对新能源汽车是如何定义的？它包括哪些种类？

2．两用燃料汽车与双燃料汽车的区别是什么？

3．纯电动汽车有哪些优缺点？

4．纯电动汽车的基本结构包括哪 3 个子系统？各自的功能是什么？

5．请收集一款典型国产纯电动汽车的核心技术参数，包括历史背景等，做成 PPT 与同学们分享，重点说明你对国产汽车技术发展的感悟。

二、单项选择题

1．下列选项中，（　　）不属于电动汽车。

A．纯电动汽车　　B．混合动力汽车　C．燃料电池汽车　　D．氢气汽车

2．下列关于纯电动汽车类型的选项中，（　　）保留了燃油发动机汽车的传动系统，不同之处是把发动机换成了电动机。

A．机械传动型　　B．无变速器型　　C．无差速器型　　D．电动轮型

3．下列关于纯电动汽车类型的选项中，（　　）完全取消了传动系统。

A．机械传动型　　B．无变速器型　　C．无差速器型　　D．电动轮型

4．甲说：如果电动汽车的电能来源于水力、风力、光、热等，才能真正实现环保；乙说：即使电动汽车的电能来源于煤、石油产品，也可明显改善环保性。（　　）描述正确。

A．甲　　B．乙　　C．甲和乙　　D．甲和乙都不正确

5．纯电动汽车的英文缩写为（　　）。

A．EV　　B．BEV　　C．HEV　　D．PHEV

6．纯电动汽车的散热系统主要服务对象是（　　）。

A．发动机　　B．电动机　　C．电池组　　D．能量回馈装置

7．下列选项中，（　　）不属于纯电动汽车的基本系统。

A．电力驱动子系统　B．能源子系统　C．能量回馈子系统　D．辅助子系统

8．早期的纯电动汽车开发常采用（　　）。

A．机械驱动式　　B．电机-驱动桥组合式

C．电机-驱动桥整体式　　D．轮毂电机分散式

9．机械驱动式的纯电动汽车变速器通常设置（　　）。

A．3 个前进挡　　B．2 个前进挡和 1 个倒挡

C．3 个前进挡和 1 个倒挡　　D．2 个前进挡

10．下列选项中，（　　）纯电动汽车省掉了离合器和变速器而保留了主减速器和差速器。

A．机械驱动式　　B．电机-驱动桥组合式

C．电机-驱动桥整体式　　D．轮毂电机分散式

11．下列选项中，（　　）纯电动汽车最容易实现四轮驱动、四轮转向。

A．机械驱动式　　B．电机-驱动桥组合式

C．电机-驱动桥整体式　　D．轮毂电机分散式

12．下列选项中，（　　）是未来纯电动汽车驱动系统布置方式的发展趋势。

A．机械驱动式　　B．电机-驱动桥组合式

C．电机-驱动桥整体式　　D．轮毂电机分散式

13．（　　）年，苏格兰人德文博特（T．Davenport）制造了一辆电动三轮车。

A．1886　　B．1885　　C．1859　　D．1834

14．1859 年，（　　）人普兰特发明了世界上第一只可充电的蓄电池，为后来纯电动汽车的发展奠定了基础。

A．德国　　B．英国　　C．法国　　D．美国

15．（　　）年，我国成功研制出首辆纯电动大客车 YW6120DD（远望号）。

A．1885　　B．1899　　C．1902　　D．1995

三、多项选择题

1．按照驱动系统的组成和布置形式，纯电动汽车分为（　　）。

A．机械传动型　　B．无变速器型　　C．无差速器型　　D．电动轮型

2．下列关于纯电动汽车类型的选项中，（　　）可选择功率较小的电动机。

A．机械传动型　　B．无变速器型　　C．无差速器型　　D．电动轮型

3．下列关于纯电动汽车类型的选项中，（　　）通过控制电动机来实现变速功能。

A．机械传动型　　B．无变速器型　　C．无差速器型　　D．电动轮型

4．下列关于纯电动汽车类型的选项中，（　　）至少采用 2 台驱动电机。

A．机械传动型　B．无变速器型　C．无差速器型　D．电动轮型

5．多电源型纯电动汽车的动力能源可能来自（　　）。

A．动力电池　B．辅助电池　C．超级电容　D．飞轮电池

6．纯电动汽车的传动系统可不需要（　　）。

A．离合器　B．变速器　C．差速器　D．半轴

7．纯电动汽车的仪表一般能够显示（　　）。

A．蓄电池电压　B．整车速度　C．行驶状态　D．润滑油温度

8．下列选项中，（　　）是纯电动汽车相对燃油发动机汽车特有的配置。

A．电动机　B．发电机　C．电池组　D．能量回收系统

9．下列选项中，（　　）属于纯电动汽车的系统构成。

A．电力驱动子系统　B．能源子系统　C．充电子系统　D．辅助子系统

四、判断题

（　　）1．如果还使用石油燃料产品，就不能称为新能源汽车。

（　　）2．电动汽车是指仅使用电能驱动的汽车。

（　　）3．机械传动型纯电动汽车是指有机械传动系统的纯电动汽车。

（　　）4．无变速器型纯电动汽车的一种结构与发动机横向前置、前轮驱动的布置方式类似。

（　　）5．燃料电池汽车是将燃料燃烧后转换为电能，从而由电动机驱动汽车行驶。

（　　）6．电动轮型纯电动汽车采用 2 台电动机，通过固定速比减速器来分别驱动两个车轮，可以实现对每个电动机转速的独立调节。

（　　）7．动力电池组在纯电动汽车上通常有集中布置和分散布置两种形式。

（　　）8．采用 T 形架安装电池组要比分散布置形式更能节省空间。

（　　）9．电力驱动子系统的功能是完成助力转向、车内空调温度调节及夜间照明等功能。

（　　）10．机械驱动式纯电动汽车的变速器可相应简化，挡位数一般有 2 个就够了。

（　　）11．电机-驱动桥组合式纯电动汽车没有离合器和变速器。

（　　）12．轮毂电机分散式纯电动汽车的驱动系统已经全部取消了变速器、差速器和减速器。

（　　）13．未来，纯电动汽车驱动系统布置方式的发展趋势是电机-驱动桥整体式。

（　　）14．如果左右两车轮均有驱动电机，则可认为是轮毂电机分散式驱动系统。

|任务 1-2　纯电动汽车典型技术认识|

一、简答题

1. 解释下列术语的含义：额定电压、工作电压、终止电压、额定容量、荷电状态（SOC）、比功率、能量密度、放电率、时率、倍率。

2. 什么是铅酸蓄电池？应用于电动汽车的铅酸蓄电池有哪些种类？其中应用最多的是哪种？

3. 什么是锂电池？它有哪些优点？其主要应用于哪种类型的电动汽车上？

4. 什么是锌空气电池？它有哪些优点？其主要应用于哪种类型的电动汽车上？

5. 什么是超级电容？其在电动汽车上如何应用？

6. 什么是飞轮电池？其在电动汽车上如何应用？

7. 直流电动机有哪些特点？其主要应用于哪些类型的纯电动汽车？

8. 什么是开关磁阻电动机？它有哪些优点和缺点？其主要应用于哪些类型的电动汽车？

9. 纯电动汽车的充电方法有哪些种类？各类型充电方法有哪些特点？

10. 在纯电动汽车中应用的变速器有哪几种类型？各适用于哪种车型？

11. 在具有再生制动功能的电动汽车上，为什么还要设置常规制动系统？二者是如何协调工作的？

12．纯电动汽车的制冷与制热系统和燃油汽车相比有哪些差别？

13．纯电动汽车有哪些特殊仪表？各仪表的功能是什么？

14．请收集我国自主品牌动力电池的主要技术参数，你认为与国际先进技术相差多少？你对我国动力电池技术方面所做出的科技创新有何感想？请将上述材料准备好PPT，并与同学们分享。

二、单项选择题

1．电池的正极和负极之间的电位差称为（　　）。

A．电动势　B．开路电压　C．额定电压　D．工作电压

2．电池在标准规定条件下工作时应达到的电压称为（　　）。

A．电动势　B．开路电压　C．额定电压　D．工作电压

3．电池在一定标准所规定的放电条件下放电时，电池的电压将逐渐降低，当电池再不宜继续放电时，电池的最低工作电压称为（　　）。

A．开路电压　B．额定电压　C．工作电压　D．终止电压

4．下列电池电压中，（　　）的数值最小。

A．开路电压　B．额定电压　C．工作电压　D．终止电压

5．当采用小放电时率对蓄电池放电时，下列描述（　　）正确。

A．工作电压下降速度快，终止电压低

B．工作电压下降速度快，终止电压高

C．工作电压下降速度慢，终止电压低

D．工作电压下降速度慢，终止电压高

6．放电电流与放电时间的乘积为（　　）。

A．理论容量　B．实际容量　C．标称容量　D．额定容量

7．一般蓄电池放电高效率区SOC为（　　）。

A．10%～30%　B．30%～50%　C．50%～80%　D．80%～90%

8．电池的（　　）决定了电动汽车的加速性能。

A．电压　B．容量　C．功率　D．能量

9．电池的（　　）决定了电动汽车的行驶距离。

A．电压　B．容量　C．功率　D．能量

10．电池的额定容量与额定电压的乘积为（　　）。

A．标称能量　B．实际能量　C．比能量　D．能量密度

11．实际的电池组比能量比单体电池比能量低（　　）%以上。

A．10　B．20　C．30　D．40

12．正极板活性物质为二氧化铅，负极板活性物质为铅，以酸溶液为电解质的蓄电池称

为（　　）。

A．铅酸蓄电池　B．镍氢电池　C．锌空气电池　D．锂电池

13．电解液是由稀的硫酸钠溶液和硅酸溶液混合成胶状物质的铅酸蓄电池称为（　　）蓄电池。

A．阀控免维护型　B．胶体型　C．水平式　D．双极式

14．在电动微型车、电动高尔夫车、电动叉车上应用的铅酸蓄电池，主要是（　　）。

A．阀控免维护型　B．胶体型　C．水平式　D．双极式

15．以氢氧化镍为正极板活性材料，以储氢合金为负极板材料，电解质是水溶性氢氧化钾和氢氧化锂的混合物的电池称为（　　）。

A．铅酸蓄电池　B．镍氢电池　C．锌空气电池　D．锂电池

16．下列关于镍氢电池用于电动汽车上主要优点的描述，（　　）不正确。

A．启动加速性能好　B．对环境污染少

C．快速补充充电时间短　D．充电过程中发热量小

17．下列电池中，（　　）的比能量最大。

A．锂电池　B．铅酸蓄电池　C．锌空气电池　D．镍氢电池

18．下列电池中，（　　）的充电方式最特殊。

A．锂电池　B．铅酸蓄电池　C．锌空气电池　D．镍氢电池

19．下列电池中，（　　）最适合作为以动力电池为唯一动力源的纯电动汽车。

A．锂电池　B．铅酸蓄电池　C．锌空气电池　D．超级电容

20．下列电池中，（　　）属于物理电池。

A．锂电池　B．铅酸蓄电池　C．锌空气电池　D．超级电容

21．超级电容和动力电池采用（　　）的连接方式。

A．串联　B．并联　C．混联　D．相对独立

22．在应用于纯电动汽车的动力电池中，铅酸蓄电池、镍氢电池、锌空气电池、锂电池四者比较，比功率最高的是（　　）。

A．铅酸蓄电池　B．镍氢电池　C．锌空气电池　D．锂电池

23．在应用于纯电动汽车的动力电池中，铅酸蓄电池、镍氢电池、锌空气电池、锂电池四者比较，比能量最高的是（　　）。

A．铅酸蓄电池　B．镍氢电池　C．锌空气电池　D．锂电池

24．在应用于纯电动汽车的动力电池中，铅酸蓄电池、镍氢电池、锌空气电池、锂电池四者比较，充电时间最短的是（　　）。

A．铅酸蓄电池　B．镍氢电池　C．锌空气电池　D．锂电池

25．目前，电动汽车应用最多的动力电池是（　　）。

A．镍镉电池　B．镍氢电池　C．锂电池　D．燃料电池

26．国内用的交流电动机的额定频率均为（　　）Hz。

A．20　B．50　C．110　D．220

27．电动汽车所采用的感应电动机的额定转速一般为 8 000～（　　）r/min。

A．10 000　B．12 000　C．18 000　D．20 000

28．直流电动机被应用于电动汽车中，主要是因为其具有（　　）。

A．较高的转速　B．足够大的启动转矩

C．质量轻　　D．良好的调速性能

29．下列选项中，（　　）不是感应电动机的优点。

A．转子结构简单、坚固　　B．易实现转矩控制

C．容易做到高速和小型轻量化　　D．可靠性好

30．（　　）电动机已成为现今电动汽车应用最多的电动机。

A．直流　　B．交流感应　　C．永磁无刷　　D．永磁同步

31．永磁电动机可以制成轮毂式电动机，主是因为其（　　）。

A．低速时效率高

B．磁通密度高

C．容易多极化

D．励磁电流变化对效率影响小

32．（　　）是一种典型的机电一体化电动机。

A．励磁直流电动机　　B．开关磁阻电动机

C．永磁无刷直流电动机　　D．三相交流异步电动机

33．下列对开关磁阻电动机特点的描述中，（　　）不正确。

A．热量排放较大

B．耐化学侵蚀能力强

C．磁能变化不大时效率恶化、噪声变大

D．较其他类型的电动机配套逆变器结构复杂

34．通常，外转子型轮毂电动机的最高转速为（　　）r/min。

A．1 000～1 500　　B．1 500～4 000　　C．2 500～5 000　　D．10 000

35．内转子型轮毂电动机配套的减速机构通常采用（　　）。

A．直齿轮　　B．锥齿轮　　C．链轮　　D．行星齿轮

36．在电机控制器中，（　　）的功能是提供电压隔离和保护功能。

A．DSP　　B．IGBT　　C．控制电源　　D．散热系统

37．车载充电器一般设计为小充电率，充电时间通常为（　　）。

A．30min～1h　　B．1～8h　　C．5～8h　　D．10～24h

38．快充的典型充电时间是（　　）min。

A．5～10　　B．10～30　　C．20～40　　D．30～50

39．快充的充电电压一般为（　　）V。

A．12　　B．24　　C．220　　D．380

40．下列对纯电动汽车充电系统的描述中，（　　）正确。

A．慢充和快充接口接受的都是直流电

B．慢充和快充接口接受的都是交流电

C．慢充接口接受的是直流电，快充接口接受的是交流电

D．慢充接口接受的是交流电，快充接口接受的是直流电

41．对于智能充电系统，BMS 的作用不包括（　　）。

A．对电池状态的在线监测　　B．电源变换

C．SOC 估算　　D．状态分析

42．下列充电机中，（　　）的供电部分和受电部分之间没有直接的机械连接。

A．非车载充电机　　B．车载充电机

C．传导式充电机　　D．感应式充电机

43．智能充电管理即无须进行过多人工干预，由（　　）进行智能充电管理模式。

A．充电机充电管理系统

B．车载 BMS

C．充电机充电管理系统和车载 BMS 联合

D．上述 3 种情况均有

44．电动机高效率工作区间一般在（　　）。

A．刚启动时　　B．低转速区　　C．中间转速区　　D．接近极限转速

45．在纯电动汽车上，合理利用变速器的主要目的是（　　）。

A．保持与燃油车辆的操作相似性

B．使电动机工作在最佳转速区

C．容易实现倒挡

D．简化控制系统

46．对于采用变速器的纯电动汽车，其变速器挡位一般不超过（　　）个前进挡。

A．1　　B．2　　C．3　　D．4

47．电动真空泵需在 4～5s 内产生（　　）kPa 以上的真空度。

A．20　　B．30　　C．40　　D．50

48．电动真空助力器安装于（　　）之间。

A．制动踏板和制动主缸　　B．制动踏板和轮缸

C．制动主缸和轮缸　　D．轮缸与制动盘

49．电动汽车与燃油车的制动助力系统最主要的差别是（　　）。

A．电动汽车制动助力系统需采用大直径的主缸

B．电动汽车制动助力系统需采用大直径的轮缸

C．电动汽车通常采用电动真空助力系统

D．电动汽车通常采用电动压缩空气助力系统

50．在（　　）时，电动汽车再生制动系统不会启动。

A．减速

B．在公路上放松加速踏板巡行

C．踩下制动踏板停车

D．中速均速行驶

51．在电动汽车中，再生制动与常规制动起作用的次序为（　　）。

A．先再生制动，后常规制动

B．先常规制动，后再生制动

C．再生制动和常规制动同时工作

D．不同工况下，先后次序不同

52．纯电动汽车的空调系统与燃油发动机汽车的空调系统相比较，改动最大的部件是（　　）。

A．压缩机　　B．冷凝器　　C．膨胀阀　　D．蒸发箱

53．应用于电动汽车空调制热最好的方式是（　　）。

A．半导体式　　B．热泵式　　C．燃油加热式　　D．PTC 加热式

54．（　　）制热方式不适合应用于纯电动汽车。

A．半导体式　　B．热泵式　　C．燃油加热式　　D．PTC 加热式

55．在纯电动汽车中，（　　）有正负 2 个方向的数据显示。

A．荷电状态表　　B．电压表　　C．电流表　　D．电动机转速表

三、多项选择题

1．当电池以小放电时率放电时，下列描述（　　）不正确。

A．工作电压下降速度快　　B．终止电压低

C．放电时间短　　D．能输出较多的能量

2．下列对铅酸蓄电池的描述中，（　　）正确。

A．单体电压高　　B．价格低廉

C．高倍率放电性能良好　　D．使用成本低

3．下列对锌空气电池的描述中，（　　）正确。

A．比能量大　　B．充电时间短　　C．属于物理电池　　D．可再生利用

4．下列关于锂电池的描述中，（　　）正确。

A．有记忆效应　　B．体积较大

C．成本高　　D．必须有特殊的保护电路，以防止过充电

5．下列关于锂电池优点的描述中，（　　）正确。

A．单体电池工作电压高　　B．比能量大

C．有环境污染　　D．循环寿命长

6．目前，在电动汽车上应用的电动机有（　　）。

A．直流电动机　　B．交流电动机

C．永磁同步电动机　　D．开关磁阻电动机

7．下列有关于直流电动机特点的描述中，（　　）正确。

A．调速性能好　　B．容易做到高速和小型轻量化

C．可以得到比较高的效率　　D．启动转矩大

8．可用永磁材料来替代励磁电动机的（　　），使之成为永磁电动机。

A．定子铁心　　B．转子铁心　　C．励磁绕组　　D．转子绕组

9．分散电动机驱动通常有（　　）等方式。

A．驱动桥安装式电动机　　B．驱动桥组合式电动机

C．轮毂电动机　　D．轮边电动机

10．下列关于外转子型轮毂电动机的描述中，（　　）正确。

A．采用低速外转子电动机

B．必须设置减速装置

C．车轮的转速与电动机相同

D．电动机的转速通常高达 10 000r/min

11．下列关于常规充电法的描述中，（　　）正确。

A．充电方便

B．充电过程一般由客户自己独立完成

C．充电功率较小

D．对电网没有特殊要求

12．所谓的 1 挡集成动力驱动系统，是把（　　）与功率控制器集成在一起。

A．电动机　　B．变速器　　C．减速器　　D．差速器

13．整车控制器的防盗器功能与（　　）有关。

A．编码机械钥匙（或感应钥匙）　　B．整车控制器

C．BMS　　D．电机控制器

14．下列关于电动真空助力制动系统控制过程的描述中，（　　）正确。

A．接通汽车 12 V 电源，压力延时开关闭合，真空泵大约工作 5 s 后开关断开

B．当真空罐内真空度降低到 55kPa 时，压力延时开关再次闭合

C．当真空罐内真空度降低到约 34kPa 时，压力报警器发出信号

D．如果真空泵控制开关有很明显的短时间开启和关闭，说明发生了泄漏

四、判断题

（　　）1．蓄电池的终止电压与放电速度无关。

（　　）2．电池的功率决定电动汽车的加速性能。

（　　）3．电池的容量决定电动汽车的行驶距离。

（　　）4．SOC 是指放电容量与额定容量的百分比。

（　　）5．通常动力电池的比能量高，则能量密度小。

（　　）6．电池的内阻小，对电池性能有利。

（　　）7．放电深度浅时，有利于延长电池的寿命。

（　　）8．当放电电流大于或等于额定容量的数值时，该放电电流值用倍率表示。

（　　）9．蓄电池放电的 2 小时率用 $2C$ 来表示。

（　　）10．$0.5C$ 表示额定容量约 0.5h 放完电。

（　　）11．动力电池的自放电率高，表示放电能力强。

（　　）12．镍氢电池用于电动汽车上一个主要缺点是充电过程中发热量大。

（　　）13．镍氢电池适合应用于纯电动汽车。

（　　）14．目前纯电动汽车上应用的动力电池的主流类型是锂电池。

（　　）15．锌空气电池的充电实际上就是锌材料的更换与再利用。

（　　）16．锌空气电池可归类于燃料电池。

（　　）17．锌空气电池与其他类型的蓄电池类似，正、负极之间发生的化学反应是可逆的。

（　　）18．超级电容在正常行车时是不供电的。

（　　）19．超级电容在储存能量、释放能量时同样发生化学变化。

（　　）20．超级电容可以作为电动汽车的主能量源。

（　　）21．超级电容与动力电池构成复合电源系统是一种理想的复合能源结构。

（　　）22．由于飞轮电池是机械装置，所以其使用寿命比一般的化学蓄电池低。

（　　）23．飞轮电池的充电是将电能转换为机械能。

（　　）24．飞轮电池的机械能可直接通过传动系统传给驱动车轮。

（　　）25．绝缘等级是按电动机绕组所用的绝缘材料在使用时容许的极限电压来划分的。

（　　）26．永磁同步电动机的结构与异步电动机的最大不同是在定子上放有高质量的

永磁体磁极。

（　　）27．直流电动机适合在高速、大负载下运行。

（　　）28．永磁电动机分为永磁交流同步电动机、永磁交流异步电动机和永磁直流电动机 3 种。

（　　）29．开关磁阻电动机转子凸极上既无绕组也无永磁体。

（　　）30．目前的绝大多数永磁同步电动机都采用表面式永磁体转子。

（　　）31．开关磁阻电动机系统的调速范围宽。

（　　）32．开关磁阻电动机结构简单、转子转动惯量小、成本低、动态响应快。

（　　）33．永磁开关磁阻电动机也被应用于电动汽车的轮毂驱动系统。

（　　）34．轮边电动机驱动模式的驱动电动机属于非簧载质量，对提高整车行驶的平顺性有利。

（　　）35．通常，外转子型轮毂电机采用高速外转子电动机。

（　　）36．快速充电即以较高的充电电压，在短时间内使电池达到充满电状态的方法。

（　　）37．不是所有的电池都能进行快速充电。

（　　）38．采用传导式充电机进行充电，电动汽车上不需要装备电力电子电路。

（　　）39．对于纯电动汽车，即使采用手动变速器结构形式，变速器仍可不设倒挡。

（　　）40．单桥单电动机纯电动汽车可以不设置差速器。

（　　）41．纯电动汽车在减速制动工况时，再生制动一直起作用。

（　　）42．再生制动能力会随着车速降低而减小。

（　　）43．纯电动汽车电动机转速表一般不单独设计，多用功率表代替。

（　　）44．纯电动汽车信息显示方式有组合仪表式、数字式和 LCD 式 3 种。

（　　）45．在纯电动汽车上，为了显示制动能量回馈状态，电动机转速表必须有正负 2 个方向的数据显示。

任务 1-3 电动汽车高压安全

一、简答题

1. 国家标准对高压与低压是如何规定的？

2. 电击事故有哪些类型？

3. 电动汽车可能存在哪些安全隐患？

4. 导致动力电池热失控的主要原因有哪些？

5. 电动汽车在电气系统中主要采用哪些安全措施？

6. 电动汽车的高压部件具有哪些特点？

7. 对于电动汽车的高压操作有哪些规定？

8. 对电动汽车进行维修操作时，有哪些安全防护事项？

9. 对电动汽车进行焊接维修时，应注意哪些安全事项？

10. 电动汽车有哪些维修规范？

11. 对维修的电动汽车有哪些规定？

12. 电动汽车高压系统的高电压主要有哪几种存在形式？各存在形式下涉及的系统或装置有哪些？

13．什么是高压终止和高压检验？具体方法是什么？

二、单项选择题

1．直流电压小于或等于（　　）V 为安全电压。

A．25　　B．36　　C．60　　D．100

2．交流电压小于或等于（　　）V 为安全电压。

A．25　　B．36　　C．60　　D．100

3．大多数燃油发动机汽车上设计的绝缘材料，当电压超过（　　）V 时可能就变成了导体。

A．100　　B．200　　C．300　　D．400

4．在 300V 电压下，两根导线距离（　　）cm 时就会发生击穿导电。

A．5　　B．10　　C．15　　D．20

5．有大约（　　）mA 的电流通过人体时，就可视作“电气事故”，会使人产生麻木感。

A．5　　B．10　　C．15　　D．20

6．经过人体的电流到达大约（　　）mA 时，被认为是“致命值”。

A．10　　B．30　　C．50　　D．80

7．电流通过（　　）时，危险性最大。

A．手到手　　B．脚到脚　　C．手到同侧的脚　　D．手到对侧的脚

8．通常，产生最多的伤害是（　　）事故。

A．电击　　B．电伤　　C．电磁场伤害　　D．电感应

9．动力电池的电压一般在 300～600V，正常工作时，电流可达（　　）A。

A．几　　B．几十　　C．几百　　D．几千

10．人体电阻一般不低于（　　）Ω。

A．10　　B．100　　C．1 000　　D．10 000

11．人体没有任何感觉的电流阈值是（　　）mA。

A．1　　B．2　　C．3　　D．5

12．人直接接触电气系统任一点的时候，流过人体的电流应当小于（　　）mA 才认为车辆绝缘合格。

A．2　　B．3　　C．5　　D．10

13．锂离子电池的最主要安全隐患是（　　）。

A．热失控　　B．漏液　　C．释放气体有毒　　D．高压电

14．当断开维修开关时，动力电池的动力输出立即中断，（　　）接触高压部件。

A．可立即　　B．仍需等待 5min 以上才能

C．仍需等待 10min 以上才能　　D．仍需等待 15min 以上才能

15．为保证碰撞安全，通常在高压接触器的供电回路中串联（　　）。

A．熔断丝　　B．碰撞传感器　　C．碰撞继电器　　D．惯性开关

16．电动汽车带高压电零件的防接触保护措施是，采用至少（　　）层绝缘，防止意外直接或间接接触带电零件。

A．2　　B．3　　C．4　　D．5

17. 高压车辆的高压电缆的颜色是（　　）。

A. 蓝色　　B. 红色　　C. 橙色　　D. 黑色

18. 在动力电池输出的高压回路中设置预充电阻，其主要目的是保护（　　）。

A. 动力电池　B. 高压导线　　C. 接触器　　D. 补偿电容

19. 电动汽车的国际标准规定：绝缘电阻值除以电动汽车直流系统标称电压 U，结果应大于（　　）Ω/V，才符合安全要求。

A. 50　　B. 100　　C. 150　　D. 200

20. 在整个高压系统设置一个导通环，其主要功能是（　　）。

A. 电隔离　　B. 绝缘电阻监测

C. 服务断开/高压接通锁　　D. 高压互锁

21. 电动汽车（　　）时才允许充电。

A. 只有挡位放在“P”挡　　B. 只有挡位放在“N”挡

C. 挡位放在“P”挡或“N”挡　　D. 各挡位均可

22. 下列（　　）不需要接受高压意识培训。

A. 驾驶车辆　　B. 清洗发动机

C. 添加风窗玻璃清洗液　　D. 更换熔断丝

23. 绝缘手套能够承受（　　）V 以上的工作电压。

A. 288　　B. 360　　C. 500　　D. 1 000

24. 标准规定，绝缘鞋的电阻阻值应大于等于（　　）。

A. 1kΩ　　B. 10kΩ　　C. 100kΩ　　D. 1 000MΩ

25. 在进行高压电动汽车维修时，要求使用（　　）类以上的绝缘工具。

A. Ⅰ　　B. Ⅱ　　C. Ⅲ　　D. Ⅳ

26. 加强绝缘的电动工具属于（　　）类绝缘工具。

A. Ⅰ　　B. Ⅱ　　C. Ⅲ　　D. Ⅳ

27. 当电动汽车发生火灾时，最有效的灭火方式是采用（　　）灭火。

A. MF 型灭火器　　B. MT 型灭火器

C. ABC 型灭火器　　D. 大量的水

28. 下列选项中，（　　）在电动汽车运行期间可能不存在高压电。

A. 动力电池　B. 逆变器　　C. DC/DC 变换器　D. 车载充电器

29. 在下列电动汽车的装置中，（　　）在点火开关处于“ON”或“RUN”状态下可能不会存在高电压。

A. 逆变器　　B. PTC 加热器　　C. DC/DC 变换器　D. 高压导线

30. 在进行高压终止操作中，关闭点火开关后，对于使用按钮启动的电动汽车，应把钥匙拿到离车至少（　　）m 远的地方，防止汽车意外被启动。

A. 3　　B. 5　　C. 10　　D. 15

31. 使用万用表测量高压部件的连接器各个高压端子，在执行高压终止以后，每个端子对车身的电压应该小于（　　）V。

A. 1　　B. 3　　C. 5　　D. 12

32. 抢救触电者的首要步骤是（　　）。

A. 打救援电话　　B. 使触电者尽快脱离电源

C．现场急救　　　　　　　　　　D．等待医护人员

33．当触电者脱离电源后，力争在触电后（　　）min 内进行救治。

A．1　　　B．5　　　C．12　　　D．30

34．触电后超过（　　）min 再开始救治的，基本无救活的可能。

A．1　　　B．5　　　C．12　　　D．30

35．对于触电事故，下列现场应用的主要急救方法中，（　　）不可取。

A．口对口人工呼吸　　　　　　B．胸外心脏按压

C．打强心针　　　　　　　　　D．使用心脏除颤器

36．下列触电症状中，（　　）只需将其扶到清凉通风之处休息，让其自然慢慢恢复即可。

A．神志尚清醒，但心慌力乏，四肢麻木

B．有心跳，但呼吸停止或极微弱

C．有呼吸，但心跳停止或极微弱

D．心跳、呼吸均已停止

37．下列触电症状中，（　　）应该采用人工胸外心脏按压法。

A．神志尚清醒，但心慌力乏，四肢麻木

B．有心跳，但呼吸停止或极微弱

C．有呼吸，但心跳停止或极微弱

D．心跳、呼吸均已停止

38．下列关于面对有可能是高压动力电池溢出电解液时的操作，（　　）不正确。

A．穿好合适的防护用品

B．采用红色石蕊试纸检查溢出液

C．用大量水稀释电解液

D．用充足的吸水毛巾或布吸收电解液

39．高压互锁的导通环传送的信号中断，控制系统切断电压，同时必须（　　）。

A．报警　　　　　　　　　　　B．采用电隔离

C．连接高压接通锁　　　　　　D．对高压系统的电容进行放电

40．工作人员使用诊断辅助系统断开电动汽车电压后，防止高压系统通过“点火开关开启”重新接通，所采用的措施是（　　）。

A．采用电隔离　　　　　　　　B．插接高压接通锁

C．打开高压互锁　　　　　　　D．以上措施均有

41．在碰撞时安全气囊展开，电动汽车控制系统要进行的操作是（　　）。

A．断开蓄电池

B．停止发电机发电模式

C．将母线电容器放电至允许的电压极限以下

D．以上操作均有

42．下列电动汽车高压安全措施中，（　　）是需要工作人员操作的。

A．电隔离　　　　　　　　　　B．绝缘电阻监测

C．服务断开/高压接通锁　　　　D．在碰撞时切断高压系统

43．下列对电动汽车的操作中，（　　）必须由进行过高压意识培训的人员进行。

A．启用冬季轮胎的限速　　　　B．阐述驾驶室管理

C．驾驶车辆时　　D．添加车窗风挡玻璃清洗液

44．电动汽车的绝缘状况以（　　）的绝缘电阻来衡量。

A．直流正母线对地　　B．直流负母线对地

C．直流正负母线对地　　D．直流正负母线对车身搭铁

三、多项选择题

1．在国家标准《电动汽车安全要求》（GB 18384—2020）中，将电动汽车的电压分为 A 和 B 两个级别，主要考虑（　　）等因素。

A．劳动保护用品的绝缘性能

B．不同电压等级可能对人体产生的伤害和危险程度

C．空气的湿度

D．人体在不同工作环境下的电阻

2．电流对人体的伤害有（　　）等形式。

A．电击　　B．电伤　　C．电磁场伤害　　D．电感应

3．动力电池温度升高会引发（　　）隐患。

A．电池本身性能的逐步下降　　B．加剧了电池内部的短路

C．电池产生热变形　　D．电池产生泄漏

4．电动汽车的高压安全措施主要体现在（　　）几个方面。

A．维修安全　　B．碰撞安全　　C．电气安全　　D．功能安全

5．电动汽车高压部件可能布置在（　　）。

A．前机舱　　B．乘客舱　　C．行李舱　　D．底盘

6．下列电动汽车零部件中，（　　）属于高压件。

A．电动机驱动控制器　　B．车载充电器

C．DC/DC 变换器　　D．连接慢充口到车载充电机之间的线束

7．下列选项中，（　　）可以在高压系统上执行作业。

A．接受过高压意识培训的非电工技术专业人员

B．接受过附加资格认证的汽车技师

C．接受过高压意识培训的电气技师

D．接受过附加资格认证的机械电子工程师

8．从事电动汽车高压作业时，不能穿化纤类的工作服，主要原因是化纤类的工作服（　　）。

A．会产生静电

B．发生火灾时，衣服会粘连人体皮肤

C．太滑

D．耐电解液

9．在电动汽车上，（　　）可能为高压系统。

A．驱动系统　　B．空调与加热系统

C．电源系统　　D．带有插电功能的充电系统

10．电动汽车高电压按存在的时间进行分类，包括（　　）。

A．持续存在　　B．运行期间存在

C．维修期间存在　　D．充电期间存在

四、判断题

（　　）1．国家标准规定的 B 级电压是较为安全的电压等级。

（　　）2．在纯电动汽车上，通常只存在直流高压。

（　　）3．高电压伤害人体的本质是电流。

（　　）4．只要经过人体的电流不超过 80mA 时，就不会导致致命危害。

（　　）5．电伤是指电流通过人体，破坏人的心脏、肺及神经系统的正常功能。

（　　）6．交流电压的频率越高，危险性越高。

（　　）7．对于锂电池，过充电易产生热失控，而过放电不会产生热失控。

（　　）8．锂电池在低温环境下充放电可能会引起过大电流。

（　　）9．电动汽车上的高压电负极可与低压电系统共同搭铁。

（　　）10．动力电池与外部高压回路之间设计有高压接触器，只有当驾驶人将车辆钥匙打到“Start”挡或对动力电池进行充电时，接触器才可能会闭合。

（　　）11．电动汽车的绝缘状况以直流正负母线对地的绝缘电阻来衡量。

（　　）12．电动汽车的国际标准规定的绝缘电阻限值，是在动态测试条件下的标准。

（　　）13．电源极性反接保护措施是：当意外接错电源正负极，系统将自动切断高电压。

（　　）14．如果电动汽车设计有很好的防止意外触电功能，则维修车辆时就可不必进行安全防护。

（　　）15．接受过高压意识培训的人员可以在高压系统内执行作业。

（　　）16．高压车辆维修用的护目镜应该具有侧面防护功能。

（　　）17．在进行高压电动汽车维修时，要求使用Ⅱ类以上绝缘工具。

（　　）18．对于车辆维修过程中拆下的高压配件必须立即标识明显的“高压勿动”警示。

（　　）19．电动汽车可以边充电边对高压部件进行拆装、维修等工作。

（　　）20．高压电动汽车维修完毕后、上电前，车辆内至少有 2 名操作人员，以便相互照应。

（　　）21．在执行车辆维修期间，必须同时有 2 名持有上岗证的人员进行工作。

（　　）22．在执行高压禁用操作时，对于 12V 蓄电池充电器可以不移除。

（　　）23．车载空调的高压压缩机在充电期间不会有高压电。

（　　）24．点火开关处于“ON”位置，纯电动汽车中的高压压缩机和 PTC 加热器就会存在高电压。

（　　）25．在电动汽车中，除动力电池外，其他部件都是由整车控制单元通过保护器控制高电压的接通与关闭的。

（　　）26．当维修开关被断开后，整车的高压部件将不再具有高压，但动力电池的总输出正负极端口有高压。

（　　）27．正常情况下，执行高压终止后，车辆除了动力电池外，其他部件应该都不具有高压。

（　　）28．拆下的电动汽车维修开关最好放在操作者的口袋中。

（　　）29．如果吞咽了蓄电池内溶物，应喝大量清水，并且设法使其呕吐。

（　　）30．发生触电事故后，对于有心跳但呼吸停止或极微弱者，应该采用口对口人工呼吸法进行急救。

|任务 1-4　典型纯电动汽车认识|

一、简答题

1．简要概述比亚迪 e6 纯电动轿车的特点。

2．比亚迪 e6 纯电动轿车有哪些典型的配置？各配置的主要功能是什么？

3．制动系统故障警告灯何时点亮？

4．充电系统警告灯点亮时，可能提示哪些信息？

5．什么是胎压监测系统？比亚迪 e6 纯电动轿车的胎压监测系统由哪几部分组成？各部分分别安装在车辆的哪个位置？有哪些功能？

6．在电动汽车中，VDC 是指什么？其基本功能是什么？

二、单项选择题

1．比亚迪 e6 纯电动轿车 0～50km/h 加速时间为（　　）s。

A．5　　B．6　　C．8　　D．10

2．比亚迪 e6 纯电动轿车最高车速可达（　　）km/h。

A．120　　B．140　　C．160　　D．200

3．比亚迪 e6 纯电动轿车可采用（　　）。

A．壁挂式交流充电　　B．家用交流充电

C．直流充电　　D．以上 3 种充电方式

4．比亚迪 e6 纯电动轿车综合工况续驶里程为（　　）km。

A．200　　B．300　　C．400　　D．500

5．比亚迪 e6 纯电动轿车的安全气囊警告标签粘贴在（　　）。

A．发动机舱盖内侧　　B．左侧 B 柱

C．右侧 B 柱上　　D．行李舱盖内侧

6．比亚迪 e6 纯电动轿车的空调系统、操作说明、电动机冷却液、冷却风扇、电池位置

标签粘贴在（　　）。

A．发动机舱盖内侧　　B．左 B 柱下方

C．右侧 B 柱上　　D．仪表台右侧

7．比亚迪 e6 纯电动轿车的轮胎气压指示牌粘贴在（　　）。

A．发动机舱盖内侧　　B．左 B 柱下方

C．右侧 B 柱上　　D．仪表台右侧

8．比亚迪 e6 纯电动轿车的空气过滤器标签粘贴在（　　）。

A．发动机舱盖内侧　　B．左 B 柱下方

C．右侧 B 柱上　　D．仪表台右侧

9．对于纯电动汽车，ECO 通常表示（　　）。

A．总里程　　B．电子驻车

C．经济模式　　D．上坡辅助

10．对于纯电动汽车，EPB 通常表示（　　）。

A．总里程　　B．电子驻车

C．经济模式　　D．上坡辅助

11．对于纯电动汽车，ODO 通常表示（　　）。

A．总里程　　B．液压制动辅助

C．车辆动态控制　　D．车对插排放电

12．对于纯电动汽车，HHC 通常表示（　　）。

A．上坡辅助　　B．液压制动辅助

C．车辆动态控制　　D．车对插排放电

13．对于纯电动汽车，VDC 通常表示（　　）。

A．上坡辅助　　B．液压制动辅助

C．车辆动态控制　　D．车对插排放电

14．对于纯电动汽车，VTOL 通常表示（　　）。

A．上坡辅助　　B．液压制动辅助

C．车辆动态控制　　D．车对插排放电

15．在纯电动汽车上，制动系统故障警告灯的图标是（　　）。

A．　　B．　　C．　　D．

16．在纯电动汽车上，动力系统故障警告灯的图标是（　　）。

A．　　B．　　C．　　D．

17．如果在驾驶过程中，充电系统警告灯点亮，表示（　　）有问题。

A．充电系统　B．VTOG 系统　　C．DC 系统　　D．控制系统

18．当胎压系统警告灯及组合仪表处于（　　）状态时，表示对应轮胎处于快速漏气状态。

A．胎压系统警告灯点亮，同时组合仪表显示“请检查胎压监测系统”

B．胎压系统警告灯点亮，同时组合仪表胎压显示界面有一个或多个数值位变红

C．胎压系统警告灯快速闪烁，同时组合仪表胎压显示界面有一个或多个数值位变红

D．胎压系统警告灯快速闪烁，同时组合仪表胎压显示界面有一个或多个数值位变黄

19．比亚迪 e6 纯电动轿车的车内温度设定指示灯显示“Lo”时，表示空调当前车内温度设置值低于（　　）℃。

A．10　　B．15　　C．18　　D．20

20．比亚迪 e6 纯电动轿车的车内温度设定指示灯显示“Hi”时，表示空调当前车内温度设置值高于（　　）℃。

A．20　　B．32　　C．35　　D．38

21．比亚迪 e6 纯电动轿车在设置保养时间时，增减的步长为（　　）天。

A．7　　B．15　　C．30　　D．60

22．比亚迪 e6 纯电动轿车在设置保养里程时，增减的步长为（　　）km。

A．100　　B．500　　C．800　　D．1 000

23．比亚迪 e6 纯电动轿车的电单价设置完成后，仪表会根据当前电单价重新计算最近（　　）km 的平均电耗费用。

A．50　　B．100　　C．500　　D．1 000

24．对于比亚迪 e6 纯电动轿车，当车速达到（　　）km/h 时，系统会自动闭锁所有车门的功能。

A．10　　B．20　　C．30　　D．50

25．比亚迪 e6 纯电动轿车设定车速报警值时，增减的步长为（　　）km。

A．5　　B．10　　C．15　　D．20

26．当比亚迪 e6 纯电动轿车的车速超过（　　）km/h，驻车制动开关未完全断开时，将会有报警提示。

A．5　　B．10　　C．15　　D．20

27．对于比亚迪 e6 纯电动轿车，（　　）可实现车辆对车辆充电功能。

A．VTOL　　B．VTOV　　C．VTOG　　D．LTOG

28．比亚迪 e6 纯电动轿车的定速巡行控制可以在不踩加速踏板的情况下，保持（　　）km/h 的默认车速（或人工预设车速）行驶。

A．40　　B．50　　C．60　　D．70

29．轮胎压力监测系统的各组成中，（　　）安装在轮胎的气门嘴上。

A．胎压监测模块　　B．胎压监测控制模块

C．胎压监测接收模块　　D．显示部分

30．比亚迪 e6 纯电动轿车的轮胎标准压力值为（　　）kPa。

A．200　　B．250　　C．300　　D．350

31．比亚迪 e6 纯电动轿车的 4 个轮胎中的任意一轮胎压力低于标准胎压值的（　　）%，且在 TPMS 运行的状态下，TPMS 会在 6s 内发出胎压过低报警信号。

A．60　　B．65　　C．70　　D．75

32．比亚迪 e6 纯电动轿车在低压报警之后给轮胎充气时，当胎压大于标准压力的（　　）% 时，低压报警自动取消。

A．80　　B．85　　C．90　　D．95

33．比亚迪 e6 纯电动轿车的胎压监测系统处于运行状态时，当一个或多个外轮胎漏气，且胎压降低速率大于等于（　　）kPa/min 时，TPMS 会在 1min 内发出快速漏气报警信号，并指明漏气轮胎的位置。

A．10　　B．20　　C．30　　D．40

34．比亚迪 e6 纯电动轿车的倒车雷达各传感器探测距离小于等于（　　）m 时，仪表指

示灯长亮，蜂鸣器长鸣。

A．1.2　　B．0.8　　C．0.6　　D．0.5

35．在松开制动踏板后，HHC 能够保持驾驶人所施加的制动力，约有（　　）s 时间将脚从制动踏板移动到加速踏板，防止停在坡上的车辆后溜。

A．0.5　　B．1　　C．1.5　　D.2

36．比亚迪 e6 纯电动轿车寻车功能的有效范围为（　　）m。

A．30　　B．40　　C．50　　D．100

三、多项选择题

1．比亚迪 e6 纯电动轿车 VIN 码的位置有（　　）。

A．后背门内侧　　B．左前门下方

C．左前侧 VIN 槽内　　D．前纵梁

2．当整车电源挡位处于“OK”挡时，制动系统故障警告灯会在以下（　　）情况点亮。

A．制动液液位低时　　B．使用了驻车制动器时

C．真空压力故障时　　D．电子驻车故障时

3．纯电动汽车的胎压系统警告灯出现（　　）时，表示其所监视的系统有故障。

A．当整车电源挡位处于“OK”挡时，此警告灯点亮

B．当胎压系统警告灯点亮，同时组合仪表显示“请检查胎压监测系统”

C．当胎压系统警告灯快速闪烁，同时组合仪表胎压显示界面有一个或多个数值位变红

D．当胎压系统警告灯常亮，同时组合仪表胎压显示界面有一个或多个数值位变黄

4．下列对于纯电动汽车的电子驻车状态指示灯的描述，（　　）表示由此警告灯系统监控的部件中发生故障。

A．电子驻车启动，此指示灯点亮

B．启动电子驻车后，此指示灯不亮

C．释放电子驻车后，此灯持续发亮

D．释放电子驻车后，在驾驶过程中此指示灯点亮

5．比亚迪 e6 纯电动轿车在设置能量回馈强度时，可选择（　　）回馈电量。

A．较小　　B．标准　　C．中等　　D．较大

6．比亚迪 e6 纯电动轿车的行车信息可显示（　　）。

A．最近 50km 平均电耗　　B．最近 50km 平均电耗费用

C．行驶时间　　D．平均车速

7．比亚迪 e6 纯电动轿车的放电提示信息有（　　）模式供选择。

A．VTOL　　B．VTOV　　C．VTOG　　D．LTOG

8．下列功能模块中，（　　）可通过对相应的车轮施加制动进行控制。

A．VDC　　B．TCS　　C．HHC　　D．HBA

9．比亚迪 e6 纯电动轿车的熔断丝盒位置设置在（　　）。

A．发动机舱　　B．驾驶席仪表板下方

C．行李舱　　D．车辆底部

四、判断题

（　　）1．比亚迪 e6 纯电动轿车不能采用直流充电。

（　　）2．充电系统警告灯只有在充电系统存在故障时，才点亮。

（　　）3．对于纯电动汽车，充电系统警告灯在启动车辆时亮 3s 后熄灭，表示正常充电。

（　　）4．对于纯电动汽车，当 ABS 故障警告灯点亮时（制动系统警告灯熄灭），在紧急制动或在较滑的路面上制动时车轮将会抱死。

（　　）5．在操作中，ABS 故障警告灯短暂点亮，不表示有问题。

（　　）6．电动机冷却液温度过高警告灯只有在电动机过热时，才点亮。

（　　）7．前排乘员安全气囊开关状态指示灯点亮，表示副驾驶座椅安全气囊处于启用状态。

（　　）8．当胎压系统警告灯快速闪烁，同时组合仪表胎压显示界面有一个或多个数值位变红时，表示对应轮胎处于快速漏气状态。

（　　）9．当胎压系统警告灯快速闪烁，同时组合仪表胎压显示界面有一个或多个数值位变黄时，表示对应轮胎处于欠压状态。

（　　）10．当纯电动汽车的 ESP 警告灯点亮时，并不表示 ESP 将不起作用。

（　　）11．在操作中，ESP 故障警告灯短暂点亮，表示由此警告灯系统监控的部件中发生故障。

（　　）12．如果纯电动汽车的功率表指示值为负值，表示系统存在故障。

（　　）13．比亚迪 e6 纯电动轿车在充电时，屏幕显示“请检查充电系统”，表示 DC/DC 变换器有故障。

（　　）14．比亚迪 e6 纯电动轿车的 4 个轮胎的压力单位可分别切换。

（　　）15．纯电动汽车的 ABS 对缩短制动距离效果很明显。

（　　）16．如果车辆出现偏离正常行驶路线的情况，VDC 将通过对相应的车轮施加制动进行修正，以帮助驾驶人控制侧滑，保持车辆的方向稳定。

（　　）17．当驾驶人快速踩下制动踏板时，HBA 能识别出车辆处于紧急状态，并迅速地将制动压力提高至最大值，从而使 ABS 更迅速地介入，有效地缩短制动距离。

|任务 2-1　混合动力汽车类型认识|

一、简答题

1．什么是混合动力汽车？它有哪些特点？

2．混合动力汽车主要由哪几部分组成？各组成部分的功能是什么？

3．混合动力汽车有哪几种分类方法？各分类方法中，将混合动力汽车分为哪些类型？

4．解释串联式混合动力、并联式混合动力、混联式混合动力和复合式混合动力的含义。

二、单项选择题

1．混合动力汽车中，可逆的储能装置供应的是（　　）。

A．机械能　　B．电能　　C．化学能　　D．电磁能

2．混合动力汽车的可逆动力元件是（　　）。

A．发动机　　B．电动机　　C．燃料电池　　D．高速飞轮

3．混合动力汽车一般采用（　　）。

A．四冲程发动机　　B．二冲程发动机　　C．转子发动机　　D．斯特林发动机

4．混合动力汽车中的驱动电机不能实现的功能是（　　）。

A．纯电驱动　　B．混合驱动　　C．制动能量回收　　D．启动发动机

5．串联式混合动力汽车的英文缩写为（　　）。

A．SHEV　　B．PHEV　　C．CHEV　　D．BEV

6．混联式混合动力汽车的英文缩写为（　　）。

A．SHEV　　B．PHEV　　C．CHEV　　D．BEV

7．由发动机直接带动发电机，燃料的化学能通过燃烧转换为机械能驱动发电机发电，将机械能转换为电能；电能再传输给电动机，将电能转换为机械能驱动汽车。以上是描述（　　）混合动力汽车的能量流动路线。

A．串联式　　B．并联式　　C．混联式　　D．复合式

8．在串联式混合动力系统结构中，（　　）在发电机和电动机之间进行能量的调节。

A．发电机　　B．发动机　　C．电动机　　D．动力电池

9．在串联式混合动力系统结构中，（　　）直接向汽车驱动系统传输能量。

A．发电机　　B．发动机　　C．电动机　　D．动力电池

10．下列驱动系统中，（　　）仅使用电动机作为动力源。

A．串联式混合动力系统　　B．并联式混合动力系统

C．混联式混合动力系统　　D．复合式混合动力系统

11．下列混合动力系统中，（　　）的电动机允许功率流双向流动。

A．串联式　　B．并联式　　C．混联式　　D．复合式

12．下列关于混合度的描述中，（　　）正确。

A．电动机峰值功率占发动机功率的百分比

B．电动机额定功率占发动机功率的百分比

C．发动机功率占电动机峰值功率的百分比

D．发动机功率占电动机额定功率的百分比

13．微混型混合动力汽车的混合度小于等于（　　）%。

A．5　　B．10　　C．15　　D．20

14．在传统发动机上的起动机上加装了皮带，以驱动发动机的混合动力系统属于（　　）。

A．微混　　B．轻混　　C．中混　　D．重混

15．微混型混合动力系统的电动机的电压一般为（　　）V。

A．12　　B．24　　C．272　　D．650

16．混合度在15%～40%的为（　　）混合动力。

A．微混　　B．轻混　　C．中混　　D．重混

17．插电式混合动力可归类于（　　）。

A．微混　　B．轻混　　C．中混　　D．重混

三、多项选择题

1．混合动力汽车中，（　　）是可逆的动力元件的储能装置。

A．油箱　　B．动力电池　　C．辅助电池　　D．超级电容

2．混合动力汽车的操纵装置，包括（　　）。

A．加速踏板　　B．制动踏板　　C．离合器踏板　　D．变速器的操纵装置

3．混合动力汽车中的电动/发电机可以（　　）。

A．直接参与车辆驱动　　B．在车辆加速或爬坡时提供辅助动力

C．在车辆制动时回收制动反馈能量　　D．启动发动机

4．下列混合动力系统选项中，（　　）适合应用于四轮驱动的车辆。

A．串联式　　B．并联式　　C．混联式　　D．复合式

5．下列混合动力车型中，（　　）可由电动机或发动机单独驱动。

A．微混　　B．轻混　　C．中混　　D．重混

6．下列混合动力车型中，（　　）在发动机和变速器之间装有集成启动电动机。

A．微混　　B．轻混　　C．中混　　D．重混

7．轻混型混合动力汽车中的电动机可实现（　　）功能。

A．单独驱动汽车　　B．在爬坡或加速时辅助驱动

C．制动能量回收　　D．“起停”

8．下列混合动力系统中，（　　）采用的是高压电动机。

A．微混型　　B．轻混型　　C．中混型　　D．重混型

9．下列选项中，（　　）是重混型混合动力汽车的代表车型。

A．本田 Insight　　B．丰田 Prius

C．别克君越 EcoHybrid　　D．丰田 Estima

10．双模式混合动力汽车整合了（　　），使发动机的动力输出更加灵活、有效。

A．尖端电子控制技术　　B．随选排量技术

C．凸轮调整　　D．进气门延迟启闭系统

四、判断题

（　　）1．对于混合动力汽车，从储能装置流向车轮的通道只能有 2 条，其中一条是可逆的，另一条是不可逆的。

（　　）2．混合动力汽车的电池包数量比纯电动汽车少。

（　　）3．混合动力汽车可使发动机在最佳效率区域稳定运行。

（　　）4．混合动力汽车不能采用柴油发动机。

（　　）5．串联式混合动力车辆的驱动力由电动机及发动机同时或单独供给。

（　　）6．混联式混合动力汽车中的发电机允许功率流双向流动。

（　　）7．微混型混合动力汽车的电动机的主要作用是迅速启动发动机。

（　　）8．辅助驱动混合即是轻混合动力。

（　　）9．轻混型混合动力汽车的电动机可单独驱动汽车。

（　　）10．各类型混合动力汽车均具有“起停”功能。

（　　）11．插电式混合动力汽车的特征是可由电能单独驱动。

（　　）12．所谓单一模式混合动力汽车，就是仅能使用发动机驱动的混合动力汽车。

（　　）13．双模式混合动力汽车的典型特点是配有 2 个电动机，可以在 2 种混合动力运行模式之间实现自如切换。

（　　）14．双模式混合动力汽车的核心实质上是一个电控可调变速器。

（　　）15．双模式混合动力汽车的发动机可以不启动全部气缸工作。

|任务 2-2　混合动力汽车的结构特点及工作模式认识|

一、简答题

1．串联式混合动力驱动系统的工作原理是什么？该类型的混合动力驱动系统具有哪些优点？

2．串联式混合动力驱动系统有哪几种工作模式？其中哪种工作模式最环保？哪种工作模式输出动力最大？

3．并联式混合动力驱动系统的工作原理是什么？该类型的混合动力驱动系统具有哪些优点？

4．并联式混合动力驱动系统有哪几种工作模式？其中哪种工作模式最环保？哪种工作模式输出动力最大？

5．混联式混合动力驱动系统的工作原理是什么？该类型的混合动力驱动系统具有哪些优点？

6．混联式混合动力驱动系统有哪几种工作模式？其中哪种工作模式最环保？哪种工作模式输出动力最大？

7．什么是插电式混合动力汽车？有哪几种工作模式？各工作模式分别适合哪种汽车工况？

二、单项选择题

1．小发电单元+大容量动力电池组合的串联式混合动力汽车，车载发电装置一直工作到动力电池组达到（　　）为止。

A．预定的荷电状态下限值　　B．SOC=50%

C．SOC=80%　　D．预定的荷电状态上限值

2．（　　）式混合动力驱动系统是只有驱动电机的电力驱动系统，其特点更加趋近于纯电动汽车。

A．串联　　B．并联　　C．混联　　D．复合

3．下列混合动力驱动系统中，（　　）较适合在大型客车上采用。

A．串联式　　B．并联式　　C．混联式　　D．复合式

4. 下列混合动力驱动系统中，（　　）的能量通过热能-电能-机械能转换。
A. 串联式　　B. 并联式　　C. 混联式　　D. 复合式
5. 下列串联式混合动力汽车的工作模式中，（　　）模式下发电机不工作。
A. 纯电驱动　　B. 纯发动机驱动　　C. 混合驱动　　D. 行车充电
6. 下列串联式混合动力汽车的工作模式中，（　　）模式下电动机不工作。
A. 纯电驱动　　B. 停车充电　　C. 混合驱动　　D. 制动能量回收
7. （　　）模式是并联式混合动力汽车的基本驱动模式。
A. 纯电驱动　　B. 纯发动机驱动　　C. 混合驱动　　D. 行车发电
8. 混联式混合动力驱动系统至少有（　　）台电动机。
A. 1　　B. 2　　C. 3　　D. 4
9. 混联式混合动力汽车可以实现（　　）种工作模式。
A. 6　　B. 7　　C. 8　　D. 9
10. 混联式混合动力汽车采用发动机单独驱动模式的必要条件是（　　）。
A. 发动机输出功率大于车辆负荷　　B. 发动机在经济转速区域
C. 低速大功率驱动工况　　D. 动力电池组电能不足，低于预设值

三、多项选择题

1. 下列选项中，（　　）符合串联式混合动力汽车的设计理念。
A. 小发电单元+大容量动力电池组合　　B. 大发电单元+大容量动力电池组合
C. 大发电单元+小容量电池组合　　D. 小发电单元+小容量电池组合
2. 串联式混合动力驱动系统适用于（　　）。
A. 乘用车　　B. 长途客运车
C. 货物分送车　　D. 城市公交车
3. 与串联式混合动力驱动系统相比，并联式混合动力驱动系统具有（　　）的特点。
A. 发动机功率较小　　B. 电动机的质量和体积较小
C. 发电机的质量和体积较小　　D. 动力电池组质量较小
4. 并联式混合动力汽车启用纯发动机驱动模式的条件有（　　）。
A. 车辆起步　　B. 车辆匀速行驶
C. 满足发动机高效工作区域　　D. 满足发动机高转矩工作区域
5. 并联式混合动力汽车启用行车充电模式的条件有（　　）。
A. 发动机输出功率大于车辆负荷
B. 车辆匀速行驶
C. 动力电池组的荷电状态未达到最高限值
D. 满足发动机高效工作区域
6. 混联式混合动力汽车将在（　　）工况下采用串联驱动模式。
A. 发动机输出功率大于车辆负荷
B. 动力电池组的荷电状态未达到最高限值
C. 低速、大功率驱动工况
D. 动力电池组的电能不足，低于预设值
7. 混联式混合动力汽车采用行车发电模式的条件是（　　）。

A．发动机输出功率大于车辆负荷　　　B．发动机在中速区域
C．低速大功率驱动工况　　　　　　　D．动力电池组的电能不足

8．混联式混合动力汽车的全加速模式，一般用于（　　）等工况。
A．低速、大功率驱动工况　　　　　　B．连续长坡
C．极限速度行驶　　　　　　　　　　D．超车

9．插电式混合动力驱动系统有（　　）结构。
A．串联　　　B．并联　　　C．混联　　　D．复合

10．下列关于插电式混合动力汽车的描述中，（　　）正确。
A．与纯电动汽车相比，插电式混合动力汽车增加了发动机
B．与油电混合动力汽车相比，插电式混合动力汽车可以外接电网充电
C．在相同车型条件下，插电式混合动力汽车的电池功率比油电混合动力汽车的小
D．在相同车型条件下，插电式混合动力汽车的发动机功率比油电混合动力汽车的大

四、判断题

（　　）1．串联式混合动力汽车上的发动机与道路负荷不耦合。

（　　）2．串联式混合动力汽车上的发动机选择具有多样性，这一点优于并联式混合动力汽车。

（　　）3．串联式混合动力汽车相对并联式混合动力汽车的排放污染小。

（　　）4．串联式混合动力汽车不适合采用四轮驱动形式。

（　　）5．串联式混合动力汽车上，电动机和动力电池组的体积和质量都较大。

（　　）6．串联式混合动力汽车在纯发动机驱动模式时，车辆驱动功率与发电机无关。

（　　）7．单轴式并联混合动力驱动系统中，电动机与发动机为转矩复合。

（　　）8．单轴式并联混合动力驱动系统中，发动机、电动机和变速器输入轴之间的转速无固定比例关系。

（　　）9．双轴式并联混合动力驱动系统的功率复合形式称为转速复合。

（　　）10．并联式混合动力汽车的能量转换综合效率要比串联式混合动力汽车高。

（　　）11．并联式混合动力汽车的发动机排放性能优于串联式混合动力汽车。

（　　）12．采用混联式混合动力驱动系统的汽车在低速行驶时，驱动系统主要以并联式混合动力驱动系统工作。

（　　）13．混联式混合动力汽车在并联模式下的排放性能劣于串联式混合动力汽车。

（　　）14．混联式混合动力汽车以串联驱动模式行驶时，发动机工作在经济转速区域且输出恒定功率。

（　　）15．混联式混合动力汽车在全加速模式时，发电机也不可能提供驱动力。

（　　）16．插电式混合动力汽车可以在原来油电混合动力汽车或纯电动汽车的基础上改型设计。

（　　）17．插电式混合动力汽车的特征是行驶动力主要来自动力电池组，发动机只是作为后备动力来源。

（　　）18．PHEV 优先应用电量保持模式。

（　　）19．PHEV 的电量消耗-纯电动子模式适合于启动、低速和低负荷时应用。

（　　）20．PHEV 在电量消耗-混合动力子模式中，发动机和电动机同时工作，动力电池提供整车功率需求的主要部分。

|任务 2-3 BAS 和 ISG 混合动力系统认识|

一、简答题

1．什么是 BAS 混合动力系统？其基本工作原理是什么？

2．BAS 混合动力系统的基本结构特征是什么？

3．说明君越 ECO Hybrid 的启动、Auto Stop、减速和智能充电模式下的工作情况。

4．奔驰 400 型混合动力汽车的典型配置有哪些？

5．ISG 混合动力系统可以实现哪些功能？

二、单项选择题

1．BAS 混合动力系统，即（　　）系统。

A．驱动皮带-发电机-起动机　　B．发动机-发电机-起动机

C．起动机-发电机-发动机　　D．发电机-驱动皮带-起动机

2．ISG 是集成的具有（　　）的缩写。

A．发电机功能的起动机　　B．起动机功能的发电机

C．起动机功能的电动机　　D．电动机功能的起动机

3．下列关于 BAS 和 ISG 混合动力系统的描述中，（　　）正确。

A．BAS 混合动力系统只给发动机起助力作用，ISG 混合动力系统可以实现纯电驱动

B．ISG 混合动力系统只给发动机起助力作用，BAS 混合动力系统可以实现纯电驱动

C．BAS 和 ISG 混合动力系统都只能给发动机起助力作用

D．BAS 和 ISG 混合动力系统都可以实现纯电驱动

4．混合动力汽车在（　　）阶段，当驾驶人踩下加速踏板比较深时，通过电动机对车辆进行电动助力。

A．电动助力阶段　B．智能充电阶段　C．减速断油阶段　D．再生制动阶段

5．混合动力汽车在（　　）阶段，当车辆减速时，发动机停止供油，变矩器锁止，车辆带动发电机转动，电动机此时作为发电机进行发电。

A．电动助力阶段　B．智能充电阶段　C．减速断油阶段　D．再生制动阶段

6．BAS 混合动力系统是一种（　　）系统。

A．低电压，小电动机　　B．低电压，大电动机

C．高电压，小电动机　　D．高电压，大电动机

7．君越 ECO Hybrid 的 BAS 混合动力系统约可节油（　　）%以上。

A．10　　B．15　　C．20　　D．25

8．君越 ECO Hybrid 的 BAS 混合动力系统中，保证发动机停机时 SGMC 仍然可以进行冷却的装置是（　　）。

A．MGU　　B．SGCM　　C．ESCM　　D．驱动皮带

9．下列对君越 ECO Hybrid 的 BAS 混合动力系统优点的描述中，（　　）不正确。

A．减小频繁启动和熄火对发动机的损伤

B．改善尾气排放

C．节油

D．增加续驶里程

10．君越 ECO Hybrid 的动力电池组由（　　）块 12V 电池串联而成。

A．3　　B．4　　C．5　　D．6

11．君越 ECO Hybrid 的自动变速器增加了 1 个辅助油泵，其主要作用是（　　）。

A．提高油压

B．当主油泵失效时，仍可保证有足够的油压

C．保证制动器有足够的制动力

D．以使在发动机智能启动后的行驶动作没有任何迟滞

12．君越 ECO Hybrid 如果智能怠速停机时间达到了（　　）min，发动机也会自动启动。

A．2　　B．3　　C．4　　D．5

13．君越 ECO Hybrid 的转向系统类型是（　　）。

A．HPS　　B．EHPS　　C．EPS　　D．HEPS

14．君越 ECO Hybrid 自动停止后重新启动的最短时间是（　　）。

A．10s　　B．30s　　C．1min　　D．2min

15．配备 ISG 混合动力系统与配备 BAS 混合动力系统车辆的主要功能差异是（　　）。

A．有怠速起停　　B．再生制动　　C．辅助驱动　　D．发电功能

三、多项选择题

1．下列关于 BAS 混合动力系统的描述中，（　　）正确。

A．是一种低电压、小电动机系统

B．电动机没有驱动车辆的能力

C．发动机进入自动停止模式时处于关闭状态

D．当驾驶人松开制动踏板车辆需要起步时，电动机带动发动机运转

2．下列选项中，（　　）是君越 ECO Hybrid 油电混合动力系统的组成部分。

A．MGU　　B．SGCM　　C．DC/DC　　D．ESCM

3．君越 ECO Hybrid 在（　　）挡位时，车辆将无法实现智能停机。

A．“D”　　B．“3”　　C．“2”　　D．“1”

4．君越 ECO Hybrid 的发动机自动停止工作后，（　　）可能还在工作。

A．空调加热器冷水泵　　B．SGCM 冷却泵

C．自动变速器辅助油泵　　D．坡路起步阀

5．君越 ECO Hybrid 实现智能停机的主要条件有（　　）。

A．在“D”挡

B．空调在 OFF 或 ECO 模式下

C．电池荷电状态（SOC）指示表高于 L

D．踩紧制动踏板

6．下列关于君越 ECO Hybrid ECO 指示灯点亮条件的描述中，（　　）正确。

A．车辆的油耗小于 4L/100km 后　　B．在车辆进入自动停止模式后

C．车辆滑行进入再生制动模式时　　D．发动机怠速时

7．配备 ISG 混合动力系统的车辆主要功能有（　　）。

A．怠速起停　　B．再生制动　　C．发电　　D．纯电驱动

四、判断题

（　　）1．混合动力汽车在某些滑行期间，为了保证转矩的平顺性，电动机也将转动。

（　　）2．混合动力汽车在再生制动阶段，发动机也处于工作状态。

（　　）3．君越 ECO Hybrid 油电混合动力汽车由于发电机可用于启动发动机，所以不再设置单独的起动机。

（　　）4．君越 ECO Hybrid 启动发动机的任务主要依靠起动机/发电机。

（　　）5．君越 ECO Hybrid 的发动机转速表指针停留在“Auto Stop”和“OFF”位置时，启动发动机的形式是不同的。

（　　）6．与传统车辆相比，混合动力汽车在发动机熄火后进行重新启动的过程中更容易产生溜车的现象，所以必须采取有效的措施。

（　　）7．带坡路起步阀（HHV）的制动系统可以避免车辆起步后制动拖滞的发生。

（　　）8．君越 ECO Hybrid 的空调在 ECO 模式时，不允许智能停机。

（　　）9．君越 ECO Hybrid 第一次“Auto Stop”之前，最高车速要大于 20km/h 才可实现智能停机。

（　　）10．君越 ECO Hybrid 油电混合动力汽车的仪表盘上有冷却液温度表。

（　　）11．如果防抱死制动系统或牵引力控制启动，则君越 ECO Hybrid 不会启用自动停止模式。

（　　）12．燃油箱蒸发系统（EVAP）对是否启用自动停止模式没有影响。

（　　）13．发动机舱盖是否关闭对是否启用自动停止模式没有影响。

（　　）14．如果车辆初始速度没有超过设定值，则君越 ECO Hybrid 不会启用自动停止模式。

（　　）15．ISG 混合动力系统具有辅助驱动的功能。

任务 2-4　典型的混合动力汽车认识

一、简答题

1. 丰田普锐斯混合动力系统有哪些基本组成？各组成部分的功能是什么？

2. 丰田普锐斯电池箱内部由哪些零部件组成？各组成部分的作用是什么？

3. 丰田普锐斯变速驱动桥由哪些零部件组成？

4. 丰田普锐斯变频器由哪些基本电路组成？它能完成哪些功能？

5. 丰田普锐斯混合动力装备了哪种类型的发动机？主要有哪些典型技术应用？

6. 比亚迪 F3DM 有哪些主要特点？

7. 比亚迪 F3DM 有哪几种工作模式？它在各模式下是如何工作的？

二、单项选择题

1. 第二代丰田普锐斯混合动力系统的增压变换器可将 DC 500V 降到 DC（　　）V。

A．12　　B．24　　C．48　　D．201.6

2. 第二代丰田普锐斯混合动力系统的 HV 蓄电池的工作电压为（　　）V。

A．48　　B．201.6　　C．400　　D．650

3. 第二代丰田普锐斯混合动力系统的 HV 蓄电池由 168 个单格（　　）电池组成。

A．铅酸　　B．镍氢　　C．锂　　D．石墨烯

4. 第二代丰田普锐斯混合动力系统的 HV 蓄电池由（　　）冷却。

A．空气　　B．水　　C．油　　D．空调

5. 普锐斯混联混合动力系统的发动机与 2 台电动机通过（　　）相互连接。

A．齿轮　　B．传动链　　C．皮带　　D．行星齿轮机构

6. 从数据上看，比亚迪 F3DM 的动力与传统（　　）L 自然吸气发动机相近。

A．1.5　　B．1.8　　C．2.0　　D．2.4

7．比亚迪 F3DM 低碳版的最高车速可以达到（　　）km/h。

A．100　　B．120　　C．150　　D．180

8．比亚迪 F3DM 低碳版的纯电动模式续驶里程达到了（　　）km。

A．50　　B．60　　C．70　　D．80

9．比亚迪 F3DM 的混合动力模式有（　　）种工作模式。

A．2　　B．3　　C．4　　D．5

10．如果跑长途，比亚迪 F3DM 会长期处于混合动力模式，发电机在动力电池组的电量只剩（　　）%时就会启动。

A．20　　B．30　　C．40　　D．50

11．比亚迪 F3DM 的动力电池组的标称电压为（　　）V。

A．274　　B．201.6　　C．300　　D．330

三、多项选择题

1．丰田普锐斯混合动力系统的变频器总成包括（　　）。

A．增压变换器　　B．降压变换器

C．DC/DC 变换器　　D．空调变频器

2．下列选项中，（　　）是丰田普锐斯混合动力汽车发动机具有的控制功能。

A．EFI　　B．ESA　　C．ETCS-i　　D．VVT-i

3．比亚迪 DM1.0 架构可实现（　　）驱动模式。

A．纯电　　B．增程　　C．纯发动机　　D．混动

4．下列选项中，（　　）是比亚迪 DM-p 混动系统的基本构型。

A．双擎四驱　　B．双擎两驱　　C．三擎四驱　　D．三擎两驱

四、判断题

（　　）1．丰田普锐斯混合动力系统的增压变换器只能实现升压功能。

（　　）2．丰田普锐斯混合动力系统的 DC/DC 变换器将电压从 201.6V 增到 DC 500V。

（　　）3．丰田普锐斯混合动力系统的动力电池组的散热方式是空气冷却。

（　　）4．丰田普锐斯混合动力汽车的空调压缩机需要提供交流电。

（　　）5．比亚迪 F3DM 纯电动方式不能高速行驶。

（　　）6．比亚迪 F3DM 在温柔驾驶、反复起停的城市路况中，大约可以降低 30%的能量消耗。

（　　）7．如果跑长途，比亚迪 F3DM 长期处于混合动力模式，发电机将动力电池组充电到 70%就停止工作。

（　　）8．比亚迪 F3DM 50km/h 等速的巡行里程为 60km。

（　　）9．比亚迪 F3DM 在充满电和加满油后，综合续驶里程达到了 580km。

| 任务 3-1　燃料电池汽车 |

一、简答题

1．什么是燃料电池？其基本结构原理是什么？

2．燃料电池有哪些特点？

3．燃料电池按照电解质类型的不同有哪些种类？应用于汽车的有哪几种？

4．什么是质子交换膜燃料电池？它由哪几部分组成？各组成部分的作用是什么？

5．燃料电池组是由哪些部分组成的？各部分的作用是什么？

6．以氢气为燃料的燃料电池系统由哪些部分组成？各组成部分的功能是什么？

7．以甲醇为燃料的燃料电池系统由哪些部分组成？各组成部分的功能是什么？

8．为了提高燃料电池汽车的性能，采用了哪几种电源复合结构？

9．燃料电池汽车混合动力系统有哪几种类型？各类型系统有何特点？

10．请收集我国自主品牌燃料电池汽车的主要技术参数，你认为与国际先进技术相差多少？你对我国燃料电池汽车技术方面所做的科技创新有何感想？请将上述材料整理成PPT并与同学们分享。

二、单项选择题

1. 专家们将（　　）年定为燃料电池汽车的元年。

A. 1992　　B. 1994　　C. 2006　　D. 2014

2.（　　）年 6 月 10 日，量产型的现代 Tucson FCV 正式登陆美国加利福尼亚州市场。

A. 1992　　B. 1994　　C. 2006　　D. 2014

3. 丰田 Mirai 于（　　）年 12 月 15 日在日本本土正式上市。

A. 2006　　B. 2009　　C. 2012　　D. 2014

4.（　　）年，奔驰推出世界首款插电式燃料电池技术的量产车 GLCF Cell EQ Power，其续驶里程可达 483km。

A. 2009　　B. 2014　　C. 2015　　D. 2017

5.（　　）年，同济大学和上海神力科技公司合作开发出燃料电池汽车“超越一号”。

A. 2000　　B. 2003　　C. 2004　　D. 2010

6. 为燃料和电解液提供公共界面，对燃料的氧化反应产生催化作用，并把反应中产生的电子传输到外电路或者先传输到集流板后再向外电路传输，实现这一功能的燃料电池构件是（　　）。

A. 阳极　　B. 阴极　　C. 电解质　　D. 隔膜

7. 在燃料电池中，（　　）的作用是传导离子。

A. 阳极　　B. 阴极　　C. 电解质　　D. 隔膜

8. 燃料电池在（　　）内就可以从最低功率变换到额定功率，非常适合作汽车动力。

A. 数秒钟　　B. 半分钟　　C. 几分钟　　D. 数分钟

9. 直接式燃料电池的工作温度在（　　）℃以上的为高温燃料电池。

A. 200　　B. 500　　C. 750　　D. 950

10. 直接式燃料电池的工作温度在（　　）℃以下的为低温燃料电池。

A. 90　　B. 100　　C. 150　　D. 200

11. 质子交换膜燃料电池的工作温度低于（　　）℃，是电动汽车的理想动力电源。

A. 90　　B. 100　　C. 150　　D. 200

12. 燃料电池单体电压只有（　　）V 左右。

A. 0.2　　B. 0.5　　C. 0.7　　D. 1.2

13. 以氢气为燃料的燃料电池轿车至少需要（　　）个高压储气瓶。

A. 1　　B. 2　　C. 3　　D. 4

14. 在以甲醇为燃料的燃料电池系统中，（　　）是将甲醇转化为氢气的关键设备。

A. 燃烧器　　B. 加热器　　C. 蒸发器　　D. 改质器

15. 在以甲醇为燃料的燃料电池系统中，改质器所产生的氢气因为含有少量的（　　），因此必须对氢气进行净化处理。

A. 氧气　　B. 硫　　C. 一氧化碳　　D. 二氧化碳

16. 在燃料电池的燃料供给系统中，气体流动的高压管路的材质一般会选用（　　）。

A. 塑料　　B. 铜合金　　C. 铝合金　　D. 不锈钢

17. 在燃料电池轿车上，一旦泄漏的氢气浓度达到保护值能自动关闭，从而切断氢气源的装置是（　　）。

A．氢气瓶电磁阀　B．管路电磁阀　C．安全阀　D．单向阀

18．在燃料电池轿车上，当外界给氢气瓶充气时，可有效防止气体进入燃料电池的装置是（　　）。

A．氢气瓶电磁阀　B．管路电磁阀　C．安全阀　D．单向阀

19．在燃料电池轿车上，当出现危险的时候，（　　）可以将氢气瓶中的残余氢气安全放空。

A．手动截止阀　B．管路电磁阀　C．安全阀　D．氢气瓶电磁阀

20．在燃料电池轿车上，当氢气瓶中的氢气压力超过设定值后，能通过（　　）自动泄压。

A．手动截止阀　B．管路电磁阀　C．安全阀　D．氢气瓶电磁阀

21．一般来说，出于对安全性能的考虑，氢燃料电池汽车总共要安装（　　）个氢气泄漏传感器。

A．2　B．3　C．4　D．5

22．氢燃料电池汽车氢气泄漏一级报警的氢气浓度值为（　　）%LEL。

A．2.5　B．10　C．12.5　D．25

23．氢燃料电池汽车氢气泄漏三级报警的氢气浓度值为百万分之（　　）。

A．1 000　B．5 000　C．10 000　D．15 000

24．氢燃料电池汽车的氢气泄漏传感器一般布置在（　　）。

A．行李舱　B．车内　C．行李舱和车内　D．行李舱和前舱

25．氢燃料电池汽车中，主要用来判断氢气瓶中氢气量的装置是（　　）。

A．氢气瓶电磁阀　B．温度传感器　C．压力传感器　D．氢气泄漏传感器

26．本田 FCX Clarity 的电动机为（　　）电动机。

A．直流　B．永磁交流　C．永磁无刷　D．开关磁阻

27．本田 FCX Clarity 的氢消耗量约为（　　）km/L。

A．20　B．25　C．30　D．40

28．本田 FCX Clarity 的辅助动力电池为（　　）电池。

A．铅酸　B．镍氢　C．锂离子　D．锌空气

29．奥迪 Q5HFC 的最高速度可达（　　）km/h。

A．100　B．120　C．160　D．180

30．奔驰 B 级燃料电池汽车需要（　　）min 的时间完成其氢燃料的补充。

A．3　B．5　C．8　D．10

三、多项选择题

1．简单地说，燃料电池（Fuel Cell）是一种将存在于（　　）中的化学能直接转换为电能的发电装置。

A．活性物质　B．燃料　C．光　D．氧化剂

2．下列关于燃料电池阳极作用的描述中，（　　）正确。

A．为燃料和电解液提供公共界面

B．对燃料的氧化反应产生催化作用

C．对氧气的还原反应产生催化作用

D．从外电路向氧电极的反应部位传输电子

3．下列关于燃料电池特点的描述中，（　　）正确。

A．能量转换效率高　　B．对环境污染小

C．燃料适用范围广　　D．负荷响应快，运行质量高

4．目前，应用于汽车上的燃料电池有（　　）。

A．AFC　　B．PEMFC　　C．PAFC　　D．SOFC

5．燃料电池系统主要由（　　）等组成。

A．电池堆　　B．加压装置

C．氢气、氧气供给装置　　D．冷却装置

6．下列关于常压式燃料电池系统特点的描述中，（　　）正确。

A．寄生功率损失小、系统效率高

B．系统压力高

C．冷却系统复杂

D．燃料电池堆与系统的密封、管接头、管道等容易处理

7．以氢气为燃料的燃料电池系统包括（　　）。

A．氢气供应、管理和回收系统　　B．水循环系统

C．氧气供应和管理系统　　D．电力管理系统

8．燃料电池的散热方式有（　　）等方法。

A．电池组本体外部冷却

B．冷却介质通过电池组内部管道进行循环

C．电极气体通过外部冷却器进行循环

D．电解液通过外部冷却器进行循环

9．在 FCEV 的多电源电力管理系统中，（　　）属于第三层次的子管理系统。

A．DC/DC 变换器　　B．空调系统

C．线控转向系统　　D．电动机控制系统

10．下列关于对车载氢气系统具体要求的描述中，（　　）正确。

A．当发生故障或意外事故时，燃料系统需要通风放气

B．燃料电池系统部件的导体外壳应同电平台连接

C．所有燃料系统的部件都不应放置在汽车的最外端

D．车载氢气系统的安全措施应从预防与监控两个方面着手

11．（　　）联合作用，有效地避免了储氢罐的氢气泄漏。

A．手动截止阀　　B．管路电磁阀　　C．安全阀　　D．氢气瓶电磁阀

四、判断题

（　　）1．“超越二号”燃料电池汽车是基于桑塔纳 2000 车型改造的。

（　　）2．在 2014 年的北京车展上，荣威 950 插电式氢燃料电池轿车正式发布。该车续驶里程可达 400km。

（　　）3．燃料电池实质上是一个发电装置。

（　　）4．燃料电池燃料和氧化剂储存在电池内部。

（　　）5．燃料电池的开路电压低于端电压的现象称为极化。

（　　）6．燃料电池能量转换效率高的主要原因是它直接将燃料的化学能转换为电能，

中间不经过燃烧过程。

（　　）7．在增压式燃料电池系统中，过量空气系数取得越大，燃料电池输出的净功率越大。

（　　）8．在增压式燃料电池系统中，通过增压虽然提高了功率密度，但系统的总效率却降低了。

（　　）9．由于燃料电池组输出的电能为直流电，所以不需要设置 DC/DC 变换器。

（　　）10．在 FCEV 上的辅助电源可以用来加速 FCEV 启动和储存车辆制动反馈的能量。

（　　）11．在 FCEV 上，电动机及电动机控制器是用一套独立的低温回路来冷却的。

（　　）12．燃料电池的冷却介质为去离子水。

（　　）13．燃料电池汽车用的散热器体积较小。

（　　）14．在以甲醇为燃料的燃料电池发电系统中，甲醇必须用高压容器储存。

（　　）15．燃料电池+辅助电池联合驱动的结构中，辅助电池不能提供驱动汽车行驶的能量。

（　　）16．单向 DC/DC 燃料电池混合动力系统也称为功率混合型动力系统。

（　　）17．单向 DC/DC 燃料电池混合动力系统的驱动能量主要由燃料电池来维持。

（　　）18．燃料电池的输出功率越大，效率越高。

（　　）19．氢燃料电池汽车一般在行李舱布置 2 个氢气泄漏报警仪，报警值设置为二级。

（　　）20．氢燃料电池汽车氢气泄漏三级报警为红色报警。

|任务 3-2　气体燃料汽车|

一、简答题

1. 汽车 CNG 系统主要由哪些部分组成？各组成部分的作用是什么？

2. CNG 动力系统采取了哪些安全措施？

3. 为什么天然气汽车的发展趋势是采用 LNG？

4. 说明预混式氢燃料发动机、缸内喷射式氢燃料发动机和内外组合式氢燃料发动机的工作原理。

5. 在液氢汽车供氢系统中，液氢泵和喷氢器各自的作用是什么？

二、单项选择题

1. 天然气是一种以（　　）为主要成分的矿物燃料。

A. 甲烷　　B. 乙烷　　C. 丙烷　　D. 丁烷

2. 天然气以气态压缩的形式存储时，CNG 的压力高达（　　）MPa。

A. 20　　B. 25　　C. 30　　D. 40

3. 天然气的抗爆性极好，从而可使用（　　）的压缩比。

A. 10:1　　B. 11:1　　C. 12:1　　D. 13:1

4. 国内改装的双燃料汽车，其发动机的功率、汽车的最高车速、加速性能不低于原车的（　　）%。

A. 80　　B. 85　　C. 90　　D. 95

5. 1 m^3 天然气可代替（　　）kg 以上的汽油。

A. 1　　B. 1.5　　C. 2　　D. 2.5

6. 在 CNG 动力系统中，（　　）的作用是将高压的压缩天然气减压加热。

A. 高压减压器　　B. 电控调压器　　C. 氧传感器　　D. 高压电磁阀

7. 在 CNG 动力系统中，（　　）根据发动机运行工况精确控制天然气的喷射量。

A. 高压减压器　　B. 电控调压器　　C. 氧传感器　　D. 高压电磁阀

8. 在 CNG 动力系统中，（　　）作用是防止天然气经过充注阀倒流。

A. 易熔塞　　B. 限流器　　C. 止回阀　　D. 电磁截止阀

9．在 CNG 动力系统中，（　　）作用是防止管路破裂所造成的天然气突然大量泄漏。

A．易熔塞　　B．限流器　　C．止回阀　　D．电磁截止阀

10．天然气储气瓶由 CFRP 制造时，其爆炸压力约为（　　）MPa。

A．40　　B．50　　C．60　　D．70

11．在 CNG 动力系统中，（　　）的作用是及时切断或恢复燃料供给。

A．混合器　　B．废气旁通控制阀　　C．防喘振阀　　D．高压燃料切断阀

12．在 CNG 动力系统中，（　　）的作用是保护增压器。

A．混合器　　B．废气旁通控制阀　　C．防喘振阀　　D．高压燃料切断阀

13．在 CNG 动力系统中，（　　）的作用是控制发动机的增压压力。

A．混合器　　B．废气旁通控制阀

C．防喘振阀　　D．高压燃料切断阀

14．LNG 汽车发动机的压缩比高，主要是因为（　　）。

A．LNG 燃料成分的单一性　　B．LNG 的能量密度高

C．LNG 的储存压力低　　D．LNG 的低温特性好

15．LNG 汽车发动机的燃料经济性好，主要是因为（　　）。

A．LNG 燃料成分的单一性　　B．LNG 的能量密度高

C．LNG 的储存压力低　　D．LNG 的低温特性好

16．对于氢燃料发动机，采用在进气歧管加引管喷射的方式，将减压后的氢气喷射到进气门处也可以很好地减少（　　）程度。

A．早燃　　B．爆燃　　C．进气管回火　　D．表面点火

17．缸内喷射式氢燃料发动机，应采用（　　）。

A．压缩氢　　B．液态氢　　C．固态氢　　D．吸附氢

18．采用缸内直喷式氢燃料发动机时，对喷射阀和阀座等偶件要求加工得十分精密，原因是（　　）。

A．需要高的喷射压力　　B．氢极易通过狭缝泄漏

C．氢的密度很小　　D．氢的自燃温度高

19．采用缸内直喷式氢燃料发动机时，必须合理组织燃烧室内的气流运动，主要原因是（　　）。

A．需要高的喷射压力　　B．氢极易通过狭缝泄漏

C．氢的密度很小　　D．氢的自燃温度高

三、多项选择题

1．下列有关于天然气用于点燃式发动机和压燃式发动机特点的描述中，（　　）正确。

A．具有优异的燃烧特性　　B．废气中不含颗粒物和含硫排放物

C．发动机功率升高　　D．天然气存储费用高

2．要提高天然气发动机的动力性，可以从（　　）等方面进行。

A．增压　　B．缸内直喷

C．降低进气温度　　D．大负荷工况减气增油

3．目前，国内天然气汽车的开发中采用的主要是 CNG 技术，在实际应用中遇到了诸如（　　）等问题，从而限制了其应用范围。

A．续驶里程短　　B．动力性、经济性不够理想

C．低温转矩特性差　　D．安全性能较差

4．下列关于 CNG 汽车发动机发展趋势的描述中，（　　）正确。

A．燃料供给系统从机械式混合器发展到电子控制喷射系统

B．电喷系统由单点开环控制发展到闭环多点喷射控制系统

C．喷射方式从缸外预混合到复合供气、缸内直接喷射

D．燃烧方式向分层燃烧方向发展

5．下列关于 LNG 相比 CNG 优点的描述中，（　　）正确。

A．LNG 燃料成分的单一性　　B．LNG 的能量密度高

C．LNG 的储存压力低　　D．LNG 的低温特性好

6．氢燃料发动机根据氢燃料储存的压力和形态分为（　　）几种。

A．压缩氢　　B．液态氢　　C．固态氢　　D．吸附氢

7．预混式燃氢燃料发动机在运行中易产生（　　）等现象。

A．早燃　　B．爆燃　　C．进气管回火　　D．表面点火

8．下列对为了抑制氢燃料发动机早燃的产生而采取的措施中，（　　）正确。

A．必须采用各缸独立点火系统　　B．选用冷型的火花塞

C．应采用双火花塞点火　　D．混合气中添加氮气

9．液氢汽车供氢系统中，最关键的部件是（　　）。

A．液氢泵　　B．液氢箱　　C．热交换器　　D．喷氢器

10．下列选项中，（　　）是马自达公司生产的氢燃料发动机汽车。

A．H2R　　B．U 型车　　C．RE　　D．RX-8

四、判断题

（　　）1．在双燃料发动机上，天然气的极好抗爆性可以得到充分发挥。

（　　）2．天然气只能用于点燃式发动机。

（　　）3．在同样的燃料箱容量的情况下，天然气汽车的续驶里程缩短。

（　　）4．天然气的抗爆性能比汽油好。

（　　）5．汽油/CNG 两用燃料汽车在大负荷工况应完全切断汽油供给，改为纯 CNG 供气方式。

（　　）6．在 CNG 动力系统中，高压的压缩天然气经减压器减压后需要对燃气进行加热。

（　　）7．在 CNG 动力系统中，低压侧管路最好采用不锈钢管。

（　　）8．CNG 汽车的发展趋势是燃料的使用从单一燃料、两用燃料向双燃料发展。

（　　）9．CNG 汽车的燃料存储方式从 LNG 向 CNG 方向发展。

（　　）10．LNG 的储气瓶的储存压力高于 CNG。

（　　）11．新爱丽舍 CNG 两用燃料车也属于线外改装车。

（　　）12．新爱丽舍 CNG 两用燃料车的 CNG 系统完全是国产化技术。

（　　）13．新爱丽舍 CNG 是国内少有的一款加气口外置的两用燃料车。

（　　）14．氢燃料发动机是通过氢的燃烧使化学能转换为机械能。

（　　）15．氢燃料发动机属于点燃式发动机。

（　　）16．目前，国内外研发的氢燃料发动机大部分都采用缸内喷射式。

（　　）17．宝马 7 系氢燃料发动机轿车为双燃料燃油发动机汽车。

（　　）18．福特公司生产的 U 型车为常压氢燃料燃油发动机汽车。

（　　）19．福特公司生产的 U 型车全部污染物包括二氧化碳的排放几乎为零。

（　　）20．马自达自 1991 年开发第一辆氢转子发动机原型车是 HR-8。

| 任务 3-3　代用液体燃料汽车 |

一、简答题

1．甲醇有哪些特性?

2．为什么甲醇燃料可提高发动机的热效率？

3．甲醇燃料有哪些特点？针对这些特点可采取哪些应对措施？

4．乙醇有哪些特点？这些特点对其作为燃料有哪些优势？

5．汽油发动机采用乙醇燃料后，应对发动机做哪些方面的调整？

6．生物柴油有哪些优点和缺点？

二、单项选择题

1．低中比例甲醇汽车使用的燃料中，甲醇掺混比不大于（　　）%。

A．30　　B．40　　C．50　　D．60

2．全甲醇汽车使用的混合燃料型号最低的是（　　）。

A．M75　　B．M80　　C．M85　　D．M90

3．下列甲醇混合燃料型号中，（　　）的燃料经济性、材料适应性、低温启动性等方面性能最好。

A．M5　　B．M50　　C．M85　　D．M100

4．将铁类合金气门改为镍类合金气门，主要是应对甲醇燃料的（　　）而采取的措施。

A．腐蚀性　　B．溶胀性　　C．冷启动性差　　D．非常规排放物高

5．在喷油器前或进气管合适的位置加装水温控制型的空气或混合气的加热器，主要是应对甲醇燃料的（　　）而采取的措施。

A．腐蚀性　　B．溶胀性　　C．冷启动性差　　D．非常规排放物高

6．使用专用尾气催化器，主要是应对甲醇燃料的（　　）而采取的措施。

A．溶水性　　B．高温气阻性　　C．冷启动性差　　D．非常规排放物高

7．在甲醇混合燃料中添加高沸点的组分，主要是应对甲醇燃料的（　　）而采取的措施。

A．溶水性　B．高温气阻性　C．冷启动性差　D．非常规排放物高

8．乙醇燃料发动机的 CO 和 HC 排放量明显小于汽油，是因为乙醇的（　　）。

A．热值比汽油低　B．辛烷值远高于汽油

C．十六烷值低　D．沸点比汽油低

9．当汽油中加入一定量的乙醇后可提高混合燃料的抗爆性，是因为乙醇的（　　）。

A．热值比汽油低　B．辛烷值远高于汽油

C．十六烷值低　D．沸点比汽油低

10．乙醇燃料发动机可提高充气效率，是因为乙醇的（　　）。

A．沸点比汽油低　B．汽化潜热高

C．十六烷值低　D．着火极限比汽油宽

11．乙醇燃料发动机能在较稀薄混合气状况下工作，是因为乙醇的（　　）。

A．沸点比汽油低　B．汽化潜热高

C．十六烷值低　D．着火极限比汽油宽

12．将燃料乙醇掺入汽油可以作为车用燃料，常规使用的是（　　）燃料。

A．E20　B．E40　C．E60　D．E85

13．生物柴油是含氧量（　　）的复杂有机成分的混合物。

A．很少　B．较少　C．较高　D．极高

14．使用生物柴油可以延长发动机的使用寿命，是因为生物柴油具有（　　）。

A．良好的生物降解特性　B．可调和性

C．良好的润滑性　D．优良的燃烧性能

15．生物柴油是一种真正的绿色柴油，主要是因为生物柴油具有（　　）。

A．良好的安全性能

B．优良的燃烧性能

C．可再生性

D．燃烧时排放的二氧化碳远低于该植物生长过程中所吸收的二氧化碳

三、多项选择题

1．下列关于甲醇燃料特点的描述中，（　　）正确。

A．甲醇的辛烷值比汽油高

B．甲醇的汽化潜热比汽油低

C．甲醇的着火燃烧浓度界限比汽油的相应范围宽

D．甲醇在发动机中的燃烧较均匀

2．下列关于采用甲醇燃料需要对发动机采取的改进措施的描述中，（　　）正确。

A．汽油机在使用甲醇燃料时，其压缩比可进一步提高

B．需要较冷型火花塞

C．需要调整混合气空燃比，使用更浓的混合气工作

D．需要缩短点火时间

3．海锋甲醇动力轿车使用的燃料是（　　）。

A．低掺烧比甲醇汽油混合燃料　B．高掺烧比甲醇汽油混合燃料

C．纯甲醇燃料　　　　　　　　　　D．汽油燃料

4．下列关于汽油发动机采用乙醇燃料后需要调整的项目的描述中，（　　）正确。

A．需提高压缩比　　　　　　　　　B．可采用单点喷射

C．可采用稀的混合气　　　　　　　D．适当推迟点火时间

5．奇瑞 A5 灵活燃料汽车，可以混合燃烧（　　）燃料。

A．甲醇　　B．乙醇　　C．汽油　　D．CNG

6．生物柴油具有优良的环保特性，主要体现在（　　）。

A．生物柴油和石化柴油相比含硫量低

B．生物柴油不含芳香族化合物

C．具有良好的生物降解特性

D．有毒有机物排放量低

四、判断题

（　　）1．甲醇是无毒的。

（　　）2．甲醇不可单独作为汽车燃料，只能与汽油混合作为混合燃料。

（　　）3．使用低中比例甲醇燃料的汽车，不需要改变甲醇的特性。

（　　）4．使用甲醇混合燃料的汽车，一氧化碳、碳氢化物和炭颗粒的产生量比汽油车少。

（　　）5．甲醇沸程比汽油宽。

（　　）6．甲醇和汽油的互溶性差。

（　　）7．全甲醇汽车需要对发动机进行重新设计制造。

（　　）8．选用甲醇燃料时，采用喷油器的汽车要考虑其流量特性是否满足要求及材料的相容性。

（　　）9．甲醇的容积耗量在功率相等时比汽油大 2 倍多。

（　　）10．在压燃式发动机中采用乙醇燃料要困难得多。

（　　）11．乙醇燃料缺少高挥发性成分，对发动机冷启动不利。

（　　）12．当在汽油中掺入中比例或高比例的乙醇时，需要对混合气空燃比及点火提前角进行调整。

（　　）13．生物柴油是生物质能的一种。

（　　）14．生物柴油属于危险燃料。

（　　）15．生物柴油的十六烷值比柴油高。

（　　）16．使用生物柴油需对原有柴油机进行较大调整。

（　　）17．纯生物柴油的二氧化硫排放较高。

（　　）18．随着生物柴油掺混比例的增加，发动机的二氧化碳排放略有降低。

（　　）19．生物柴油的 PA・Hs 平均排放浓度比柴油低。

（　　）20．纯生物柴油的甲醛排放明显高于柴油。

| 任务 3-4　其他清洁能源汽车 |

一、简答题

1．什么是压缩空气汽车?其工作原理是什么？

2．压缩空气发动机的动力分配方式有哪几种？各种动力分配方式的特点是什么？

3．说明压缩空气汽车气动回路高压减压段的减压原理。

4．压缩空气汽车的转速和转矩是如何控制的？

5．什么是太阳能电池？它是如何产生电流的？

6．什么是太阳能电池板？其输出电流的大小与什么有关？

7．为什么太阳能汽车要与动力电池组共同组成太阳能混合动力电动汽车？

8．说明太阳能发电系统的工作原理。

9．太阳能汽车有哪些优点和缺点？

10．二甲醚有哪些特点？这些特点对应用于汽车后可带来哪些益处？

二、单项选择题

1．上一级气缸的剩余压力是下一级气缸的始动力，这是（　　）压缩空气发动机的典型特点。

A．串联式　　B．并联式　　C．混联式　　D．混合式

2．压缩空气汽车中，与汽车加速踏板连接的装置是（　　）。

A．减压气罐　　B．高速气动开关阀

C．比例流量调节阀　　D．热交换器

3．压缩空气汽车中，保证进气压力的装置是（　　）。

A．减压气罐　　B．高速气动开关阀

C．比例流量调节阀　　D．热交换器

4．单个 P-N 结能够产生的电压约（　　）V。

A．0.5　　B．1　　C．1.2　　D.2

5．太阳能电池的转换效率约为（　　）%。

A．10　　B．15　　C．20　　D．25

6．一般在太阳能汽车的顶棚上装置转换能力较强的（　　）电池板组。

A．结晶硅　　B．非晶硅　　C．单晶硅　　D．多晶硅

7．太阳能汽车的关键技术装备是（　　）。

A．太阳能电池　　B．太阳能电池板

C．动力电池组　　D．电动机

8．太阳能混合动力电动汽车的驱动模式相当于（　　）混合动力电动汽车。

A．串联式　　B．并联式

C．混联式　　D．复合式

9．为了防止太阳能电池输出较低时由动力电池组过来的反充电流及当太阳能电池板极性接反时起到保护电路的作用，在电池板与动力电池组之间必须设置（　　）。

A．保护电路　　B．开关管

C．DC/DC 变换器　　D．熔断丝

10．（　　）年，清华大学参照日本能登竞赛规范，研制了“追日号”太阳能汽车。

A．1992　　B．1996　　C．2000　　D．2003

11．DME 发动机爆发力大，是因为 DME 具有（　　）。

A．相当高的十六烷值　　B．容易氧化燃烧

C．相变潜热比柴油高　　D．空气中的爆炸下限高

12．DME 发动机不需要任何特殊处理即可达到相关排放标准，是因为 DME 具有（　　）。

A．相当高的十六烷值　　B．容易氧化燃烧

C．相变潜热比柴油高　　D．空气中的爆炸下限高

13．DME 发动机有利于减少氮氧化物的排放，是因为 DME 具有（　　）。

A．相当高的十六烷值　　B．容易氧化燃烧

C．相变潜热比柴油高　　D．空气中的爆炸下限高

三、多项选择题

1．压缩空气发动机的动力分配方式有（　　）。

A．串联式　　B．并联式　　C．混联式　　D．混合式

2．下列关于并联式动力分配压缩空气发动机特点的描述中，（　　）正确。

A．下一级气缸的结构尺寸较大　　B．动力输出平稳

C．热交换较充分　　D．剩余压力稍高

3．压缩空气发动机的工作循环包括（　　）冲程。

A．进气　　B．压缩　　C．做功　　D．排气

4．压缩空气汽车在仪表盘将集成（　　），以替代燃油指示表。

A．气源压力表　　B．流量表

C．流速表　　D．进气压力表

5．下列关于 DME 特点的描述中，（　　）正确。

A．十六烷值高　　B．自然温度高　　C．热值比柴油高　　D．黏度低

四、判断题

（　　）1．压缩空气发动机的工作循环也是四冲程。

（　　）2．压缩空气发动机不再需要冷却系统。

（　　）3．在压缩空气汽车的集成中，传动系统适宜采用低减速比设计。

（　　）4．通常情况下，压缩空气发动机进气阀打开后发动机即可运转并输出最大转矩。

（　　）5．压缩空气汽车气动回路高压减压段采用了节流减压方式。

（　　）6．集成到压缩空气汽车上的气动回路在两级减压环节后设置的热交换器可充当制冷空调的冷源。

（　　）7．压缩空气汽车的空调制暖也同样可使用热交换器。

（　　）8．太阳能电池的电压大小与太阳光照射强度的大小和太阳能电池面积的大小成正比。

（　　）9．太阳能电池对能量的转换效率较低。

（　　）10．太阳能电池板组的光电转换效率要比光电池高。

（　　）11．太阳能电池板输出的是直流电能。

（　　）12．驾驶太阳能汽车时，不需要换挡、踩离合器踏板。

（　　）13．二甲醚具有良好的燃烧性能，可以替代汽油用作清洁的汽车燃料。

（　　）14．DME 发动机不需要尾气后处理即可达到排放标准。

（　　）15．DME 在柴油发动机本身结构无须变动的情况下，就能够压燃。

实训工单

工单 1-1 纯电动汽车总体认识

班级学号		姓 名	

1．安全注意事项

请将指导老师讲解的相关注意事项记录在下面：

____

____

____

____。

2．车辆信息

（1）你所查阅的技术资料有：

____

____

____。

（2）你所观察的纯电动汽车的生产厂家是：____________________，品牌型号是：____________________

____。

3．整车观察分析

（1）按照电动驱动系统的组成和布置形式，你所观察的汽车属于：□机械传动型 □无变速器型 □无差速器型 □电动轮型。你得出这一结论的理由是：____________________

____。

这种结构的优点是：

____

____。

（2）按车载电源数不同，你所观察的汽车属于：□单电源型纯电动汽车 □多电源型纯电动汽车。你得出这一结论的理由是：____________________

____。

（3）按照用途不同，你所观察的汽车属于：□纯电动轿车 □纯电动货车 □纯电动客车 □其他。

（4）分别说明下列装置在车上的安装位置：

维修开关：____________________。动力电池：____________________。

动力电池 ECU：____________________。动力电池控制器：____________________。

驱动电机：____________________。驱动电机控制器：____________________。

（5）本车动力电池生产厂家是__________，共__________块，工作电压为__________V。

（6）本车采用的驱动方式是____________________，你得出这一结论的依据是____。
这种驱动方式的特点是：
____
____
____。
（7）本车哪些装置采用了冷却装置，其冷却方式是哪种类型？
____
____
____。

4．其他

（1）描述你观察到的其他结构的特点：

（2）将你所观察的纯电动汽车生产厂商生产纯电动汽车的历史做简单描述。

5．自我评价

你认为个人技能掌握程度达到：□非常熟练　□比较熟练　□一般熟练　□不熟练

教师评语：（包括工单的填写情况，查阅资料的能力，观察的方法，小组协作情况等，并按等级制给出成绩）

成绩__________　教师签字：__________　__________年________月________日

|工单 1-2　纯电动汽车典型技术认识|

班级学号		姓　名	

1．安全注意事项

请将指导老师讲解的相关注意事项记录在下面：

____

____

____

____。

2．车型基本信息

（1）你所查阅的技术资料有：

____

____。

（2）你所观察的纯电动汽车的生产厂家是：________________。品牌型号是：________________。

3．电源系统配置

（1）该纯电动汽车装备的动力电池类型是____________________，型号是__________________，安装位置在____。

（2）动力电池相关技术参数：____

____。

（3）该类型电池的特点：____

____。

（4）该车型的储能装置是否为复合结构：□是　□否。

如果为复合结构，其复合形式是__________________________________。这种复合形式的特点是：

____。

4．驱动电机配置

（1）该纯电动汽车装备的驱动电机有______个。

（2）电动机 1。名称为__________________，安装位置在________________，类型为__________，生产厂商为________________，型号为______________________________。

该类型电动机的特点是：____

____。

该电动机相关技术参数：____

____。

（3）电动机 2。名称为__________，安装位置在__________，类型为__________，生产厂商为____。

该类型电动机的特点是：____

____。

该电动机相关技术参数：____

____。

5．充电系统配置

（1）本车充电机为：□车载式　□非车载式，你得出这一结论的理由是__________________。

（2）本车采用的充电方法是：□常规法　□快速法，你得出这一结论的理由是__________________。

6．变速驱动系统

（1）该纯电动汽车□有　□无变速器。如果有变速器，为□3 挡 □2 挡 □1 挡。你得出上述结论的依据是____。

（2）该纯电动汽车变速驱动系统的安装位置在____。

7．DC/DC 变换器

（1）该纯电动汽车有__________个 DC/DC 变换器。

各 DC/DC 变换器的位置分别在____。

（2）说明各 DC/DC 变换器的功能____

____

____。

8．制动助力与再生制动系统

（1）该纯电动汽车采用的制动助力方式为：□真空助力 □压缩空气助力 □电助力 □电动真空助力。

你得出上述结论的依据是____。

（2）你能观察到的制动助力相关零部件有：____________________________，其安装位置在____。

（3）该纯电动汽车体现再生制动的主要部件是____________________________，其安装位置在____。

9．空调系统认识

（1）该纯电动汽车制冷系统的主要零部件有：____

____。

这些零部件中，______________最能体现纯电动汽车的特点，理由是______________。

（2）该纯电动汽车采用的制热方式是 □半导体式（热电偶） □电热泵式 □燃油加热式 □PTC 加热式，你得出上述结论的依据是____。

（3）该纯电动汽车制热系统的主要零部件有：____

____。

这些零部件中，____________最能体现纯电动汽车的特点，理由是__________________________。

10．信息显示系统认识

列表说明你所观察到的与燃油汽车不同的仪表、各仪表的功能及显示方式。

11．整车控制器认识

（1）你所观察车辆的整车控制器安装位置是____。

（2）简要说明整车控制器的功能：

____

____

____。

12．自我评价

你认为个人技能掌握程度达到：□非常熟练 □比较熟练 □一般熟练 □不熟练

教师评语：（包括工单的填写情况，查阅资料的能力，观察的方法，小组协作情况等，并按等级制给出成绩）

成绩__________　　教师签字：__________　　__________年________月________日

工单 1-3 电动汽车高压安全

班级学号		姓　名	

1．高压安全注意事项

请将指导老师讲解的相关注意事项记录在下面：

____

____

____

____。

2．车型基本信息

（1）你所查阅的技术资料有：

____

____。

（2）所观察的纯电动汽车的生产厂家：______________________________。

品牌型号：____。

3．安全隐患与措施

（1）安全隐患。

描述电动汽车可能存在的安全隐患：

（2）安全措施。

描述你所观察的纯电动汽车在下述各方面所采取的安全措施。

① 维修安全。

你得出上述结论的理由是______________________________________。

② 碰撞安全。

你得出上述结论的理由是______________________________________。

③ 电气安全。

你得出上述结论的理由是______________________________________。

④ 功能安全。

你得出上述结论的理由是______________________________________。

4．高压部件认识

将你认为本车上的高压部件的名称、安装位置及判定理由填入下表。

序号	部件名称	安装位置	判定理由

5. 高压防护用品认识

将你观察到的高压防护用品的名称及作用填入下表。

序号	防护用品名称	作用

6. 高压专用维修工具、仪器认识

将你观察到的高压专用维修工具、仪器的名称及作用填入下表。

序号	工具、仪器名称	用途

7. 安全标志认识

将你观察到的高压安全标志的名称及作用填入下表。

序号	安全标志名称	用途

8. 高压终止与检验

（1）为什么要进行高压终止？

<table>
<tr><td>（2）为什么进行高压终止后，还需要进行高压检验？

（3）记录指导老师的操作步骤：

9. 自我评价
你认为个人技能掌握程度是：□非常熟练 □比较熟练 □一般熟练 □不熟练</td></tr>
<tr><td>教师评语：（包括工单的填写情况，查阅资料的能力，观察的方法，小组协作情况等，并按等级制给出成绩）

成绩＿＿＿＿＿ 教师签字：＿＿＿＿＿ ＿＿＿＿＿年＿＿＿＿月＿＿＿＿日</td></tr>
</table>

| 工单 1-4　典型纯电动汽车认识 |

班级学号		姓　名	

1. 安全注意事项

请将指导老师讲解的相关注意事项记录在下面：

____

____

____

____。

2. 车型基本信息

（1）你所查阅的技术资料有：

____

____。

（2）所观察的纯电动汽车的生产厂家：________________。品牌型号：______________________。

3. 相关操作

（1）车门的解锁与闭锁。

① 共有（　　）种方法。

② 简单记录每种方法的操作步骤：

____

____

____。

（2）前排座安全气囊的启用与关闭。

① 启用前排座安全气囊的条件是：____________________________________。

② 简单记录操作步骤：

____

____。

（3）转向盘调节。

① 需要进行转向盘调节的条件是：____________________________________。

② 简单记录操作步骤：

____

____

____。

（4）车辆启动。

① 共有（　　）种方法。

② 简单记录每种方法的操作步骤：

____

____

____。

（5）充电。

① 共有（　　）种方法。

② 简单记录每种方法的操作步骤：

____
____
____。

（6）放电。

① 可能需要进行放电的情形是：__________________________。

② 简单记录操作步骤：

____
____
____。

（7）驻车。

① 共有（　　）种方法。

② 简单记录每种方法的操作步骤：

____。

（8）坡道起步。

将操作步骤记录在下面：

____
____
____。

（9）定速巡航启用与设置。

将操作步骤记录在下面：

____
____
____
____。

（10）EPS 的启用与关闭。

① 已经启用的条件是____________________，启用的标志是__________
____________________________________。

② 关闭的条件是__________________________________，
关闭的操作是______________________________。

③ 重新启用的条件是______________________________。

4．自我评价

你认为个人技能掌握程度是：□非常熟练 □比较熟练 □一般熟练 □不熟练

教师评语：（包括工单的填写情况，查阅资料的能力，观察的方法，小组协作情况等，并按等级制给出成绩）

成绩________　　教师签字：________　　　　________年______月______日

工单 2-1　混合动力汽车类型认识

班级学号		姓　名	

1．安全注意事项

请将指导老师讲解的相关注意事项记录在下面：

____

____

____

____。

2．车辆信息

（1）你所查阅的技术资料有：

____

____。

（2）请描述观察的混合动力汽车的相关信息

汽车的生产厂家：______________，品牌型号：______________。

描述所观察的混合动力汽车的整车特点：

3．基本结构特点

（1）发动机。

① 型号______________。类型______________。

② 主要技术参数：

____

____。

（2）电动 / 发电机。

① 型号______________。类型______________。

② 主要技术参数：

____

____。

（3）驱动电机。

① 型号______________。类型______________。

② 主要技术参数：

____。

（4）储能装置。

① 型号______________。类型______________。

② 主要技术参数：

____

____。

4．混合动力类型认识

（1）按驱动系统的不同连接方式分类。

① 你所观察的混合动力汽车属于□串联式　□并联式　□混联式　□复合式。

你得出这一结论的理由是____。

② 请描述该类型混合动力系统的工作原理及应用。

____。

(2）按照混合度的分类。

① 你所观察的混合动力汽车属于□微混　□轻混　□中混　□重混。

你得出这一结论的理由是____。

② 请描述该类型混合动力汽车不同工况下发动机、电动/发电机和驱动电机的工作配合情况：

____。

(3）按能否进行外部充电分类

① 你所观察的混合动力汽车属于□插电式　□非插电式。

你得出这一结论的理由是____。

② 请描述该类型混合动力汽车的特点：

____。

(4）按运行模式分类。

① 你所观察的混合动力汽车属于□单一模式　□双模式。

你得出这一结论的理由是____。

② 请描述该类型混合动力汽车的特点：

____。

5．自我评价

你认为个人技能掌握程度是：□非常熟练 □比较熟练 □一般熟练 □不熟练

教师评语：（包括工单的填写情况，查阅资料的能力，观察的方法，小组协作情况等，并按等级制给出成绩）

成绩__________　　教师签字：__________　　__________年________月________日

工单 2-2 混合动力汽车的结构特点及工作模式认识

班级学号		姓　名	

安全注意事项

请将指导老师讲解的相关注意事项记录在下面：

____

____

____

____。

工位一

1. 车辆信息

（1）你所查阅的技术资料有：

____

____。

（2）请描述所观察的混合动力汽车的相关信息。

汽车的生产厂家：____________________，品牌型号：____________________。

2. 工作模式认识

（1）你所观察的混合动力汽车属于□串联式　□并联式　□混联式　□复合式。

你得出这一结论的理由是____

____。

（2）简述该类型混合动力驱动系统的优缺点。

____

____

____。

（3）请描述该类型混合动力驱动系统的各类工作模式下的工作情况：

____

____

____

____。

工位二

1. 车辆信息

（1）你所查阅的技术资料有：

____

____。

（2）请描述所观察的混合动力汽车的相关信息。

汽车的生产厂家：____________________，品牌型号：____________________。

2. 工作模式认识

（1）你所观察的混合动力汽车属于□串联式　□并联式　□混联式　□复合式。

你得出这一结论的理由是____

____。

（2）简述该类型混合动力驱动系统的优缺点。

____

____。

（3）请描述该类型混合动力驱动系统的各类工作模式下的工作情况：

____

____

____

____。

工位三

1．车辆信息

（1）你所查阅的技术资料有：

____

____。

（2）请描述所观察的混合动力汽车的相关信息。

汽车的生产厂家：______________________，品牌型号：______________________。

2．工作模式认识

（1）你所观察的混合动力汽车属于□串联式　□并联式　□混联式　□复合式。

你得出这一结论的理由是____

____。

（2）简述该类型混合动力驱动系统的优缺点。

____

____

____

____。

（3）请描述该类型混合动力驱动系统的各类工作模式下的工作情况：

____

____

____。

自我评价

你认为个人技能掌握程度是：□非常熟练 □比较熟练 □一般熟练 □不熟练

教师评语：（包括工单的填写情况，查阅资料的能力，观察的方法，小组协作情况等，并按等级制给出成绩）

成绩__________　　教师签字：__________　　　　　__________年________月________日

工单 2-3　BAS 和 ISG 混合动力系统认识

班级学号		姓　名	

安全注意事项

请将指导老师讲解的相关注意事项记录在下面：

____

____

____

____。

工位一

1．车辆信息

（1）你所查阅的技术资料有：

____

____。

（2）请描述所观察的混合动力汽车的相关信息。

汽车的生产厂家：________________，品牌型号：________________。

2．混合动力系统特点

（1）根据观察，你确定该车的混合动力系统是□BAS　□ISG。

你得出上述结论的理由是____

____。

（2）请描述该车动力系统的基本工作原理：

____

____。

（3）记录你所观察到的典型结构特征：

____

____。

3．其他信息

描述你观察到的该车其他方面的典型特征：

____

____

____。

工位二

1．车辆信息

（1）你所查阅的技术资料有：

____

____。

（2）请描述所观察的混合动力汽车的相关信息。

汽车的生产厂家：________________，品牌型号：________________。

2．混合动力系统的特点

（1）根据观察，你确定该车的混合动力系统是□BAS　□ISG。

<table>
<tr><td>
你得出上述结论的理由是____
____。
（2）请描述该车动力系统的基本工作原理：
____
____
____
____。
（3）记录你所观察到的典型结构特征：
____
____
____
____。
3．其他信息
描述你观察到的该车其他方面的典型特征：
____
____
____。
4．自我评价
你认为个人技能掌握程度是：□非常熟练 □比较熟练 □一般熟练 □不熟练
</td></tr>
<tr><td>
教师评价：（包括工单的填写情况，查阅资料的能力，观察的方法，小组协作情况等，并按等级制给出成绩）

成绩__________ 教师签字：__________ __________年________月________日
</td></tr>
</table>

工单 2-4　典型的混合动力汽车认识

班级学号		姓　名	

1．安全注意事项

请将指导老师讲解的相关注意事项记录在下面：

____

____

____

____。

2．车辆信息

（1）你所查阅的技术资料有：

____。

（2）请描述所观察的混合动力汽车的相关信息。

汽车的生产厂家：______________________，品牌型号：______________________________。

（3）简要描述你查询的有关本车的发展历史。

3．混合动力系统的结构特点

（1）相关部件认识。

①本混合动力汽车的类型是□串联式　□并联式　□混联式　□复合式。

你得出这一结论的理由是____

____。

②将以下部件在实车上的位置填入下表。

序号	部件名称	在实车上的位置
1	发电机	
2	电动机	
3	HV 蓄电池	
4	蓄电池 ECU	
5	变频器总成	
6	HV ECU	
7	发动机 ECU	
8	检修塞	

（2）典型结构特点

①描述发动机的基本情况。

②描述动力电池组的基本情况。

③描述变速驱动桥的基本情况。

4．控制系统 描述你所了解到的本车混合动力控制系统具有的控制功能。 5．自我评价 你认为个人技能掌握程度是：□非常熟练 □比较熟练 □一般熟练 □不熟练
教师评价：（包括工单的填写情况，查阅资料的能力，观察的方法，小组协作情况等，并按等级制给出成绩） 成绩__________ 教师签字：__________ __________年________月________日

工单 3-1 燃料电池汽车

班级学号		姓　名	

1．安全注意事项

请将指导老师讲解的相关注意事项记录在下面：

____

____

____

____。

2．车辆信息

（1）你所查阅的技术资料有：

____

____。

（2）请描述所观察的燃料电池汽车的相关信息。

汽车的生产厂家：______________，品牌型号：______________。

（3）简要描述你所查询的有关本车的发展历史。

3．燃料电池

（1）燃料电池种类。

①你所观察的燃料电池汽车是□直接式　□间接式　□再生式。

你得出这一结论的理由是______________________________

____。

②你所观察的燃料电池汽车是□高温式　□中温式　□低温式。

你得出这一结论的理由是______________________________

____。

③你所观察的燃料电池汽车是□AFC　□PEMFC　□PAFC　□MCFC　□SOFC。

你得出这一结论的理由是______________________________

____。

④你所观察的燃料电池汽车是□常压型　□增压型。

你得出这一结论的理由是______________________________

____。

（2）质子交换膜燃料电池。

① 观察质子交换膜燃料电池的模型或剖视实物，并画图标示燃料极（阳极）、空气极（阴极）、电解质膜（质子交换膜）及隔板。

② 将以下组成件的作用填入下表。

序号	部件名称	作用
1	阳极	
2	阴极	
3	质子交换膜	
4	隔板	

③描述质子交换膜燃料电池的发电原理。

4．燃料电池组

观察燃料电池汽车，完成下表。

序号	部件名称	在实车上的位置	主要作用
1	燃料电池堆		
2	氢气供给装置		
3	氧气供给装置		
4	增湿器		
5	去离子水供给装置		
6	尾气排放装置		
7	生成物排放装置		

5．燃料电池发电系统

（1）观察燃料电池汽车，完成下表。

序号	部件名称	在实车上的位置	主要作用
1	高压储气瓶		
2	空气压缩机		
3	冷凝器		
4	气水分离器		
5	水泵		
6	DC/DC 变换器		

（2）你所观察的燃料电池汽车采用的电源复合结构是□（FC+B）　□（FC+B+C）结构。

你得出这一结论的理由是____

____。

6．车载氢气系统的安全措施

观察燃料电池汽车，完成以下任务。

（1）氢气瓶的材料是______________________________，其工作压力为______________。

（2）气体流动高压管路的材质是____________________，耐压能力为______________。

（3）燃料加注口设置在____________________，其防止灰尘、液体和污染物等进入的措施是____________________，其消除汽车静电的措施是______________________________。

（4）完成下表。

序号	部件名称	在实车上的位置	主要作用
1	氢气瓶电磁阀		
2	管路电磁阀		
3	减压阀		
4	手动放气针阀		
5	安全阀		
6	单向阀		
7	手动截止阀		
8	温度传感器		
9	压力传感器		
10	氢气泄漏传感器		

7．自我评价

你认为个人技能掌握程度是：□非常熟练 □比较熟练 □一般熟练 □不熟练

教师评价：（包括工单的填写情况，查阅资料的能力，观察的方法，小组协作情况等，并按等级制给出成绩）

成绩__________ 教师签字：__________ __________年________月________日

工单 3-2　气体燃料汽车

班级学号		姓　名	

安全注意事项

请将指导老师讲解的相关注意事项记录在下面：

____

____

____

____________________。

工位一（CNG 汽车）

1．车辆信息

（1）你所查阅的技术资料有：

____________________。

（2）请描述所观察的汽车的相关信息。

汽车的生产厂家：__________，品牌型号：__________。

（3）简要描述你查询的有关本车的发展历史。

2．主要构件认识

观察 CNG 汽车，完成下表。

序号	部件名称	在实车上的位置	主要作用
1	高压燃料切断阀		
2	高压减压器		
3	低压电磁阀		
4	电控调压器		
5	混合器		
6	防喘振阀		
7	天然气温度传感器		

3．工作原理及特点

（1）描述你所观察的 CNG 汽车的工作原理。

（2）描述天然气用于点燃式发动机和压燃式发动机的优缺点。

工位二（氢燃料发动机汽车）

1．车辆信息

（1）你所查阅的技术资料有：

____________________。

（2）请描述所观察的汽车的相关信息。

汽车的生产厂家：____________________________，品牌型号：__________________________。

（3）简要描述你查询的有关本车的发展历史。

2．氢燃料发动机

（1）你所观察的氢燃料发动机汽车的氢燃料储存形式为□压缩氢 □液态氢 □吸附氢。

你得出这一结论的理由是____

____。

（2）你所观察的氢燃料发动机汽车的氢燃料发动机为□预混式 □缸内喷射式 □内外组合式。

你得出这一结论的理由是____。

（3）请描述该类型氢燃料发动机的工作原理。

3．主要构件认识

观察氢燃料发动机汽车，完成下表。

序号	部件名称	在实车上的位置	主要作用
1	液氢泵		
2	液氢箱		
3	高压输氢管		
4	热交换器		
5	储氢罐		
6	喷氢器		

4．工作原理

描述该车供氢系统的工作原理。

自我评价

你认为个人技能掌握程度是：□非常熟练 □比较熟练 □一般熟练 □不熟练

教师评价：（包括工单的填写情况，查阅资料的能力，观察的方法，小组协作情况等，并按等级制给出成绩）

成绩__________ 教师签字：__________ __________年________月________日

|工单 3-3　代用液体燃料汽车|

班级学号		姓　名	

安全注意事项

请将指导老师讲解的相关注意事项记录在下面：

____

____

____

____。

工位一（甲醇混合燃料汽车）

1．车辆信息

（1）你所查阅的技术资料有：

____

____。

（2）请描述所观察的汽车的相关信息。

汽车的生产厂家：____________________，品牌型号：____________________。

（3）简要描述你查询的有关本车的发展历史。

2．车辆结构特点

（1）你所观察的甲醇汽车所使用的甲醇混合燃料牌号为__________，这一牌号的燃料的特点是：

燃油经济性：□差　□一般　□中　□良　□优。

材料适应性：□差　□一般　□中　□良　□优。

低温启动性：□差　□一般　□中　□良　□优。

低温排放性：□差　□一般　□中　□良　□优。

（2）描述你所观察的甲醇汽车针对甲醇燃料特性进行的改进措施。

工位二（乙醇混合燃料汽车）

1．车辆信息

（1）你所查阅的技术资料有：

____

____。

（2）请描述所观察的汽车的相关信息。

汽车的生产厂家：____________________，品牌型号：____________________。

（3）简要描述你查询的有关本车的发展历史。

2．车辆结构特点

（1）你所观察的乙醇汽车所使用的乙醇混合燃料牌号为__________，使用这一牌号的乙醇混合料对发动机的要求是：____

<table>
<tr><td>
____
____。
（2）描述你所观察的乙醇汽车针对乙醇燃料特性进行的改进措施。

工位三（生物柴油汽车）
1．车辆信息
（1）你所查阅的技术资料有：____。
（2）请描述所观察的汽车的相关信息。
汽车的生产厂家：____________________，品牌型号：____________________。
（3）简要描述你查询的有关本车的发展历史。

2．车辆结构特点
（1）你所观察的生物柴油汽车所使用的生物柴油混合燃料牌号为__________，使用这一牌号的生物柴油对发动机的要求是：____
____。
（2）描述你所观察的生物柴油汽车在针对生物柴油特性进行的改进措施。

3．自我评价
你认为个人技能掌握程度是：□非常熟练 □比较熟练 □一般熟练 □不熟练
</td></tr>
<tr><td>
教师评价：（包括工单的填写情况，查阅资料的能力，观察的方法，小组协作情况等，并按等级制给出成绩）

成绩__________ 教师签字：__________ __________年________月________日
</td></tr>
</table>

工单 3-4　其他清洁能源汽车

班级学号		姓　名	

安全注意事项

请将指导老师讲解的相关注意事项记录在下面：

____

____

____

____。

工位一（压缩空气汽车）

1. 车辆信息

（1）你所查阅的技术资料有：

____

____

____。

（2）请描述所观察的汽车的相关信息。

汽车的生产厂家：______________________，品牌型号：______________________。

（3）简要描述你查询的有关本车的发展历史。

2. 车辆结构特点

（1）你所观察的压缩空气汽车所配置的发动机类型为□往复活塞式　□旋转活塞式

□其他形式__________。你得出这一结论的理由是______________________________

____

____

____。

（2）描述你所观察的压缩空气汽车的发动机的动力分配方式为□串联式　□并联式　□混合式。

你得出这一结论的理由是____

____

____。

这一动力分配方式的特点是____

____

____。

3. 典型构件认识

观察压缩空气汽车，完成下表。

序号	部件名称	在实车上的位置	主要作用
1	高压储气罐		
2	减压气罐		
3	压力传感器		
4	高速气动开关阀		

续表

序号	部件名称	在实车上的位置	主要作用
5	比例流量调节阀		
6	热交换器		
7	气源压力表		
8	进气压力表		

工位二（太阳能汽车）

1．车辆信息

（1）你所查阅的技术资料有：____

____

____。

（2）请描述所观察的汽车的相关信息。

汽车的生产厂家：____________________，品牌型号：____________________。

（3）简要描述你查询的有关本车的发展历史。

2．车辆结构特点

（1）你所观察的太阳能汽车所使用的太阳能电池为：□非晶硅　□单晶硅　□多晶硅　□其他____。

使用这一类型电池的特点是：____

____。

（2）太阳能电池板由____________个单体太阳能电池组成，其尺寸为长__________×宽__________。可产生________V 的电压、____________A 的电流和__________W 的功率。你得出这一结论的理由是______________________________________

____

____。

（3）太阳能发电系统的主要构件。

观察整车，完成下表。

序号	部件名称	在实车上的位置	主要作用
1	太阳能电池板		
2	电动机控制器		
3	动力电池组		
4	开关管		
5	DC/DC 变换器		
6	熔断丝		

（4）本车所用的蓄电池是□铅酸蓄电池　□镍氢电池　□锂电池　□其他____________。

使用这一类型蓄电池的特点是：____

____

____。

（5）本车所用的电动机类型是□直流电动机　□交流电动机　□永磁同步电动机　□其他

____。

使用这一类型电动机的特点是：____

____

____

____

____。

工位三（二甲醚汽车）

1．车辆信息

（1）你所查阅的技术资料有：

____

____

____

____

____。

（2）请描述所观察的汽车的相关信息。

汽车的生产厂家：______________________，品牌型号：______________________。

（3）简要描述你查询的有关本车的发展历史。

2．典型构件认识

观察二甲醚汽车，完成下表。

序号	部件名称	在实车上的位置	主要作用
1	DME 储罐		
2	泄漏报警器		
3	管路压力指示灯		
4	DC/DC 变换器		
5	油泵压力调节器		
6	燃油冷却器		
7	燃油过滤器		
8	喷油泵		
9	截止阀		
10	回油冷却器		

3．自我评价

你认为个人技能掌握程度是：□非常熟练 □比较熟练 □一般熟练 □不熟练

教师评价：（包括工单的填写情况，查阅资料的能力，观察的方法，小组协作情况等，并按等级制给出成绩）

成绩__________ 教师签字：__________ __________年________月________日